基于动态电子腭位的汉语普通话音段协同发音研究

李英浩 著

清华语言学博士丛书

中西書局　上海辭書出版社

图书在版编目(CIP)数据

基于动态电子腭位的汉语普通话音段协同发音研究/李英浩著.—上海：中西书局，2019
(清华语言学博士丛书/蒋绍愚主编)
ISBN 978-7-5475-1510-5

Ⅰ.①基… Ⅱ.①李… Ⅲ.①普通话—发音—研究 Ⅳ.①H116.1

中国版本图书馆 CIP 数据核字(2018)第 258191 号

基于动态电子腭位的汉语普通话音段协同发音研究

李英浩 著

责任编辑 马 沙
装帧设计 梁业礼

上海世纪出版集团
出版发行 中西書局(www.zxpress.com.cn)
上海辞书出版社(www.cishu.com.cn)
地　　址 上海市陕西北路 457 号(200040)
印　　刷 上海求知印刷厂
开　　本 890×1240 毫米 1/32
印　　张 11.625
字　　数 302 000
版　　次 2019 年 3 月第 1 版 2019 年 3 月第 1 次印刷
书　　号 ISBN 978-7-5475-1510-5/H·087
定　　价 58.00 元

献给我的导师孔江平教授

本研究受教育部人文社科基金项目的资助
（项目编号：11YJAZH055）

丛书编委会

顾　问

丁邦新　陆俭明

主　编

蒋绍愚

副主编

张美兰

编　委

（按姓名音序排列）

蔡维天　曹志耘　陈保亚　方一新

冯胜利　何大安　邢向东　张伯江

张　赪　张　敏

总　序

近二十年来，我国博士生培养事业有了很大进展，在各个领域都培养出了一大批优秀的博士生；在语言学领域也是这样。这些新培养出来的博士生，大多视野开阔，思想敏锐，既有扎实的专业基础，又有强烈的创新意识，是我国语言学事业继往开来的生力军。博士论文和出站报告是他们刻苦攻读、悉心研究所取得的成果，有些优秀的博士论文达到了学术前沿的水平，体现了语言学研究的新思路、新成就。面对这些学术新人和学术新成果，我们由衷地感到高兴。

众所周知，一门学问要能生根，要能茁壮地成长发展，必须不断挖掘和发现新的材料，必须不断进行理论更新，必须不断涌现大批新的研究人员。语言学是一个既古老又相对年轻的学科。中国是拥有语言富矿的国家，汉语历史悠久，语言多种多样；有优良的语言研究传统，新的语言研究成果不断涌现。现在由于国力日益强盛，更引发各国青年人学习汉语的热潮。这对我国语言学科发展来说，既是一种机遇，又是一种挑战。只要我们海峡两岸暨香港、澳门地区语言学同仁合力研究，让我国语言学科走到世界学术的尖端，这是可望也可及的目标。正是从这一思想出发，并为了使得这些学术新成果更快地和读者见面，为了帮助这些新人更迅速地成长，以便为语言学注入新的活力，我们创办了这个《清华语言学博士丛书》。现在计划每年出版一辑，每辑选收1—5种海峡两岸暨香港、澳门地区语言学博士的优秀论文、出站报告和其他著作。我们希望《丛书》能聚集一批优秀的年轻学者，这些年轻人将来能带领中国的语言学迈着稳健的步伐前进。

《清华语言学博士丛书》创办以来，得到了海峡两岸暨香港、澳门地区语言学界同仁和有关单位的大力支持。很多著名的语言学家担任了顾问和编委，很多博士生踊跃投稿，很多专家不辞辛劳负责审稿。清华大学提供了经费，上海中西书局负责出书。大家的热忱支持进一步坚定了我们办好《清华语言学博士丛书》的决心，我们一定使之成为展示我国语言学新思想、新成果的平台，成为语言学新苗茁壮成长的园地。

希望大家对《清华语言学博士丛书》不断提出意见和建议。让我们共同努力，把《清华语言学博士丛书》办好！

蒋绍愚

2013年6月

序

李英浩的电子腭位语音研究专著《基于动态电子腭位的汉语普通话音段协同发音研究》就要出版了，我很高兴能为他的新书作序。英浩是我在北京大学中文系的博士研究生，他原来是英语专业老师，不是汉语言学专业，但由于语音学研究比较国际化，英语在语音学研究中就显得非常重要。北京大学中文系语言学实验室侧重汉语的声学和生理研究，而英浩来北大读博士前主要是做英语教学方面的研究，因此，在博士一年级的时候我没有给他太多的研究任务，主要是让他多了解研究语音学的各种科学方法。在博士二年级选题的时候，他提出使用动态电子腭位技术对汉语普通话语的语音进行研究，我十分惊讶，因为电子腭位的研究需要大量编程来处理数据，但我还是同意让他先熟悉一下这个领域国内外的研究，并自行设计程序对动态腭位数据进行分析。让我没想到的是，他利用一年多的时间就完成了我布置的任务，不仅解决了相关的技术问题，而且设计出来了腭位数据分析的程序。

北京大学的王力先生是中国第一位利用腭位技术研究中国语言的学者，当时还是静态的腭位技术。后来中国社会科学院的吴宗济先生利用静态腭位技术做了普通话的腭位图谱。动态电子腭位技术出现于 20 世纪 70 年，它通过采集舌面和硬腭的动态接触过程来研究语音产生的基本问题，即协同发音问题。动态电子腭位技术还广泛应用于病理语音研究中。该技术应用于汉语语音研究肇端于中国社会科学院民族学与人类学研究所的鲍怀翘研究员。他在21世纪初建立了国内首个汉语普通话动态电子腭位数据库，采集了两位播音员的汉语普通话单音节、双音节词语、儿化韵、句子和篇章，并对汉语普通话的动态电子腭位开展了一些研究。后来民族学与人类学研究所的学者对蒙古语的动态电子腭位开展了研究。英浩的研究正是基于上述前期研究做了进一步的工作。使用动态电子腭位开展汉语普通话的协同发音研究并不是一个好的选择，因为普通话缺少丰富的辅音丛，同时，舌腭接触并不能直观地反映语音的舌位特点。我提出先从普通话辅音的腭位特点出发，结合当时实验室正在进行的普通话语音的X光和MRI研究，从音节内和音节间协同发音入手，进而从更大的话语尺度来观察辅音音段的腭位特征。

英浩使用MatLab构建了动态电子腭位数据分析程序，该程序不仅能够分析62电极的腭位数据，还能够对Kay公司的96电极的腭位数据进行处理。虽然分析平台的功能尚不完善，但是结合他编写的各种脚本程序就可以进行大批量的腭位数据分析，这样就有了论文中的腭位关键帧的自动定位功能、舌腭接触频率图、时间归一化后的腭位参数动态变化图等。我一直强调发音器官的动作过程必须与言语声学的声学参数变化建立起联系，因此，我要求他在这个方面再做一些工作。他花了很长的时间提取声学参数，借助于腭位数据分析平台，他对元音的共振峰轨迹进行了提取、校正和计算。这方面的工作极大地支撑了论文的主要观点，推进了我们对普通话协同发音本质的认识。

语音研究的一个重要目的是解释语音产生的机制。虽然科学结论十分简洁，但是求证过程却千头万绪、繁复冗杂。很多研究者往往在这个过程中弄不清问题的要旨，迷失在繁复的数据分析中。英浩的论文以普通话的协同发音做为主攻方向，从语音生理和言语声学两条分析线路探索普通话协同发音的基本规律，提出了普通话音段协同发音阻力的层级系统。他同时考察了话语层面上协同发音表现，从汉语韵律层级和语速角度上分析了音段发音动作的变化规律及声学表现。为了能够使英浩的研究思路进一步展开、论证过程更加完善和科学。我鼓励他参加了语音学的一些重要会议，与国内外的研究者共享研究成果，听取他们的意见。并建议他把一些成熟的研究结果写成文章，这些文章后来相继发表在 *Journal of Chinese Linguistics* 和《清华大学学报》(自然科学版)。北京大学中文系实验室就是通过这种方式培养学生驾驭研究问题能力和科学思维能力，从而推动他们学术能力的快速成长。英浩博士毕业后，我们又一起采集了云南丽江纳西语、四川凉山彝语的腭位数据，他自己又开展了朝鲜语的动态腭位语音研究。看着他在自己喜欢的领域开展研究，且日臻完善，我为我学生的学术成长感到由衷的高兴。

李英浩目前已经成为国内这个领域的不可多得的专家，现在他的研究专著要出版了，我感到十分欣慰。相信他的这本研究专著一定会对中国的电子腭位语音研究起到推动作用。

孔江平

2018 年 12 月于北京大学人文学苑

自　序

从现代语音分析技术角度来看，EPG（Electropalatographic）语音分析手段只能算作语音产出研究中的小家碧玉。与核磁共振（MRI）、超声波（Ultrasound）、动态发音仪（EMA）等动辄几十万到上千万的设备相比，EPG 能够采集到的语音产出过程的信息实在是十分有限。然而，在过去 40 多年中，EPG 在语音产生研究领域还是得到了广泛的应用。爱尔兰考克大学（University College Cork）言语听觉科学系的 Gibbon 教授几乎每年都要整理出 EPG 在英语病理研究的文献目录（*Bibliography of Electropalatographic Studies in English*）。实际上，这个文献目录最早由 Nicolaidis、Hardcastle 和 Gibbon 自 1992 年就开始整理了。在这个最早版本的文献目录中，他们记录了从 1957 年到 1992 年间使用 EPG 分析英语病理研究的文献。此后，Gibbon 教授有可能每年都更新这个文献目录（笔者保存的年份包括 2006、2009、2011 及 2013 年）。最新更新的年份为 2013 年（Gibbon 2013）。这说明 EPG 在病理语音研究领域的使用历史十分悠久，用途也非常广泛。在国内，北京大学口腔医院的马莲教授正在积极推进 EPG 在国内言语病理治疗中的应用。

在语言学研究中，EPG早已成为研究语音问题的重要手段之一。传统的语音学是口耳之学，语言学家一般依靠听感对世界语言的语音进行描写和分析。这种听音记音方法的局限性显而易见。在电流没有应用于人类生活的时代，语言学家使用静态腭位方法获取音段发音部位和方式的信息。随着科学技术的不断发展，语言学家研究语音的工具也发生了巨大的变化，EPG的发明使得语言学能够观察连续语流中音段的产出过程。目前，EPG语音分析技术是语音研究中的一项基础的研究方法。它不仅在语音描写中起到了重要的作用，而且还应用于语言研究中的很多方面，如方言研究、音系研究及语言习得研究等。可以这样说，在上文提到的语音分析工具（如MRI）还不具有普及性的时候，EPG仍会是语言研究中常用的工具。

协同发音是言语产出研究中最复杂的问题之一。这是因为言语产出涉及多个生理器官的协同配合，且声道的变化是一个时变的过程。我们听到的语音信号则是这些变化综合后的声学结果。协同发音是人类言语产出的最基本的特点，同时，它与言语感知及语音演变有着重要的关联。从语言学角度对协同发音进行研究，就是要分析一种语言协同发音的基本过程和控制机制，找到一些机制性的规律。在汉语语音研究领域，语音学家在汉语协同发音问题上论述颇多，如吴宗济先生（2004）系统地分析了普通话双音节的协同发音现象，林茂灿等先生（1994）对音节内的协同发音进行了研究，鲍怀翘等先生（2001）把EPG引入到汉语普通话的协同发音研究，曹剑芬先生（1994/1995，1996）对普通话音节音联进行了研究，并设计了汉语普通话双音子和三音子结构。正是基于这些语音学家的研究结果，我的研究工作才得以推进。

我的导师孔江平教授对学生的要求极高。对我这样的具有文科背景的学生来说，研究协同发音不仅需要深厚的语音学理论素养，还需要扎实的语音研究能力，两者都不是一日之功可得的。于是乎，我从语音信号处理开始学起，而后开始编写程序。博士学习短短的四年半时间里，在导师的鞭策和同门的扶持下，终能完成这本著作。现在回想起来，总觉得还是没有完成导师十分期望之一分。

2014年我在申请进入“清华语言学博士丛书”时，清华大学计算机科学与技术系的蔡莲红教授欣然为我的博士论文题写推荐信。鲍怀翘研究员、石锋教授和陈保亚教授给我的论文提出了中肯的意见。他们对语音学后学的提携和指点使我受益匪浅。

本书在修订过程中得到了中西书局朱彦老师的热心帮助，谨向朱彦老师表示衷心的感谢。

李英浩

2016年12月于延边大学寓所

内 容 提 要

协同发音现象是言语产生研究的核心内容，也是言语产生理论中比较复杂且难以解决的问题。本书使用动态电子腭位(Electropalatography, EPG)和声学分析的方法，从音节内部、音节之间及韵律层面对汉语普通话的音段协同发音现象进行了研究，讨论了普通话音段协同发音的基本模式和控制机制。

本书共六章。

第一章和第二章分别从音段协同发音的研究现状及EPG分析方法进行了文献回顾。

第三章研究普通话单音节中声母辅音和韵母元音之间的协同发音影响。分析结果发现，韵母元音对声母腭位的影响幅度取决于声母对舌面动作的控制程度。声母对舌面动作的控制与其发音部位和发音方式有关。从发音部位来看，舌尖前音、舌尖后音和舌面前音对舌面动作的控制程度强于唇音、舌尖中音和舌面后音，因而前者受韵母元音影响的幅度较小。从发音方式来看，边音和唇齿擦音对舌面动作的控制程度强于同部位的舌尖塞音和鼻音及双唇鼻音。通过比较F2音轨方程和EPG回归方程的系数发现，后者能够较好地反映声母对舌面动作的控制程度。基于上述结果，本书提出使用协同发音阻力(coarticulatory resistance)来衡量声母对韵母元音协同发音影响的敏感程度，声母的协同发音阻力越强，韵母元音对声母发音动作的影响就越弱。反之，韵母元音对声母动作姿态和发音过程的影响越明显。笔者还分析了声母对单元音韵母腭位的影响。结果发现，声母对单元音韵母腭位的影响取决于声母的协同发音阻力，如果声母的协同发音阻力较大，单元音韵母的腭位就易于受到影响。声调对单元音韵母的腭位也有影响，在音节为上声调的情况下，单元音韵母/i, ɿ/的舌面显著抬高，单元音韵母/u, ɤ, ɿ/的舌面显著下降。

第四章分析普通话 V1♯C2V2 双音节的音段协同发音现象。研究结果发现，普通话 V1♯C2V2 双音节的协同发音可以分为三种模式：第一，在 C2 为舌尖前音、舌尖后音和舌面前音的条件下，元音过渡段腭位向 C2 的目标腭位过渡，C2 阻断元音间的协同发音；但是 V2 的圆唇特征可以跨越 C2 影响 V1 后过渡段的 F2 轨迹。第二，在 C2 为唇音和舌尖中音的条件下，元音过渡段的腭位同时受到 C2 和对侧元音的影响。C2 时段后腭区域的舌腭接触受到两侧元音的影响及 C2 协同发音阻力的制约，元音对 C2 时段腭位的逆向作用强于元音的顺向作用。第三，在 C2 为舌面后音的条件下，C2 起点帧腭位取决于 V1 的舌位，C2 结束帧腭位主要取决于 V2 的舌位，C2 持阻段的腭位过渡取决于两侧元音的发音限制条件。元音间的协同发音主要表现为 V2 圆唇特征影响 V1 后过渡段的 F2 轨迹。

第五章分析韵律层级和语速对音段发音和音段协同发音的影响。对韵律层级的研究结果发现，普通话韵律层级对音段发音具有层级性的影响，声母的最大舌腭接触面积和生理持阻时长随音节左边界层级的提高而递增。元音/i/受所在音节的左边界和右边界的影响结果不同，元音的舌腭接触面积随音节右边界的提高而递增，但是随音节左边界的提高有递减的趋势，这说明域首发音增强的作用域局限于音节首，而非整个音节。韵律层级对 V1♯C2V2 音节间音段协同发音也具有层级性的影响。元音间的逆向影响受到 V1 发音限制条件的制约。在 V1 为/a/的条件下，从音节边界到次要短语边界均可观察到元音间的逆向作用；在 V1 为/i/的条件下，元音间的逆向作用只出现在音步内。元音对 C2 时段腭位的影响对音节间韵律边界强度的变化非常敏感，随着边界强度的梯次升高，元音影响的时间范围也梯次降低。对语速的研究结果发现，语速对辅音发音动作幅度的影响取决于辅音的协同发音阻力及辅音的发音器官，动作幅度减弱并非是快速语流中的必然结果，辅音发音动作的生理时长随语速的加快而线性缩短。元音发音动作幅度随语速的加快倾向于削弱。随着语速的加快，辅音音段动作重叠度线性增大，元音间的逆向影响线性增强。

第六章结语提出普通话音段协同发音的基本特点。普通话的音段协同发音受到音节结构的制约，普通话音节类型、音位配列规则及音节承载声调的特点限制了跨音节音段协同发音的产生。音节是普通话语音动作组织的基本单元，音节内音段协同发音程度最高，声母和韵母元音发音动作结合紧密，韵母元音对声母持阻段腭位的逆向影响十分显著，同时，单元音韵母也受到声母的顺向影响。音节间音段协同发音不仅受到音段发音限制条件的制约，同时还受到韵律因素的影响。

关键词：汉语普通话　动态电子腭位　音段协同发音　协同发音阻力

目　录

第三章　单音节中音段的协同发音

第四章　双音节 V1♯C2V2 的音段协同发音

第五章　韵律对音段发音和协同发音的影响

第六章　结　　语

第一章
序　　言

1.1　协同发音概述

协同发音是指语流中音段的发音动作受到周边音段的影响而表现出与后者相似的发音动作。(Kühnert & Nolan 1999：7)广义的协同发音既包括音段间非范畴化的相互影响，也包括语音同化。前者研究当前音段如何受到相邻音段的影响，从而使得当前音段的发音动作或者声学特征发生非范畴化的变化；后者研究当前音段的特征如何受到相邻音段特征的影响，从而使得当前音段的特征发生范畴改变。

协同发音研究的目是从时变的发音动作和语音信号中寻求协同发音产生的根源、性质和功能，解释言语产出过程中从音系表征到语音实现的过程和机制，揭示语音时间组织和发音动作编码的原则和控制机制。(Recasens 1999：31－33)换句话说，协同发音研究音系表征的不变的、抽象的、离散的语音单位如何在认知机制的控制下由发音器官实现为连续的发音动作。言语产生控制机制不仅能够控制单个发音器官的动作姿态和实现过程，也能够控制不同发音器官在时间域和空间域的运动配合关系。

协同发音研究的基本内容包括发音动作相互影响的方式和影响方向。从影响方向角度，可以把协同发音现象分为逆向和顺向协同发音。逆向协同发音是指当前音段的发音动作受到后续音段发音动作的影响，顺向协同发音是指当前音段的发音动作受到前接音段发音动作的影响。影响的时间范围取决于音段的发音限制条件、语速、韵律位置、发音风格及个体发音策略等因素。已有研究表明，逆向协同发音是发音运动编码机制的反映，而顺向协同发音缺乏系统性，有可能是发音器官的运动惰性使然。（Recasens *et al*. 1997；Tatham & Morton 2006）相邻音段发音动作的影响方式取决于这两个音段是否共享发音器官及音段动作的发音限制条件。①如果相邻音段的发音动作由不同的发音器官来实现，那么两个音段的发音动作就有可能相互不影响。如普通话中声母辅音为双唇音的音节，声母的双唇发音动作不影响后续元音的舌的动作。如果相邻音段的发音动作共享发音器官，那么发音动作的相互影响就取决于音段发音限制条件和发音动作互斥程度。如加特兰语的音节/ɫi/，软腭化边音/ɫ/和前高元音/i/对舌面动作的限制条件都比较强，但是两者的舌面动作要求互斥，边音/ɫ/对元音/i/的影响程度要大于后者对前者的影响程度。（Recasens *et al*. 1995a，1997）

协同发音研究与实验技术手段的发展密切相关。19 世纪中期，大多数语音学家认为，语言的每个字母都对应着一个稳定的发音动作，动作之间存在过渡。19 世纪末期，记波器（Kymograph）的出现使得语音研究从口耳之学转向实验科学。在 20 世纪的前 30 年里，法国语言学家 Rousselot 使用记波器记录了发音器官的动作过程。他发现语流中相邻及相隔音段间的发音动作存在相互影响。同一个时期，由 Scripture（1904）主编的《实验语音学讲义》中也发现了音段间的相互影响。这个时期语音学家对协同发音的性质、过程和机制还

① 本书所说的发音限制条件是指音段发音动作对舌面（tongue dorsum）的控制程度（Recasens *et al*. 1997）。发音限制条件与音段对舌面动作的控制以及音段的发音方式有关。如齿龈擦音/s/的舌面前部需要形成凹槽，以便高速气流通过。又如前高元音/i/的舌面位置比较高，在硬腭区域的舌腭接触面积较大。这些音段的发音限制条件都比较高。

没有明确的认识。

1933 年，Menzerath 和 de Lacerda 首次提出了协同发音的概念。他们认为“所有的发音动作都是协同发音”，[①]然而他们坚信连续的发音动作能够产生可切分的声学单元，后者是人类感知音段的单位。Stetson 使用记波器测量了多种生理信号及发音器官的动作过程。他提出，人类言语产生过程中的发音动作与人类的运动技能一样，都是多器官相互协作配合产生的结果。（Stetson *et al*. 1988）

20 世纪 60 年代产生了两个经典的协同发音理论，一个是 Lindblom 的发音不到位模型。该理论认为言语产生遵循省力原则，发音动作和声学参量的变化受到时长的控制。（Lindblom 1963）后来，Lindblom(1990)进一步扩充了该模型，提出了著名的发音到位-不到位模型[②]。该理论认为，语音产出表现为一个连续统(continua)，这个连续统的一端为发音到位，另外一端为发音不到位。发音人根据听话者的语音感知及交际场合的需要选择音段产出策略。另外一个经典的模型为 Öhman 的负载模型(Carrier Model)。该模型认为，发音过程中元音的发音动作是连续的，辅音动作负载在元音动作之上。（Öhman，1966）

20 世纪 60 年代后期的协同发音模型大体上分为两派，一派以音系特征（feature）作为协同发音研究的出发点，一派以发音动作(gesture)作为协同发音研究的基本单元。

建立在音系特征基础上的协同发音理论或模型包括特征前展模型（Look-ahead Model，Henke 1966）、特征扩展理论（Feature-Spreading Model，Daniloff & Hammarberg 1973)、协同发音阻力模型(Coarticulatory Resistance Model，Bladon & Al-Bamerni 1976)、语音窗模型（Window Model，Keating 1990)。上述理论或者模型的

① 转引自 Kühnert 等，1999：14 - 15。

② Hyperarticulation-Hypoarticulation Model，简称 HH 模型。

共同特点是试图使用参数化的方法把协同发音现象纳入音系的形式化表达式中。

动作派理论颠覆了以特征为核心的语音学理论。基于直接知觉理论，该派认为语音的基本单位不是特征，而是发音动作。Fowler (1980)的“外在时间理论”从动态视角定义了音段的本质特征，她认为语音的基本单位具有空间域和时间域的特征。基于此，她提出音段是具有言语功能的多器官协同合作的结果。Browman 和 Goldstein 认为发音动作是音系的基本单位。①发音动作表现为以实现特定语言功能为目的的若干个发音器官的协同运动。与音位或者特征一样，发音动作具有抽象的性质。发音动作由特定的发音器官按照一定的运动规律来实现（Browman & Goldstein 1986，1990，1992；Saltzman & Munhall 1989），同时也是人们感知语音的目标（Galantucci *et al*. 2006）。属于动作派的理论包括共同发音理论（Coproduction Model），任务运动模型（Task Dynamics Model）和发音音系学（Articulatory phonology）。

无论是特征派还是动作派都认同两个基本的假设，第一，人脑中存在抽象的、类似音位的由一定数量音系单位组成的系统。第二，协同发音过程受规则制约，因此可以预测。

对于协同发音在言语产生过程中出现的阶段有如下观点。Chomsky 等认为协同发音出现在语音实现过程中，本质上不属于语言学领域。（Chomsky & Halle 1968：293－295）Lindblom（1990）把协同发音过程归咎于言语产生的经济性原则，因而也把协同发音排除在语言学范畴之外。特征扩展理论把协同发音纳入语言学范畴内，认为属于某个音段的音系特征会扩展到相邻音段未赋值的特征，这个过程可以用形式化的手段来描写。Keating（1990）认为音系层面和语音层面都存在协同发音，音系层面的协同发音就是特征扩展，即

---

①　此处的音系是从言语功能角度对发音动作的一定程度的抽象。

音段的某个特征发生范畴变化，语音层面的协同发音表现为音段的某个特征发生了渐变。她用语音窗（window）来规定特征变化的程度。语音窗参数的设定因音段的不同而不同，同时存在跨语言差异。由此，她认为协同发音过程受认知的控制。Tatham 等（2006）认为协同发音是一个物理过程，但是认知因素会干预协同发音的程度。

近几十年来，越来越多的学者认为协同发音是人类大脑动作编码机制的外在表现。言语产生过程中，声道的变化受到严格的物理和生理限制。声道运动"并不是实现一个个独立的发音动作，并且在音段之间完成费时的过渡，而是完成一系列精密快速的动作"。（Kühnert & Nolan 1999：9）另外，协同发音也是人类语音加工以及语音知觉的重要手段。Liberman 等（1967：431）认为，"一系列的音位通过声学特征得以编码，声学特征所携带的这些音位的信息是平行的"。正是人类语音编码的这种特性，才使得语音能够快速地传送信息。（Fitch 2000）

1.2 音段协同发音

音段协同发音研究包括辅音对元音的影响、元音对辅音的影响及元音间跨辅音的相互影响。在言语声学领域，研究音段协同发音现象的主要方法是考察元音过渡段 F2 轨迹的变化方向和幅度，从而推断舌位过渡的过程和特点。从发音生理角度研究音段协同发音现象的方法包括动态电子腭位（Electropalatography，EPG）、超声波、X 光电影及动态发音仪（Electromagnetic articulography，EMA）。与其他研究手段相比，EPG 的优势在于能够实时地记录言语活动过程中舌面与硬腭的接触过程，提供舌头的空间动作姿态及在时域上的运动过程信息，因而，EPG 成为音段协同发音研究最重要的手段之一。

本节主要回顾已有的使用 EPG 进行的音段协同发音的研究结果。

1.2.1 辅音对元音的协同发音

辅音对元音的逆向或顺向协同发音研究集中于辅音对三个顶点元音/a, i, u/的发音动作和共振峰的影响。元音/i/与硬腭的接触面积较大,因而可以使用EPG来记录辅音对元音舌腭接触的影响。元音/u/只在软腭或硬腭后部存在接触,而元音/a/基本上没有舌腭接触,因此一般其他生理手段或声学方法主要研究辅音对后两个元音的影响。

已有研究发现,元音/i/的发音动作和F2数值受辅音影响的程度相对较小。Recasens(1985)对加泰罗尼亚语CV音节中18个辅音对前高元音/i/中点处共振峰的影响进行了研究。①他发现元音/i/的共振峰不易受辅音的影响。从该文的F2数据来看,硬腭音和软腭音使得元音/i/的F2升高,/r, ɫ/则降低元音/i/的F2,/w/的两个发音动作对/i/的F2影响不大。②他用Stevens的量子理论(Quantal Theory)来解释前高元音/i/在不同辅音环境下表现出来的声学差异。③同时,他认为元音/i/的发音限制决定了该元音较少受到周边辅音的影响,然而当周边辅音的发音限制条件比较高、且与元音/i/的发音动作冲突的时候,则会影响元音/i/的发音动作和F2。后来,Recasens(1991a,1991b)使用EPG分析了加泰罗尼亚语的边音/ɫ/和颤音/r/对元音/i/的逆向协同发音影响。他发现两个辅音使得元音/i/中点处的舌腭接触面积减小,并导致元音声学中点处的F2降低,元音/i/对两个辅音的顺向影响程度相对较低。他提出/r, ɫ/的舌面动作发音限制强于元音/i/的情况,因而后者的发音动作受到影响。Farnetani等(1993)使用EPG研究了意大利语辅音/d, t, l, s, z/对

---

① 18个辅音为/p, b, t, d ,k, g, c, ɟ, f, s, z, ʃ, ʒ, j, ʎ, r, w, ɫ/。Recasens把它们分为五个发音部位:唇音/p, b, f/、齿龈音/t, d, s, z/、腭音/c, ɟ, s, z, ʃ, ʒ, j, ʎ/、软腭音/k, g/和唇软腭音/w/。

② 两个动作是指舌面向软腭抬高和圆唇动作。

③ 元音收紧点在硬腭区域发生变化的时候,所引起的元音频谱变化不大。

元音/i/的逆向协同发音影响。他们发现，辅音对/i/的发音动作影响幅度表现为/l/</d, t/</z, s/，舌面发音限制较高、时长较长的辅音对元音/i/的影响比较大。Perkell 等(1985)使用 X 光分析了不同辅音环境对/i/的舌位收紧点位置的影响。他们发现/i/的舌位收紧程度不受辅音环境的影响，但是收紧点的位置变化较大。另外一些发音生理研究结果表明，在不同辅音环境中，元音/i/的发音动作相对稳定。Gay(1974, 1977)使用 X 光资料研究了元音/i/在不同语音环境下的发音位置，他发现元音/i/的目标位置非常稳定。Bell-Berti 等(1975)也发现了相似的结果。Hoole 等(1990)使用 EMA 发现，/i/的舌体位置基本不受辅音环境的影响。

元音/a/和/u/的发音动作受语音语境的影响非常大。齿龈音和龈腭音使/a/的舌面和舌叶上抬，舌体前移，而软腭音则使舌面后上抬。(Recasens 1999) Recasens(1985)的声学分析结果表明，硬腭辅音能够抬高/a/的 F2。Perkell 等(1985)的分析结果表明，英语/a/在收紧点的收紧程度不受辅音环境的影响，但是收紧部位和舌叶的位置却受到辅音环境的影响。上述研究表明，/a/在收紧点处的声腔截面积相对稳定，不参与发音的舌区则受到周边辅音发音动作的影响。Butcher 等(1976)的实验结果表明，后接齿龈音/t/的条件下，/u/的舌面伸展，舌叶上抬。(1976) Recasens(1991a)发现颤音/r/对/u/也会产生相似的影响。

上述研究结果表明：第一，辅音对元音发音动作的影响首先取决于元音对舌面动作的控制程度。元音/i/对舌面动作的控制最强，同时不参与发音的舌区的动作受到限制，因而不易受到辅音发音动作的影响。元音/u, a/对舌面动作的控制程度相对较弱，不参与发音的舌区易于受到辅音动作的影响。第二，音段间协同发音的幅度取决于元音和辅音发音限制条件的强度。如果辅音的发音限制条件较高，则会对元音产生协同发音影响。第三，元音与辅音的发音动作是否冲突也是影响协同发音的重要因素。加泰罗尼亚语的/i/和/ɨ/的发音动作互斥，前者要求舌面上抬，而后者要求舌面下降。由于后者的舌面限制条件强于前者，因此辅音对元音产生较强的协同发音影响。

1.2.2　元音对辅音的协同发音

元音对辅音协同发音影响的程度取决于两个因素：辅音发音动作限制条件及辅音和元音发音动作的互斥程度。

辅音发音限制条件与主发音器官的灵活程度有关。一般来说，以舌体作为主发音器官的辅音对舌面动作的发音限制较高，以舌尖或舌叶为主发音器官的辅音对舌面动作要求不高，但是后者受到辅音发音方式的制约。大量研究结果表明，舌尖齿龈塞音易于受到元音环境的影响。（Butcher & Weiher 1976；Öhman 1966；Recasens 1984a；Recasens 1985；Recasens *et al*. 1993b，1997；Tabain 2000；李俭，郑玉玲 2006；郑玉玲，刘佳 2006）齿龈后音、龈腭音及硬腭音较少受到元音环境的影响。软腭塞音的成阻动作在舌体高度维度上不受影响，但是在前后维度上受到环境元音的影响。（Fowler & Brancazio 2000；Iskarous *et al*. 2010；Löfqvist 1999）

辅音发音过程中非工作舌区是否和主发音器官形成动作耦合会影响辅音的协同发音敏感性。①如果舌面作为非工作舌区受到相邻元音的影响，则主发音器官的发音部位有可能会受到元音协同发音影响而发生变化。Farnetani 等（1989）使用 EPG 研究了意大利语、加泰罗尼亚语和英语的/bV'CV/中元音对第二音节辅音位置的/t，k/的发音部位的影响。他们发现，在辅音的闭塞段，意大利语和英语/t/的发音部位随环境元音的影响而出现不同的变化。环境元音为/a/的时候，英语的/t/的发音部位靠前，舌尖接触齿龈部位；当环境元音为/i/

---

①　所谓的非工作舌区是指辅音发音过程中不参与形成阻碍（阻塞）的舌区，例如产出舌尖齿龈塞音/d/的时候，主发音器官是舌尖，非活动舌区为舌面。

的时候，发音部位靠后，舌叶接触齿龈部位。意大利语的舌尖齿龈塞音/t/的发音部位不随环境元音的影响而改变。当舌面参与形成阻塞或者阻碍的时候，和舌面相邻的舌区受到舌面发音限制的影响，因而对元音协同发音影响的敏感度降低。齿龈硬腭音/ɲ/的发音器官是舌叶和舌面前，在辅音成阻过程中，舌面发音动作限制较强，舌前区域受到耦合作用影响，因而受环境元音影响的程度就较小，协同发音主要发生在离阻塞（阻碍）部位较远的舌面后。（Recasens *et al*. 1993a）同理，硬腭音在发音部位附近的舌面部分受到较强的耦合作用，不易受到环境元音的影响。（Engstrand 1989；Farnetani 1990；Recasens 1984a，1989；Recasens *et al*. 1993a）

辅音和元音发音动作的互适性影响辅音协同发音的敏感性。发音动作互适性与发音距离有密切的关系。Lindblom（1963）最早从声学角度提出了发音距离的概念。后来的研究表明，发音距离反映了动作的互斥程度。（Soli 1981）发音生理研究表明，辅音和元音动作之间的叠加随发音距离的增加而减弱。（Recasens *et al*. 1997）因此，发音动作的互适性可以理解为两个相邻音段工作舌区的距离及这些舌区的发音限制程度。如果两个相邻音段的工作舌区接近，则两个发音动作倾向于融合。例如软腭辅音/k/在环境元音/i/情况，阻塞部位靠前。如果两个音段的发音器官不同，则易于形成互斥动作，如音节/sa/。

1.2.3 跨辅音元音间的协同发音

音节间跨辅音元音间的协同发音研究由来已久。目前大多数的研究表明，不同语言中的确存在元音间的协同发音，协同发音幅度和影响范围与中间辅音及元音的发音限制条件有关，同时，元音间的协同发音与特定语言中元音的数量及音节结构有关。（Manuel 1990；Modarresi *et al*. 2004；Mok 2010）

Öhman（1966）认为，VCV 序列的发音是由底层不同音节的元音的连续动作和它们所承载的辅音的发音动作构成。元音和辅音的控制渠道不同,辅音产生过程中,没有受到辅音运动指令控制的舌区表现为元音动作的自由过渡。

Butcher 等(1976)的 EPG 数据发现,齿龈塞音/t/比起软腭塞音/k/容易引起元音间的协同发音,两个辅音的不同表现说明“齿龈音的发音动作只涉及相对独立的舌尖动作,舌体则可以继续保持元音的发音动作。而软腭成阻涉及整个舌体的动作,因此有可能阻断两侧元音的发音动作”(Butcher *et al*. 1976: 72)。但是他们发现软腭辅音只在一种情况下允许元音间的协同发音,即/i/对辅音对侧的/a/产生逆向或者顺向协同发音影响。

Gay(1974,1977)反对 Öhman 提出的负载模型。他的 X 光电影分析结果证明跨辅音元音间的协同发音不存在。Gay(1977)对 V1CV2 序列的分析结果表明,在中间辅音成阻段过程中,下颚、元音舌体动作和辅音主发音器官动作的启动时间相当一致,而除阻过程中三者向后接元音动作过渡的启动时间却存在较大差异,舌体动作往往领先于下颚和辅音的主发音器官动作。向 V2 舌体动作过渡发生在中间辅音完全成阻之后的 50—60 ms(/p/的情况即是如此),而非 Öhman 认为的辅音成阻动作之前。V2 的舌体动作的起点与辅音除阻动作可以认为是一个动作单元。基于上述发现,Gay 得出结论:(1) V2 逆向协同发音止于辅音的持阻段,V2 舌体运动幅度不受辅音的影响。(2) 跨辅音元音间的顺向协同发音不能越过中间辅音。然而,Gay 的研究并未从根本上证伪 Öhman 的模型。Gay 认为 V2 的逆向协同发音始于辅音闭塞段,但是对辅音闭塞前的舌体动作性质没有做进一步的说明(比如/p/和/t/在成阻阶段舌体动作过程完全不同,前者的舌体动作往往反映 V2 的舌体动作特征,而对于后者可能是辅音和 V2 舌体动作的加总,即辅音舌尖动作对舌体动作的制约和 V2 舌体动作要求共同产生的结果)。

Recasens(1984b)使用 EPG 分析了中间辅音为/j, ɲ, ʎ, n/的加

泰罗尼亚语的 V1CV2 序列。他发现元音间协同发音的幅度(即辅音一侧的元音对另外一侧元音影响的幅度)与中间辅音舌面发音限制条件呈现单调负相关关系,辅音舌面动作限制条件越强,元音间的协同发音就越弱。Recasens(1987)使用 EPG 进一步分析了加泰罗尼亚语和西班牙语 V1CV2 序列中元音间的协同发音现象。他提出辅音和元音的发音限制条件决定了是否存在元音间的协同发音现象。元音间协同发音的方向是两个不同的过程,顺向协同发音比逆向协同发音更依赖辅音的发音动作限制,影响范围取决于整个 CV2 音节的发音动作限制。逆向协同发音的起始时间依赖于 V1 的发音动作限制。

辅音对元音间协同发音的影响可以用 Recasens 等(1997)提出的发音限制模型来解释。Recasens 等认为元音和辅音发音过程中舌面参与成阻的程度与它们的协同发音阻力(Coarticulatory Resistance)密切相关。以元音间协同发音为例,中间辅音的舌面动作限制较高,则会阻断元音间的协同发音作用。他们用 DAC 值(Degree of Articulatory Constraint)来衡量音段的发音限制,DAC 值与舌腭接触的程度有关,前高元音、龈腭音、硬腭音和软腭音舌体上抬,舌面与硬腭接触面积较大,因此 DAC 值最大。双唇音没有舌位目标(与元音/ə/的舌体位置大体相当),其舌体动作易受语音环境的影响,因此 DAC 值最低。齿龈音和低元音/a/的舌面不参与发音,但是与主发音器官的动作有耦合作用,①因此 DAC 值小于硬腭音,但是比双唇音大。发音方式也影响 DAC 的数值。摩擦音成阻过程中舌叶形成凹槽,因此,它虽然为齿龈音,但是对舌面动作限制较高,因此 DAC 值也最大。协同发音不仅与音段自身的 DAC 值有关,而且与临近音段的 DAC 值及音段间发音动作是否冲突有关系。在邻近音段发音动作不冲突的情况下,DAC 值的大小决定协同发音方向,DAC 值相同,

---

① 齿龈音的主发音器官为舌尖,由于舌尖上抬与齿龈成阻,舌面也随之上抬。元音/a/的发音动作表现为舌根与咽腔壁形成收紧点,舌面随之下降。

协同发音作用就小(如/ɲi/)。动作冲突的时候,DAC 值的大小决定协同发音的方向。跨辅音元音间的协同发音比较复杂,它不仅取决于元音的 DAC 值,也取决于中间辅音的 DAC 值,如果后者较小,低元音比高元音更易受到来自对侧元音的协同发音影响。

元音间协同发音涉及多个音段之间的协同发音,因此在发音生理上的表现就比单纯的元音和辅音之间的协同发音现象要更复杂。

1.3 韵律因素对音段协同发音的影响

韵律与言语产生的时间组织方式密切相关。音段发音及音段间的协同发音不仅与发音动作特征有关,而且受到韵律因素的控制。韵律因素和协同发音关系的研究一般包括协同发音与语言节奏类型的关系、音段发音与韵律层级的关系及语速对协同发音的影响。

在研究方法上,声学研究一直占据主要地位,主要依靠测量音段时长及共振峰走向来考察韵律因素对音段协同发音的影响。近二十年来,使用发音生理手段开展的相关研究逐渐增多,其中以 EPG 为主要分析手段开展的"域首发音增强"(Domain-initial strengthening)研究最为引人注目。本节对上述三个领域的研究成果做总体归纳,在论述过程中侧重 EPG 的研究成果。

1.3.1 节奏对协同发音的影响

语言的节奏类型主要有两大类,音节节奏型和音步节奏型。法语是音节节奏型语言的代表,重音往往落在词语的最后一个音节,没有等距的节奏边界。英语和汉语普通话是音步节奏型语言,然而二者的音步表现形式完全不同,英语是重音型语言,每隔 2—3 个音节就有一个重音,重音处在音步最左端。普通话则表现为松紧型音步。(王洪君 2008)

很多语言的音步结构与重音有密切的关系。重音不仅与音高、音强和音长因素有关,还与音段发音动作的调整有关。和非重读音节相比，位于重读音节的舌辅音的发音动作幅度大，发音器官的运动速度快，舌腭接触面积大。重读音节中的舌辅音发音动作限制要强于非重读音节的情况，这导致辅音对协同发音的敏感程度降低。(Farnetani 1990；Recasens 1999)此外，CV 音节中辅音和元音发音动作的时间关系与重音相关。音节重读，辅音和元音的发音动作重叠程度降低。如果是弱读音节，则音节时长减小，动作重叠程度增加(Engstrand 1988；Fowler 1981)。然而声学研究并没有发现这种动作重叠/滑动模型(Overlapping，sliding gesture)。(Tjaden 1999)重读音节中元音的发音动作强度增大，发音器官运动加快；在非重读音节中，元音动作易受到相邻音段的影响而产生弱化或者融合现象(Lindblom 1963)。De Jong 等(1993)的研究结果发现，在英语语流[...put ♯ ?/ð...]中，如果[put]是重读音节，那么词尾辅音受到后面齿间音的影响就小得多；另外，元音/ʊ/的舌位靠后，趋向于典型的后元音。Magen(1997)也得到了类似的结论。

在具有重音特征的语言里，音步组织围绕重音展开。研究表明，音步内和音步间的协同发音模式存在较大差异。Fowler(1981)考察了音步结构和协同发音之间的关系。她发现音步内的重读元音对后面的非重读元音产生顺向影响，而对前面的非重读元音影响较弱，即在左重音步结构的语言中，重读元音的协同发音影响往往是右向的，一般不跨越音步边界影响左侧的音段。同时，元音间的协同发音使得重读元音时长缩短。①从共现发音模型(Coproduction Model)出发，Fowler 认为重读元音是英语音步发音的生理基础，后面所接的非重读元音叠加在重读元音的尾部(superimposed on the trailing edge of a stressed vowel)。②然而，Magen(1997)对英语三音节词中元音间

---

① 此处重读音节的缩短是相对单音节而言的。由于英语是重音组步的语言，重读音节后接非重读音节。由于音节间协同发音的作用而产生了音段互补性缩短的现象(compensatory shortening)。

② 引自 Vayra、Fowler 和 Avesani(1987：86)。

协同发音的研究表明，音步并非是协同发音的作用域，元音间的顺向或逆向影响在音步间也可以实现。Vayra 等(1987)对比分析了意大利语和英语音步结构和协同发音的关系。她们认为，虽然音系学研究把左重音步看做是意大利语与英语的语言节奏组织的基本单位，但是意大利语的重读元音对后面的非重读元音的顺向协同发音程度并没有英语那样明显，另外非重读元音时长并没有显著缩短。

对莫拉节奏型的语言的研究表明，元音间的协同发音受到音步界的制约。(Kondo 2006) Kondo 从日语的二莫拉音步结构(bimoraoic foot)出发，分析了音步内和音步间的元音间协同发音现象。通过考察元音/a/的 F2，她发现在音步内元音/i/对/a/的逆向或顺向影响幅度要明显强于音步间的情况，另外，元音间的逆向影响比顺向影响更显著。

普通话音步表现为松紧型音步，处于音步首的辅音比音步内的辅音的辅音性更强。(王洪君 2008：255)辅音性减弱表现为清辅音浊化、浊辅音清化及声母消失等现象。(孙国华 2001)目前还不清楚汉语普通话协同发音和音步结构之间的关系。

1.3.2　韵律层级对音段发音的影响

音段发音不仅受到语音环境的影响，还受到韵律层级的制约。音段所处的韵律边界层级越高，音段的发音动作幅度就越大，这主要表现为舌腭接触面积的增大及发音动作时长的增长。(Cho & Keating 2001；Fougeron 2001)同时，音段发音限制条件增强，受协同发音影响的程度降低。

音节是韵律研究的基本单位。音节中音段的发音动作取决于该音段在音节的位置。位于音节首的辅音的发音动作幅度强于位于音节尾的情况(Krakow 1999)。辅音发音动作幅度的增大使得舌腭接触面积增大，在声学上闭塞段时长变长。(Byrd 1994；Keating & Wright 1994)。摩擦音/s/在音节首和音节尾的动作姿态变化不大，但是在首音节位置上的持阻时长更长。(Byrd 1994)音节首辅音的发音强度不仅表现为舌腭接触的变化,而且还表现为接触压力的变化。McGlone 等发现,位于音节不同位置的/n, t/的舌尖和上齿背接触压力存在明显差异,位于音节首位置的压力几乎是音节尾的一倍。/l/在音节首的接触压力是音节尾的一倍以上。舌双侧和臼齿的接触压力与辅音在音节中的位置没有关系,表明接触压力的增加仅仅表现在舌尖部位。/s/的接触压力与所处的音节位置没有关系。处于音节不同位置辅音的接触压力变化与声学信号的时间关系不同,音节首辅音的接触压力最大值一般出现在声学信号的起点(或者之前),而音节尾部辅音的接触压力最大值出现在声学信号的结束时刻。(McGlone *et al*. 1967)

音段发音动作不仅与他们在音节中的位置或词中的位置有关,而且还受到韵律层级的制约。Fougeron 等(1997)考察了鼻音/n/在音节、韵律词、韵律短语、语调短语及语句韵律边界的舌腭接触情况。她们发现,舌腭接触面积的变化随韵律边界层级的提高而增大。她们认为韵律边界对音段产出有一定的控制作用,韵律层级越高,处于韵律边界的辅音的发音限制条件就越强,辅音与周边音段发音动作的叠加程度降低,辅音的协同发音阻力增大。20 世纪 90 年代后期,美国加州大学洛杉矶分校语言学系语音实验室以 Keating 教授为首的团队开始研究世界语言中韵律层级对发音的影响,这方面的内容将在第五章详述。除了音段产出受到韵律层级制约外,音段间的协同发音也受到韵律层级的制约。(Hardcastle 1985; Vaissiere 1988)

1.3.3 语速与协同发音的关系

语速(speech tempo)对音段声学特性的影响非常复杂。一般而言,语速的加快表现为音段时长的缩短,但并不意味着音段声学频谱发生改变。(Miller 1981)已有研究表明,在快速语流中发音人的发音策略存在较大差异。Farnetani(1990)把前人有关语速对发音动作影响分为四类：第一类，动作幅度减小，但是动作速度不变。第二类，动作幅度减小，动作速度增加。第三类，动作幅度不变，但是动作速度增加。第四类，动作幅度和速度都减小。

Kent 等(1972)利用 X 光技术分析了由元音/a，i，u/和辅音/g，j，d，z/组成的对称元音 V1CV2 序列在正常语速和快速语速条件下舌体发音动作的特点。他们发现语速对舌体运动速度的影响不显著，但对发音动作幅度有显著影响。在快速语速条件下，舌体动作往往达不到目标发音位置。Gay(1981)使用肌电技术(EMG)发现语速的增加引起四种变化：音段时长减小、发音动作位移减小、发音动作速度加快及音节间协同发音程度加大。他认为语速的加快使得各发音器官的动作得以重新组织。

在快速语流中，音段的发音限制条件降低，这会增大音段协同发音的程度。Engstrand(1988)使用 X 光技术分析了不同语速条件下瑞典语元音对辅音口腔动作的影响。实验材料为元音/a，i，u/和唇辅音/p/构成的 VCV 序列。他发现随着语速的加快，元音和辅音发音动作的重叠程度加大。Farnetani 等(1993)使用 EPG 对比了连续语流(connected speech)和在读词表(citation form)情况下辅音对元音协同发音的影响。他们发现，在在读词表任务条件下，辅音对/a/的逆向影响大于对/i/的逆向影响，在连续语流中这种差异更明显。Krull(1989)使用音轨方程研究了正常语流和在读词表任务中 CV 协同发音的程度。他发现正常语流中辅音音轨方程的斜率大于在读词表任务中的斜率。他(Krull 1989：105)认为“(在不同任务中)协同发音程度的差异表现为音轨方程斜率的差异”。

1.4　普通话音段协同发音研究

普通话音段协同发音研究主要集中在言语声学领域，有关发音生理和语音知觉方面的研究比较少。

许毅(1986)提出普通话音段的连接方式分为四种类型：闭音联、

音节音联、节奏音联和停顿音联。其中，闭音联的音段结合度最紧密，而音节音联中跨音节边界的音段之间的协同发音与闭音联的情况存在较大差异。

吴宗济(2004)研究了普通话双音节 C1V1♯C2V2 中音节内和音节间的协同发音现象。在这项研究中，C2 为/p, t, k/，V1 和 V2 为/a, i, u/。他的研究结果表明，元音对塞音的影响与后者的发音部位有关。/p/受后接元音唇形的影响，/k/则受到后接元音舌位的影响，/t/的主发音器官的发音动作一般不受后接元音的影响，但是它对元音的影响却比较大。V1♯C2 间的协同发音影响按照 V1 出渡(offglide)[①]的变化幅度分为三类：/u♯t/组合中 V1 的出渡幅度最大，表现为/u/后过渡段的 F2 轨迹上升幅度较大(上升幅度平均达到45%)。这是第一类情况。第二类的 V1♯C2 组合类型最多，表现为 V1 后过渡的 F2 轨迹上升或下降，但是变化幅度低于第一类情况。第三类组合的出渡没有变化，即 V1 后过渡段的 F2 轨迹保持不变，这种类型的音段组合比较少。V1♯C2 协同发音还受到 V2 的影响，由此，吴宗济(2004：83)认为，“在 CVCV 组合中，最后的成分是决定性因素，它可以形成多米诺骨牌效应，一直影响到第一个成分并形成协同发音整体的表层模型”。最后，稳定段的 V1 和 V2 的 F2 数值偏离了它们的声学目标值，偏离程度不仅与元音的舌位有关，而且与音节位置有关。从协同发音方向来看，汉语普通话中逆向协同发音是显著的，顺向协同发音并不明显。

吴宗济和孙国华(2004)研究了 C1V1♯C2V2(C1 和 C2 为清擦音)的协同发音声学模式。他们从声学特征的变化推导发音动作过程，通过观察擦音下限频率的变化及两侧元音的 F2 轨迹，把元音对擦音协同发音影响归结为三种模式：异体协同发音(唇齿擦音)，同体异位协同发音(包括舌尖前、舌尖后和舌面前擦音)及同体同位协同

① 出渡为 V1♯C2V 中 V1 后过渡段的共振峰轨迹。

发音(舌面后擦音)。

颜景助(1992/1993)研究了清塞音和元音间的协同发音影响。他发现元音段的共振峰轨迹的起点频率受到后接塞音发音方式及元音的共同影响。送气声母的送气段负载塞音的属性信息,F2 和 F3 音轨可以判断三个发音部位的塞音。颜景助(1994/1995)还研究了普通话(C1)V1＃V2(N)型双音节 V1 和 V2 的协同发音模式。他发现元音舌位的距离与共振峰过渡的时长和幅度相关;F1 和 F2 轨迹连续变化,但是 F3 轨迹的变化不连续。

曹剑芬(1994/1995)考察了普通话双音节前字韵母和后字声母的分界问题。通过对元音 F2 轨迹的观察,她提出 V1 动作向 C2 动作过渡分为三个阶段：C2 作势阶段(F2 轨迹过渡段)、C2 成形阶段(F2 轨迹结束点)和 V1 动作惯性段。

孙国华(1998)分析了不同语速条件下后字声母对前字元音声学目标(即 F2)的影响。他发现在语速加快的条件下,元音/i, u/的目标值受后字声母的影响加大,且不同部位的声母对两个元音的目标值的影响是不同的。

陈肖霞(1997)研究了汉语双音节中后字声母辅音(唇音、齿龈音和软腭音)对前字韵母的协同发音影响。她认为汉语普通话音节间的协同发音主要表现为逆向协同发音,也即后字声母对前字开尾韵母产生影响。当后字声母是唇辅音的时候,后字韵母对前字韵母产生跨辅音的逆向影响。逆向影响的时间范围只存在辅音发音部位的不同,不存在影响方式上的差异。

近十年来,普通话协同发音研究从声学领域逐步转向发音生理领域,研究重心为普通话言语产出的生理过程研究。20 世纪 90 年代末,中国社会科学院民族学与人类学研究所语音学与计算语言学重点实验室首次推出了普通话语音动态腭位数据库及其研究平台。(鲍怀翘,郑玉玲 2001)该数据库为研究普通话协同发音提供了全新的资料。鲍怀翘等(2004)研究了辅音对元音的逆向协同发音的时间范围及后字辅音和元音对前字鼻尾/n/的逆向协同发音影响。他们发现,不同发音部位和方法的辅音的成阻时间大体一致,平均为31 ms。前字鼻尾/n/的成阻与后字辅音的成阻同时发生。后字声母为唇音时,后字元音决定前字鼻尾/n/的发音部位。郑玉玲等(2005)分析了音节鼻尾辅音和后字声母的协同发音模式。她们的研究结果发现,鼻尾/n/的发音动作受到后接声母的发音部位的影响,当后接非软腭音时,发音部位受到后字辅音逆向协同发音的影响;当后接软腭辅音时,/n/同化为/ŋ/。鼻尾/ŋ/的发音部位不易受到后字声母的影响,后字声母为非软腭辅音时,易出现双部位成阻。郑玉玲等(2006)还研究了辅音发音部位和舌面位置在不同元音环境的变化。她们发现辅音的发音部位比较稳定,其中边音/l/的发音部位受到环境元音的影响最大,而硬腭辅音/tɕ, tɕʰ, ɕ/基本上不受环境元音的影响。哈斯其木格等(2006)分析了普通话元音过渡段与后接声母动作的关系。她们发现元音共振峰轨迹的变化与后接声母的腭位参数存在密切的相关关系。普通话语音动态腭位数据库还使用于分析韵律结构对音段发音的影响及音段间协同发音的影响(Cao & Zheng 2006; Zheng *et al*. 2006)。除了EPG外,使用EMA对普通话的协同发音研究也开展起来。Ma等(2008)对比分析了法语和汉语普通话V1#C2V2序列的协同发音现象。他们发现普通话V2舌位动作的逆向协同发音影响不能超越相同音节的声母,他们认为由于汉语普通话言语规划的最小单元是音节,因此音节内的协同发音很难跨越音节边界影响周边的音段。

从语音知觉领域对普通话协同研究的结果不多。初敏等(1997)开展了汉语音节音联共振峰过渡的知觉实验。他们的研究发现,听音人是否具有语音学背景知识对感知音节音联的共振峰过渡有显著的影响。不具有语音学背景的听音人只对双音节的音高模式的变化比较敏感,对共振峰过渡不敏感,而具有语音学背景的听音人则对二者都比较敏感。周迅溢等(2003)发现,音节之间的共振峰过渡幅度较大时容易引起知觉变化，而声调层面的变化更易引起知觉的变化。

上述研究说明，普通话的协同发音不仅存在于音段层面，韵律因素也会对协同发音产生影响。然而，对普通话协同发音现象产生的根源、过程及制约因素的研究并不全面。本书使用EPG技术，从音段和韵律层面全面考察普通话音段发音的静态和动态特征，试图解释普通话协同发音现象产生的根源，过程特点及制约因素，并在此基础上归纳普通话协同发音的特点和规律。

1.5 研究内容、目的和意义

本书主要使用EPG技术手段，同时结合声学研究方法考察汉语普通话音段协同发音现象及韵律因素对音段产出和音段协同发音的影响。

研究内容包括三方面：第一，普通话单音节中声母和韵母首元音的协同发音现象。主要考察韵母元音对声母发音动作的影响及声母对韵母单元音发音动作的影响，另外，考察音节声调对单元音韵母的腭位及共振峰的影响。第二，普通话 V1＃C2V2 双音节中 C2 对 V1 的逆向影响和对 V2 的顺向影响，跨辅音的 V1 和 V2 间的逆向及顺向影响，V1 和 V2 对 C2 时段腭位的顺向和逆向影响。前两项研究分析元音过渡段的腭位参数和 F2 轨迹的变化方向和幅度，最后一项分析 C2 时段的腭位参数。第三，韵律层级和语速对音段产出和音段协同发音的影响。第一项内容考察不同韵律边界层级条件下辅音和元音音段的腭位参数和声学参数是否具有层级性的差异。同时，考察韵律边界强度对 V1＃C2V2 双音节中元音间的逆向和逆向影响，以及元音对 C2 时段腭位的逆向和顺向影响。第二项内容考察三种语速条件下(慢速、正常语速和快速)音段目标腭位参数和声学参数是否存在差异。同时，考察双音节/V1ŋ＃C2V2/和/V1＃pV2/(＃表示音节边界)中舌腭接触动态变化的运动学参数(位移、速度、时长和发音动作重叠度)是否受语速的影响及影响的方式。

本书的研究目的包括四点：第一，结合音段的静态腭位和动态腭位分析普通话音段的发音特征，明确普通话辅音音段协同发音阻力(下文也称为协阻)的性质和量化方法。第二，结合 EPG 和声学研究方法分析普通话 V1♯C2V2 双音节协同发音产生的根源和特点，总结普通话双音节协同发音的规律和模式。第三，从韵律层面考察音段的发音动作及音段协同发音在语流中的变化，提出普通话语音动作控制机制的基本特点和模式。

基于已有的普通话动态腭位研究成果，本书将进一步加深对普通话音段协同发音的生理机制和控制因素的认识。从语言学研究层面看，本书将对普通话言语产生机制研究、音系研究及跨语言对比分析提供基本的研究结果和观点支持。从应用层面看，本书提出的音段协同发音规律和模式将对语音生理合成和言语病理研究具有一定的应用价值。

1.6 章节安排

本书分为六章。第一章为绪论，主要介绍国内外协同发音理论和模型及已有的基于 EPG 开展的协同发音研究成果。第二章介绍 EPG 研究方法，主要介绍 EPG 的技术发展概况、动态电子腭位分析方法、汉语普通话 EPG 数据库的内容及常见腭位参数的定义。第三章讨论普通话单音节中声母辅音和韵母元音(包括单元音韵母和复合韵母的首元音)的协同发音现象。同时，还考察音节声调对单元音韵母的腭位目标和共振峰的影响。第四章研究普通话 V1♯C2V2 双音节的协同发音模式。第五章分析韵律边界层级和语速对普通话音段发音及协同发音的影响。第六章为结语。

第二章
动态电子腭位(EPG)研究方法

2.1 技术概述

EPG 能够实时记录言语活动中舌面与硬腭的接触过程。EPG 信号不仅能反映音段的发音部位、发音方式及成音过程，还能间接反映舌的运动学特征。三十多年来，EPG 在言语产生和言语病理研究领域得到广泛的应用，对揭示人类发音器官的控制机制有独特的作用。

在 EPG 技术产生之前，人们使用腭位照相技术（palatography）研究人类语音的发音特点。腭位照相技术是一种静态描写音段发音部位和方式的实验手段。在实验过程中，把碳粉、巧克力粉或者其他黑色的无毒粉末与植物油（常用橄榄油）混合，用刷子把糊状黑色粉末涂抹在发音人的舌面或者硬腭上，然后请发音人读一个音段或音节。只要舌腭产生接触，就会在硬腭或舌面留下印记。同时，在涂抹了粉末的发音器官的相应部位上也会出现印记。静态腭位照相技术由两项实验内容组成，硬腭涂抹粉末后在舌面上形成的印记称为舌图（lingogram），舌面涂粉末后在硬腭上形成的印记称为腭图（palatogram，见图 2-1）。舌图可以直接照相，腭图需在发音人口腔中插入镜子才能照相。由于静态腭位照相技术简单易行，因此是语音田野调查中常用的方法。（Ladefoged 2003）

腭位照相技术只能获取单个音段舌腭接触面积最大时刻的腭位。它有两点缺陷：第一，很多情况下发音人的发音过程不自然。因为实验要求发音人每次只发一个音段或者音节，因而记录到的舌图或者腭图与发音人在实际语流中的发音有可能存在差异。第二，音段的舌图或者腭图反映的是整个发音过程(即音段或者音节)累加后的发音动作结果。

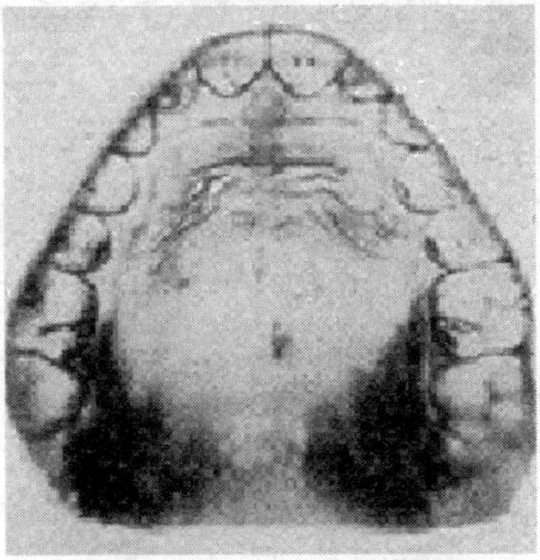

图 2－1 普通话腭图样本(选自周殿福，吴宗济 1964：111)

EPG 技术从 20 世纪 30 年代开始发展，到 60 年代后期逐渐成熟。(鲍怀翘，郑玉玲 2011：1－2)以下简要介绍 EPG 技术发展的概况。

Kydd 和 Belt 于 1964 年使用直流电路设计了电子腭位采集技术。他们在假腭上放置了 12 个电极，每个电极通过绝缘线与口腔外部的放大器连接，后者再连接到外置假腭模型中对应位置的灯泡上，最后由摄像机记录言语活动中舌腭接触的过程。限于当时的技术水平，他们的 EPG 系统存在三个缺陷：第一，舌面与电极接触后产生的电流较小，难于捕捉。第二，口腔产生的唾液使得相邻的电极产生桥接，从而影响信号质量。第三，电极分布不合理，无法获取有意义的腭位参数。

Kydd 和 Belt 的设计方案是 EPG 技术发展的里程碑。虽然他们的系统存在诸多问题，但是当时的研究者已经意识到它将对言语产生研究起到独特而重要的作用。

20 世纪 60 年代后期，Hardcastle 和 Fletcher 分别改进了 Kydd 和 Belt 的电子腭位采集技术。在 Hardcastle 的指导下，英国雷丁大学的 Jones 在 1974 年设计了雷丁大学 EPG－1 系统。(Hardcastle 1972)此后，随着计算机技术的发展，雷丁大学 EPG 系统不断更新完善，相继推出了 EPG－2 系统(Hardcastle *et al*. 1989)和 EPG－3 系统(Arnfield & Jones 1996；Hardcastle *et al*. 1991a；Jones & Hardcastle 1995)。后来，英国 AI 公司推出了 WinEPG 系统(Wrench 2003)。雷丁大学电子腭位系统的电子假腭(以下简称“雷丁腭”)使用了 62 个电极，按照发音人的硬腭生理结构摆放电极，使用牙箍把假腭悬挂于上颌臼齿[见图 2－2(a)]。30 多年来，雷丁大学 EPG 系统的电子假腭设计方案没有发生太大变化，变化的主要是计算机接口的硬件及软件部分。AI 公司的 WinEPG 电子腭位系统也采用 62 电极的雷丁腭。

美国亚拉巴马大学的 Fletcher 设计了 96 电极的动态腭位系统(Fletcher *et al*. 1975)。Kay 公司基于这个设计推出的 Palatometer 动态腭位系统[见图 2－2(b)]。① Fletcher 的假腭使用了 96 个电极，也是按照发音人的硬腭生理结构摆放电极，采用覆盖上颌牙齿的办法把假腭固定在上颌上。上述两种动态腭位系统是目前国内外使用最多的系统。

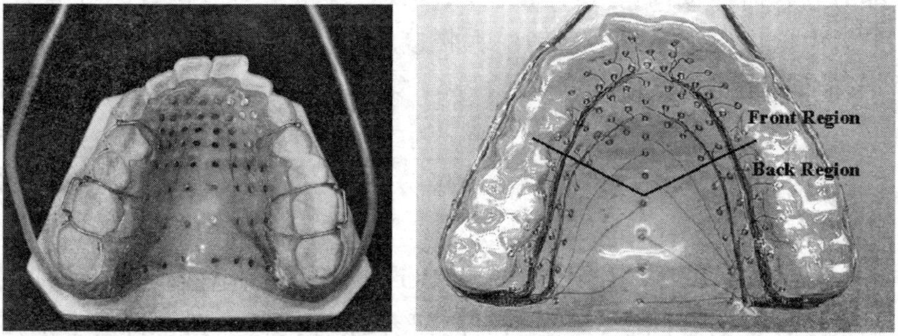

(a)　　　　(b)

图 2－2　(a) 雷丁腭　(b) Kay 公司假腭的设计方案②

① Kay 公司的 Palatometer 于 1998 年停产(Wrench 2007：3)。

② 图片选自加州大学洛杉矶分校语言学系语音实验室网站 http://www.linguistics.ucla.edu/faciliti/facilities/physiology/epg.html(最后登录时间为 2016 年 7 月 8 日)。

上述两类动态腭位系统必须为每位发音人单独制作电子假腭。由于电子假腭不具有通用性,因而开展较大规模人群的 EPG 语音研究时成本较高。后来的研究者借助于新的技术手段,对电子假腭进行了改进,通过使用柔性电路板把电路和假腭分离,从而降低了电子假腭的制作成本和周期。

东京大学的 Shibata 等(1978)最早使用柔性电路技术设计了带有 63 个电极的电子假腭,这成为日本理光公司(Ricon)推出的 DP－01 型腭位系统。DP－01 型腭位系统电子假腭的设计原理是把电极和连接电极的线路印刷在具有较好绝缘性的基材上(即电路板),然后把电路板压制到塑料假腭上。1979 年,理光公司又推出了 SP－02 型腭位系统。该型假腭无需制作发音人的硬腭石膏模型,而是设计了 6 种尺寸的假腭以用于不同年龄及硬腭形状的人群。由于这种假腭在材料方面存在安全隐患,不久之后就停产了。(Wrench 2007：4)1989 年,Hardcastle 等(1989：7)设计了带有 62 个电极的柔性电路板。他们的电路板中有个 T 形切口,以便于电路板能够粘贴在不同形状的假腭上。21 世纪初,Fletcher 设计了带有 126 个电极的柔性电路板(LogoMetrix 动态腭位系统使用的电子假腭),其基本特点也是假腭和电路分离,采集信号的时候只需要把电路板粘贴到假腭上。

柔性电路板的使用降低了假腭制作成本和周期,但是其缺陷也显而易见：第一,如果考虑到发音人年龄及硬腭形状差异,就必须设计出若干尺寸的电路板,这有可能使得电极数量发生变化。[①]第二,电极等距分布忽视了发音人的硬腭生理结构,同时很难进行个体间的比较。[②]

从目前的 EPG 语音研究的文献来看,使用雷丁大学和 Kay 公司 EPG 系统发表的文章占大多数,使用 LogoMetrix 的 126 电极腭位系统的语音研究相对较少。本研究使用 AI 公司的 WinEPG 系统及 62

① 电路板上电极的间距不能低于一定的阈限值,否则产生电路桥接现象。

② 研究表明,发音人的硬腭生理形状会对发音习惯产生影响。(Brunner、Fuchs & Perrier 2009)

电极的雷丁腭采集舌腭接触信号。

2.2　电子假腭的设计和制作

制作电子假腭首先要获取发音人的硬腭和上齿的石膏模型。然后把丙烯酸基材（亚克力材料）压制到牙模上，并根据电极分布方案在基材表面嵌入电极及连接电极的线路。

电子假腭的电极分布有两种方式。（Wrench 2007）第一种是等距分布，如 Rio 系统和 LogoMetrix 系统。第二种是按照硬腭的生理特征摆放电极，如 EPG3 系统和 Palatometer 系统。前者的缺点在于不便于人际之间的比较，后者可以克服前者的缺点。

雷丁腭和 Kay 公司假腭电极分布的另一个区别是第一行电极和最后一行电极在假腭上的位置，这与假腭的覆盖面有关。雷丁腭覆盖从门齿根部到硬腭和软腭交界线的区域，不包括上颌牙齿。其第一行电极摆放在门齿后 1 毫米左右的位置。Palatometer 假腭不仅覆盖整个硬腭，而且还覆盖上颌的牙齿，第一行电极摆放在门齿背，这是因为英语的齿间音（interdental）在连续语流中往往实现为齿音[t̪]。两种动态腭位系统的最后一行电极的位置大体相同，都处于硬腭和软腭交界点附近，这是因为如果向后延伸到软腭区域，则有可能影响发音人的正常发音。①雷丁腭最后一行电极位于硬腭和软腭分界线前 1—2 毫米左右的位置（Hardcastle *et al*. 1991a：44）。Fougeron 等（2000）比较了两种假腭设计方案，她提出两种电极摆放方案都能够反映不同音段发音的差异。但是，由于 96 电极假腭的电极分布范围较大，因而能够提供更多的发音动作信息。

电极间距、电极直径和电极材质是制作假腭电路需要考虑的重要因素。由于唾液具有导电性，电极间距应在一定的范围内，否则将

① 发音过程中软腭区域如果受到刺激，则会使发音人感觉发音不适，唾液增多，甚至呕吐。

产生桥接现象,影响信号质量。电极间的距离一般不小于1毫米。雷丁腭和Palatometer假腭电极分布相似,齿龈区域的电极分布比较密集,间距在2毫米左右。硬腭区域的电极分布比较稀疏,间距在3—4毫米。电极大小和导电性相关,电极越大,导电性能越好。雷丁腭使用直径为1.4 mm的银质电极,Palatometer假腭使用直径为1 mm的黄金或者白金电极。

导线从口腔引出的方式、假腭固定方式及假腭厚度直接影响发音质量。雷丁腭和Palatometer假腭的电极导线分为两路从两侧臼齿由内向外引出,然后从嘴唇两角导出。导线的粗细直接影响口腔能否咬合及嘴唇能否完全关闭。Palatometer假腭固定方式在一定程度上影响擦音和边音的气流,这是因为整个上颌的牙齿被假腭完全包住。假腭的厚度对发音影响最大,对阻塞音的发音动作和音质的影响尤为突出。雷丁腭一般为1.5～2.0 mm,整个假腭的厚度不均衡,Palatometer假腭的厚度一般为1 mm以上,整个假腭的厚度相对均衡。

以下介绍本研究发音人的电子假腭[图2-2(a)]。电子假腭的电极分布为横向8行,纵向8列。第一行有6个电极,距离门齿根部2 mm左右(不同发音人略有差异,本研究发音人的距离偏大),与两侧犬齿平行。第二至第8行每行有8个电极。第8行电极位于软硬腭交界附近,与两侧第二臼齿平行。前四行电极的间距为2 mm左右,分布在齿龈和齿龈后区域。后四行电极的间距为4 mm左右,分布在硬腭区域。笔者用电极的行数和列数来标记电极的空间位置,Rx表示电极所在行数,Cx表示电极所在列数。如R2C7电极表示位于第二排第七列位置上的电极(见图2-3)。

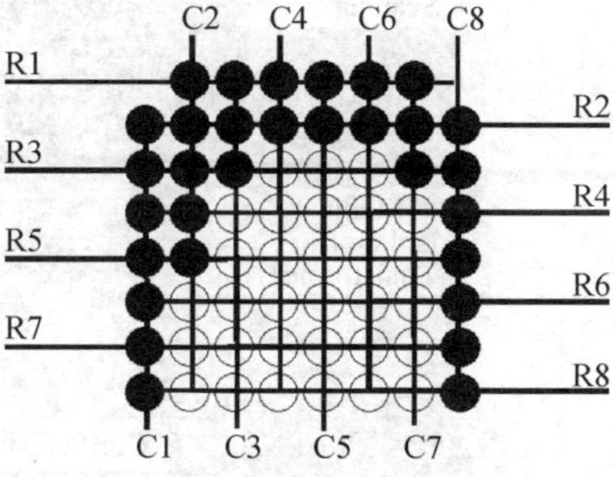

图2-3　电子假腭上的电极的位置标识

Catford(1977：161)根据辅

音的发音部位把上颚分为三个区域：齿-龈（dental-alveolar）、硬腭（palatal）和软腭（velar）。其中，齿-龈区域包括了齿、龈和龈后；硬腭区域包括了硬腭前和硬腭；软腭区域包括软腭和软腭后。根据Catford对上颚的生理划分及本研究发音人的电子假腭的电极摆放位置，笔者把8行电极对应的发音部位做了如下定义：R1—R2行电极为齿龈部位。其中，R1行电极位于门齿后、齿龈脊前。R2行电极位于齿龈脊。R3—R4行电极位于齿龈后和硬腭前部位。R5—R7行电极位于硬腭部位。R8行电极位于硬腭后/软腭前部位，该行电极与舌面后音的收紧部位有关。

2.3 WinEPG系统构成和工作原理

WinEPG动态电子腭位系统是基于Windows系统的腭位信号采集和分析平台。WinEPG的硬件包括串行通讯接口（Serial Port Interface）、腭位扫描仪（EPG3 scanner）、多路复用器（Multiplexer）、电极手柄（Chrome Handgrip）和电子假腭（见图2-4）。腭位信号采集和分析软件为ArticAsst。

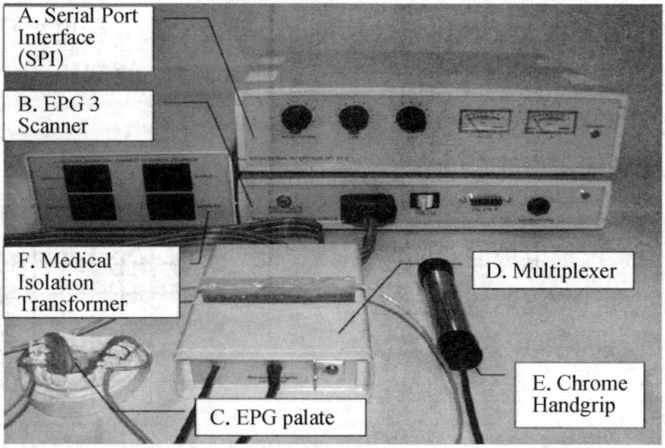

图2-4 WinEPG硬件组成（图片引自Wrench 2003：10）

WinEPG 硬件系统的多路复用器连接三个部件：电极手柄、腭位扫描仪和假腭。电极手柄实际上是一个电极，上面施加一定的电压。一旦舌面接触到电子假腭上的电极，电流回路接通。信号传送到多路复用器，再由后者对信号缓存放大后发送到腭位扫描仪进行处理。多路复用器一次扫描 4 个电极，扫描 62 个电极需要 3.2 ms。扫描后的信号输送至腭位扫描仪，后者每 10 ms 记录一帧腭位信息。

腭位扫描仪有计时电路和信号探测电路。计时电路用来控制多路复用器扫描假腭电极的时间。信号探测电路用于获取、分析和传输腭位信号。信号经过多路复用器放大后传送到腭位扫描仪，探测电路首先获得某时刻信号的峰值，然后与预先设定的阈值进行对比，而后把信号进行数字编码后传输到串行通讯接口。串行通讯接口为腭位扫描仪提供电源并根据电脑指令来控制腭位扫描仪。此外，串行通讯接口还有两个输入口，分别是电子声门仪信号(Electroglottograph, EGG)输入口和一个线路电平输入口(line-level)，后者为语音信号的输入端口。这也就是说 WinEPG 可以同时采集三路信号：EPG 信号、语音信号和 EGG 信号。

串行通讯接口通过串口转 USB 线(Serial-to-USB cable)把捕获的信号传送到 ArticAsst 程序，后者可以实时监控和显示录音的进程。ArticAsst 可以设置录制每条语料的遍数。录制好的 EPG 信号和语音信号在指定的文件夹里存为两个同名文件，EPG 信号的扩展名为*.EPG，语音信号的扩展名为*.wav。ArticAsst 还可以对腭位信号进行分析。

2.4　实验步骤和信号预处理

2.4.1　实验步骤

如图 2-5 所示，发音人佩戴电子假腭后，把连接假腭的电极板插入多路复用器的卡槽内，同时把电极手柄一端的插头插入复用器的插座里。在实验过程中,发音人必须手握手柄。如果要录制发音人的同步语音信号和EGG信号,则可以采用两种方法。第一种方法是直接把麦克风和电子声门仪连入串行通讯接口背侧的输入端口,也可以把麦克风接入腭位扫描仪前端的麦克输入端口。串口转USB线只能传送EPG信号和语音信号,EGG信号则需要另外一条数据线连接串行通讯接口背侧的输出端口和电脑的音频输入或USB输入端口。第二种方法是单独录制同步语音和EGG信号。把麦克风和电子声门仪连入到调音台,后者连入到声卡,通过声卡把两路信号连入到电脑的端口。

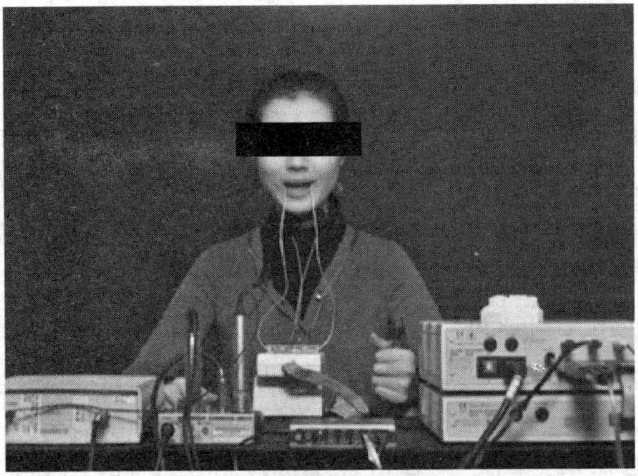

图2-5　电子假腭线路连接方法

发音人初次佩戴假腭后需要1小时左右的适应时间。在这个过程中,一般会出现发音不适、唾液增多或者呕吐的反应。但是经过适应训练后,发音人能够逐渐适应新的发音条件,同时,发音音质也趋近正常发音。

2.4.2　动态腭位分析系统

动态腭位分析系统是笔者为处理普通话动态腭位数据开发的基

于 Matlab 的分析系统。该系统的功能包括：三路信号(EPG、语音和 EGG 信号)的读入和保存、信息的同步展示、EPG 信号和语音信号的对齐、腭位参数提取、生理信号和语音信号的语音标记、共振峰数据校准及数据批量处理等。

为了提高 EPG 信号和语音信号的存取速度，分析系统把每条语音文件的所有信号、语音/生理标记位置、腭位和声学参数都存在 MAT 文件里。MAT 文件是 Matlab 数据存储的标准格式。每条语音文件的所有信息按照类型分配到 MAT 文件的细胞体(Cell)里相应的单元，程序打开 MAT 文件时，能够读入相关的信息，并随时更新数据，保存新的分析数据。

使用不同仪器、不同采样频率录制的多路信号有可能产生时域不对齐的现象。笔者发现，EPG 信号和语音信号存在不对齐的现象，处理方法将在下一节做说明。信号对齐是多模态语音研究中的一项技术难题，由于不同信号的采样频率设定不同，因而语音信号常常与同步录制的生理信号间存在时域错位的现象。信号对齐的基本原则是特定的语音声学事件必须与特定的生理时刻对应，如舌尖中音在声学上的除阻时刻必然对应着腭位除阻帧。

提取腭位是分析系统的重要功能。腭位参数的定义将在下文 2.6 小节介绍。分析系统提供了常用的腭位参数的算法，并可以根据研究需要开发新的算法，这与 ArticAsst 程序设计的理念一致。由于 EPG 信号是一个 62 维的由 0 和 1 构成的矩阵，因此使用 Matlab 更易于处理这类矩阵的运算。

根据生理和语音信号进行标记是分析系统的一项重要功能。对齐后的腭位和语音信号按照生理和声学标准对重要的语音事件时刻进行手工标记。声学标记一般包括音节起点和结束点，声母结束点和韵母起点、元音段 F2 轨迹结束点等。生理信号标记包括辅音成阻起点、持阻段的起点和结束点、持阻段舌腭接触最大帧、除阻结束点等。

共振峰轨迹校准也是分析系统的重要功能。由于本研究的主要对象为元音过渡段的F2轨迹，而元音起点后及结束点前的F2轨迹较难分辨，因此共振峰数据的校准需借助一些语图技术才能够进行相对准确的校准。其次，原始的共振峰轨迹存在跳点。笔者开发了基于LPC和倒谱的语图算法，同时配合Mustafa等(2006)及Fulop等(2007)的语图增强算法对共振峰轨迹进行校准。

2.4.3 EPG信号预处理

对语音信号和EPG信号的对齐是EPG信号预处理的一项重要内容。笔者发现，语音信号较短时(如在3秒内)，EPG信号与语音信号的对应比较好。当使用既定采样频率(腭位信号100 Hz，语音信号22 050 Hz)采集信号的时候，随着语音信号时长的增长，腭位和语音信号之间的时差就会变大。这表现在两个方面，第一，按照预设的腭位采样频率(100 Hz)乘以总帧数得到的EPG信号的总时长短于语音信号的总时长，且两者时长之差与语音信号时长呈现出较强的正相关关系。第二，语音信号时长较长的时候，前2—3秒内腭位信号和语音信号的同步性相对较好，但是2—3秒之后的腭位和语音信号的同步性开始变差。需要注意的是，上述不对齐现象并非总是出现。笔者的数据采集经验表明，这种不对齐有可能与电脑和/或外置声卡的选择有关，原因不详。

从语音研究的实际及已有的经验来看，可以采用两种手段对两路信号的采样频率进行调整。首先，笔者观察到，在长一些的语音信号中腭位信号的总时长一般小于语音信号，这可以通过降低语音信号或腭位信号的采样频率的手段达到两路信号对齐的目标。一般降低EPG的采样频率，因为如果语音样本的声学信号的采样频率存在差异的话，后期的存取和计算过程将会比较繁琐。调整后的EPG采样频率平均降低了0.6%，新的采样频率为99.4 Hz左右。

对腭位信号采样频率的调整可以有三种办法：第一种方法为等

时长对齐方法，按照语音信号的时长调整腭位信号的采样频率[见公式(1)]。

$$调整后腭位信号采样频率=1/(语音信号时长/(腭位信号帧数-1)) \tag{1}$$

这种方法的优点是操作方便，但是在后期语音标记阶段仍会出现错位现象。

第二种方法为固定采样频率法。首先取一小部分不同时长的语音样本，分别计算调整后的腭位信号的采样频率，然后计算这些采样频率的平均值作为所有腭位信号的采样频率。这种方法的优点在于使用统一的采样频率，这便于对文件数量较多的数据库进行采样频率的调整。但是使用这种方法有一个前提，即腭位信号与语音信号的长度差与语音信号的时长应具有线性关系，而后者并不确定。[①]

第三种方法为关键帧对齐法。关键帧对齐法是在录音语料的首和尾插入一个以齿龈塞音为首的音节或者词语，如/ta/。这是因为不送气齿龈塞音的除阻帧与波形中的除阻能量脉冲及与语图中的冲直条对应，也即齿龈塞音除阻后必然有气流冲出产生冲直条。具体步骤为：(1) 确定每个录音样本尾部的插入音节/ta/的塞音除阻后能量脉冲的时刻。(2) 确定塞音/t/的除阻帧的时刻。(3) 按照公式(1)计算新的采样频率。这种方法的理念在于通过对齐每项录音文件尾部的语音事件的生理信号和声学信号，就能够保证整个文件的生理信号与声学信号的对齐。这种方法需要在录音时在语料后加入特定的音节，对于较长的语音样本比较适合。缺点是需要通过手工操作来判断语音关键时刻及腭位关键帧，因而比较费时费力。笔者采用第三种方法对齐语音和 EPG 信号。

---

① Wrench 曾提议笔者采用这种方法，但是由于没有采样频率精度的时变数据及发音生理依据，笔者没有采纳。

2.5　汉语普通话动态腭位数据库

本研究使用的汉语普通话动态腭位数据来自北京大学语言学实验室建立的一位女性发音人的 EPG 数据库。①数据库包括普通话所有带调单音节、C1V1＃C2V2 型(＃表示音节边界)双音节、句子及篇章。

普通话带调单音节有 1 290 多个汉语普通话的带调单音节,包括了《现代汉语词典》第 5 版中收录的所有汉字音节。②

C1V1＃C2V2 双音节用于研究普通话音段间的协同发音现象。语料设计参考了已有的汉语普通话双音子和三音子结构。(曹剑芬 1996)所选语料的设计原则如下:

(1) C1—首字声母包括/p, t, k, tɕ, l, ts, tʂ/。使用这些辅音音段作为双音节首字声母的重要原因在于后期数据处理过程中的 EPG 和语音信号的对齐。尽量使用舌尖齿龈塞音/t/作为首字的声母。

(2) V1—首字韵母为单元音/a, i, u, y, ɿ, ʅ/。

(3) C2—后字声母为普通话的 21 个声母(C2 为零声母的数据不在本研究的范围内)。

(4) V2—后字韵母为单元音/a, i, u, y, ɿ, ʅ/及复合韵母/eɪ, iu, ia/,或者主元音为/a/的鼻韵母/an/。如果 C2 为舌面后音或唇齿擦音,V2 为/a, u, eɪ/。如果 C2 为舌面前音,V2 为/i, y/及两个复合韵母/iu/和/ia/。如果 C2 为浊擦音(近音)/ʐ/,使用/an/作为浊擦音后接/a/的组合。③

(5) 双音节为普通话中存在的词汇或者人名和地名。如果没有相应的词汇,则使用无意义双音节。

---

① 截止到目前,笔者已经完成了一位男性发音人的 EPG 数据库建设。本书后面章节里所指的男性发音人的腭位就是来自这位男性发音人的数据库。

② 另外,单音节数据库还包括音节“fiao”(覅)。

③ 普通话中不存在音节/ʐa/。

(6) 构建普通话中不存在的双音节/ta＃ki,ti＃ki,ta＃xi,ti＃xi,ta＃k^hi,ti＃k^hi,i＃fi,a＃fi/等做参照样本。

(7) 尽量不使用上声调音节。

句子用于两个研究目的。第一,研究普通话韵律边界层级对音段发音动作及音段间协同发音的影响(句子 I)。第二,研究不同语速对音段间协同发音的影响(句子 II)。

句子 I 改编自北京大学中国语言学研究中心 CCL 语料库检索系统(网络版)。设计原则如下:

(1) 选用 4 个双音节序列/ta＃ta,ta＃ti,ti＃ti,ti＃ta/,在＃位置上设置 5 个韵律边界,包括音节(Syllable)、音步(Foot)、次要韵律短语(Intermediate phrase)、主要韵律短语(Intonational phrase)和语调组(Utterance)。韵律边界的设定参考了汉语普通话韵律层级模型。(曹剑芬 2003;李爱军 2002;林茂灿 2002;王洪君 2008)

(2) 尽量不使用上声调音节。

句子 II 由两部分内容构成,设计原则如下:

(1) 第一部分语料选用无意义双音节组合/iŋ＃ta,iŋ＃ti,iŋ＃sa,iŋ＃si,aŋ＃ta,aŋ＃ti,aŋ＃sa,aŋ＃si/。双音节声调全部为阳平或者去声。主要考察前字鼻尾的发音动作和后字声母的协同发音与语速关系。

(2) 第二部分语料选用 8 个无意义音节组合/pi＃pa,pa＃pi,pi＃pi,ɿ＃pa,ɿ＃pi,ʅ＃pa,ʅ＃pi,pa＃pa/。双音节声调全部为去声。主要考察不同语速条件下元音间的协同发音现象。

(3) 所有的双音节语料置于框架句"我说________这个词"。

单音节和 V1＃C2V2 双音节使用正常语速朗读。每个单音节至少读 3 遍,部分单音节超过 5 遍。双音节读 2—4 遍,少部分双音节朗读 1 遍。读 1 遍的双音节只做定性分析,不纳入统计分析。句子 I 使用正常语速朗读,每个句子读 3 遍。句子 II 使用慢速、正常和快速语速各朗读 3 遍。所有语料的生理和语音标记在笔者设计的腭位分析系统上完成,生理和语音标记的标准参见本书相应章节。

本研究发音人为女性。在录音过程中为北京大学学生，曾经在北京大学电视台做播音员兼职工作。数据库历时 3 年建成，在此期间，该发音人的年龄为 25—27 岁。

2.6 腭位参数

2.6.1 电子假腭功能分区

对 EPG 参数的定义需要根据发音人的硬腭生理结构及研究目的对电子假腭的电极进行功能分区。

电子假腭功能分区是定义腭位参数的基础和出发点。已有分区方案的基本原则是根据硬腭的生理结构及言语产生规律把硬腭分为若干个和语音事件相关的区域（Gibbon & Nicolaidis 1999：232－233）。一般来说，舌面在言语产生过程中只能与硬腭特定区域产生接触。如舌尖或舌叶作为主发音器官的时候，一般与齿龈或者齿龈后接触，但是不能和硬腭后或者软腭接触。舌体一般与硬腭和软腭区域接触，不能与齿龈接触。其次，对电子假腭的功能分区与特定语言语音发音部位的疏密有关系。如果一种语言里辅音的发音部位比较多，那么就可以把电子假腭功能区域划分得细致一些。如果一种语言辅音发音部位较少，功能划分就可以粗糙一些。

和汉语普通话音段发音相关的区域包括齿龈区域、齿龈后区域、硬腭区域和软腭区域。舌尖前音和舌尖中音一般由舌尖或舌叶接触齿龈区域。舌尖后音一般由舌尖或舌叶接触齿龈后和硬腭前的区域（但是存在较大的个体差异）。舌面前与硬腭前接触产生舌面前音。舌面中后部与硬腭后和软腭区域接触产生舌面后音。

Byrd(1994)和 Byrd 等(1995)提出，假腭功能分区须考虑不同发音人的硬腭生理结构特点及发音习惯和策略。Brunner 等(2009)发现硬腭生理结构对舌腭接触的稳定性有显著影响，硬腭深度较深的发音人的舌体运动在高度维的变异比硬腭较浅的发音人来的要大。

发音人的发音习惯和策略会使得相同音段的舌腭接触产生较大的个体差异。如普通话的舌尖后音声母的舌腭接触就存在较大的个体内及个体间差异。图 2 - 6(a)和(b)为本研究女性发音人的普通话舌尖后音声母/tʂʰ/的持阻段最大接触帧(PMC 帧)的腭位,图 2 - 6(c)为北京大学动态腭位数据库中男性发音人的舌尖后声母/tʂʰ/的 PMC 帧腭位。可以看出,女性发音人的发音部位变化比较大,图 2 - 6(a)样本的成阻部位在齿龈附近,而图 2 - 6(b)样本的成阻部位在齿龈后/硬腭前部位。男性发音人的成阻部位在硬腭前,比女性发音人的部位要靠后一些。

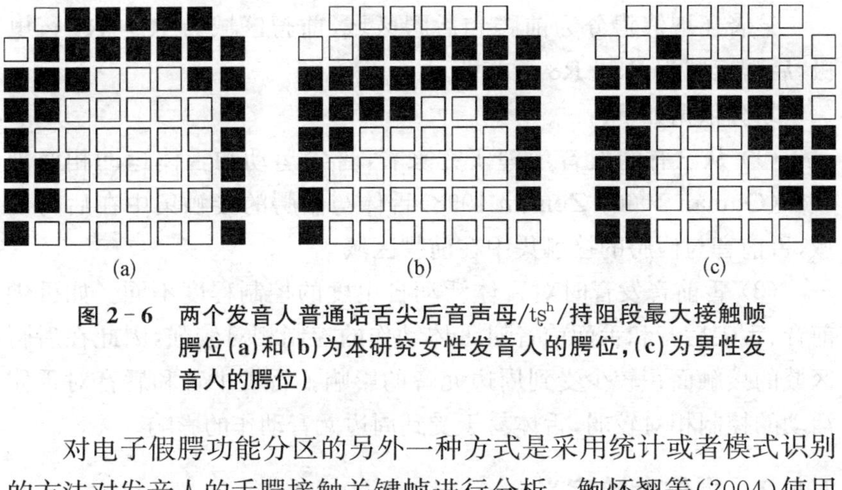

图 2 - 6　两个发音人普通话舌尖后音声母/tʂʰ/持阻段最大接触帧腭位(a)和(b)为本研究女性发音人的腭位,(c)为男性发音人的腭位)

对电子假腭功能分区的另外一种方式是采用统计或者模式识别的方法对发音人的舌腭接触关键帧进行分析。鲍怀翘等(2004)使用因子分析的方法对假腭分区进行了验证性分析。Toutios 等(2008)使用主因素分析的方法(PCA)分析了 MOCHA - TIMIT 英语动态腭位数据库(Wrench & Hardcastle 2000)的舌腭接触模式。使用上述方法得出的结果与传统的电子假腭分区方案非常相似。

笔者把本研究女性发音人的假腭分为三个功能区域：齿龈区域(R1—R3 行电极),硬腭区域(R4—R6 行电极)和软腭区域(R7—R8 行电极),功能分区的依据如下：

（1）发音人的舌尖前音和舌尖中音的成阻部位全部在 R1—R2 行电极。舌尖后音的发音部位变化较大，但是多数样本在 R1—R3 行电极，很少在 R4 行电极成阻或者成塞。舌面前音的成阻部位面积较大，在 R1—R3 行形成阻塞或者阻碍，R4—R6 行接触面积比较大。舌面后音的舌腭接触一般在 R7—R8 行电极。从这种舌腭接触的分布来看，本研究发音人舌前辅音的部位比较靠前。

（2）对已标注数据库中的所有元音段中点腭位的 R1—R8 行有放回地随机抽取 2 行、3 行和 4 行电极，计算其接触比率，然后与元音段中点的 F2 进行相关分析，结果发现，R4—R8 行电极组合后的接触面积与 F2 显著相关（相关系数接近 0.7）。

笔者还把假腭分为前腭和后腭区域，前腭区域为 R1—R4 行电极，后腭区域为 R5—R8 行电极。

划分依据如下：

（1）从已有的发音生理研究来看，舌尖运动和舌体运动相对独立。（Öhman 1966；Zemlin 1998）舌体与假腭的接触集中在后腭区域，舌前音与假腭的接触集中在前腭区域。

（2）舌前音发音时对舌体活动自由度的控制程度不同。如舌尖前音、舌尖后音和舌面前音对舌体动作的控制相对较强，因此在后腭区域的接触面积较少受到周边元音的影响。舌尖中音和唇音对舌体活动的控制相对较弱，舌体易于受到周边元音动作的影响。

2.6.2　腭位参数定义

Hardcastle 等（1991b：235－260）把腭位数据缩减方法分为三类：发音部位描写（Place of articulation measures），动态变化指数（Contact profile display）和接触指数（Contact indices）。第一类方法主要用于描写不同音类在特定时间点的舌腭接触模式，一般采用频率累计法来对发音特征进行描写。选取相同语音样本的 PMC 帧腭位，而后进行叠加，计算每个电极的接触频率，最后按照研究的目的确定发音区域(参见本书第三章的图示)。对于咝擦音(sibilant),可以采用最小收紧点宽度,最小收紧点长度及成阻位置对之进行发音描写。第二类方法是使用舌腭接触的某个参数在连续时间点的变化推断舌的运动过程。第三类方法的主要思路就是把特定帧的62点数据缩减成为一个数据。定义这类数据依赖于对假腭电极的分区和研究目的。以下介绍本书的腭位参数分析方法。

2.6.2.1　假腭功能区域接触面积指数

假腭功能区域接触面积指数是根据研究目的对假腭进行功能区域划分后计算出来的各个功能区域的接触面积,计算方法为某个功能区域的接触电极数除以该功能区域总的电极数。

根据研究目的,接触面积指数包括:接触面积(TC)、齿龈区域接触面积(AC)、硬腭区域接触面积(PC)、软腭区域接触面积(VC)、前腭接触面积(ANT)和后腭接触面积(POS)。

齿龈、硬腭和软腭区域接触面积主要用于第三章对普通话声母的发音研究,计算方法为假腭功能区域内的接触电极个数除以该区域电极总数,计算结果以百分比(%)显示。

电子假腭接触面积(TC)(特别是PMC帧腭位)主要用来研究音段的发音目标及发音动作幅度。计算方法为整个电子假腭接触电极的个数除以62,计算结果以百分比(%)显示。

前腭接触面积和后腭接触面积主要用于分析舌前辅音主发音器官及舌面的动作过程。前腭接触面积(ANT)的计算方法为R1—R4行电极中接触电极的个数除以这4行电极的总数(即30),计算结果以百分比(%)显示。后腭接触面积(POS)的计算方法为R5—R8行电极中接触电极的个数除以这4行电极的总数(即32),计算结果以百分比(%)显示。

2.6.2.2　接触面积重心(Center of Gravity)

接触面积重心指数(CoG)是最常用的腭位参数,用来衡量接触电极在假腭前后维度上分布的程度。接触面积重心指数就是加权平均数，电极的排数越靠前，权重就越大。本书采用的 CoG 公式取自 Hardcastle 等(1991b：259)，计算方法如公式(2)：

$$\mathrm{CoG}=(\mathrm{R8}\times 0.5+\mathrm{R7}\times 1.5+\mathrm{R6}\times 2.5+\mathrm{R5}\times 3.5+\mathrm{R4}\times 4.5+\mathrm{R3}\times 5.5+\mathrm{R2}\times 6.5+\mathrm{R1}\times 7.5)\Big/\sum_{i=1}^{8}R_i \tag{2}$$

— Ri(i=1，2，3…8)每行电极的接触数目；

根据公式(2)，可以进一步计算不同功能区域的接触面积重心指数。如 Gibbon 等研究/kl/在不同元音环境中的发音部位的时候，把和/l/和/k/的发音动作相关的区域分别确定在前 4 行及后四行中部四列电极，计算前、后腭 4 行电极的面积重心指数(Gibbon *et al*. 1993：267－268)，计算方法如公式(3)和公式(4)：

$$\mathrm{CoGP}=(\mathrm{R8}\times 0.5+\mathrm{R7}\times 1.5+\mathrm{R6}\times 2.5+\mathrm{R5}\times 3.5)\Big/\sum_{i=5}^{8}R_i \tag{3}$$

— Ri(i=5，6，7，8) 每行中部 4 个电极中接触电极的数目；

$$\mathrm{CoGA}=(\mathrm{R4}\times 0.5+\mathrm{R3}\times 1.5+\mathrm{R2}\times 2.5+\mathrm{R1}\times 3.5)\Big/\sum_{i=1}^{4}R_i \tag{4}$$

— Ri(i=1，2，3，4)每行中部 4 个电极中接触电极的数目。

2.6.2.3 接触电极分布指数

Fontdevila 等(1994)认为 CoG 只能粗略地估计接触电极的分布。他们提出，使用前向接触指数(CA)，后向接触指数(CP)和聚中性指数(CC)能够更精确地反映接触电极的分布特征。设计 CA 参数的基本思想为：前行电极归一化后的接触点数的权重大于后面行所有可能接触点权重的总和。这个指数的优点是通过指数数值就能判断接触电极能够达到的行数，在该行的接触电极数目及其后面行接触的情况。CP 的设计思想与 CA 正好相反,电极排数越靠后,权重就越大。CC 的设计思想是电极列数越接近假腭中部,权重就越大。比起 CoG,CA、CP 和 CC 能够更细致地反映接触电极的分布情况。

CA 的计算方法如公式(5):

$$\mathrm{CA}=\log\left(\sum_{i=1}^{8}a_i\times R'_{9-i}+1\right)/\log\left(\sum_{i=1}^{8}a_i+1\right) \tag{5}$$

$$a_i=Ri\times\sum_{j=1}^{i-1}a_j+1\ (i>1),\ a_1=1$$

— a_i 为系数;

— Ri 为第 i 行电极数目,R_i'为第 i 行接触比率;

CC 的计算方法如公式(6):

$$\mathrm{CC}=\log\left(\sum_{i=1}^{7}a_i\times C'_{5-i}+1\right)/\log\left(\sum_{i=1}^{4}a_i+1\right) \tag{6}$$

$$a_i=C_i\times\sum_{j=1}^{i-1}a_j+1\ (i>1),\ a_1=1$$

— a_i 为系数;

— C_i 为第 i 列和 $9-i$ 列电极数目和,C_i'为第 i 列和 $9-i$ 列总的接触比率;

CP 的计算方法如公式(7):

$$\mathrm{CP}=\log\left(\sum_{i=1}^{8}a_i\times R'_i+1\right)/\log\left(\sum_{i=1}^{8}a_i+1\right) \tag{7}$$

$$a_i=Ri\times\sum_{j=1}^{i-1}a_j+1\ (i>1),\ a_1=1$$

— a_i 为系数;

— Ri 为第 i 行电极数目,R_i'为第 i 行接触比率。

对电子假腭特定功能区域的接触电极分布也可以使用上述参

数。如 Fontdevila 等对后腭区域舌腭接触计算了 CAp、CPp 和 CCp（p 表示后腭区域）。采用这些指数能够较好地描写音段间的协同发音现象。本书第四章将使用前腭和后腭区域的聚中性指数，分别记做 CCA 和 CCP。CCA 计算 R1—R4 行中 8 列电极（分为 4 组，即 C1 列和 C8 列，C2 列和 C7 列，C3 列和 C6 列，C4 列和 C5 列）的接触电极居中性分布，而 CCP 计算 R5—R8 行中 8 列电极的居中性分布（分组同上）。

衡量假腭电极分布还有一个指数，即对称性指数（Lateral asymmetry index），主要用于分析发音人不同音类的舌腭接触在假腭上左右对称的程度。实际上，正常人发音过程中的舌腭接触很少有对称的情况，不同发音人的舌腭接触的对称性要么左偏（left emphasis asymmetry），要么右偏（right emphasis asymmetry），（Hardcastle *et al*. 1991b）关键是看不同发音人在不同音类的舌腭接触偏向是否有规律。对称性指数的计算公式取自 Marchal 等（1988），计算方法为公式（8）：

$$\text{LAT} = \left(\sum_{i=1}^{4} C_i - \sum_{i=5}^{8} C_i\right) \Big/ 62 \tag{8}$$

— C_i 为第 i 列的接触电极个数。

2.6.2.4　发音方式指数

发音方式指数主要用于舌前擦音（包括舌尖前擦音、舌尖后擦音和舌面前擦音）发音动作的分析。本书设计了两个参数，成阻点宽度（MinW）和成阻点长度（MinL）。成阻点宽度定义为齿龈区域中间列最窄行的电极个数，成阻点长度为齿龈区域最窄行的个数（见图 2－7）。上述两个参数能够区别舌尖前擦音、舌尖后擦音和舌面前擦音的成阻特征。

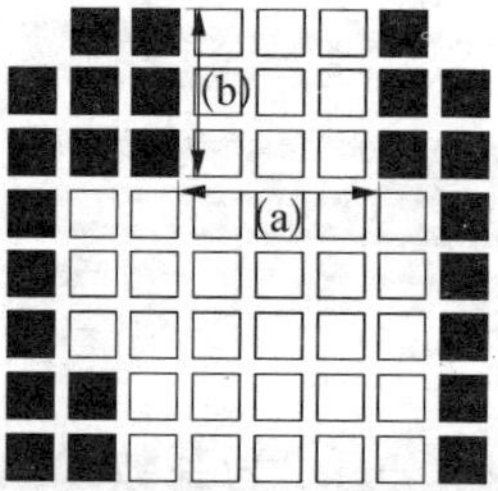

(a) 成阻点宽度　(b) 成阻点长度

图 2－7　成阻点宽度和成阻点长度的定义

第三章
单音节中音段的协同发音

音节是汉语普通话重要的音系单位。音节中音段配列遵循响度顺序原则，每个音节都负载具有区别意义的声调。（王洪君 2008：333）与英语等语言相比，普通话的音节结构比较简单。音节最多有四个音段的组合位置。音节首位置是 21 个辅音音位或零声母，这是普通话音节中必有的成分。第二个位置是介音，由高元音充当，这个位置是可选的。对介音的音系处理存在不同的方式，有的学者把介音归入声母(Duanmu 2007：26－27；叶军 2007：77)，有的把介音作为一个独立的时间段(王洪君 2008：110－114)。第三个位置是所有的元音。第四个位置由高元音或者两个鼻音/n，ŋ/填充，这个位置也是可选的。本章分析韵母首元音(包括介音)对声母辅音发音动作的影响及声母辅音对韵母单元音发音动作的影响。

汉语音韵学按照声母和韵母的拼合关系把韵母分为开口呼，齐齿呼，合口呼和撮口呼四种类型。这四类韵母与声母发音部位的配合关系受到限制，如舌面后音和唇齿擦音不能与齐齿呼韵母组成音节，舌面前音只能与齐齿呼和撮口呼韵母组成音节(林焘，王理嘉 1992：114)。Duanmu(2007：25－30)提出，声母和介音配合表中出现空位的一个重要原因在于这些空位音节的声母和韵母对发音器官的动作要求是互斥的。他认为这个原则只能解释声母和流音之间的配合关系，而无法解释其他音节组构的现象。Xu 等(2006)基于目标逼近模型（Target Approximation Model）提出了时间结构模型（Time Structure Model）。该模型认为 CV 音节中辅音 C 和元音 V 的发音动作高度重叠，两个音段发音动作起点与音节声调域的左边界重合。

由 1.2 节可知，决定辅音和元音间协同发音的一个重要因素是音段对舌面动作的控制程度。在本章，笔者使用协同发音阻力（coarticulation resistance）来衡量音段对舌面动作的控制程度。

协同发音阻力最早由 Bladon 和 Al-Bameni（1976）提出。他们在分析英语边音/l/的协同发音现象时提出音段的变体都存在协同发音阻力指数，语音产生过程中发音器官依据协同发音指数来规划协同发音的方向和幅度。协同发音阻力指数的概念为后来的协同发音模型所吸纳。Keating（1990：466）的语音窗模型中音段的窗宽与该音段的协同发音指数密切相关，“协同发音阻力较高对应着窄窗（narrow window），协同发音阻力较小则对应着宽窗（wide window）”。Recasens（1984a，1984b）认为协同发音阻力与辅音产出过程中对舌面动作的控制程度有关。后来，Recasens 等（1997）提出了发音限制条件模型来替代协同发音阻力。由于决定音段协同发音阻力的因素较多，因而其本质属性还不清楚。目前协同发音阻力主要是指音段受语音环境协同发音影响的程度（Kühnert & Nolan，1999：19），使用这种研究范式开展的语音研究比较多（Baumotte & Dogil 2008；Benner *et al*. 2007；Fowler & Brancazio 2000；Recasens 1984a，1984b；Recasens & Espinosa 2005，2009；Recasens & Pallarès 1999；Recasens *et al*. 1995b；Tabain 2001）。本章所说的协同发音阻力与 Recasens 等（1997）提出的概念内涵一致。

从已有的研究结果来看，元音对辅音发音动作的影响幅度与辅音对舌面动作的控制程度负相关。如/p/的持阻段的舌位与后接元音非常接近，而龈腭辅音的舌面动作很少受到后接元音的影响。元音发音动作是否受到语音环境的影响与元音对舌面动作的控制有关，如/i/在不同语音环境下的变化比低元音（如/a/）要小得多。如果相邻音段对相同发音器官的动作要求互斥，则音段间的协同发音幅度就比较大。德语和加特兰语的边音与元音/i/的发音动作互斥，但是两者对舌体动作的控制程度不同，因而它们对元音/i/的影响也存在差异。（Recasens *et al*. 1998）

本章讨论两个问题。第一，韵母首元音的舌位是否对普通话声母辅音持阻段的腭位参数产生影响？本章3.2节通过考察辅音持阻段的静态腭位和动态腭位，同时用F2音轨方程和EPG回归方程来分析辅音的协同发音阻力。①第二，声母辅音对韵母单元音/i，a，u，y，ɿ，ʅ，ɤ/的目标腭位参数和共振峰是否存在显著影响？②本章3.3节分析上述元音在不同前接声母辅音条件下的目标腭位参数和元音声学时段中点的共振峰。同时，还考察音节声调对单元音韵母目标腭位参数的影响。

3.1 方　　法

本章使用的EPG数据库为普通话带调单音节。每个语音文件有3个信道的同步信号，包括EPG信号、EGG信号和语音信号。每个单音节有3—5个样本，部分音节的样本数超过8个。

图3-1是对单音节样本的语音和生理标记的示例。使用EGG信号界定元音起点和音节结束点。使用波形信号和语图界定辅音声学起点。如果声母为浊音，元音起点依靠语图来判断。如果音节韵母为鼻韵母，则从语图的共振峰走向来判断元音和鼻音的交界点。

---

① F2音轨方程有两个功能：第一，它能从声学上反映辅音的发音部位；第二，它能反映CV音节中元音V对C的协同发音程度。但是，F2音轨方程的第二个功能受到学者的质疑（Fowler & Brancazio 2000；Löfqvist 1999；Tabain 2000）。F2音轨方程的计算方法是分别取辅音后接单元音起点和中点的F2进行回归分析，得出斜率、截距和确定系数。研究一般只使用斜率。

② 林焘和王理嘉（1992：47-48）认为普通话有9个单元音。本章只讨论其中的7个单元音。

EPG 的关键帧包括：辅音持阻段起点帧（塞音为音节前静音段舌腭形成完全阻塞的第一帧，擦音为辅音声学起点后第一帧）、辅音持阻时段最大接触面积帧（即 PMC 帧）、辅音持阻段最后一帧（塞音为声学除阻前一帧，擦音、鼻音及边音为元音声学起点前一帧）、元音声学起点后一帧、元音时段中点帧及音节结束帧[参见图 3-1 中(a)—(f)时间点的腭位]。

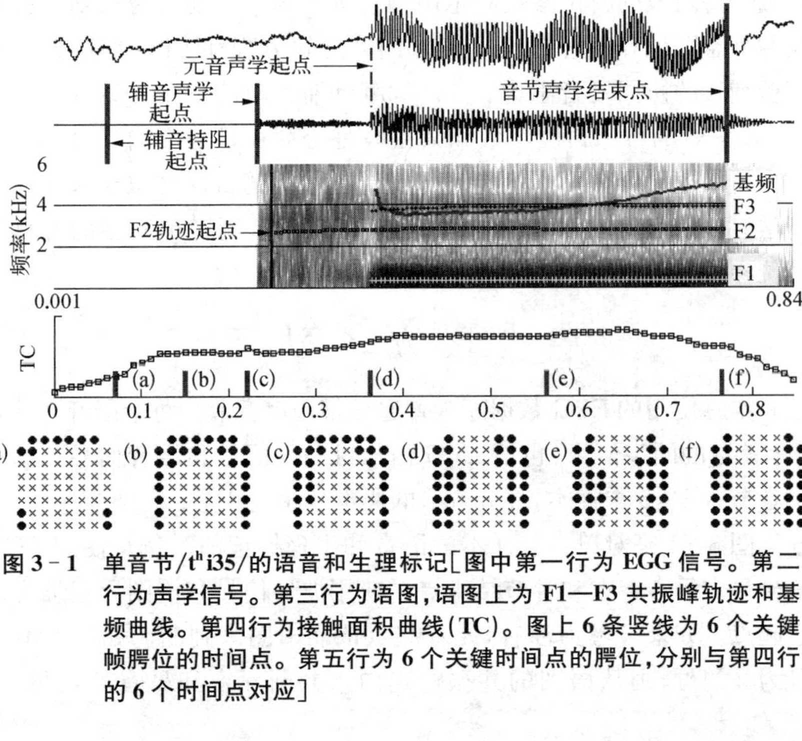

图 3-1　单音节/tʰi35/的语音和生理标记[图中第一行为 EGG 信号。第二行为声学信号。第三行为语图，语图上为 F1—F3 共振峰轨迹和基频曲线。第四行为接触面积曲线(TC)。图上 6 条竖线为 6 个关键帧腭位的时间点。第五行为 6 个关键时间点的腭位，分别与第四行的 6 个时间点对应]

静态腭位参数有三类。第一类是接触面积参数，包括接触面积(TC)、齿龈区域接触面积(AC)、硬腭区域接触面积(PC)及软腭区域接触面积(VC)。第二类是接触分布指数，包括接触面积重心指数(CoG)、聚中性指数(CC)、前向接触指数(CA)和后向接触指数(CP)。第三类是描写擦音发音方式的腭位指数，包括成阻点宽度

(MinW)和成阻点长度(MinL)。

使用 Praat 批量获取样本的 F1—F3 共振峰，然后把共振峰数据读入到动态腭位分析系统，对共振峰轨迹进行校准。送气塞音的 F2 轨迹起点(F2S)一般在辅音声学除阻点后的 5—10 ms 内，送气塞擦音的 F2 轨迹起点一般在辅音摩擦送气段的中点附近。在这两种情况下，F2 轨迹起点定义为送气段能够观察到的 F2 轨迹的最远点(如 202H 图 3-1 所示的 F2 轨迹起点)。其他音节的 F2 轨迹起点定义为元音起点后的 F2 起点。

把辅音 PMC 帧的腭位定义为辅音的目标腭位[如图 3-1 腭位帧(b)]。单元音声学时段中点附近连续 3 帧腭位中最大接触面积帧定义为元音的目标腭位[如图 3-1 腭位帧(e)]，其对应时间点附近的 F2 定义为元音的 F2 声学目标(F2T)。

F2 音轨方程的计算步骤如下：(1) 选择后接单元音韵母的音节。①(2) 固定声母辅音，以不同后接单元音的 F2T 为自变量、F2S 为因变量进行线性回归分析，获得斜率、截距、确定系数和显著性水平。

舌面后音的 F2 音轨方程的计算方法需要说明。舌面后塞音/k/后接前元音的条件下，成阻部位前移；后接后元音的条件下，成阻部位后移。Sussman 等(1997)提出使用两个音轨方程分别描写软腭塞音的两个变体的发音部位特征。他们认为，“每个软腭塞音的音位变体[在 F2S 和 F2T 二维空间]分布存在差异，如果强行把两个不同的分布用一个回归方程表示，这样与目前对 F2 音轨方程的线性分布特性的理解不符”(Sussman *et al*. 1997：2837)。然而，Löfqvist(1999：2023)认为，“很难理解为何软腭塞音/k/在不同元音环境下协同发音的程度存在差异。实际上元音对软腭塞音的舌形和成阻位置的影响非常大。如果使用一个回归方程，则不同元音环境下/g/的斜率会非

① 由于受到普通话音位配列的限制，唇齿擦音和舌面后音不能与前高元音/i/组成音节。为此笔者设计了 a#fi，a#gi，a#ki，a#hi 等普通话中不存在的音节，取后字音节的 F2 轨迹和 EPG 参数。这样才能比较全面地反映普通话辅音的协同发音阻力。

常大，这与唇音的情况一样”。在发音生理研究中，一般也不主张对舌面后音的两个音位变体分别计算音轨方程（Chennoukh *et al*. 1997；Fowler & Brancazio 2000；Iskarous *et al*. 2010；Löfqvist 1999；Tabain 2000）。本章计算舌面后音的 F2 音轨方程的时候，遵从后一派学者的观点。

EPG 回归方程的设计思想与 F2 音轨方程一致。Tabain（2000）发现 F2 音轨方程无法区分舌尖塞音和舌尖擦音的协同发音阻力。她提出使用 CV 音节中辅音目标腭位的舌腭接触面积和后接单元音中点帧的舌腭接触面积进行线性回归，这能较好地区分两类音段的协同发音阻力。这种回归的方法不仅应用于 EPG 数据，还应用于 X 光数据（Iskarous *et al*. 2010；Löfqvist 1999）和 EMA 数据（Fowler & Brancazio 2000）。本章计算 EPG 回归方程的方法与 Tabain（2000）的方法有一些差异。笔者把塞音（塞擦音）除阻前一帧腭位的舌腭接触面积定义为起点帧面积（TCS），鼻音和边音的 TCS 位于元音起点前，擦音的 TCS 位于摩擦段中点。后接元音目标腭位帧接触面积定义为目标帧舌腭接触面积（TCT）。线性回归方法同 Tabain（2000）。

3.2 元音对声母的逆向协同发音

普通话的声母辅音按照主动发音器官可以分为：唇音（双唇音和唇齿音）、舌尖音（包括舌尖前音、舌尖中音和舌尖后音）及舌面音（舌面前音和舌面后音）。唇音的主发音器官为双唇或者唇齿，没有舌位特征。舌尖音的主发音器官为舌尖或舌叶，被动发音器官位于齿龈脊附近的区域。（郑玉玲，周学文 2011）舌尖音的舌面动作取决于舌面与舌尖或舌叶动作的耦合程度。舌面音的主发音器官为舌面，舌面前音的成阻部位位于齿龈脊后坡度较大的硬腭区域，舌面后音的成阻部位位于硬腭后到软腭的区域。

以下各节的分析步骤如下：（1）回顾已有的普通话声母辅音的

发音生理研究结果。(2) 对声母辅音的目标腭位进行描写,并对腭位参数进行统计分析。分析包括两部分内容,首先在固定元音条件下考察相同发音部位、不同发音方式声母辅音的目标腭位参数是否存在差异,然后分析元音对不同声母辅音目标腭位参数的影响。(3) 对辅音持阻段时间归一化后的腭位参数的动态变化进行分析,并与静态腭位参数统计结果进行比较。(4) 计算辅音的 F2 音轨方程和 EPG 回归方程。

3.2.1 唇音

普通话的唇音包括双唇不送气清塞音/p/、双唇送气清塞音/pʰ/、双唇鼻音/m/和唇齿清擦音/f/。已有的发音生理研究发现,不送气塞音持阻过程中的舌腭接触取决于后接元音的舌位。(周殿福,吴宗济 1963: 23)[①]核磁共振(MRI)的研究发现,元音的舌位在不送气塞音的持阻段就已经出现。(汪高武 2010)[②]

送气塞音/pʰ/的发音动作与同部位的不送气塞音/p/略有差异。送气塞音持阻段的舌位比不送气塞音偏后,舌肌的紧张度要高。(周殿福,吴宗济 1963: 23)MRI 研究发现,后接相同元音条件下,送气塞音的舌位比不送气塞音的舌位要靠前。一般来说,送气音的声门位置比较高(Ladefoged & Maddieson 1996),并且有可能比同部位的不送气塞音的声门位置要高(Kim *et al*. 2005, 2010)。

发鼻音/m/的时候,软腭下降,舌面上抬的幅度大于同部位的塞音(周殿福,吴宗济 1963: 24),舌面后略降,这是软腭下降后为保持口腔和咽腔连通产生的结果(汪高武 2010: 47)。鼻音/m/的声门位

---

① 本书所说的 X 光研究是指周殿福和吴宗济(1963)编制的《普通话发音图谱》及由北京大学中国语言文学系语言学实验室的汪高武博士(2010)基于 X 光电影的普通话动态声道研究。前者的研究结果大多是对普通话声道的静态描写,后者则是对普通话声道的动态描写和建模。静态腭位研究结果出自周殿福和吴宗济编制的《普通话发音图谱》。

② 本书使用的普通话声道核磁共振(MRI)的描写来自北京大学中国语言文学系语言学实验室汪高武博士(2010)的博士论文《汉语普通话声道调音模型研究》。

置一般比自然状态要高，这是声带振动的重要条件。

擦音/f/摩擦段的舌位表现为前凹后突的特点。舌腭接触出现在第二臼齿之后。后接/a，u，o/的时候，辅音段的舌形差异不大（周殿福，吴宗济 1963：24）。

从上述研究结果来看，唇音成阻段的舌位主要受后接元音动作的影响，唇音的舌位有可能还受到唇音发音方式的影响。

按照韵母首元音的舌位对韵母进行分类，①分析不同首元音条件下唇音持阻时段的腭位特征。表 3－1 是塞音声学除阻点之前一帧、②鼻音和擦音声学时段中点附近连续三帧中最大接触面积帧叠加后的接触频数示意图。由于普通话没有音节/fi/，笔者构造了双音节/a＃fi/，这样就可以与其他唇音的腭位进行比较。

由表 3－1 的第一列可以看出，元音/i/条件下的唇音腭位在 C1 和 C8 列的电极几乎为满接触，C2－C7 列电极的接触频率因唇音发音方式的不同而存在差异。接触面积的差异表现为，/m/>/p^h，p/>/f/。从接触电极分布来看，/p^h/在前腭的接触频率比/p/要大。唇齿擦音/f/的舌腭接触面积最低。

后接/a，ə/的唇音目标腭位非常相似，接触电极分布在 C1 和 C8 列后部。后接/u，o/的腭位相似，除了在 C1 和 C8 列后部有接触外，在 C2R8 和/或 C7R8 位置上也有接触，这种接触方式表明舌面有向软腭抬起的动作。

后接/eɪ/的时候，接触电极分布在 C1 和 C8 列后侧，擦音的一个样本在 C1R6 及 C8R6 位置上的电极也有接触。

上述观察结果说明：第一，唇音持阻时段的腭位受到后接元音舌位的影响。后接/i，u/条件下唇音持阻段的舌位较高，后接/a，ə/条

① 参照周同春（1990：180－184）对北京话音位和音位变体的分类，笔者把唇音后接韵母的首元音分为 6 类：/i，a，u，o，ə，ε/。本节不考虑单元音韵母和介音对辅音腭位的影响是否存在差异。

② 双唇塞音的腭位使用声学除阻点前一帧的原因在于在单音节条件下无法判断双唇关闭的起点。对双唇塞音，取声学除阻前 30ms 的静音段腭位。

表 3-1　不同元音条件下双唇塞音除阻前 30 ms 的腭位及鼻音和摩擦音声学中点附近的 PMC 帧腭位叠加后的电极接触频率(表中电极位置上的数字表示接触频率,数值变化范围为 0—100%,下同)

	/i/	/a/	/u/	/eɪ/	/ə/	/o/
/p/	bi/62个音节 77 4 0 0 1 53 98 50 3 0 0 1 25 87 98 38 1 0 0 1 30 95 10043 1 0 0 0 35 98 10064 1 0 0 0 66 100 10077 0 0 0 0 67 100 10070 1 0 0 0 64 100 10048 0 0 0 0 38 93	ba/39个音节 0 0 0 0 0 0 0 0 0 0 0 0 0 0 0 0 0 0 0 0 0 0 0 0 0 0 0 0 0 0 0 0 0 0 0 0 0 0 2 0 0 0 0 0 0 0 10 0 0 0 0 0 0 0 56 0 0 0 0 0 0 0	bu/8个音节 0 0 0 0 0 0 0 0 0 0 0 0 0 0 0 0 0 0 0 0 0 0 0 0 0 0 0 0 0 0 0 0 0 0 0 0 0 0 0 0 0 0 0 0 0 0 50 0 0 0 0 0 0 0 10062 0 0 0 0 25 100	bei/7个音节 0 0 0 0 0 0 0 0 0 0 0 0 0 0 0 0 0 0 0 0 0 0 0 0 0 0 0 0 0 0 0 0 0 0 0 0 0 0 14 0 0 0 0 0 0 0 57 0 0 0 0 0 0 14 71 0 0 0 0 0 0 0	be/17个音节 0 0 0 0 0 0 0 0 0 0 0 0 0 0 0 0 0 0 0 0 0 0 0 0 0 0 0 0 0 0 0 0 0 0 0 0 0 0 0 0 0 0 0 0 0 0 23 0 0 0 0 0 0 0 76 0 0 0 0 0 0 0	bo/8个音节 0 0 0 0 0 0 0 0 0 0 0 0 0 0 0 0 0 0 0 0 0 0 0 0 0 0 0 0 0 0 0 0 0 0 0 0 0 0 0 0 0 0 0 0 0 0 62 0 0 0 0 0 0 12 10037 0 0 0 0 25 87
/p^h/	pi/63个音节 10041 0 0 9 93 10093 36 0 0 4 80 100 10085 28 0 0 7 74 100 10082 12 0 0 7 74 100 10093 3 0 0 3 85 100 10093 0 0 0 3 90 100 10087 0 0 0 1 77 100 10071 0 0 0 0 50 96	pa/43个音节 0 0 0 0 0 0 0 0 0 0 0 0 0 0 0 0 0 0 0 0 0 0 0 0 0 0 0 0 0 0 0 0 0 0 0 0 0 0 0 0 0 0 0 0 0 0 27 0 0 0 0 0 0 0 88 2 0 0 0 0 0 6	pu/10个音节 0 0 0 0 0 0 0 0 0 0 0 0 0 0 0 0 0 0 0 0 0 0 0 0 0 0 0 0 0 0 0 0 0 0 0 0 0 0 0 0 0 0 0 0 0 0 80 0 0 0 0 0 0 10 10050 0 0 0 0 0 90	pei/7个音节 0 0 0 0 0 0 0 0 0 0 0 0 0 0 0 0 0 0 0 0 0 0 0 0 0 0 0 0 0 0 0 0 0 0 0 0 0 0 57 0 0 0 0 0 0 0 1000 0 0 0 0 0 0 1000 0 0 0 0 0 0	pe/23个音节 0 0 0 0 0 0 0 0 0 0 0 0 0 0 0 0 0 0 0 0 0 0 0 0 0 0 0 0 0 0 0 0 0 0 0 0 0 0 0 0 0 0 0 0 0 0 21 0 0 0 0 0 0 0 86 0 0 0 0 0 0 17	po/10个音节 0 0 0 0 0 0 0 0 0 0 0 0 0 0 0 0 0 0 0 0 0 0 0 0 0 0 0 0 0 0 0 0 0 0 0 0 0 0 10 0 0 0 0 0 0 0 60 0 0 0 0 0 0 20 10030 0 0 0 0 20 90
/m/	mi/54个音节 98 42 0 0 16 92 10094 37 0 0 11 83 96 10085 29 0 0 20 85 100 10094 27 0 1 20 90 100 10098 25 0 1 11 96 100 10010024 0 3 18 98 100 10010025 0 1 14 98 100 10087 3 0 0 7 72 94	ma/39个音节 0 0 0 0 0 0 0 0 0 0 0 0 0 0 0 0 0 0 0 0 0 0 0 0 0 0 0 0 0 0 0 0 0 0 0 0 0 0 0 0 0 0 0 0 0 0 30 0 0 0 0 0 0 0 66 0 0 0 0 0 0 2	mu/6个音节 0 0 0 0 0 0 0 0 0 0 0 0 0 0 0 0 0 0 0 0 0 0 0 0 0 0 0 0 0 0 0 0 0 0 0 0 0 0 0 0 0 0 0 0 0 0 33 0 0 0 0 0 0 16 10033 0 0 0 0 0 66	mei/6个音节 0 0 0 0 0 0 0 0 0 0 0 0 0 0 0 0 0 0 0 0 0 0 0 0 0 0 0 0 0 0 33 0 0 0 0 0 0 0 83 0 0 0 0 0 0 0 1000 0 0 0 0 0 0 1000 0 0 0 0 0 0	me/21个音节 0 0 0 0 0 0 0 0 0 0 0 0 0 0 0 0 0 0 0 0 0 0 0 0 0 0 0 0 0 0 0 0 0 0 0 0 0 0 19 0 0 0 0 0 0 0 52 0 0 0 0 0 0 9 90 4 0 0 0 0 0 19	mo/8个音节 0 0 0 0 0 0 0 0 0 0 0 0 0 0 0 0 0 0 0 0 0 0 0 0 0 0 0 0 0 0 0 0 0 0 0 0 0 0 0 0 0 0 0 0 0 0 62 0 0 0 0 0 0 0 10050 0 0 0 0 25 100
/f/	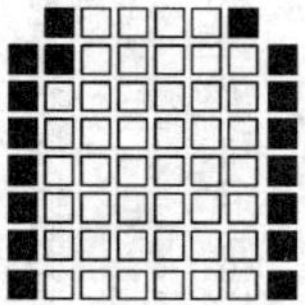	fa/25个音节 0 0 0 0 0 0 0 0 0 0 0 0 0 0 0 0 0 0 0 0 0 0 0 0 0 0 0 0 0 0 0 0 0 0 0 0 0 0 0 0 0 0 0 0 0 0 20 0 0 0 0 0 0 0 92 0 0 0 0 0 0 0	fu/12个音节 0 0 0 0 0 0 0 0 0 0 0 0 0 0 0 0 0 0 0 0 0 0 0 0 0 0 0 0 0 0 0 0 0 0 0 0 0 0 0 0 0 0 0 0 0 0 50 0 0 0 0 0 0 25 10025 0 0 0 0 8 83	fei/8个音节 0 0 0 0 0 0 0 0 0 0 0 0 0 0 0 0 0 0 0 0 0 0 0 0 0 0 0 0 0 0 12 0 0 0 0 0 0 12 37 0 0 0 0 0 0 25 75 0 0 0 0 0 0 25 10012 0 0 0 0 0 37	fe/20个音节 0 0 0 0 0 0 0 0 0 0 0 0 0 0 0 0 0 0 0 0 0 0 0 0 0 0 0 0 0 0 0 0 0 0 0 0 0 0 20 0 0 0 0 0 0 0 70 0 0 0 0 0 0 0 1000 0 0 0 0 0 55	fo/2个音节 0 0 0 0 0 0 0 0 0 0 0 0 0 0 0 0 0 0 0 0 0 0 0 0 0 0 0 0 0 0 0 0 0 0 0 0 0 0 0 0 0 0 0 0 0 0 1000 0 0 0 0 0 100 10050 0 0 0 0 50 100

件下舌位较低;第二,元音对不同发音方式的唇音腭位的影响程度不同。以后接元音/i/为例,鼻音持阻段的舌位最高,送气塞音的舌位比不送气塞音的舌位靠前,唇齿擦音的舌位最低。这说明唇音对不同元音动作影响的抗拒程度不同,鼻音对后接元音动作影响的抗拒程度较小,而唇齿擦音倾向于抗拒舌面向前抬高的动作。

以下比较韵母首元音为/i, a, u/及复合元音/eɪ/条件下四个唇音的腭位参数。

固定后接元音,以唇音的发音方式作为分类变量(在固定元音/i/条件下只比较三个双唇音),对 TC、AC、PC、VC、CoG、CC、CA、CP 进行单因素方差分析。分析结果发现,在/u, eɪ/条件下,四个唇音的腭位参数没有显著差异。但是,在/i, a/条件下,四个唇音的腭位参数存在显著差异。表 3－2 是元音/i, a/条件下唇音腭位参数的 Sheffe 事后检验的结果。

表 3－2　固定元音条件下,四个唇音腭位参数的 Sheffe 比较结果(显著性水平 $p<0.05$。单元格中的"n. a."表示无数据,"—"表示没有显著差异。下同)

V	TC	AC	PC	VC	CoG	CC	CA	CP
i	/p/</p^h/</m/	/p/</p^h, m/	/p/</p^h/</m/	/p/</p^h/</m/	/p/</m, p^h/	/p/</p^h/</m/	/p/</p^h, m/	/p/</p^h/</m/
a	/p/</p^h/	n. a.	n. a.	/p/</p^h/	—	/p/</p^h/	—	/p/</p^h, f/

由表 3－2 可知,元音为/i/的条件下,鼻音、送气塞音和不送气塞音的 TC、PC、VC、CC 和 CP 顺次显著降低。AC、CA 和 CoG 的差异表现为鼻音,送气塞音>不送气塞音。这个结果说明,后接/i/的条件下,辅音持阻段的舌位高度存在显著差异,鼻音最高,送气塞音次之,不送气塞音最低。送气塞音的舌位比不送气塞音要靠前,这支持 MRI 的分析结果。

在元音/a/的条件下,TC、VC、CC 和 CP 的差异表现为送气塞音＞不送气塞音。不送气塞音的 CP 显著低于唇齿擦音的情况。这些结果说明，后接/a/的条件下，送气塞音和唇齿擦音的舌位要比不送气塞音高。

固定声母，以/a，i，u/(唇齿擦音的时候为/a，eɪ，u/)为分类变量，对唇音的腭位参数进行单因素方差分析。结果发现，在大多数情况下，不同后续元音条件下的唇音的腭位参数存在显著差异。208H 表 3－3 为 Sheffe 事后检验结果。

表 3－3 的分析结果符合笔者对表 3－1 的观察。双唇音后接/i/的时候，整个舌面抬高，表现为 TC、AC、PC、VC、CoG、CC、CA 和 CP 均为最大。后接/u/的时候，只有舌面后部抬起，表现为 VC 和 CP 显著大于后接/a/的情况，但是仍低于后接/i/的情况。后接/a/的时候，双唇音持阻段的舌面位置最低。

表 3－3　固定声母及不同元音条件下腭位参数的 Sheffe 比较结果($p<0.05$)

	p	p^h	m	f
TC	/a, u/＜/i/	/a, u/＜/i/	/a, u/＜/i/	/a/＜/u, eɪ/
AC	/a, u/＜/i/	/a, u/＜/i/	/a, u/＜/i/	/a, u/＜/eɪ/
PC	/a, u/＜/i/	/a, u/＜/i/	/a, u/＜/i/	/a, u/＜/eɪ/
VC	/a/＜/u/＜/i/	/a/＜/u/＜/i/	/a/＜/u/＜/i/	/a/＜/u, eɪ/
CoG	/a, u/＜/i/	/a, u/＜/i/	/a, u/＜/i/	/a, u/＜/eɪ/
CC	/a/＜/u/＜/i/	/a, u/＜/i/	/a, u/＜/i/	/a/＜/u, eɪ/
CA	/a, u/＜/i/	/a/＜/u/＜/i/	/a, u/＜/i/	/a, u/＜/eɪ/
CP	/a/＜/u, i/	/a, u/＜/i/	/a, u/＜/i/	—

唇齿擦音/f/的情况与双唇音相似。后接/eɪ/的时候舌面中部抬高，表现为 TC、PC、VC、CoG、CC 和 CA 最大。后接/u/的条件下，舌面中后部抬起，表现为 VC 显著大于后接/a/的情况。

图 3－2 是后接单元音/i，a，u/条件下(擦音为/eɪ，a，u/)整个音节时间归一化后的 CoG、AC、PC 和 VC 的动态变化示意图(唇齿擦

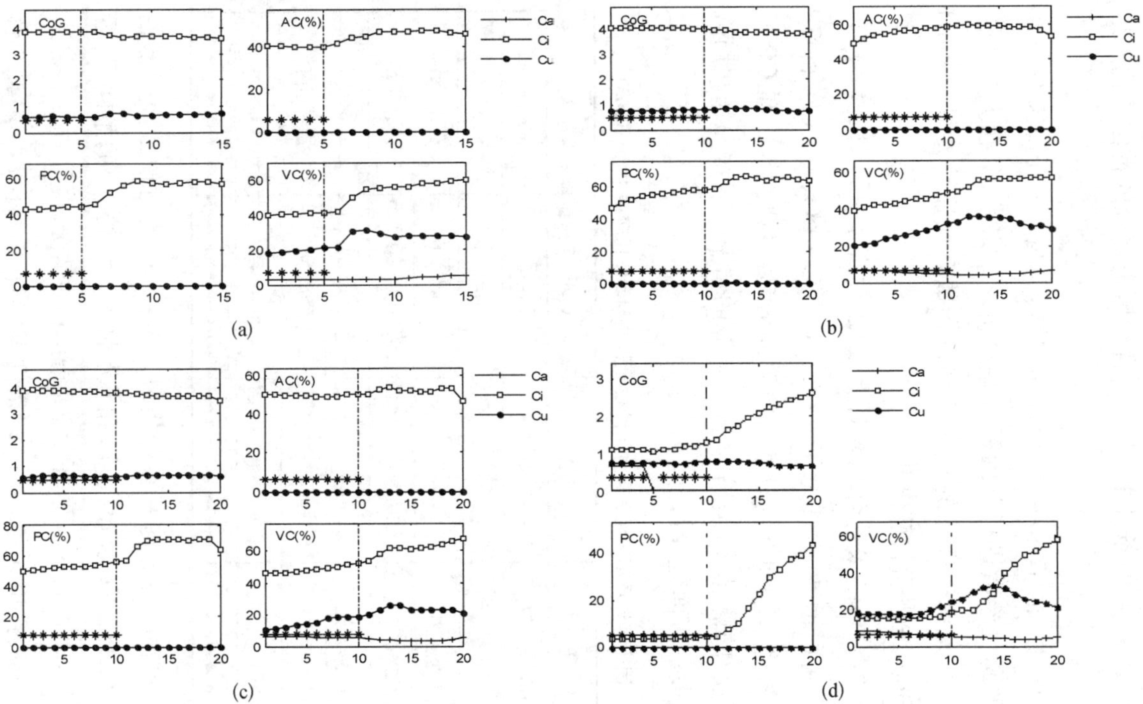

图 3-2 /p/(a)、/p^h/(b)、/m/(c)和/f/(d)的 CoG、AC、PC 和 VC 经时间归一化后的动态变化(图中横轴表示辅音持阻段和整个音节经过时间归一化后的时间点。图底部的星号表示所处时间点的腭位参数存在显著差异。(a)中的竖点线代表辅音声学除阻时刻。(c)、(d)中的竖点线表示元音声学起点。(b)中的竖点线前表示辅音声学时段,之后为元音段)

音的 AC 为零,因此不显示)。可以看出,不送气塞音/p/声学除阻点前、送气塞音/pʰ/除阻点前 30 ms 一直到送气时段结束、鼻音/m/和唇齿擦音/f/持阻段的腭位参数的比较结果与表 3－3 的结果基本一致。其次,双唇音持阻段的四个腭位参数与后接元音的参数存在一定的差异,表现为辅音时段的 AC、PC 和 VC 低于元音时段的情况,CoG 略高于元音时段的情况。唇齿擦音在持阻段的腭位参数较低,但是仍存在显著差异,接近持阻段结束点的时候,腭位参数才开始发生变化。

唇音时段腭位参数曲线的变化说明:第一,在辅音持阻和除阻时段元音对辅音时段的舌位影响非常显著,元音的发音动作有可能与双唇或唇齿动作同步启动。第二,辅音时段的腭位与后接元音的目标腭位仍存在差距,差异的大小与唇音的发音方式有关。

图 3－3 为四个唇音的 F2 音轨方程和 EPG 回归方程。双唇音的 F2 音轨方程的斜率较大,截距较小,F2S 和 F2T 高度线性相关($R2>97\%$,$p<0.0001$),这与其他语言的情况相似(Baynes *et al*. 1994; Fowler & Brancazio 2000; Iskarous *et al*. 2010; Sussman *et al*. 1991; Sussman *et al*. 1997, 1993),但是与陈肖霞(1997: 348)的结果略有不同。[①] 唇齿擦音的 F2 音轨方程的斜率小于同部位的双唇音,截距也较小,F2S 和 F2T 高度线性相关($R^2>93\%$, $p<0.0001$)。

从 F2 音轨方程的斜率来看,鼻音最大,唇齿擦音最小,这与笔者的腭位分析结果一致,即鼻音时段舌位受后接元音发音动作影响较大,而唇齿擦音即使后接/i/,其摩擦段的舌位也显著低于同部位双唇音在相同情况下的舌位。

EPG 回归方程的结果发现,双唇音声母辅音时段除阻帧/中点帧

---

① 陈肖霞的结果为/p/(0.79×F2T+134),/pʰ/(0.83×F2T+73),/m/(0.7×F2T+277),/f/(0.84×F2T+64)。她的方法是测量双音节前字 22 个韵母(9 个单元音韵母和 13 个复合元音韵母)的 F2 轨迹,而后得出 F2 音轨方程。需要注意的是,V＃C 之间的协同发音与 CV 之间的协同发音存在差异,V＃C 音渡的协同发音倾向于不稳定。(Löfqvist 1999)

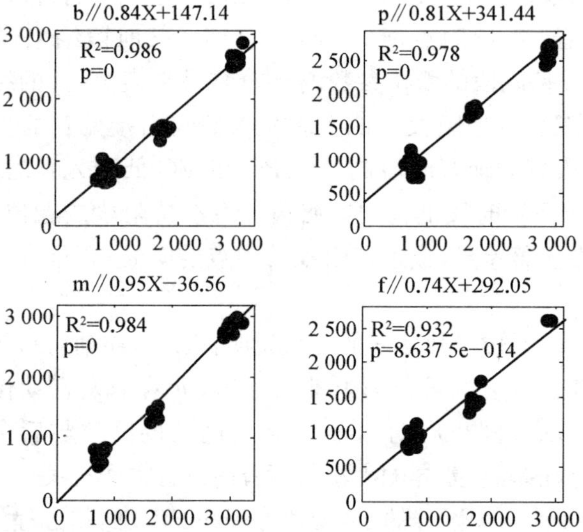

(a)

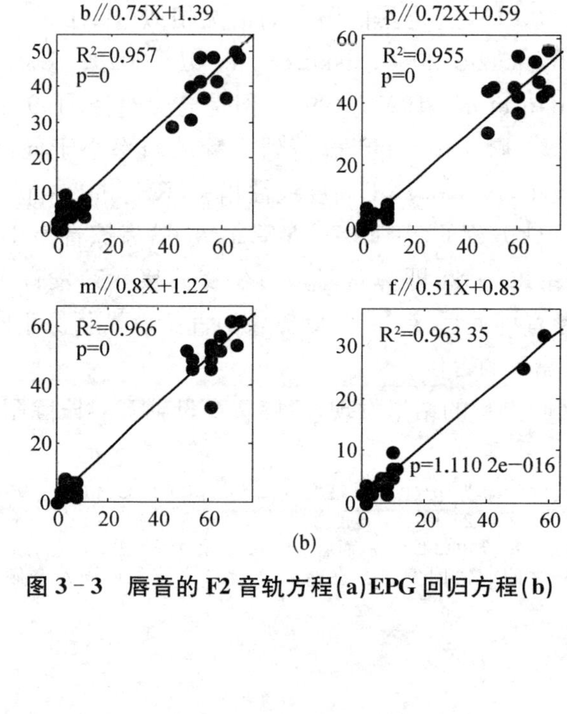

(b)

图 3－3　唇音的 F2 音轨方程(a)EPG 回归方程(b)

腭位接触面积与元音中点帧腭位接触面积高度线性相关（$R^2>95\%$，$p<0.0001$）。双唇音的斜率较大，而唇齿擦音的斜率明显小于双唇音。EPG 回归方程与 F2 音轨方程的结果一致，这一方面说明唇音受后接元音的协同发音影响较大，另外一方面说明唇齿擦音比同部位双唇音所受的影响要小一些。

本节的分析结果表明，第一，普通话唇音在持阻段/摩擦段的舌位受到后接元音动作的影响。从辅音时段腭位参数的动态变化过程来看，元音的影响在辅音持阻阶段就开始了。唇齿擦音持阻段的舌体动作也受到元音的影响，但是元音影响幅度较小。第二，送气和不送气塞音受元音影响的程度不同。后接元音为/a，i/的条件下，送气塞音的舌腭接触显著大于不送气塞音的情况，这与声门的运动及口腔内气压有关。第三，不同发音方式的唇音受元音动作影响的程度不同，鼻音受元音影响的幅度最大，塞音次之，唇齿擦音最弱，这在 EPG 回归方程和 F2 音轨方程均有体现。

笔者使用辅音的协同发音阻力来描写这种差异。唇齿擦音对舌体动作的控制程度强于其他双唇音，因而协同发音阻力较大。鼻音对舌体动作的控制最弱，因而协同发音阻力较小。塞音的协同发音阻力接近鼻音，但是低于唇齿擦音。从整体上看，唇音的协同发音阻力比较小。

3.2.2 舌尖前音

普通话舌尖前音包括：舌尖前不送气清塞擦音/ts/、舌尖前送气清塞擦音/ts^h/和舌尖前清擦音/s/。

X 光研究结果发现，不同发音人产出舌尖前音的发音策略存在差异，既可以由舌尖在上齿背成阻，也可以由舌叶与上齿背成阻，两种策略都能够达到一致的听感效果。（周殿福，吴宗济 1963：22）Ladefoged & Wu 对汉语普通话舌尖前音的 X 光和腭位资料的分析结果发现，舌尖前音持阻时候舌体沿中线下凹（hollowing of the tongue)，舌根比舌尖后音靠后。他们认为，"如同许多语音音段一样，[对音段的描述]最重要的是声道形状的整体特征"(Ladefoged & Wu 1984：271)。上述结果表明，普通话舌尖前音的发音动作不仅涉及舌尖或舌叶的成阻动作，①舌体动作也受到较强的发音限制。

不送气塞擦音在持阻段的舌形表现为两端高，中间低的"马鞍形"舌形特点。(汪高武 2010)在产出不送气塞擦音的时候，舌尖抵住上齿背形成阻塞，舌面后向上抬起，舌体纵向形成凹槽，舌腭接触始于前门齿，终止于两侧的第一臼齿，舌尖除阻后向同部位擦音的舌位过渡。(周殿福，吴宗济 1963：31)

送气塞擦音在持阻段的动作与同部位的不送气塞擦音相似，只是舌面后的位置比后者要高。齿龈区域的舌腭接触整体上大于不送气塞擦音，舌腭接触向后延伸到第二臼齿。舌尖除阻后的过渡过程与不送气塞擦音相似。(周殿福，吴宗济 1963：31)

舌尖前清擦音的舌腭最小收紧点位于齿龈前区域，舌腭接触从侧门齿到第一臼齿，接触面积小于塞擦音，也即擦音的舌位比塞擦音持阻段的舌位略低。(周殿福，吴宗济 1963：32)

表 3－4 是舌尖前塞擦音持阻段及舌尖前擦音摩擦段 PMC 帧腭位的接触频率示意图。可以看出，在后接/ɿ/的条件下，塞擦音在 R1 行为满接触。后接其他元音的时候，有少部分样本在 R1 行没有形成阻塞。这有两方面的原因，第一，发音人假腭的 R1 行电极位置比较靠后，在齿龈脊前，与侧门齿和犬齿交界点平行，因而假腭无法探测前齿背及齿龈部位前部是否形成阻塞。由于在波形中发现了塞音除阻产生的能量脉冲，并且在语图中有明显的冲直条，因此可以判断成阻部位有可能位于 R1 行电极之前[如图 3－4(a)]。第二，塞擦音没有形成阻塞，在语图上没有塞擦音除阻后的冲直条，只有摩擦段[如图 3－4(b)]。

---

① 郑玉玲等(2011)认为，舌尖前音的自然发音姿态为舌叶缘在齿龈脊成阻，这与本研究发音人的腭位相似。

表 3－4　不同元音条件下三个舌尖前辅音持阻段/摩擦段 PMC 帧腭位叠加后的接触频率

	/ɿ/	/a/	/u/	/eɪ/	/ə/
/ts/	zi1/6个音节 100 100100100100100 100100 10050 0 0 100100 100100 50 0 0 0 16 100 10033 0 0 0 0 0 83 10016 0 0 0 0 0 50 10016 0 0 0 0 0 83 10016 0 0 0 0 0 100 10016 0 0 0 0 16 100	za/40个音节 10010010087 95 100 10010010037 2 7 100100 10097 35 0 0 0 2 100 1007 0 0 0 0 0 60 1000 0 0 0 0 0 60 1005 0 0 0 0 0 55 10010 0 0 0 0 0 75 10010 0 0 0 0 0 82	zu/42个音节 100 10010097 100100 100100 10061 0 7 100100 10097 45 0 0 0 7 100 10019 0 0 0 0 0 85 1000 0 0 0 0 0 88 1000 0 0 0 0 0 88 1004 0 0 0 0 0 90 10014 0 0 0 0 2 92	zei/4个音节 100 10010075 100100 100100 10025 0 0 100100 100100 0 0 0 0 0 100 1000 0 0 0 0 0 50 1000 0 0 0 0 0 75 1000 0 0 0 0 0 50 1000 0 0 0 0 0 50 1000 0 0 0 0 0 75	ze/20个音节 100 10095 75 95 100 100100 95 45 5 0 100100 10090 25 0 0 0 0 100 1000 0 0 0 0 0 75 1000 0 0 0 0 0 60 1000 0 0 0 0 0 50 1000 0 0 0 0 0 80 1005 0 0 0 0 0 95
/tsʰ/	ci1/10个音节 100 100100100100100 100100 10040 0 10 100100 100100 30 0 0 0 10 100 10010 0 0 0 0 0 80 90 0 0 0 0 0 0 60 1000 0 0 0 0 0 50 1000 0 0 0 0 0 70 1000 0 0 0 0 0 70	ca/42个音节 10010010085 90 100 10010010023 2 7 100100 10092 21 0 0 0 4 97 97 11 0 0 0 0 0 50 1000 0 0 0 0 0 64 1002 0 0 0 0 0 52 1002 0 0 0 0 0 64 95 2 0 0 0 0 2 90	cu/43个音节 100 10010093 95 100 100100 10051 4 9 100100 10088 27 0 0 0 11 100 10011 0 0 0 0 0 76 1000 0 0 0 0 0 79 1002 0 0 0 0 0 69 1006 0 0 0 0 0 81 1009 0 0 0 0 4 90	cei/3个音节 100 10010066 100100 100100 1000 0 0 100100 100100 0 0 0 0 0 100 1000 0 0 0 0 0 33 1000 0 0 0 0 0 33 1000 0 0 0 0 0 33 1000 0 0 0 0 0 33 1000 0 0 0 0 0 66	ce/18个音节 100 10010088 100100 100100 10050 0 5 100100 10094 22 0 0 0 0 100 1005 0 0 0 0 0 61 1000 0 0 0 0 0 55 1000 0 0 0 0 0 50 1005 0 0 0 0 0 61 1005 0 0 0 0 0 83
/s/	si1/17个音节 100 10094 0 23 100 100100 1000 0 0 76 100 100100 0 0 0 0 0 100 1005 0 0 0 0 0 23 1000 0 0 0 0 0 47 1000 0 0 0 0 0 29 1000 0 0 0 0 0 58 1000 0 0 0 0 0 94	sa/35个音节 100 1001008 31 100 100100 94 0 0 0 80 100 10094 0 0 0 0 0 94 1000 0 0 0 0 0 22 1000 0 0 0 0 0 17 1000 0 0 0 0 0 8 1000 0 0 0 0 0 25 1000 0 0 0 0 0 54	su/50个音节 100 1001006 18 100 100100 98 0 0 0 72 100 10076 2 0 0 0 0 92 1000 0 0 0 0 0 22 1000 0 0 0 0 0 42 1000 0 0 0 0 0 50 1000 0 0 0 0 0 72 1004 0 0 0 0 6 90	—	se/14个音节 100 1001000 35 100 100100 1000 0 0 85 100 10078 0 0 0 0 0 92 1000 0 0 0 0 0 21 1000 0 0 0 0 0 14 1000 0 0 0 0 0 7 1000 0 0 0 0 0 14 1000 0 0 0 0 0 78

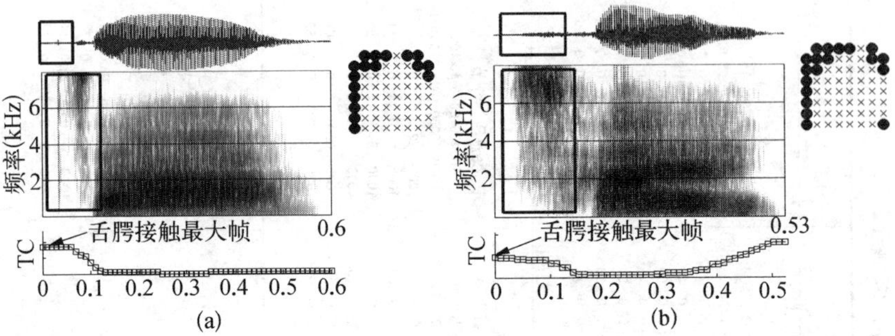

图 3-4　样本/tsa55/(a)和/ts^{h}ai55/(b)的波形、语图、TC 曲线和辅音持阻时段 PMC 帧腭位(图中方框内表示声学事件的波形和语图)

R2—R3 行电极两侧的接触频率基本上达到 100%，说明舌叶参与成阻。① C1 列和 C8 列电极接触频率的差异表明发音人舌腭接触不对称，表现为右偏。C1 列电极的接触频率基本达到 100%。在不同元音环境下，C2 和 C7 列电极的接触频率存在较小的差别，这表明舌面动作有可能受到元音动作的影响，且影响的幅度较小。最后，C8 列两端电极的接触频率大于中间部分电极的接触频率，这说明舌尖前音在持阻段的舌形有可能呈现出马鞍形的特点。

舌尖前擦音的最小收紧点位于 R1 行电极，成阻点宽度为 1—2 个电极，成阻点长度为一行电极。R2—R3 行两侧电极的接触频率与塞擦音相似。发音动作右偏，C1 列基本上为满接触。C8 列两端电极的接触频率较高，说明整个舌形呈现马鞍形的特点。C2—C7 列电极的接触频率小于塞擦音的情况，说明擦音的舌面位置比同部位塞擦音持阻时刻的舌位要低。

选取后接元音/ɿ/及首元音为/a, u/的音节，比较不同元音条件下三个舌尖前音的目标腭位参数的差异。单因素方差结果发现，在固定元音条件下，三个舌尖前音的腭位参数在多数情况下存在显著

① R2—R3 行电极位于齿龈脊后的区域，与舌叶对应。如果为舌尖后音，则与舌尖和舌叶前部对应。

差异。表 3－5 为固定元音/ɿ，a，u/条件下辅音目标腭位参数的 Sheffe 事后检验结果。

表 3－5　固定元音条件下三个舌尖前音目标腭位参数的 Sheffe 比较结果($p<0.05$)

	ɿ	a	u
TC	/s/</ts^h, ts/	/s/</ts^h, ts/	/s/</ts^h, ts/
AC	/s/</ts^h, ts/	/s/</ts^h, ts/	/s/</ts^h, ts/
MinW	/s/>/ts^h, ts/	/s/>/ts^h, ts/	/s/>/ts^h, ts/
PC	/s/</ts/	/s/</ts^h, ts/	/s/</ts^h, ts/
VC	/ts^h, s/</ts/	/s/</ts^h, ts/	—
CoG	/s, ts/ </ts^h/	—	/s/</ts^h, ts/
CC	/s/</ts^h, ts/	/s/</ts^h, ts/	/s/</ts^h, ts/
CA	/s/</ts^h, ts/	/s/</ts^h, ts/	/s/</ts^h, ts/
CP	/ts^h/</ts/	/s/</ts^h, ts/	—

首先比较擦音和塞擦音腭位参数的区别。由表 3－5 可知，与塞擦音的腭位参数相比，擦音的 TC、AC、PC 和 VC 较低(其中 PC 和 VC 不是在所有条件下均有显著差异)，MinW 显著增大，CoG 显著减小(/a/条件下没有显著差异)，CA 和 CC 显著降低，后接/a/时的 CP 显著降低。上述结果说明，擦音的舌面高度低于塞擦音持阻段的舌面高度，这与 X 光的研究结果一致。齿龈区域成阻宽度较大与擦音的发音方式有关。

其次，比较送气和不送气塞擦音的腭位参数的区别。由表 3－5 可知，后续元音为/ɿ/的条件下，不送气塞擦音的 VC 和 CP 显著大于送气塞擦音的情况，而前者的 CoG 则显著低于后者。这说明后续元音为舌尖前元音的条件下，不送气塞擦音的舌面高度更高。显然，这与 X 光的研究结果存在较大的差异。

为了进一步考察两个塞擦音的腭位参数是否存在显著差异，在不考虑元音环境的条件下，对塞擦音持阻段目标腭位及除阻前一帧腭位的八个腭位参数（除了 MinW）进行独立样本 t 检验。结果发现，不送气塞擦音目标腭位的 TC 和 VC 显著大于送气塞擦音的情况，而不送气塞擦音除阻前腭位的 AC 和 CA 则显著低于送气塞擦音的情况。

上述分析结果表明：第一，舌尖前擦音的舌位比同部位塞擦音在持阻段的舌位低，这个结果支持已有的观察结果；（Ladefoged & Wu 1984；周殿福，吴宗济 1963）第二，送气特征对塞擦音的目标腭位有显著影响，不送气音的舌面位置较高，齿龈区域接触面积较低，前者与周殿福和吴宗济的结果正好相反，而后者与他们的结果一致。

以下分析元音对舌尖前音目标腭位参数的影响。表 3－6 为元音对三个舌尖前音八个腭位参数影响的 Sheffe 事后检验结果。

表 3－6　元音对三个舌尖前音腭位参数影响的 Sheffe 比较结果（显著性水平 $p<0.05$。AC 没有显著差异，因此没有在表中列出）

	TC	PC	VC	CoG	CC	CA	CP	MinW
ts	/a/</u/	/a/</u/	—	a>u	/a/</u/	/a/</u/	—	/a/>/u/
ts^h	/a/</u/	/a/</u/	—	—	/a/</u/	—	—	—
s	/a/</u/	/a/</u/	/a/</ɿ, u/	/a/>/ɿ, u/	—	—	/a/</ɿ, u/	—

由表 3－6 可知，元音对舌尖前音舌腭接触的影响主要表现在舌面区域。与后接/u/的情况相比，/a/显著降低三个舌尖前音的 TC，这与 PC 的显著降低相关。塞擦音的 AC 和 VC 基本不受元音的影响，但是擦音的 VC 在元音/a/条件下显著下降。后续元音为/a/的时候，不送气塞擦音和擦音的 CoG 显著大于后续高元音的情况，但是 CC 却显著低于后高元音/u/的情况。在后续低元音条件下，舌尖前擦音的 CP 显著降低。在后续/a/条件下，不送气塞擦音的 CA 显著低于/u/的情况，同时 MinW 显著增大。

这些结果说明，元音一般不影响舌尖前音的主发音器官的动作，但是舌面高度却受到元音舌位的影响,后接低元音时舌面下降。不送气塞擦音持阻段的 MinW 理论上应为零,但是后接/a/时,部分样本在 R1 行没有形成满接触,从而造成 MinW 出现显著差异。后接/u/和/ɿ/条件下的腭位参数没有显著区别。舌尖前音舌面位置相对较高,这与元音/u/的动作不互斥。在舌尖前元音条件下,整个音节的动作变化非常小。

从表 3-4 可以发现,后接元音对舌尖前音腭位目标的影响主要表现在 C2 和 C8 列电极接触频率的变化,C1 列电极很少受到影响。与唇音的情况相比,元音对舌尖前音腭位的影响要小得多。

图 3-5 为三个舌尖前音的 AC、PC、VC、CoG 和 MinW 时间归一化后的动态变化过程。

不送气塞擦音/ts/的 AC 在整个持阻段不受后接元音的影响。送气塞擦音/ts^h/和擦音/s/的 AC 在持阻段后半段受到后接元音的影响,元音/a/条件下的 AC 显著低于元音/u/或/ɿ/的情况。显然,后者与静态腭位分析结果存在差异。由图 3-5 中第二列可以发现,后接元音对/ts^h, s/的 AC 曲线的影响主要集中在辅音除阻时刻前。因此,这与静态腭位分析过程中采用 PMC 帧腭位的分析结果就有可能产生差异。

元音对三个舌尖前音持阻段 PC 曲线的影响存在差异。对于不送气塞擦音来说,后接低元音条件下辅音持阻段中间阶段的 PC 显著低于后接其他元音的情况。对送气塞擦音来说,辅音持阻段结束前的 PC 曲线受到元音的影响,后接/ɿ/的 PC 曲线在持阻段中部与后接/u/条件下的 PC 曲线接近,接近除阻点的时候与后接/a/条件下的 PC 曲线接近。舌尖前擦音的 PC 曲线受后接元音影响比较清楚,后接低元音条件下的 PC 曲线在持阻段所有时间点都比较低,且是在持阻段后半段显著低于后接其他元音条件的情况下。

元音对 VC 曲线的影响也因舌尖辅音发音方式的不同而不同。不送气塞擦音在持阻段后半段的 VC 受到元音的影响,后接低元音条

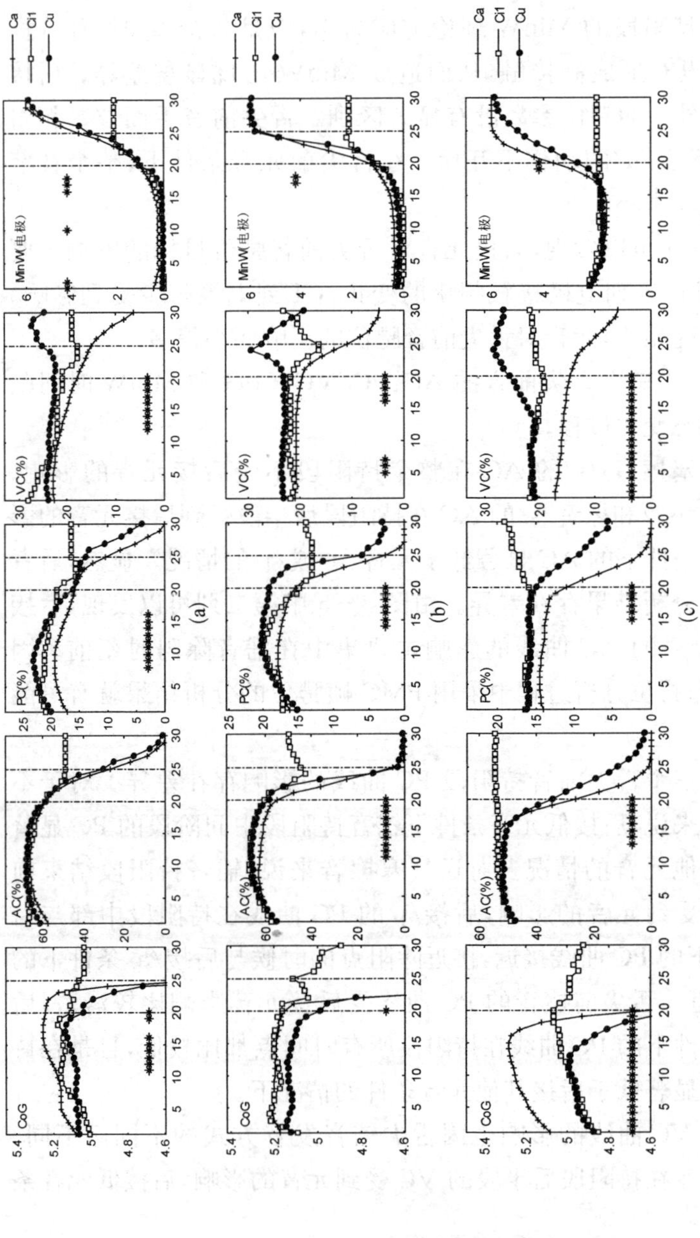

图 3－5　/ts/(a)、/tsʰ/(b)、/s/(c)的 CoG、AC、PC、VC 和 MinW 经过时间归一化后的动态变化[图中横轴表示从辅音持阻起点到元音时段前 100 ms 归一化后的时间点。图底部的星号表示所处时间点的腭位参数存在显著差异。(a)、(b)中第一条竖点线代表辅音除阻前一帧，第二条竖点线表示元音起点前一帧。(c)的竖点线表示元音起点前一帧]

件下的 VC 显著低于其他元音的情况。送气塞擦音的 VC 曲线在各个时间点的显著差异并不连续，但是从趋势上看，后接/u/条件下的各个时间点的 VC 明显大于后接其他元音条件下的情况。擦音在持阻段各个时间点的 VC 都具有显著差异，在持阻段的前半段，后接/a/条件下的 VC 显著低于后接其他元音条件下的情况，但是接近除阻点的时候，VC 曲线的变化方向不同：后接/u/的条件下，VC 上升；后接/a/的条件下，VC 下降；后接/ɿ/的时候，VC 变化幅度不大。

元音对 CoG 曲线的影响也因舌尖前音发音方式的不同而不同。不送气塞擦音在持阻段后半段的 CoG 出现显著差异，后接/a/条件下的 CoG 曲线显著大于后接/u/条件下的情况，这与前者条件下硬腭和软腭区域的接触面积降低密切相关。送气塞擦音只在持阻段的最后一帧出现显著差异，结果与不送气音相同。但是纵观 CoG 曲线的变化，后接/a/条件下的 CoG 在整个持阻段都明显大于后接/u/条件下的情况。元音对擦音 CoG 曲线的影响非常清晰：在持阻段的大部分时间点内，后接/a/条件下的 CoG 显著大于后接其他元音条件下的情况，这个结果与表 3－6 的结果一致。显然，这与元音/a/条件下齿龈擦音在硬腭和软腭区域的接触面积较小密切相关。接近持阻段结束帧的时候，后接/a, u/条件下的 CoG 迅速下降，而后接/ɿ/条件下的 CoG 则小幅上升。

MinW 的结果与表 3－6 的结果一致，MinW 的显著差异一般出现在接近持阻段结束帧的附近。不送气塞擦音在持阻段部分时间点的 MinW 存在显著差异，但并不连续出现。擦音的 MinW 在接近除阻时刻表现为/a/＞/u/＞/ɿ/。

不同元音条件下舌尖前音持阻段的腭位参数的动态变化说明，元音舌位影响舌尖前音的腭位，且这种影响在时域上由弱逐渐变强。

图 3－6 为三个舌尖前音的 F2 音轨方程和 EPG 回归方程。舌尖前音的 F2 音轨方程的斜率在 0.39—0.43 之间，这个结果与英语浊擦音/z/的斜率相似。（Fowler 1994；Fowler & Brancazio 2000；

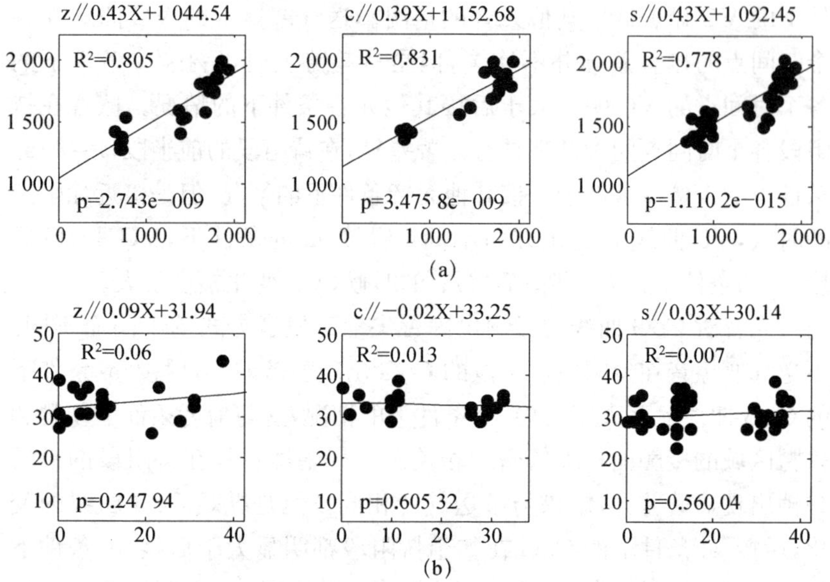

图 3-6　三个舌尖前音的 F2 音轨方程(a)和 EPG 回归方程(b)

Tabain 2000)三个舌尖前音的 EPG 回归方程的斜率不显著，确定系数比较低，这与英语摩擦音/s/的情况一致。(Tabain 1998)① Tabain 发现摩擦音的 F2 音轨方程的斜率和 EPG 回归方程的斜率相关性非常差，由此她认为"F2 音轨方程的斜率无法提供摩擦音协同发音的信息"(Tabain 2000：155)。她认为两个音轨方程斜率不相关存在两个原因：第一，辅音段的 F2 轨迹被摩擦成分掩盖。第二，F2 音轨方程只能分析不同发音器官协同发音的程度，但是无法反映相同发音部位、不同发音方式的音段在协同发音上的差异。实际上，由静态腭位的分析结果及辅音持阻时段的动态腭位参数的变化可知，后接元音对舌尖前音的主发音器官的发音动作目标影响较少，元音影响主要表现在舌面与硬腭和软腭的接触，但是这种影响非常有限，从

① 该文四个发音人的 EPG 回归方程的的斜率在 0.02—0.27 之间，确定系数在 0.01—0.17 之间。

图 3 - 6(b)也可以发现辅音除阻帧/擦音中点帧的舌腭接触面积基本上不随后接元音的变化而变化。由此可以认为舌尖前音在持阻段和摩擦段中部的发音动作相对稳定，元音对舌尖前音的整体发音动作影响不大。

综合上述结果，可以得出如下结论：第一，舌尖前音对舌的发音动作控制较强，主发音器官的动作基本上不受元音动作的影响，元音主要影响舌面与硬腭和软腭的接触，但是影响幅度较小；第二，EPG 回归方程能够较好地衡量舌尖前音的协同发音阻力。

3.2.3　舌尖中音

普通话舌尖中音包括：舌尖不送气清塞音/t/、舌尖送气清塞音/t^h/、舌尖鼻音/n/和舌尖边音/l/。已有的发音生理研究发现，舌尖清塞音的持阻动作为舌尖抵住上齿背，舌体两侧上抬与上颚两侧接触，送气塞音的舌腭接触向后延伸的程度比不送气塞音要大。（周殿福，吴宗济 1963：24 - 25）静态 MRI 研究结果发现，后接元音的发音动作在舌尖中音持阻阶段就已经形成了。（汪高武 2010：47）

舌尖鼻音的发音动作与舌尖塞音的差异表现为三点：（1）鼻音持阻过程中气流从鼻腔流出。（2）舌面中部隆起，舌体前移，舌体两侧上抬程度比塞音要高。（3）持阻段舌腭接触模式与塞音相似，但是接触面积要大于前者。（周殿福，吴宗济 1963：25）

边音在持阻段的发音动作与塞音和鼻音不同，舌尖上翘与上齿背接触，舌体下降并后移，以便气流从舌两侧冲出。舌腭接触一般只出现在上颚前部，具体位置存在人际差异，既可以出现在齿龈前区，也可以出现在齿龈后或硬腭前区，（周殿福，吴宗济 1963：110）硬腭后部基本上没有接触。李俭等（2006）的腭位分析结果发现，边音发音动作的特点为舌尖在齿龈脊附近形成阻塞，舌面下凹，与两侧臼齿没有接触；另外，由于受后接元音的影响，边音的接触部位非常不稳定，表现为 CAa 较低。本研究发音人的边音腭位与李俭等（2006）的描写结果相似，但是略有差别。如图 3－7 所示，边音成阻起点到音节声学起点前舌腭接触集中在 R2～R3 行电极(即齿龈脊后部区域)，从声学起点后舌腭接触不断前移，最后在齿龈部位除阻，也就是说本研究发音人的边音持阻段的成阻部位是变化的，且大多数边音的样本不同程度低存在这种收紧部位前移的现象。这可能反映了发音人的个体发音特征。①

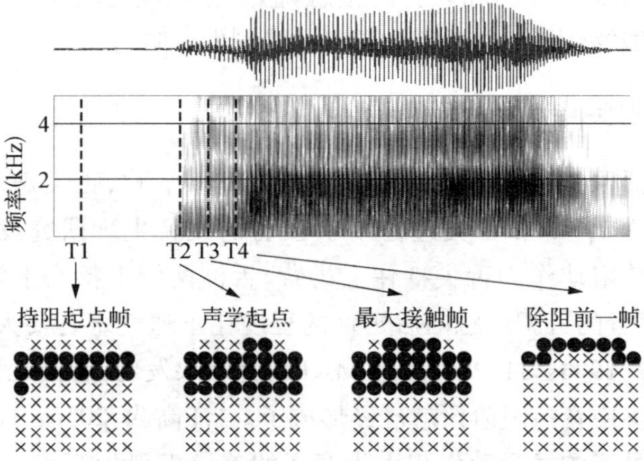

图 3－7　音节/la53/的四个关键时间点的腭位(分别为 T1－边音持阻时段起点帧，T2－音节声学起点后一帧，T3－持阻时段最大接触帧，T4－边音除阻前一帧)

表 3－7 是舌尖中音持阻段 PMC 帧腭位的接触频率。辅音/t, t^h, n/在 R1 行电极上形成阻塞，R2 和 R3 行两侧电极的接触频率也达到满接触。C1 和 C8 列的电极基本上为满接触。C2—C7 列电极的接触频率明显受后接元音的影响。

边音持阻段的舌腭接触与塞音和鼻音存在明显差异。电极接触主要集中在 R2—R4 行，元音/y/条件下 R1—R3 行电极接触频率比

① 林焘和王理嘉(1992：77)发现普通话边音/l/的产出存在个体差异，部分发音人产出为卷舌边音[ɭ]。

表 3－7　不同首元音条件下四个舌尖中音持阻段 PMC 帧腭位叠加后的接触频率

	/i/	/a/	/u/	/eɪ/	/ə/	/y/
/t/	di/43个音节 100 100100 100100100 100100 10010097 100100100 100100 10072 55 83 100100 10010079 27 23 44 88 100 10093 18 4 2 4 55 100 10088 0 0 0 0 25 100 10065 0 0 0 0 9 100 10044 0 0 0 0 27 100	da/39个音节 100 100100 100100100 100100 10010097 100100100 100100 10079 69 84 97 100 10097 76 43 30 51 79 100 10082 30 5 2 2 58 100 10058 0 0 0 0 15 100 10041 0 0 0 0 2 100 10015 0 0 0 0 5 100	du/43个音节 100 100100 100100100 100100 10010095 97 100100 100100 10076 67 81 97 100 10097 79 25 16 32 76 100 10086 25 2 0 0 41 100 10062 0 0 0 0 11 100 10041 0 0 0 0 2 100 10025 0 0 0 0 9 100	dei/6个音节 100 100100 100100100 100100 100100 100100100100 100100 10010083 83 100100 10010066 50 50 50 66 100 10066 50 0 0 0 50 100 10066 0 0 0 0 33 100 10033 0 0 0 0 33 100 10033 0 0 0 0 33 100	de/22个音节 100 100100 100100100 100100 10095 95 95 100100 100100 95 81 63 77 90 100 10090 68 36 36 40 72 100 10072 40 4 0 4 54 100 10059 0 0 0 0 27 100 10045 0 0 0 0 9 100 10018 0 0 0 0 18 100	—
/tʰ/	ti/57个音节 100 100100 100100100 10010010084 80 94 100100 10010084 38 28 56 96 100 10096 56 7 5 22 77 100 10092 15 3 3 3 61 100 10087 0 0 0 0 35 100 10084 0 0 0 0 45 100 10071 0 0 0 0 56 100	ta/44个音节 100 100100 100100100 100100 100100 95 97 100100 10010010068 47 72 97 100 10095 63 20 6 29 61 100 10072 11 0 0 0 34 100 10029 0 0 0 0 2 100 10020 0 0 0 0 0 100 10011 0 0 0 0 0 100	tu/51个音节 100 100100 100100100 10010010096 84 94 100100 10010086 62 49 62 88 100 10088 58 23 15 27 60 98 10070 15 0 0 0 43 98 10052 0 0 0 0 5 98 10050 0 0 0 0 5 100 10041 0 0 0 0 23 100	tei/2个音节 100 100100 100100100 100100 100100 100100100100 100100 100100 100100100100 10010010050 0 50 100100 10010050 0 0 0 50 100 10050 0 0 0 0 0 100 10050 0 0 0 0 0 100 1000 0 0 0 0 0 100	te/16个音节 100 100100 100100100 100100 100100 93 93 100100 10010010075 31 56 93 100 10010062 25 18 31 50 100 10068 18 0 0 0 31 100 10062 0 0 0 0 6 100 10031 0 0 0 0 0 100 10018 0 0 0 0 6 100	—
/n/	ni/52个音节 100 100100 100100100 10010010086 86 100100100 10010096 44 53 78 100100 10098 67 15 17 50 96 100 10010038 1 1 3 88 100 1001003 0 0 5 78 100 10096 7 0 0 7 71 100 10086 1 0 0 3 61 100	na/36个音节 100 100100 100100100 100100 100100 97 100100100 10010097 66 55 77 100100 10094 52 13 13 25 66 100 10066 11 0 0 0 25 100 10030 0 0 0 0 5 100 1005 0 0 0 0 0 97 1002 0 0 0 0 0 88	nu/19个音节 100 100100 100100100 100100 10010078 100100100 10010073 26 15 26 84 100 10057 21 5 0 10 26 100 10021 0 0 0 0 10 100 1005 0 0 0 0 0 100 10010 0 0 0 0 0 89 94 10 0 0 0 0 0 36	nei/4个音节 100 100100 100100100 100100 100100 100100100100 100100 10050 50 75 100100 10010075 0 0 25 100100 10075 0 0 0 0 50 100 10075 0 0 0 0 25 100 10025 0 0 0 0 0 100 1000 0 0 0 0 0 100	ne/11个音节 100 100100 100100100 100100 10010081 100100100 10010081 27 18 45 90 100 10081 36 0 0 0 45 100 10063 0 0 0 0 0 100 10018 0 0 0 0 0 100 10018 0 0 0 0 0 100 1009 0 0 0 0 0 100	ny/7个音节 100 100100 100100100 100100 100100 100100100100 100100 10071 71 100100100 10010071 14 14 28 100100 10010028 0 0 0 57 100 10071 0 0 0 0 42 100 10071 0 0 0 0 42 100 10057 0 0 0 14 28 71
/l/	li/59个音节 10 15 10 16 20 18 27 32 57 50 66 77 64 54 96 74 94 93 94 93 94 100 96 76 91 89 88 86 83 98 76 69 66 66 57 18 64 67 40 0 1 1 3 3 1 45 86 0 0 0 0 0 0 38 93 0 0 0 0 0 0 3	la/34个音节 11 17 11 23 35 14 50 58 73 58 79 97 76 79 97 82 94 94 97 97 100100 94 88 91 91 91 91 88 100 67 55 50 61 61 14 50 47 11 8 8 8 8 8 2 5 17 0 0 0 0 0 0 2 14 0 0 0 0 0 0 0	lu/38个音节 13 13 13 15 28 21 39 55 71 63 73 89 78 78 94 81 97 97 92 92 97 97 94 78 86 86 84 84 78 94 55 52 47 50 39 13 36 21 0 0 0 0 0 0 0 2 7 0 0 0 0 0 0 2 26 0 0 0 0 0 0 0	lei/8个音节 37 62 50 62 87 50 62 75 10087 10010010087 10087 87 75 75 75 75 100 10050 62 50 50 50 62 100 50 25 37 37 25 12 37 37 37 0 0 0 0 0 12 25 62 0 0 0 0 0 0 0 62 0 0 0 0 0 0 0	le/20个音节 20 20 20 20 20 20 25 30 55 45 65 70 50 50 10070 10090 90 85 80 100 10080 80 80 80 80 75 90 65 60 65 65 60 10 55 55 15 0 5 5 5 5 5 10 35 0 0 0 0 0 0 5 40 0 0 0 0 0 0 0	ly/9个音节 44 44 44 66 66 55 66 66 77 77 66 88 77 66 10066 77 77 66 66 77 100 88 44 44 44 44 44 44 88 44 22 33 33 33 11 22 66 33 11 11 11 11 11 11 55 77 0 0 0 0 0 0 44 77 0 0 0 0 0 0 0

较高，R6—R8 行两侧电极接触受后接元音影响的程度小于同部位的舌尖塞音和鼻音。

选择首元音为/a, i, u, y/条件下的辅音目标腭位的参数分析四个舌尖中音腭位参数的差异及元音对舌尖中音目标腭位的影响。元音/y/只出现在鼻音和边音的后面，因此，在元音为/y/的条件下，只比较鼻音和边音的腭位参数(使用独立样本 t 检验的方法)。

在固定元音条件下，对八个腭位参数进行单因素方差分析或独立样本 t 检验分析。结果发现，四个舌尖中音的腭位参数具有显著差异。表 3 - 8 为 Sheffe 比较结果及独立样本 t 检验结果。

表 3 - 8 固定元音条件下四个舌尖中音腭位参数的 Sheffe 比较结果及鼻音和边音的腭位参数的独立样本 t 检验结果($p<0.05$，※ $p=0.06$)

	i	a	u	y
TC	/l/</t^h, t/</n/	/l/</n, t^h/</t/	/l/</n/</t^h, t/	/l/</n/
AC	/l/</t^h, n, t/ /t^h/</t/※	/l/</t^h, n, t/	/l/</n, t^h, t/ /n/</t/	/l/</n/
PC	/l, t^h/ </n/	/l, n, t^h/</t/	/n, l/< t^h, t/	/l/</n/
VC	/l/</t/</t^h/</n/	/l/</n, t^h, t/ /n/</t/	/l/</n/< t, t^h/	/l/</n/
CoG	/n, t^h/</l, t/	/t, t^h, n/</l/	/t^h, t/</n, l/	/l/</n/
CC	/t^h, n/</l/ /t^h< t/	/t^h, n/</l/	/n/</t^h, t, l/	—
CA	/l/</t^h, n, t/	/l/</t^h, n, t/	/l/</t^h, n, t/	—
CP	/l/</t, t^h, n/ /t/</n/	/l/</t, t^h, n/	/l/</t^h, n, t/	/l/</n/

由表 3 - 8 可知，边音的目标腭位与同部位的塞音和鼻音存在显著差异。在所有元音条件下，边音的 TC、AC、PC 和 VC 均显著小于塞音和鼻音的情况。此外，边音的 CoG 最大，CC 在/i, a, u/条件下最大，CA 和 CP 最小(后接/y/条件下的 CA 与鼻音的 CA 没有显著

差异）。这些结果说明边音的成阻方式与其他舌尖中音存在明显的区别。

鼻音/n/易于受到元音动作的影响。元音为/i/的条件下，鼻音的TC、PC和VC显著大于其他舌尖中音的情况（PC与不送气塞音的PC无显著差异）。由于PC和AC的增加，CoG最小，CP最大。元音为/a, u/的条件下，鼻音的TC、PC和VC显著低于塞音的情况，CoG最大。这些结果说明，相比于同部位的舌尖塞音，舌尖鼻音持阻段的发音动作更易于受到后接元音舌位的影响。

送气和不送气塞音的目标腭位存在差异，但是单因素方差的结果并不明确。笔者使用独立样本t检验的方法分析了两个塞音的八个腭位参数，结果发现，不送气塞音的TC、AC、PC、CoG、CC和CA显著大于送气塞音，但是前者的VC和CP显著小于后者。笔者继而对两个塞音除阻前一帧腭位的八个参数进行了同样的独立样本t检验。结果发现，不送气塞音的PC、VC和CP显著小于送气塞音，同时，前者的CoG显著大于后者的情况。综合两个关键帧的分析结果，可以认为送气塞音的舌面上抬幅度大于不送气塞音（见表3-7后接/i/的腭位）。这符合周殿福和吴宗济对X光的观察结果。上述结果说明，送气特征影响舌尖中音塞音的舌腭接触模式，不送气塞音的舌尖动作幅度略大于送气塞音，但是前者的舌面高度则略低于后者的情况。

静态腭位的分析结果表明，第一，送气特征对舌尖塞音的舌腭接触有影响。送气塞音的舌面高度显著大于不送气塞音（特别在元音/i/的条件下），但是不送气塞音主发音器官的动作幅度大于送气塞音的情况。第二，鼻音的发音动作易受后接元音的影响。第三，边音的舌腭接触模式明显区别于舌尖塞音和鼻音。差异表现为两个方面：（1）成阻部位不稳定；（2）舌面位置较低。

表3-9是不同元音条件下四个舌尖中音腭位参数的Sheffe比较结果。可以看出，元音对舌尖中音的腭位参数有显著影响。

表 3-9　不同元音条件下 4 个舌尖中音腭位参数的 Sheffe 比较结果($p<0.05$)

	t	t^h	n	l
TC	—	/a/</i/	/u/</a/</y, i/	/u/</a, i/
AC	—	/i/</a/	/u/</a, y, i/	/i/</u, a, y/
PC	—	—	/u, a/</y, i/	/y, u/</i/
VC	/a, u/</i/	/a/</u/</i/	/u, a/</y, i/	/a, u/</y, i/
CoG	/i/</a, u/	/i/</u/</a/	/i, y/</a/</u/	/i/</u, a, y/
CC	—	/i/</u, a/	—	—
CA	—	/i/</a/	—	/i/</a, y/
CP	/a, u/</i/	/a/</u/</i/	/u/</a, y/</i/	/a, u/</y, i/

元音/i/对不送气塞音的 VC、CoG 和 CP 有显著影响。与/a, u/相比,元音/i/使得不送气塞音的舌面抬高,表现为 VC 和 CP 显著增大,CoG 显著下降。

送气塞音的腭位与后接元音的发音动作密切相关,表现为 VC、CoG 和 CP 呈现出元音动作的特点。元音/i/条件下的 VC 和 CP 最大,CoG 最小;元音/a/条件下的 VC 和 CP 最小,而 CoG 最大;元音/u/条件下的三个参数显著大于元音/a/的情况,同时又显著低于元音/i/的情况。AC 的差异说明元音/i/有可能影响舌尖成阻动作。① CA 和 CC 的差异与 AC 密切相关,齿龈区域接触面积降低必然使得 CA 降低,CC 与塞音成阻部位的成阻电极行数有关,因而齿龈区域接触面积的下降也导致 CC 的下降。

鼻音和边音可以后接以/i, a, u, y/为首元音的韵母。由表 3-9 可知,元音对鼻音持阻段的目标腭位有显著影响。元音/i/条件下,鼻音的 TC、AC、PC、VC、CC 和 CP 最大,CoG 最小,这说明鼻音产生了腭化现象,成为硬腭鼻塞音/ɲ/。在后续元音/y/的条件下,鼻音的

① 不仅送气塞音存在这种现象,不送气塞音也出现这种现象。在双音节或者快速语流中,舌尖塞音如果处于前高元音之间,则舌尖成阻动作易于消失。

TC、AC、PC 和 CoG 与后续元音为/i/条件下的情况没有显著差异，但是 CP 却显著低于后者的情况，这说明/i/和/y/的舌腭接触模式有差别。[①]在元音/u/的条件下，鼻音的 TC、AC 和 CP 最小，而其他腭位参数与元音/a/条件下的情况没有显著差异，但是与元音/i/条件下的情况存在显著差异，这说明后接元音为/u/条件下舌面下降，可能原因是软腭下降后，为了口腔和咽腔的连通，舌面后部也下降了。

相比于其他后续元音，/i/对边音目标腭位的影响最大，表现为边音的 TC、PC、VC 和 CP 最大，AC、CoG 和 CA 最小。这说明后接元音/i/的条件下，边音持阻段的舌尖成阻部位后移，舌面上抬。元音/y/对边音的影响也比较大，它使得边音的 VC 和 CP 显著大于/a, u/的情况，两个参数与元音/i/的情况没有显著差异，但是 AC、PC、CoG 和 CA 与元音/i/的情况则存在显著差异，而与元音/a, u/的情况没有显著差异。这说明后接元音/y/的条件下，边音舌尖成阻点部位比较靠前，舌面上抬程度略低于元音/i/的情况，但是比/a, u/条件下要高。元音/a, u/条件下只有 TC 存在显著差异，元音/u/条件下的 TC 较低。两种元音条件下的其他参数与/i/条件下的参数存在显著差异。

舌尖中音静态腭位的分析结果表明：第一，后接元音的舌位影响舌尖中音持阻段的目标腭位，元音的影响因舌尖中音发音方式的不同及元音舌位不同而表现出差异。元音/i/对舌尖中音的腭位参数的影响最大，表现为舌面上抬，接触面积指数增大。元音/y/次之，此时舌面上抬，但是幅度小于元音/i/的情况。元音/u/的影响只出现在送气塞音/t^h/，表现为软腭接触面积增加(相对于/a/条件而言)。从发音方式来看，鼻音最易于受到元音舌位的影响，而边音受元音影响的程度不如舌尖塞音和鼻音，这一点在元音/i/环境中表现明显(见表 3-7)。第二，送气塞音后接/i/的时候，舌面抬高动作有可能影响舌

① 前高不圆唇元音/i/和圆唇元音/y/的舌位差异参见本章 3.3.1 和 3.3.2 节。

尖与齿龈成阻的动作,可能原因在于两者发音距离相对较近。

图 3-8 为四个舌尖中音的 CoG、AC、PC 和 VC 经时间归一化后的动态变化。从图 3-8(a)可以看出,后接/i, a, u/的条件下,不送气塞音/t/在持阻段(除了持阻段最后一帧)的 AC 和 PC 基本上没有显著差异。差异只出现在除阻即将结束的时刻。元音对持阻段 CoG 的影响只出现在持阻段中部,元音/i/条件下的 CoG 低于其他元音条件下的情况。VC 曲线与 CoG 曲线的情况相似。上述结果与表 3-9 的 VC 和 CoG 的结果大体一致。

图 3-8(b)送气塞音/t^h/在持阻段的腭位参数的动态变化与表 3-9 的结果一致。后接/i/条件下的 VC 明显大于后接其他元音条件下的情况,同时 CoG 最小。三种元音条件下的 AC 曲线的差异不显著,这与表 3-9 的结果不符。这有可能是由元音/i/和元音/a/条件下送气塞音的舌腭接触最大帧在持阻段的位置不同引起的。统计结果表明,元音/a/条件下送气塞音舌腭接触最大帧出现在持阻段的中部(即持阻段 59%时长点),元音/i/条件下出现在持阳段的后部(即持阻段 65%时长点)。后者条件下元音/i/的影响逐渐加强。

图 3-8(c)的结果与表 3-9 的结果一致。元音/a, u/条件下的 CoG 曲线在鼻音持阻段最高,元音/i/的 CoG 曲线最低。元音/u/条件下的 AC 曲线在辅音持阻段中部最低。PC 曲线与后接元音的舌位高低有关,/i, y/条件下的 PC 曲线较高,而/a, u/条件下的 PC 曲线较低。VC 曲线与 PC 曲线的情况一致。

图 3-8(d)为边音持阻段的四个腭位参数曲线。可以看出,CoG 曲线的变化与前文提到的边音成阻部位前移的现象相符,这也可以从 AC 曲线的变化看出。元音/i/条件下的 CoG 曲线和 AC 曲线最低,而 PC 曲线最高;VC 曲线与元音/y/条件下的情况大体一致,但是比/a, u/条件下的情况要高。上述结果与表 3-9 的结果一致。

腭位参数的动态变化过程说明元音影响贯穿舌尖中音的整个持阻段,其中,鼻音和边音表现最为明显,送气音次之,而不送气音表现

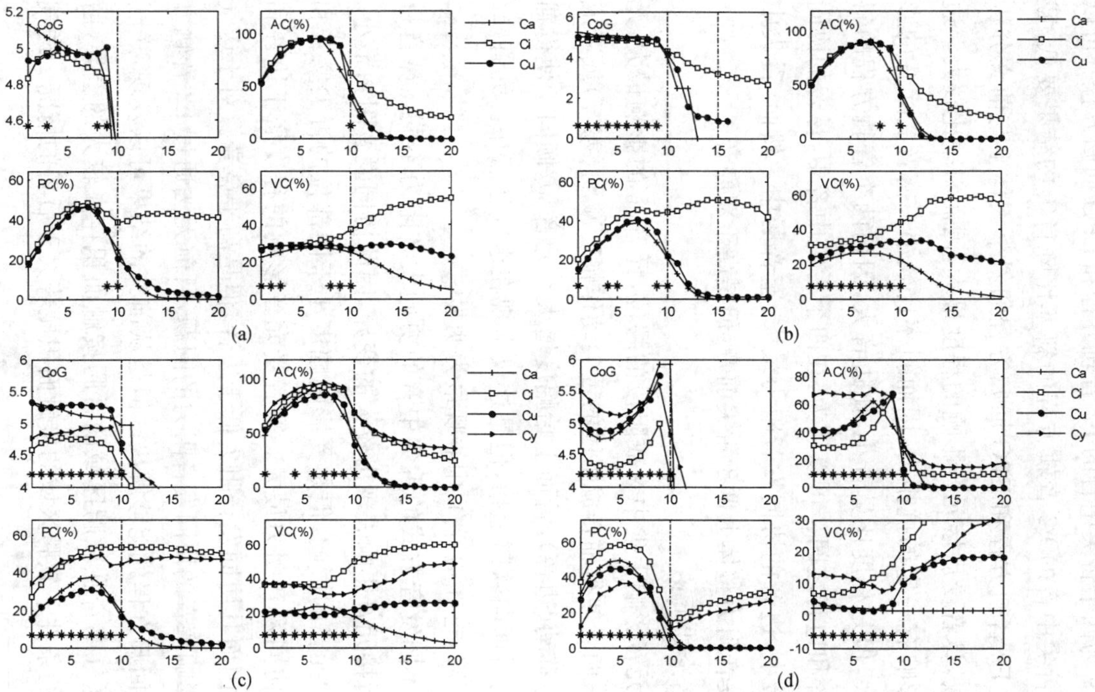

图 3-8　/t/(a)、/tʰ/(b)、/n/(c)和/l/(d)的 CoG、AC、PC 和 VC 经时间归一化后的动态变化[图中横轴表示从辅音持阻起点到元音时段前 100 ms 归一化后的时间点;图底部的星号表示所处时间点的腭位参数存在显著差异。(a)中第一条竖点线代表辅音除阻前一帧。(c)、(d)中的竖点线表示元音起点前一帧。(b)中的竖点线分别表示辅音除阻前一帧和元音起点前一帧]

不明显。

图 3-9 为四个舌尖中音的 F2 音轨方程和 EPG 回归方程。可以看出,四个舌尖中音的 F2 音轨方程的斜率比陈肖霞的结果要低,截距要高。[①] F2 音轨方程和 EPG 回归方程的斜率大体上与前文分析的结果一致,鼻音受后接元音影响的程度最大,因而斜率比较大。边音对元音影响有一定的抗拒力,因而斜率比较小。塞音受元音的影响也比较大,但是程度比鼻音小,比边音大,因而两个音轨方程的斜率居于鼻音和边音之间。可以认为,在四个舌尖中音中,鼻音的协同发音阻力最小,边音的协同发音阻力最大,塞音居中。然而,舌尖中音的协同发音阻力整体上低于舌尖前音,但是高于双唇音。

本节结论如下:

第一,元音影响舌尖中音成阻段的腭位,元音/i/的影响最大,元音/y/次之,两者使得辅音成阻段的舌尖动作幅度减弱(塞音)或者成阻部位发生移动(边音),舌面上抬幅度增大。元音/u/倾向于使得辅音成阻段的舌面向软腭上抬,但是这仅出现在送气塞音中。元音/a/使得舌面下降,这在边音/l/中表现最为明显。

第二,不同发音方式的舌尖中音的协同发音阻力不同。鼻音目标腭位受后接元音影响表现出较大的变异,因此协同发音阻力最小。边音也受到元音的影响,但是受影响幅度小于同部位的舌尖塞音和鼻音,因而协同发音阻力最大。塞音受元音影响的程度居于边音和鼻音之间,因而其协同发音阻力低于边音,但是高于鼻音。对于送气特征是否影响塞音的协同发音阻力的问题,目前无法通过 F2 音轨方程和 EPG 回归方程就能够解决。但是从前文的结果可以发现,送气塞音与不送气塞音在软腭区域的舌腭接触面积存在较大的差异,前者后接/i/的条件下软腭区域的接触面积显著大于后者的情况。送气

---

① 陈肖霞文中的参数为,d: 0.62×F2T+611;t: 0.66×F2T+548;n: 0.63×F2T+584;l: 0.59×F2T+583。

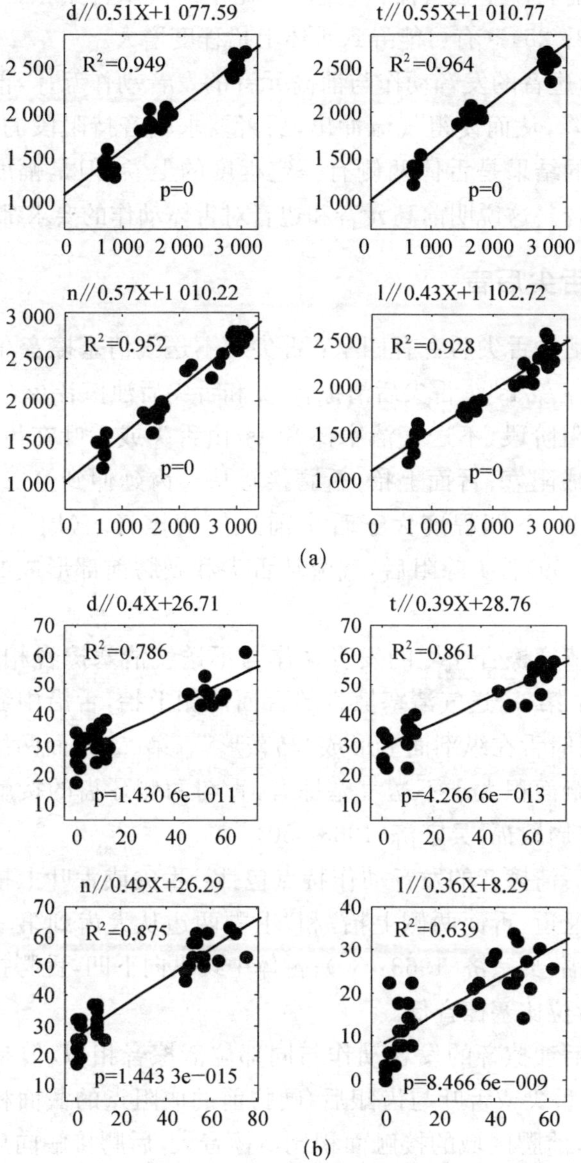

图 3-9　舌尖中音的 F2 音轨方程(a)和 EPG 回归方程(b)

塞音除阻需要产生强气流，舌尖动作比不送气塞音紧张，（周殿福，吴宗济 1963：25）这有可能导致舌体上抬程度增大。

第三，边音的发音动作与前高元音的发音动作互斥，前者要求舌体两侧下降，从而使得气流冲出，后者要求辅音持阻段的舌体上升。动作协调的结果是舌体两侧有一定程度的上卷，但是幅度小于舌尖塞音和鼻音。这说明前高元音和边音对舌体动作的要求都比较强。

3.2.4　舌尖后音

普通话的舌尖后音有四个：舌尖后不送气清塞擦音/tʂ/、舌尖后送气清塞擦音/tʂ^h/、舌尖后清擦音/ʂ/和舌尖后浊擦音/ʐ/。

在持阻阶段，不送气清塞擦音/tʂ/由舌尖或舌叶在齿龈后/硬腭前部位形成阻塞；舌面上抬，舌腭接触从犬齿延伸到第二臼齿；舌体沿中缝下凹，下凹程度大于舌尖前送气清擦音。（周殿福，吴宗济 1963：58－59）舌尖除阻后，气流从舌尖和硬腭前部形成的狭窄间隙冲出。

送气清塞擦音/tʂ^h/的发音动作与不送气清塞擦音相似，但是有两点差异：第一，送气清塞擦音的舌面两侧上抬，舌沿中缝下凹程度较小，成阻时舌在纵剖面上形成“马鞍形”。第二，舌面两侧与硬腭和软腭的接触面积大于不送气塞擦音，舌与两侧牙齿的接触一直延伸到智齿。（周殿福，吴宗济 1963：30）

舌尖后清擦音的发音动作特点包括：舌尖或舌叶上抬与硬腭前形成狭窄通道，舌面两侧上抬，和“上颚两边从犬齿到第一臼齿有接触”（周殿福，吴宗济 1963：30）；舌体中线纵向下凹，舌腭接触面积前宽后窄，舌位比塞擦音低。

舌尖后浊擦音的发音动作与同部位清擦音相似，但是有两点区别：第一，舌尖或舌叶与齿龈后/硬腭前的成阻点的截面积小于清擦音。第二，前腭区域的接触面积比清擦音大，后腭接触向后可以延伸到第二臼齿。（周殿福，吴宗济 1963：30；112－113）

这些发音生理分析结果说明，舌尖后音的主发音器官为舌尖或舌叶，成阻部位位于齿龈后或硬腭前区域。舌体姿态受到限制，与硬腭或软腭两侧接触，舌体中线纵向下凹。不送气塞擦音的舌腭接触面积小于送气塞擦音，且后者在后腭区域的接触可以延伸到软腭区域。擦音的舌位低于同部位的塞擦音，浊擦音的前腭接触面积大于同部位的清擦音，同时在后腭区域的接触可以达到第二臼齿。

表 3-10 为不同元音条件下舌尖后音持阻段或摩擦段 PMC 帧腭位的舌腭接触频率示意图。可以看出，在不同元音条件下，舌尖后音的收紧点位置位于 R2 行电极，这对应着齿龈脊的位置。

舌尖后塞擦音/tʂ, tʂʰ/在 R2 行并非为满接触，但是接触频率最大。R1 和 R3 行电极接触频率也比较大，R3 行的接触频率低于 R1 行的情况，这说明舌尖后塞擦音的成阻部位位于齿龈脊及偏前的位置。塞擦音的舌腭接触一直延伸到与两侧第二臼齿平行的位置(即 R8 行电极)，这说明舌体上卷接触硬腭和软腭两侧的区域。后腭区域的 C2 和 C7 列电极的接触频率呈现递减的趋势(除了元音/u/的情况)，这说明舌体中部有下凹的动作。

舌尖后擦音的收紧点部位比较稳定(位于 R2 行电极)。假腭后部的舌腭接触模式与同部位的塞擦音基本一致，但是在后腭区域的接触频率略低于后者。上述结果与周殿福和吴宗济(1963)的 X 光和静态腭位的描述基本一致。有关成阻点的描述与郑玉玲等(2006)的结果一致。

以下先比较后接元音/ʅ, a, u/条件下塞擦音和擦音的目标腭位参数，然后分析元音/ʅ, a, u/对舌尖后音的目标腭位参数的影响。

由于发音方式的差异，分别对塞擦音的 8 个腭位参数(塞擦音没有 MinW)及擦音的 9 个腭位参数进行独立样本 t 检验。从表 3-11 的结果可以看出，在元音固定的条件下，两个塞擦音的腭位参数差异较小，主要区别为不送气塞擦音的 AC 显著大于送气塞擦的情况；此外，不送气塞擦音的 CA 和 CC 也比送气塞擦音大(除了元音/a/条件

表 3－10　不同元音条件下四个舌尖后音持阻段/摩擦段 PMC 帧腭位叠加后的接触频率

	/ʅ/	/a/	/u/	/eɪ/	/ə/
/tʂ/	zhi2/10个音节 80 10010080 100100 100100100100 100100100100 10010010090 10 20 100100 10080 10 10 0 10 50 100 10040 0 0 0 0 30 100 10040 0 0 0 0 20 100 10050 0 0 0 0 10 100 10020 0 0 0 0 0 90	zha/38个音节 76 86 86 81 94 92 81 97 97 10089 100100100 10010097 47 28 44 100100 10086 18 7 2 7 47 100 10023 2 0 0 0 34 100 10028 0 0 0 0 18 100 10026 0 0 0 0 13 100 10010 0 0 0 0 2 78	zhu/52个音节 76 94 98 94 98 100 94 96 10010090 100100100 10010098 67 15 42 98 100 10084 21 5 1 5 48 100 10034 1 0 0 0 26 100 10048 0 0 0 0 34 100 10059 0 0 0 0 40 100 10050 0 0 0 0 21 96	zhei/2个音节 100100100 100100100 100100100100 100100100100 10010010050 0 0 100100 1001000 0 0 0 0 100 1000 0 0 0 0 0 100 10050 0 0 0 0 0 100 1000 0 0 0 0 0 100 1000 0 0 0 0 0 50	zhe/31个音节 48 74 77 70 83 83 70 87 93 10093 100100100 96 96 93 67 32 54 96 100 10074 29 22 9 12 51 100 10035 6 3 0 0 29 100 10029 0 0 0 0 25 100 10029 0 0 0 0 29 100 1009 0 0 0 0 9 77
/tʂʰ/	chi2/9个音节 66 77 88 77 88 88 77 88 88 88 88 100100100 10010088 44 22 22 77 100 10066 22 11 0 0 22 100 10055 0 0 0 0 11 100 10033 0 0 0 0 11 100 10033 0 0 0 0 0 100 1000 0 0 0 0 0 88	cha/45个音节 55 86 86 77 88 88 75 95 10010084 97 10097 10010091 66 31 46 91 100 10071 11 8 0 0 44 100 95 15 0 0 0 0 31 100 97 13 0 0 0 0 13 100 97 20 0 0 0 0 17 100 1006 0 0 0 0 2 75	chu/58个音节 62 84 86 72 87 89 81 91 98 98 82 96 100100 98 10094 62 20 37 94 100 10081 31 12 3 3 44 100 10037 1 1 0 0 31 100 10044 0 0 0 0 24 100 10055 0 0 0 0 32 100 10037 0 0 0 0 20 98		che/33个音节 66 81 84 75 90 87 81 10010010090 96 10096 10010096 42 21 33 87 100 10054 21 6 0 3 27 100 10018 0 0 0 0 15 100 10012 0 0 0 0 9 100 10018 0 0 0 0 6 100 10015 0 0 0 0 9 90
/ʂ/	shi2/13个音节 53 69 0 0 7 46 84 10092 38 0 15 84 100 10010010023 0 23 100100 10010015 0 0 0 92 100 10038 0 0 0 0 76 100 10030 0 0 0 0 53 100 10038 0 0 0 0 15 100 10030 0 0 0 0 0 92	sha/38个音节 92 94 31 0 0 73 97 10010050 0 28 100100 10010076 0 0 15 84 100 10060 0 0 0 0 52 100 10015 0 0 0 0 44 100 10015 0 0 0 0 26 100 10013 0 0 0 0 5 100 97 7 0 0 0 0 0 68	shu/55个音节 76 85 23 0 0 63 87 10010065 0 20 94 100 98 1001009 0 25 94 100 10092 12 0 0 0 65 100 10038 0 0 0 0 52 100 10038 0 0 0 0 45 100 10043 0 0 0 0 34 100 10043 0 0 0 0 25 98	shei/2个音节 1001000 0 0 0 1001001000 0 50 100100 10010050 0 0 0 100100 10050 0 0 0 0 100100 10050 0 0 0 0 100100 10050 0 0 0 0 50 100 10050 0 0 0 0 0 100 1000 0 0 0 0 0 100	she/37个音节 86 89 24 0 5 67 89 10010040 0 29 100100 10010081 2 0 18 97 100 10054 2 0 0 0 48 100 97 10 0 0 0 0 43 100 10013 0 0 0 0 27 100 10024 0 0 0 0 13 100 10021 0 0 0 0 13 75
/ʐ/	ri2/4个音节 25 25 0 0 0 0 10010010050 0 0 100100 1001001000 0 0 100100 10075 25 0 0 0 50 100 10075 0 0 0 0 25 100 1000 0 0 0 0 0 100 10025 0 0 0 0 0 100 1000 0 0 0 0 0 75	ra/24个音节 83 95 62 8 12 58 95 95 10083 0 33 100100 1001001008 0 16 95 100 10083 4 0 0 4 66 100 10016 0 0 0 0 62 100 10012 0 0 0 0 29 100 1004 0 0 0 0 4 100 1000 0 0 0 0 0 50	ru/35个音节 57 71 31 5 11 51 80 97 10062 0 25 91 100 10010091 11 0 2 82 100 10091 11 0 0 0 37 100 10028 0 0 0 0 22 100 97 17 0 0 0 0 2 100 10014 0 0 0 0 5 100 1008 0 0 0 0 5 82		re/21个音节 76 76 38 4 14 71 95 10010080 0 28 100100 10010090 9 0 14 100100 10076 4 0 0 0 42 100 1009 0 0 0 0 33 100 1009 0 0 0 0 19 100 1009 0 0 0 0 4 100 1009 0 0 0 0 0 66

外)。如不考虑元音条件,不送气塞擦音的 TC、AC、PC 和 CC 显著大于送气塞擦音。对塞擦音除阻前一帧的腭位参数进行的独立样本 t 检验结果发现,不送气塞擦音的 AC 和 CA 略大于送气塞擦音($p=0.07$)。上述结果说明:第一,不送气塞擦音目标腭位的舌腭收紧程度强于送气塞擦音,这表现在两个方面,(1) 不送气音在齿龈区域的接触面积较大;(2) 舌面位置相对较高。第二,在除阻时刻,不送气塞擦音在齿龈区域的收紧程度仍强于送气塞擦音,但是两者的舌面高度没有显著差异。

表 3-11 舌尖后音腭位参数的独立样本 t 检验结果(显著性 $p<0.05$。图中灰色区域单元格为 2 个擦音的比较结果)①

	/ʅ/		/a/		/u/		所有元音	
TC	—	/ʐ/</ʂ/	—	—	—	/ʐ/</ʂ/	/tʂ/>/tʂʰ/	/ʐ/</ʂ/
AC	/tʂ/>/tʂʰ/	/ʐ/</ʂ/	—	—	/tʂ/>/tʂʰ/	/ʐ/</ʂ/	/tʂ/>/tʂʰ/	—
PC	—	/ʐ/</ʂ/	—	—	—	/ʐ/</ʂ/	/tʂ/>/tʂʰ/	/ʐ/</ʂ/
VC	—	/ʐ/</ʂ/	—	/ʐ/</ʂ/	—	/ʐ/</ʂ/	—	/ʐ/</ʂ/
CoG	—	—	—	/ʐ/>/ʂ/	—	/ʐ/>/ʂ/	—	/ʐ/>/ʂ/
CC	/tʂ/>/tʂʰ/	—	—	/ʐ/>/ʂ/	—	—	/tʂ/>/tʂʰ/	/ʐ/>/ʂ/
CA	—	/ʐ/</ʂ/	—	—	/tʂ/>/tʂʰ/	—	—	—
CP	—	/ʐ/</ʂ/	—	—	—	/ʐ/</ʂ/	—	/ʐ/</ʂ/
MinW	—	—	—	/ʐ/</ʂ/	—	—	—	/ʐ/</ʂ/

清擦音和浊擦音的目标腭位参数存在较大差异。在高元音/ʅ,u/条件下,浊擦音的舌面位置较低,这表现在两个方面:(1) 浊擦音在齿龈区域的收紧程度显著低于清擦音,同时浊擦音的 CA 显著低于清擦音的情况(元音/ʅ/条件);(2) 清擦音的 TC、PC、VC 和 CP 显著大于浊擦音,这与周殿福和吴宗济(1963)的分析结果不同,但是与郑

① 由表 3-10 舌尖后塞擦音的腭位分析结果可知,除了音节/tʂʅ/以外,其他音节条件下 R2 行电极均不是满接触。但是对所有语音样本的观察结果发现,所有的舌尖后塞擦音在持阻时段均存在舌尖闭塞动作,只不过闭塞部位存在的差异。因此,舌尖后塞擦音不存在 MinW 参数。

玉玲等的结果相似(参见郑玉玲,刘佳 2006)。另外,浊擦音的 CoG 显著大于清擦音,但是这并不是由于发音部位前移造成的,而是由于后腭接触频率降低造成的(参见表 3-10)。

在元音/a/的条件下,清擦音的 VC 显著大于浊擦音的情况,这说明前者的舌面高度较高。浊擦音的成阻点宽度显著低于清擦音的情况,同时浊擦音的 CC 显著大于清擦音的情况,这说明浊擦音在齿龈区域的收紧程度较大。从图 3-10(a)可以看出,浊擦音的 MinW 只有一个电极,这在声学上导致擦音能量增强。(Stevens 1998)元音/a/条件下浊擦音的舌腭接触模式有可能反映了本研究发音人的发音习惯,因为在鲍怀翘等(2001)的动态腭位语料库并没有这种现象。

如不考虑后接元音,则清擦音的舌面高度比浊擦音要高。浊擦音主发音器官的动作变异度比较大,浊擦音构音过程中是否产生摩擦及摩擦的程度取决于舌腭在齿龈区域收紧点的最小截面积。后接高元音的条件下,齿龈区域的收紧程度不高,在语图上表现为辅音段无明显的高频噪音[见图 3-10(b)];后接低元音的条件下,齿龈区域的收紧程度增大,在语图上表现出明显的高频噪音[见图 3-10(a)]。上述结果说明,普通话的浊擦音是否为带摩擦的浊音,还是近音,(廖荣容,石锋 1987;朱晓农 2007)关键在于齿龈区域最小收紧点的截面积。

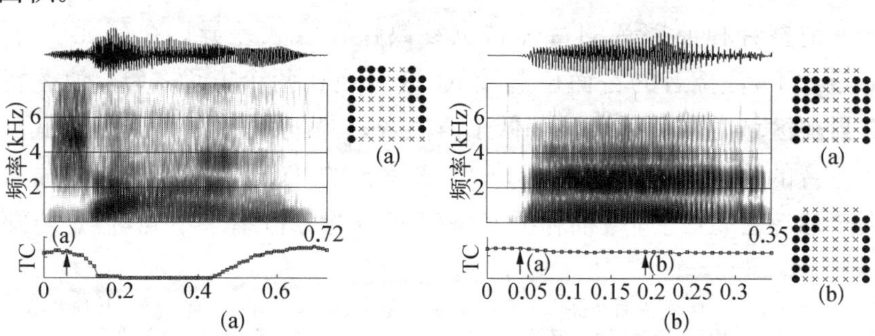

图 3-10 单音节/ʐan/(a)和/ʐʅ/(b)的波形、语图、TC 曲线和关键帧（图中箭头所指时刻的腭位）

对后接元音/ʅ，a，u/条件下舌尖后音的九个腭位参数的单因素方差分析结果发现，元音对舌尖后音的腭位参数有显著影响。表 3－12 为 Sheffe 事后检验结果。

表 3－12　元音对舌尖后音目标腭位参数影响的 Sheffe 比较结果（显著性水平 $p<0.05$）

	/tʂ/	/tʂ^{h}/	/ʂ/	/ʐ/
TC	/a/</u/	/a/</u/	/a/</u/	/ʅ，u/</a/
AC	—	—	—	/ʅ，u/</a/
PC	—	/a/</u/	/a/</u，ʅ/	—
VC	/a/</u/	/a，ʅ/</u/	/a/</u，ʅ/	/a/</u/
MinW	—	—	—	/a/</ʅ/
CoG	/u/</a/	/u/</a/	/ʅ，u/</a/	/ʅ，u/</a/
CA	—	—	/ʅ/</a/	/ʅ，u/</a/
CP	/a/</u/	/a，ʅ/</u/	/a/</ʅ，u/	/a/</u/
CC	—	—	—	/ʅ，u/</a/

首先分析塞擦音的目标腭位参数受元音影响的情况。从表 3－12 可以看出，元音对主发音器官的动作没有影响，表现为不同元音条件下 AC 没有显著差异。第二，元音/a，u/对塞擦音腭位参数的影响方向不同。元音/a/显著降低塞擦音的 TC、PC 和 VC，因而使得 CP 降低，CoG 上升。元音/u/对塞擦音的影响与元音/a/相反，它使得舌面高度上升，且有可能比元音/ʅ/的舌面位置还要高（见表 3－12 中 VC 和 CP 的差异）。上述结果说明，元音不影响舌尖后塞擦音的舌尖或舌叶在齿龈区域的收紧动作，但是对舌面动作有影响，元音影响方式与元音舌面高度密切相关，元音的舌面越高，则塞擦音持阻段的舌面位置相应变高。

元音对清擦音的影响与塞擦音相似，因此不做赘述。元音对浊擦音目标腭位参数的影响表现为两点：其一，在元音/a/条件下齿龈区域的收紧程度显著大于其他两个元音的情况（AC、CA 和 CC 显著增大，MinW 显著减小）；其二，在元音/a/条件下的舌面高度较低（VC 和 CP 显著低于元音/u/的情况）。

上述结果说明：第一，除了浊擦音，元音对舌尖收紧程度没有显著影响；第二，元音对舌面高度有影响，影响方式与后接元音的舌位有关；第三，元音对浊擦音主发音器官动作的显著影响有可能是发音人过度发音的结果。

图 3 - 11 是四个舌尖后音在首元音为/a/，/u/和/ʅ/（图中表示为 i2）条件下辅音持阻段和元音时段前 100 ms 的腭位参数经过时间归一化后的动态变化过程。

从图 3 - 11 可以发现，塞擦音和清擦音的 AC 曲线在整个持阻段或摩擦段基本上不受元音的影响，不同元音条件下的清擦音的 AC 只在辅音持阻段最后一帧才出现显著差异，AC 曲线的显著下降只出现在持阻段或摩擦段除阻前 1—2 个时间点内。浊擦音的 AC 在整个持阻段均受到元音的影响，差异与表 3 12 的结果一致。

送气塞擦音和清擦音成阻段的 PC 曲线受元音舌位高度的影响。然而，两者受元音影响的方式不同，前者只出现在持阻段的前半段，在后半段显著差异消失，而后者几乎在所有时间点都有显著差异。不送气塞擦音和浊擦音的 PC 在所有时间点都没有显著差异。上述结果与表 3 - 12 的结果一致。

持阻段或摩擦段的 VC 曲线受到元音的影响，影响方式与表 3 - 12 的结果相同。

CoG 对假腭三个功能区域接触面积的变化非常敏感，从图 3 - 11 可以看出，舌尖后音持阻段或摩擦段大部分时间点的 CoG 都存在显著差异（不送气塞擦音只出现在持阻段的最后 6 个时间点）。除了不送气塞擦音之外，后接/a/条件下的 CoG 一般大于其他元音的情况。

上述结果说明：第一，元音对四个舌尖后音的主发音器官动作的影响方式不同。浊擦音的舌尖动作在整个持阻段都受到后接元音的

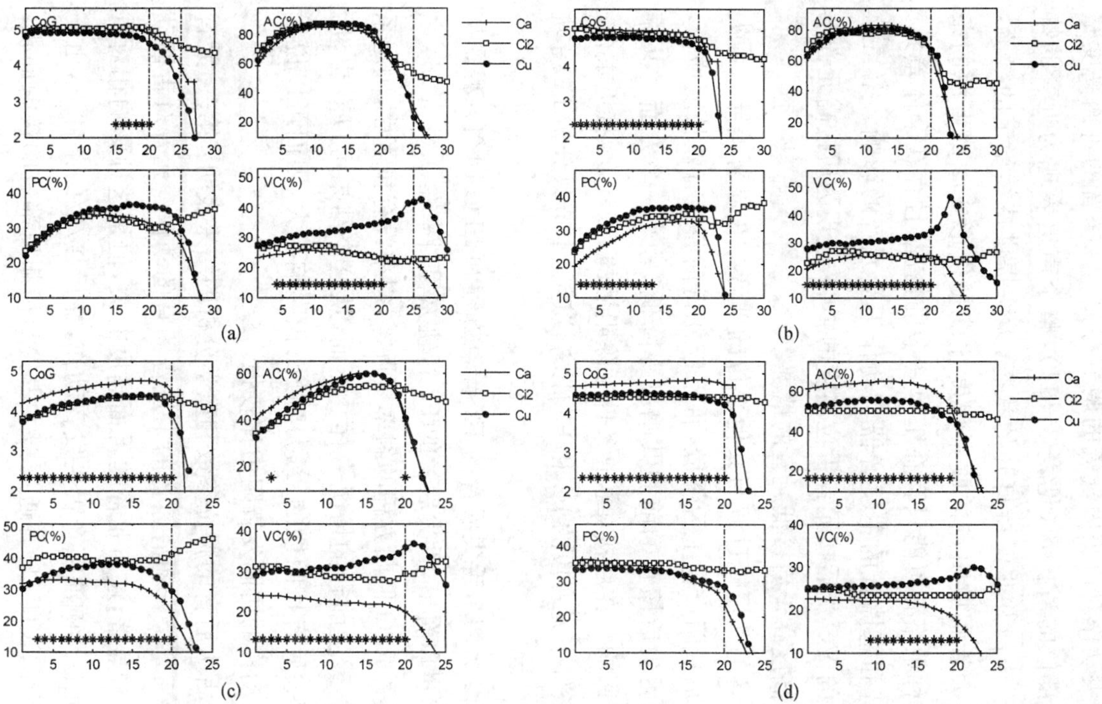

图 3-11　/tʂ/(a)、/tʂʰ/(b)、/ʂ/(c)和/ʐ/(d)的 CoG、AC、PC 和 VC 经过时间归一化后的动态变化[图中横轴表示从辅音持阻起点到元音时段前 100 ms 归一化后的时间点。图底部的星号表示所处时间点的腭位参数存在显著差异。(a)、(b)中第一条竖点线代表辅音除阻前一帧，第二条竖点线表示元音起点前一帧。(c)、(d)的竖点线表示元音起点前一帧]

影响，后接/a/条件下齿龈区域的舌腭收紧点的截面积最小，这有可能与声门和舌尖动作对口腔内气流的调节有关。浊擦音的舌面高度整体上低于同部位的清擦音（见表 3-11），整个声道表现为近音的特点，同时由于声门并非保持打开的状态，无法提供持续稳定的气流，因此只有加大舌腭成阻点的收紧程度才能提供形成摩擦声源的条件。但是这种策略有可能只存在于单音节的情况，且存在个体差异。相反，清擦音和塞擦音的主发音器官动作不受元音的影响。第二，4个舌尖后音的 VC 受后接元音舌位高度的影响，表现为后接高元音条件下的舌面高度高于后接低元音的情况。

舌尖后音的共振峰过渡与其他部位的辅音存在显著差异。舌尖上抬在齿龈后成阻产生了舌下腔，舌下腔使得前腔的有效长度增长，一方面使得舌尖后擦音的前腔共鸣频率降低，另外一个方面对共振峰过渡产生影响。在后接/a, u/条件下除阻后的 F2 和 F3 接近重合；后接/ʅ/的条件下元音段的 F2 和 F3 距离较近。本节只分析 F2 音轨的情况。

图 3-12 为四个舌尖后音的 F2 音轨方程和 EPG 回归方程。从图 3-12(a)可以看出，舌尖后音的 F2 音轨方程斜率在 0.5～0.64 之间。舌尖后音 EPG 回归方程的斜率接近零，斜率没有显著性，确定系数较小，这与舌尖前音的情况一样。然而，从这个结果可以看出，后接元音对舌尖后音持阻段的舌腭接触面积影响不大，因而可以说舌尖后音发音动作的协同发音阻力比较强。

对四个舌尖后音的腭位参数和声学分析的结果表明：第一，元音不影响舌尖后塞擦音和清擦音的主发音器官的动作。元音对舌面动作的影响比较显著，这与元音的舌面高度有关，但是这种影响相对有限。第二，元音影响浊擦音舌尖发音动作，在后接/a/的条件下，由于舌面下降，声门关闭，只有通过增大舌尖与齿龈后部位的接触面积，减小成阻点宽度的方式来产生摩擦效果，然而，这有可能是个人发音习惯的反映。第三，送气特征对塞擦音的发音动作有显著影响，这种

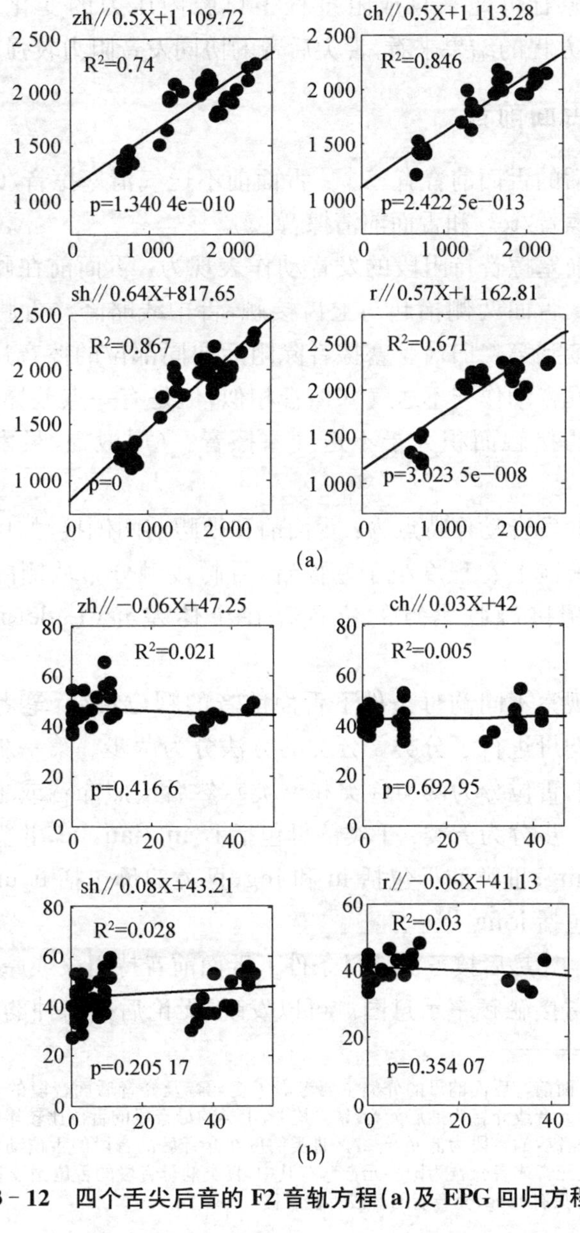

图 3-12　四个舌尖后音的 F2 音轨方程(a)及 EPG 回归方程(b)

差异的根源有可能来自成阻过程中口腔内压力的变化。第四，从EPG 回归方程的结果来看，舌尖后音的协同发音阻力较强。

3.2.5 舌面前音

普通话的舌面前音有三个：舌面前不送气清塞擦音/tɕ/，舌面前送气清塞擦音/tɕʰ/和舌面前清擦音/ɕ/。

舌面前塞擦音持阻段的发音动作表现为：舌面前在硬腭前部位产生阻塞。舌面两侧抬起与上齿接触，舌中线略降。舌腭接触从门齿一直延续到第二臼齿。塞擦音除阻后向同部位的擦音过渡。送气塞擦音的发音动作与不送气塞擦音相似，但是有一点差异，前者在持阻段的舌腭接触面积大于不送气塞擦音。（周殿福，吴宗济 1963：28－29）

擦音的发音动作特点为：舌面前和硬腭前两侧接触，中间形成缝隙。舌面两侧上卷程度小于塞擦音，舌腭接触分布从侧门齿到第二臼齿。舌腭接触收紧点的位置存在个体差异（Ladefoged & Wu 1984）。

为了观察不同韵母条件下舌面前音的腭位特征，笔者把舌面前音后面的韵母进行了分类。分类的方法分为两步。第一步按照介音或主元音的舌位分为两类（i 类和 y 类），然后按照介音或主元音后面的部分进一步分为五类：Ⅰ类韵母包括 i，in，ian，ie；Ⅱ类韵母包括 ia，iao，iang；Ⅲ类韵母包括 iu 和 ing；Ⅳ类韵母包括 u，un，uan，ue；Ⅴ类韵母包括 iong。①

表 3－13 是后接五类韵母条件下舌面前音持阻段或摩擦段 PMC 帧腭位舌腭接触频率示意图。可以发现，无论后接何种韵母，舌面塞

---

① 对舌面前音后面韵母的分类主要考虑了主元音及介音后面音段的舌位。Ⅰ类—Ⅲ类韵母的主元音或介音为展唇元音/i/。其中，Ⅰ类韵母音段的舌位比较靠前（为/i，ɛ/），Ⅱ类韵母在介音后的音段为低元音/a/。Ⅲ类韵母在介音后的音段的舌位动作后移。Ⅳ—Ⅴ类韵母的主元音或者介音为圆唇元音/y/，其中，Ⅳ类韵母音段的舌位比较靠前（为/y，ɛ，æ/），Ⅴ类韵母只有 iong，介音后的音段舌位后移。

表 3－13　不同韵母类型条件下三个舌面前音持阻段/摩擦段 PMC 帧腭位叠加后的接触频率

	Ⅰ类	Ⅱ类	Ⅲ类	Ⅳ类	Ⅴ类
/tɕ/	j+Ⅰ类/42音节 100100100 100100100 92 100100100 42 88 100100 100100100 59 14 42 95 100 100 97 83 14 0 11 78 100 100 88 11 0 0 0 76 100 100 83 0 0 0 0 50 100 100 66 0 0 0 0 38 100 100 35 0 0 0 0 16 97	j+Ⅱ类/25音节 100100100 100100100 92 100100100 72 100100100 100100100 92 44 68 100100 100100 92 32 0 28 92 100 100 88 4 0 0 0 80 100 100 64 0 0 0 0 52 100 100 48 0 0 0 0 36 100 100 24 0 0 0 0 4 92	j+Ⅲ类/14音节 100100100 100100100 100100100100 35 85 100100 100100100 64 7 42 100100 100 92 71 14 0 7 92 100 100 78 0 0 0 0 85 100 100 78 0 0 0 0 57 100 100 64 0 0 0 0 50 100 100 28 0 0 0 0 21 100	j+Ⅳ类/40音节 100100100 100100100 100100100100 77 95 100100 100100100 77 27 62 100100 100100 87 22 5 15 95 100 97 95 15 2 0 0 85 100 100 82 0 0 0 0 62 100 100 65 0 0 0 0 52 100 100 40 0 0 0 0 32 100	j+Ⅴ类/4音节 100100100 100100100 100100100100 50 100100100 100100100 50 25 50 100100 100100 50 25 25 25 50 100 100 50 0 0 0 0 50 100 100 50 0 0 0 0 50 100 100 25 0 0 0 0 25 100 100 0 0 0 0 0 25 100
/tɕʰ/	q+Ⅰ类/52音节 100 100100100100100 94 100 100 96 30 92 100100 100100100 50 11 38 100100 100 96 65 17 1 7 82 100 100 76 7 0 0 0 71 100 100 73 0 0 0 0 48 100 100 61 0 0 0 1 38 100 100 32 0 0 0 1 25 100	q+Ⅱ类/26音节 100100100 100100100 96 100100100 57 92 100100 100100100 80 15 46 96 100 100 96 69 11 0 15 73 100 100 57 7 0 0 0 57 100 100 50 0 0 0 0 38 100 100 38 0 0 0 0 26 100 100 15 0 0 0 0 3 96	q+Ⅲ类/14音节 100100100 100100100 100100100 92 57 71 100100 100100 92 42 7 42 78 100 100 92 35 0 0 7 50 100 100 64 0 0 0 0 50 100 100 64 0 0 0 0 35 100 100 57 0 0 0 0 50 100 100 35 0 0 0 0 28 100	q+Ⅳ类/32音节 100100100 100100100 100100100 96 65 96 100100 100100 96 71 37 53 100100 100 96 81 18 3 9 90 100 100 75 12 3 0 0 81 100 100 68 3 0 0 0 65 100 100 46 3 0 0 0 34 100 100 18 3 0 0 3 15 93	q+Ⅴ类/3音节 100100100 100100100 100100100100 33 100100100 100100100 66 0 66 100100 100100100 33 0 0 100100 100100 0 0 0 0 100100 100100 0 0 0 0 100100 100 66 0 0 0 0 0 100 100 33 0 0 0 0 0 100
/ɕ/	x+Ⅰ类/53音节 100 100100 5 98 100 100100100 94 0 64 100100 100100100 33 0 9 100100 100100 86 1 0 0 75 100 100100 7 0 0 0 67 100 100100 0 0 0 0 32 100 100 67 0 0 0 0 16 100 100 11 0 0 0 0 3 96	x+Ⅱ类/32音节 100100100 3 100100 100100100 90 0 50 100100 100100100 12 0 6 100100 100100 71 0 0 0 59 100 100 96 0 0 0 0 40 100 100 96 0 0 0 0 21 100 100 59 0 0 0 0 6 100 100 18 0 0 0 0 0 93	x+Ⅲ类/15音节 100 100100 0 100100 100100100 60 0 53 100100 100100 100 0 0 0 100100 100100 60 0 0 0 66 100 100100 0 0 0 0 60 100 100 93 0 0 0 0 46 100 100 66 0 0 0 0 26 100 93 26 0 0 0 0 0 100	x+Ⅳ类/45音节 100 100 93 4 91 100 100100100 84 0 55 100100 100100100 22 0 0 100100 100100 55 0 0 0 71 100 100100 2 0 0 0 51 100 100 91 0 0 0 0 20 100 100 51 0 0 0 0 13 100 100 13 0 0 0 0 0 93	x+Ⅴ类/10音节 100 100100 10 100100 100100 100100 0 80 100100 100100100 20 0 0 100100 100100 100 0 0 0 100100 100100 0 0 0 0 80 100 100100 0 0 0 0 50 100 100 80 0 0 0 0 30 100 100 0 0 0 0 0 10 100

擦音的成阻点始于 R1 行电极，并形成闭塞，多数情况下 R2 行电极也出现闭塞，这说明塞擦音的成阻部位位于齿龈部位。R3—R4 行两侧电极的接触频率达到 100%，说明舌面前音的成阻部位从齿龈一直延伸到硬腭前部。C1 和 C8 列电极的接触接触频率基本上为满接触，C2 和 C7 列电极的接触频率超过了 60%，说明舌面两侧上抬的程度比较高。

舌面前擦音的舌腭收紧点位于 R1—R2 行电极，舌腭接触的最前端在齿龈部位，与侧门齿在水平方向上平齐，这与 Ladefoged 和 Wu (1984：270－274)文中发音人 A 的腭位类似，表明成阻点位于齿龈部位，最小成阻点的长度比舌尖前擦音要长一些，一般为两行电极。R3—R8 行电极的接触频率与同部位的塞擦音类似，说明舌面上抬的程度也比较高。

与已有的腭位分析结果相比(周殿福，吴宗济 1963：55－57)，本书发音人产出的舌面前音的成阻部位比较靠前。

以下以后接单元音/i，y/及复合韵母元音/ia，iu/的单音节为例来分析三个舌面前音的腭位特征及元音/i，y，u，a/对舌面前音腭位参数的影响。

以三个舌面前音为分类变量，以八个腭位参数为因变量进行单因素方差分析。结果发现，所有的参数都存在显著差异。表 3－14 为不考虑元音环境条件下三个舌面前音腭位参数的 Sheffe 事后检验结果。可以看出，擦音的腭位参数均显著低于送气和/或不送气塞擦音的情况，说明擦音持阻段的舌面低于同部位的塞擦音。不送气塞擦音的 TC、AC 和 PC 显著大于送气塞擦音的情况，这与送气特征对舌尖后音塞擦音的影响一致，但是与周殿福和吴宗济(1963)的结果相反。

元音对舌面前音的腭位参数基本上没有影响，只有在送气塞擦音条件下，后接/iu/的 PC 显著低于后接元音/y/的情况。由于在两种情况下的 TC、AC 和 VC 没有显著差异，因此笔者不做进一步的分析。

表 3－14　三个舌面前音的 8 个腭位参数的 Sheffe 比较结果($p<0.05$)

参　数	比较结果	参　数	比较结果
TC	/ɕ/</tɕʰ/</tɕ/	CoG	/ɕ/</tɕʰ/
AC	/ɕ/</tɕʰ/</tɕ/	CA	/ɕ/</tɕʰ, tɕ/
PC	/ɕ, tɕʰ/</tɕ/	CP	/ɕ/</tɕ/(p=0.078)
VC	/ɕ/</tɕ/	CC	/ɕ/</tɕʰ, tɕ/

图 3－13 为三个舌面前音后接单元音/i, y/和复合元音/ia, iu/条件下四个腭位参数的动态变化。从图 3－13(a)和(b)可以发现,塞擦音在持阻段和摩擦段的大部分时间点内,四个腭位参数没有显著差异。图 3－13(c)中擦音的腭位参数在擦音稳定段的腭位参数也没有显著差异。

从上述分析结果可以看出,舌面前音持阻过程的发音动作十分稳定,舌腭接触不易受到后接元音动作的影响。

计算舌面前音的 F2 音轨方程和 EPG 回归方程的时候,选用韵母为/i, y, ia, iu/的单音节。①

图 3－14(a)是三个舌面前音的 F2 音轨方程。可以发现,三个音轨方程的斜率都接近零,截距在 2 500 Hz 左右,确定系数接近零。这与前几个发音部位辅音的 F2 音轨方程存在较大的差异。

图 3－14(b)是三个舌面前音的 EPG 回归方程。可以发现,三个回归方程的斜率也非常小。无论后接何种元音,辅音除阻前一帧/摩擦段中点帧的接触总面积分布在 40%—60%的区间。

两个音轨方程的结果说明,元音对舌面前音的协同发音影响作

① 如果只使用后接元音为单元音韵母/i, y/的单音节,则舌面前音的 F2 音轨方程的参数为: j(斜率=0.25,截距=1 843,R2=0.18,p=0.01),q(斜率=0.82,截距=374,R2=0.76,p=0);x(斜率=0.59,截距=895,R2=0.74,p=0)。可以看出,三个舌面前音的 F2 音轨方程的斜率和截距存在较大的差异。

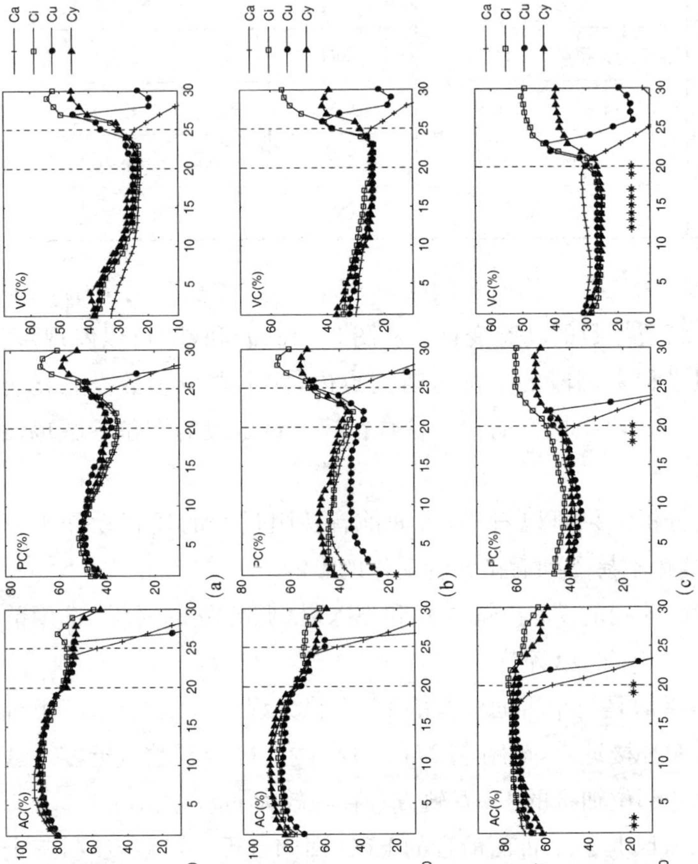

图 3－13　/tɕ/(a)、/tɕʰ/(b)和/ɕ/(c)的 CoG、AC、PC 和 VC 经过时间归一化后的动态变化[图中横轴表示从辅音持阻起点到元音时段前 100 ms 归一化后的时间点。图底部的星号表示所处时间点的腭位参数存在显著差异。(a)、(b)中第一条竖点线代表辅音除阻前一帧，第二条竖点线表示元音起点前一帧。(c)的竖点线表示元音起点前一帧]

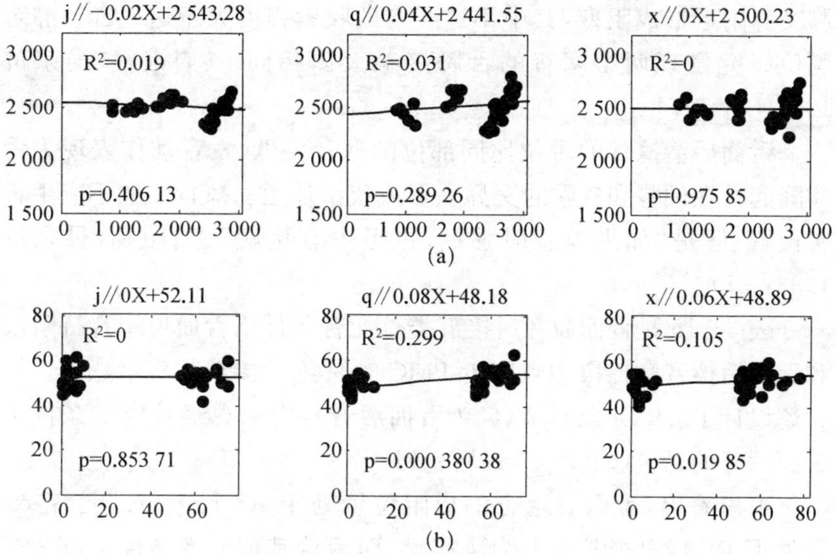

图 3-14　三个舌面前音的 F2 音轨方程(a)及 EPG 回归方程(b)

用非常小。由此,可以认为舌面前音的协同发音阻力比较大。

综合上述结果,可以得出如下结论,第一,舌面前音的发音动作在持阻段十分稳定,元音对持阻段的舌位没有影响。第二,送气特征对塞擦音的腭位目标有显著影响,不送气塞擦音的 TC 及两个区域的接触面积(AC 和 PC)显著大于送气塞擦音,这与舌尖前塞擦音和舌尖后塞擦音的情况比较相似。第三,从 F2 音轨方程和 EPG 回归方程的结果来看,舌面前音在所有的辅音音位中协同发音阻力最强。

3.2.6　舌面后音

普通话舌面后音包括:舌面后不送气清塞音/k/、舌面后送气清塞音/k^h/和舌面后清擦音/x/。①

X 光的研究发现,舌面后塞音的发音动作由舌面后在软腭和硬

① 舌面后鼻音(后鼻尾/ŋ/)不出现在音节声母的位置,因此不做分析。

腭交界附近形成阻塞，其中不送气音的收紧程度大于送气音。静态腭位研究发现两个塞音的舌腭接触大体相同。（周殿福，吴宗济 1963：26－27）

舌面后清擦音的舌位比同部位的塞音要低，发音动作表现为舌体隆起并在硬腭和软腭的交界点形成狭窄通道。擦音一般不产生舌腭接触，但是“如果发音时强调，也可少有接触”（周殿福，吴宗济 1963：27）。

表 3－15 是舌面后音后接五类首元音条件下舌面后塞音持阻段和舌面后擦音摩擦段中点附近 PMC 帧腭位的接触频率示意图。笔者还设计了 a♯Ci 双音节（C 为舌面后音），用来观察后接/i/条件下舌面后音的腭位（表 3－15 最后一列）。

可以看出，舌面后塞音的成阻位置处于 R8 行电极。元音/eɪ/条件下 R8 行电极基本上为满接触，而后接其他元音条件下，R8 行中间部分电极的接触频率低于 100%，说明塞音的成阻部位处于软腭部位，EPG 无法探测到这个区域的接触。元音/i/条件下的舌面后音成阻部位前移，并在齿龈和硬腭区域产生接触，这说明舌面后音的成阻部位受到后接元音舌位的影响，前高元音条件下的舌腭成阻部位靠前，接近硬腭区域；在后元音条件下，成阻部位比较靠后。这个结果与英语软腭塞音的 EPG 分析结果一致。（Butcher & Weiher 1976）

笔者分别对后接元音/a，u，eɪ/条件下的三个舌面后音的腭位参数进行单因素方差分析。结果发现，在多数情况下，舌面后音的腭位参数存在显著差异。表 3－16 是 Sheffe 比较结果。

由表 3－16 可知，在元音为/eɪ/的条件下，舌面后擦音的 VC、CP 及 CC 显著低于同部位的塞音，这与擦音的发音方式有关。舌面后擦音的 PC、CoG 及 CA 与同部位的塞音没有显著差异，表明在后接前元音的条件下，擦音成阻部位与同部位的塞音一样都前移。在元音/a，u/的条件下，擦音的腭位参数与塞音的腭位参数存在显著差异，

表 3-15　不同元音条件下三个舌面后音持阻段/摩擦段 PMC 帧腭位叠加后的接触频率(最后一列为 1 个样本的腭位)

	/a/	/eɪ/	/u/	/ə/	/i/
/k/	ga/34个音节 0 0 0 0 0 0 0 0 0 0 0 0 0 0 0 0 0 0 0 0 0 0 0 0 0 0 0 0 0 0 14 0 0 0 0 0 0 0 97 8 0 0 0 0 0 38 100 88 2 2 0 0 8 100 100 100 100 100 100 97 100 100	gei/3个音节 0 0 0 0 0 0 0 0 0 0 0 0 0 0 0 0 0 0 0 0 0 0 0 0 0 0 0 0 0 0 0 0 0 0 0 0 0 0 100 0 0 0 0 0 0 0 100 100 0 0 0 0 0 100 100 100 100 100 100 66 100 100	gu/68个音节 0 0 0 0 0 0 0 0 0 0 0 0 0 0 0 0 0 0 0 0 0 0 0 0 0 0 0 0 0 0 0 0 0 0 0 0 0 0 51 1 0 0 0 0 0 13 98 55 2 1 1 0 14 86 100 98 73 89 88 85 97 100	ge/28个音节 0 0 0 0 0 0 0 0 0 0 0 0 0 0 0 0 0 0 0 0 0 0 0 0 0 0 0 0 0 0 7 0 0 0 0 0 0 7 82 0 0 0 0 0 0 39 100 75 3 0 0 0 17 100 100 100 96 100 96 82 100 100	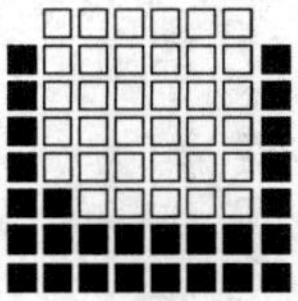
/kʰ/	ka/36个音节 0 0 0 0 0 0 0 0 0 0 0 0 0 0 0 0 0 0 0 0 0 0 0 0 0 0 0 0 0 0 13 0 0 0 0 0 0 2 66 5 0 0 0 0 0 38 100 63 5 5 0 0 13 88 100 100 77 91 91 80 94 100	kei/3个音节 0 0 0 0 0 0 0 0 0 0 0 0 0 0 0 0 0 0 0 0 0 0 0 0 0 0 0 0 0 0 0 0 0 0 0 0 0 33 100 0 0 0 0 0 0 66 100 100 0 0 0 0 33 100 100 100 100 100 100 100 100 100	ku/56个音节 0 0 0 0 0 0 0 0 0 0 0 0 0 0 0 0 0 0 0 0 0 0 0 0 0 0 0 0 0 0 0 0 0 0 0 0 0 1 53 0 0 0 0 0 0 8 96 51 3 0 0 0 10 83 100 96 66 82 87 76 94 100	ke/23个音节 0 0 0 0 0 0 0 0 0 0 0 0 0 0 0 0 0 0 0 0 0 0 0 0 0 0 0 0 0 0 17 0 0 0 0 0 0 8 73 4 0 0 0 0 0 39 100 65 8 8 0 0 26 100 100 100 78 86 91 69 100 100	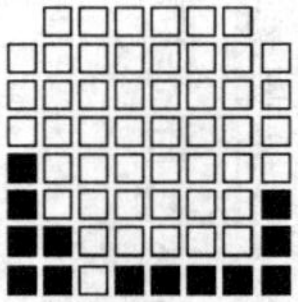
/x/	ha/40个音节 0 0 0 0 0 0 0 0 0 0 0 0 0 0 0 0 0 0 0 0 0 0 0 0 0 0 0 0 0 0 0 0 0 0 0 0 0 0 0 0 0 0 0 0 0 0 0 0 0 0 0 0 0 0 67 0 0 0 0 0 0 2	hei/2个音节 0 0 0 0 0 0 0 0 0 0 0 0 0 0 0 0 0 0 0 0 0 0 0 0 0 0 0 0 0 0 0 0 0 0 0 0 0 0 100 0 0 0 0 0 0 0 100 0 0 0 0 0 0 100 100 50 0 0 0 0 100 100	hu/72个音节 0 0 0 0 0 0 0 0 0 0 0 0 0 0 0 0 0 0 0 0 0 0 0 0 0 0 0 0 0 0 0 0 0 0 0 0 0 0 0 0 0 0 0 0 0 0 47 0 0 0 0 0 0 9 98 23 0 0 0 0 12 83	he/27个音节 0 0 0 0 0 0 0 0 0 0 0 0 0 0 0 0 0 0 0 0 0 0 0 0 0 0 0 0 0 0 0 0 0 0 0 0 0 0 11 0 0 0 0 0 0 0 51 0 0 0 0 0 0 29 85 14 0 0 0 0 18 55	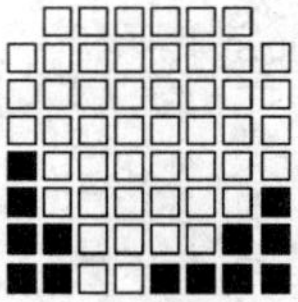

这说明擦音成阻时候舌面较低，舌腭接触较少。塞音的腭位参数只有在元音/a/的条件下才存在显著差异，送气塞音的 TC 和 VC 显著低于不送气塞音的情况，这与静态腭位的分析结果一致。（周殿福，吴宗济 1963：51－52）

表 3－16 三个舌面后音的八个腭位参数的 Sheffe 比较结果
（“—”表示没有显著差异。显著性水平 $p<0.05$）

参　数	/eɪ/	/a/	/u/
TC	/x/</k，k^h/	/x/</k^h/</k/	/x/</k，k^h/
PC	—	/x/</k，k^h/	/x/</k，k^h/
VC	/x/</k，k^h/	/x/</k^h/</k/	/x/</k，k^h/
CoG	—	/x/</k，k^h/	/x/</k，k^h/
CA	—	/x/</k，k^h/	/x/</k，k^h/
CP	/x/</k，k^h/	/x/</k，k^h/	/x/</k，k^h/
CC	/x/</k，k^h/	/x/</k，k^h/	/x/</k，k^h/

为了比较两个塞音腭位参数的差异，对后接元音为/eɪ，a，u/条件下的两个舌面后塞音的 7 个腭位参数进行了独立样本 t 检验。结果发现，在元音为/a/的条件下，两个塞音的 VC 和 CP 有显著差异，表现为/k/>/k^h/（$p<0.05$）。在元音为/u，eɪ/的条件下，两个塞音的腭位参数没有显著差异；

对舌面后塞音除阻前一帧的七个腭位参数进行的独立样本 t 检验没有出现显著差异。

对舌面后音持阻段 PMC 帧腭位参数的分析结果表明：第一，元音决定舌面后音的成阻部位，这在前高元音的条件下非常明显。第二，擦音的舌面位置较低，这与擦音的发音方式有关。第三，低元音条件下送气塞音的 VC 显著低于不送气塞音的情况。

以下分析元音对三个舌面后音腭位参数的影响。以三个元音为分类变量，以舌面后音的腭位参数为因变量进行单因素方差分析。

结果发现大多数腭位参数有显著差异。

从表 3-17 可知,元音影响舌面后音的成阻部位,影响方式与元音的舌位有关。元音/u/条件下塞音的腭位参数显著低于后接/a/或/eɪ/条件下的情况,这说明塞音的成阻部位与元音的收紧部位密切相关。擦音的七个腭位参数受后接元音影响的表现大体一致:后接/a/的条件下,舌腭接触较少,成阻部位有可能位于软腭后部;后接/u/的条件下,成阻部位在软腭前部,此时的 PC 和 VC 较大;后接/ei/的时候,成阻部位接近硬腭部位。

表 3-17 元音对三个舌面后音七个腭位参数的 Sheffe 比较结果
(显著性水平 $p<0.05$, * $p=0.09$)

	/k/	/kʰ/	/x/
TC	/u/</a/	/u/</a/ *	/a/</u/</ei/
PC	/u/</a/	/u/</a, eɪ/	/a/</u/</eɪ/
VC	/u/</a/	—	/a/</u/</eɪ/
CoG	/u/</a/	/u/</a/	/a/</u/</eɪ/
CA	/u/</a/	/u/</a, eɪ/	/a/</u/</eɪ/
CP	/u/</a/	—	/a/</u/
CC	—	—	/a/</u/</eɪ/

上述结果说明,不同发音方式的三个舌面后音的成阻部位都受到后接元音发音部位的影响,但是塞音和擦音受元音影响的方式不同。舌面后塞音后接/u/的条件下的成阻点比后接/a/和/eɪ/条件下的成阻点要靠后。由于本研究的发音人只有一个,因此这种差异有可能反映了个体发音习惯。擦音的目标腭位受后接元音动作影响的结果与 MRI 的结果一致(汪高武 2010),这说明舌面后擦音的成阻部位随后接元音舌位的变化而变化。

图 3-15 是后接元音为/a, u, eɪ/条件下塞音的 5 个腭位参数及擦音的 4 个腭位参数的动态变化示意图。可以发现,不送气塞音的

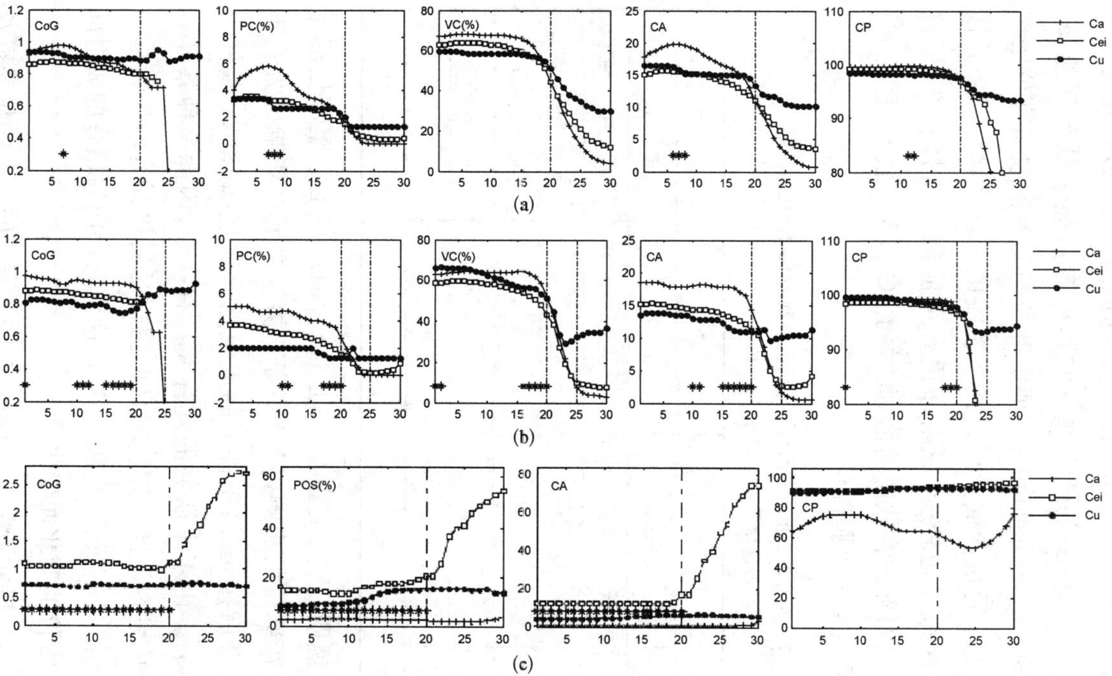

图 3-15 /k/(a)、/kʰ/(b)和/x/(c)的 CoG、PC、VC、CA 和 CP(舌面后擦音的参数为 CoG、POS、CA 和 CP)经过时间归一化后的动态变化[图中横轴表示从辅音持阻起点到韵母时段前 100 ms 的归一化后的时间点。图底部的星号表示所处时间点的腭位参数存在显著差异。(a)中的竖点线表示辅音除阻前一帧。(b)中第一条竖点线代表辅音除阻前一帧，第二条竖点线表示元音起点前一帧。(c)的竖点线表示元音起点前一帧]

PC、VC、CA 和 CP 在辅音持阻段的大部分时间点内受后接元音影响的结果与表 3－17 的结果相同，但是 CoG 的差异只出现在持阻时段的前半段。送气塞音的 5 个参数的动态比较结果与表 3－17 的结果相同，后接/a/的参数（除了 CP）基本上大于后接/u/的参数。擦音在整个摩擦段的腭位参数明显受后接元音动作的影响，成阻部位随后接元音的变化而变化。

计算 F2 音轨方程的时候，使用韵母为/a，u，ɤ/的单音节，除此之外，笔者加入了普通话不存在的音节/Ci/。由图 3－16(a)可以发现，F2 音轨方程的斜率接近 1，确定系数也接近 1，说明后接元音对舌面后音的逆向协同发音影响较大。

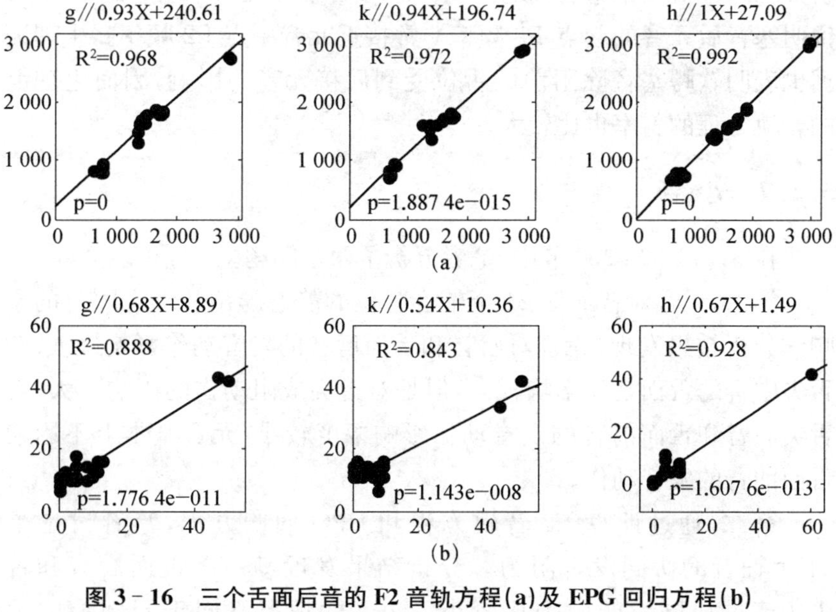

图 3－16　三个舌面后音的 F2 音轨方程(a)及 EPG 回归方程(b)

使用同样的语料计算 EPG 回归方程。擦音/x/的起点腭位定义为摩擦段中点腭位，塞音的起点腭位定义为塞音除阻前的腭位，其他定义同前文。图 3－16(b)为三个舌面后音的 EPG 回归方程。可以发现，EPG回归方程的斜率显著，斜率在0.54～0.68之间，这与Tabain(2000)的结果接近(Tabain的4个发音人的EPG回归方程的斜率在0.47～0.70之间)。同时，这个结果与3.2.1节中唇音的EPG回归方程的斜率相当(唇音的斜率在0.51～0.80之间)。这说明舌面后音的协同发音阻力比较小。

综合EPG和声学分析结果，可以得出如下结论：第一，舌面后音的舌腭收紧点位置受元音舌位的影响，元音的影响在辅音持阻段就出现了。第二，送气特征对塞音的舌腭接触依赖于后接元音的类型，后接低元音条件下，不送气音舌面较高。第三，从EPG和F2音轨方程的结果来看，舌面后音的协同发音阻力较小。对不同语言的F2音轨方程的分析结果来看，软腭塞音的F2音轨方程斜率基本超过0.8，说明塞音后元音的起点F2频率非常接近元音中点F2频率。生理证据也表明软腭塞音除阻前的舌位受到后接元音的影响，因而生理上的音轨方程的斜率也比较大。

3.2.7　小结

在3.2.1—3.2.6节中，笔者分析了两个问题。

第一，元音对普通话21个辅音音位的静态腭位和动态腭位的影响。分析结果发现，元音对唇音和舌面后音的发音动作影响最大；对舌尖中音的舌面动作影响较大，但是对舌尖成阻动作的影响不大；对舌尖后音和舌面前音的发音动作影响幅度较小；元音基本上不影响舌面前音的发音动作。

第二，通过计算F2音轨方程和EPG回归方程，笔者讨论了21个辅音的协同发音阻力。分析结果发现，唇音、舌面后音和舌尖中音的协同发音阻力比较小。边音的情况不同于同部位的舌尖塞音和鼻音，这是因为边音在后接/i/的条件下，后腭接触面积的增大不如后者，这说明边音的协同发音阻力有可能大于同部位的舌尖塞音和鼻音。舌尖前音和舌尖后音的F2音轨方程并不能反映两类声母受元音影响的程度，但是 EPG 回归方程的结果则说明两类声母的协同发音阻力比较大。舌面前音的协同发音阻力最大。

3.2.7.1　辅音目标腭位参数的稳定性以及协同发音阻力

为了考察普通话辅音发音动作的稳定性特点，笔者用目标腭位参数的方差分析在所有后接元音条件下 21 个声母辅音的目标腭位参数的稳定性。同时，笔者把塞音（塞擦音）的生理持阻时长及擦音摩擦段声学时长也纳入进来（见图 3－17）。①

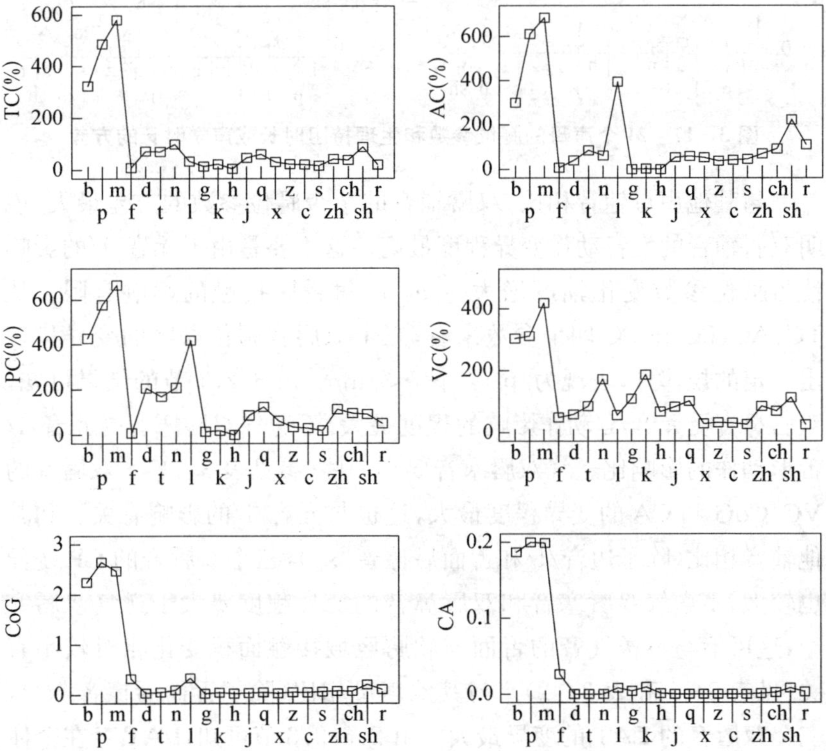

① 双唇塞音的生理持阻时长无法通过 EPG 测量。

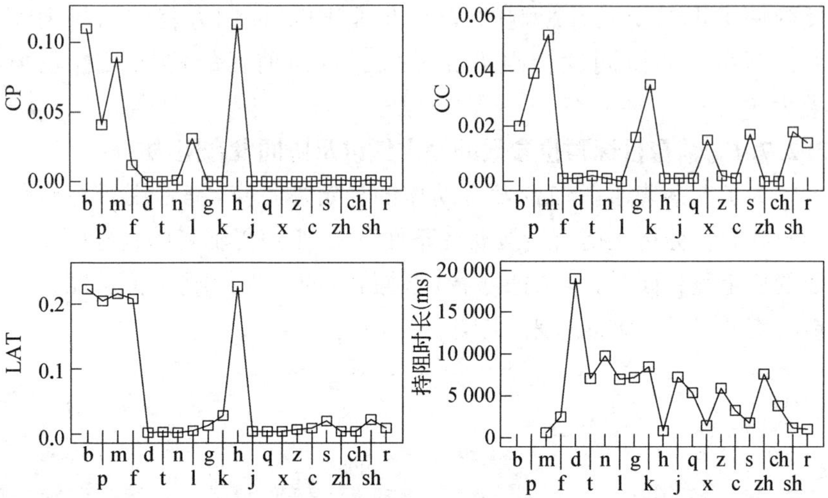

图 3-17　21 个声母的腭位参数和生理持阻时长或声学时长的方差

与其他声母辅音相比，双唇辅音的 7 个腭位参数的方差最大，说明双唇辅音的发音动作变异程度最高。这主要是由于元音/i/的影响使得腭位参数变化幅度增大。/a, u/对舌腭接触的影响有限。从 TC、AC、PC 和 CC 四个参数来看，三个双唇音腭位参数的变异呈现出一定的规律性，表现为/p/</pʰ/</m/。由 3.2.1 节的结果可知，双唇鼻音受元音/i/动作影响的程度最大，不送气双唇塞音受元音/i/舌形动作的影响比送气双唇塞音要小一些(参见表 3-1)。双唇音的 VC、CoG 和 CA 的变异程度最大，这也与元音/i/的影响有关。和其他辅音相比(除了边音/l/和舌面后擦音/x/)，三个双唇音的 CP 变异也较大，不送气双唇塞音和双唇鼻音的变异程度要大于送气双唇塞音，这可能与不送气音的舌面与软腭区域接触面积变化相对较小有关(见表 3-1 和表 3-2)。与其他声母相比(除了舌面后擦音/x/)，三个双唇音的 LAT 的变异最大。由 2.6.2.3 节可知，LAT 存在个体差异，如本研究发音人的舌腭接触一般右偏。但是 LAT 的方差与舌腭接触的偏向性无关，它只说明发音人在发一类音段时，偏向性是否

保持一致。由此可以看出，辅音持阻时段的舌腭接触的偏向性不稳定。双唇鼻音声学时长的方差接近零。综上，双唇音在持阻段的舌形变异明显大于其他的辅音音段，后接元音发音动作对双唇音的舌形影响较大。

唇齿擦音/f/的六个腭位参数（除了 LAT）的变异程度明显低于三个双唇音。但是唇齿擦音的 LAT 的变异与双唇音基本一致，这说明唇齿擦音的舌形动作也不稳定。

三个舌尖前音的 TC、AC、PC、VC、CA、CoG、CP、LAT 的变异程度较小。舌尖前擦音的 CC 变异度明显大于同部位的塞擦音。相关分析结果发现，CC 与 MinW 高度负相关（r＝－0.896，p＜0.000 1），后者的变化在 1—3 个电极范围内，且与后接元音无关。由图 3－18 可以看出，大多数舌尖前擦音样本的 MinW 为 2 个电极。MinW 的变化反映了舌尖前擦音在产生过程中的变异，这在其他语言中也存在。Fletcher 等（1991：851）使用 EPG 发现，英语中/s/的成阻点宽度在 6～8 mm 范围内。本研究发音人的舌尖前擦音的成阻部位全部处于齿龈脊前，且接近 70%的样本的 WinM 为 2 个电极（宽度大约为 4—5 mm）。从腭位参数的变异程度来看，舌尖前擦音对舌整体的动作有较高的限制，这与已有的舌尖擦音 EPG 的研究结果一致。

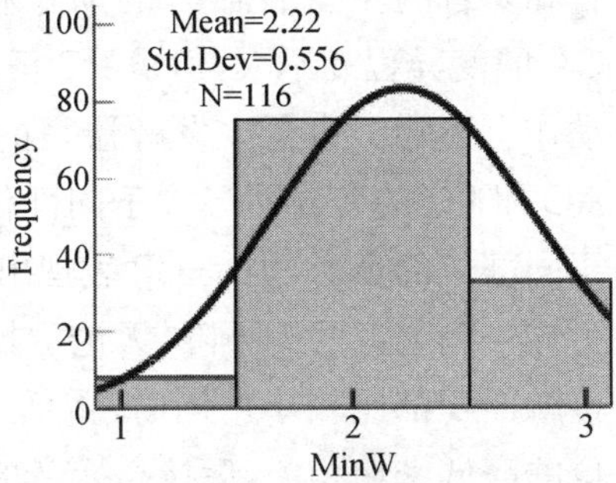

图 3－18　舌尖前擦音/s/的 MinW 的分布特征

舌尖前塞擦音的生理持阻时长及舌尖前擦音的声学时长的变异也有规律，表现为前者的变异大于后者，同时不送气塞擦音持阻时长的变异度略大于送气塞擦音。单因素方程分析结果发现，三个舌尖前音的生理/声学时长间的差异显著（p＜0.000 1），表现为/s/＞

/ts/>/ts^h/。擦音时长变异小一方面说明舌的动作和声门动作的配合关系非常紧密，另外一个方面与感知有关。塞擦音持阻段的情况不同，声门动作与舌的动作的配合关系与塞擦音是否送气有关。由于缺少声门打开时间及声门宽度的数据，此处不做进一步分析。

舌尖中音的腭位参数的变异程度既与其他部位的辅音存在差异，也存在较大的内部差异。舌尖中音的 TC 变异显著低于双唇音，略高于舌尖前音。从三个功能区域的接触面积来看，除了边音/l/，舌尖塞音和鼻音的 AC 变异较小，PC 变异较大。边音/l/的变异较大，接近不送气双唇塞音。舌尖鼻音/n/的 VC 变异显著大于舌尖塞音和边音。除了边音外，其他舌尖中音的 CoG 和 CP 变异接近舌尖前音。四个舌尖中音的 CA、CC 和 LAT 变异不大。上述结果说明，舌尖塞音和鼻音的主发音器官的动作相对稳定，具体表现为 AC、CoG 和 CA 的变异程度不大，但是 PC 相对较大，这说明后接元音动作对舌体动作有影响。边音主发音器官的动作受到较大的影响，具体表现在 AC 和 PC 的变异明显大于同部位的舌尖塞音和鼻音，VC 变异略小于同部位的鼻音，但是 CP 表现出较大的变异。由于边音产出过程中舌体一侧或者两侧下降，无论后接何种元音，舌面两侧与硬腭和软腭接触面积都比较小。同时，舌面与硬腭和软腭的接触与后接元音舌位的高低密切相关，后接高元音的时候，硬腭和软腭接触面积相对较大，后接低元音的条件下，硬腭和软腭基本上没有接触，这种情况导致 CP 方差的提高。舌尖鼻音的 VC 变异程度大的结果表明鼻音比同部位的塞音更易于受到后接元音发音动作的影响，这与双唇鼻音与双唇塞音差异的结果类似，表明鼻腔通路的打开使得舌形动作更易于受到后接元音舌形的影响。最后，四个舌尖中音的持阻时长的变异程度不同，不送气塞音/t/的持阻时长变异最大，其他三个舌尖中音的持阻时长的方差大体相当。通过对原始数据的观察发现，/t/的持阻时长的极差较大，达到了 1 s，排除异常值后方差仍然大于其他 3 个舌尖中音，原因不清楚。

舌尖后音的腭位参数的变异程度整体上比较小，但是存在内部差异，主要表现为擦音的 AC 和 CC 的变异大于同部位的塞擦音，这说明清擦音的成阻点宽度存在一定程度的变异。从舌尖后清擦音的腭位来看，最小成阻点的位置分布在 R1—R3 行电极上，最小成阻点的宽度为 1—3 个电极。从 3.2.4 节的结果来看，这些变异产生的根源有两个方面，一个是后接元音发音动作的影响（参见表 3-12），一个是发音人发音动作的不稳定性。如音节/ʂʅ/（例字“师”）的声母声学中点附近的 PMC 帧腭位就表现出较大的变异（如图 3-19）。

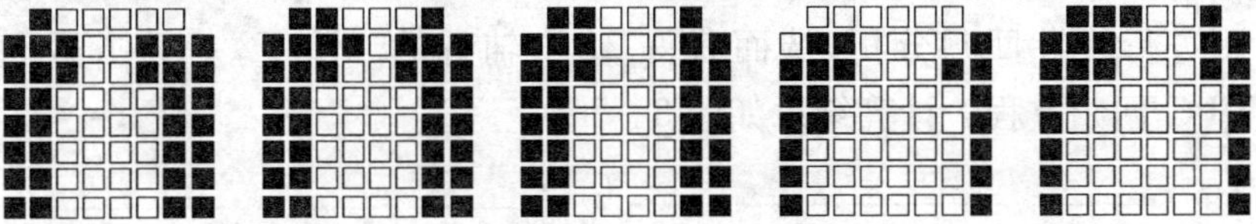

图 3-19　单音节/ʂʅ/（不考虑声调）声学摩擦段中点附近 PMC 帧腭位

舌尖后浊擦音的腭位参数只有 AC 和 CC 的变异程度较大，这个结果与 3.2.4 节的分析结果一致。

两个舌尖后塞擦音只有 PC 和 VC 的变异程度较大，这与后接元音对舌体动作的影响有关。

舌面前音的腭位参数只有 PC 和 VC 的方差比较大，这有可能与后接元音的类型有关。其他腭位参数的变异程度都比较小。

舌面后音在齿龈区域没有接触，大多数样本在硬腭区域也没有舌腭接触。由于舌面后音的 TC 整体上小于其他部位的辅音（除唇音外），因此 TC 变异程度比较小。舌面后塞音的 VC 的方差明显大于舌面后擦音，一方面塞音的成阻部位受后接元音舌位的影响，另一方面擦音的舌腭接触整体低于同部位的塞音。塞音的 CC 变异也明显大于同部位的擦音，这是由于塞音的成阻点位置受后接元音的影响，部分样本在 R8 行电极不形成闭塞。舌面后擦音的 CP 和 LAT 的变异显著大于同部位的塞音，这是由于在舌面后擦音后接不同元音的条件下舌腭接触模式有较大的差异，如后接/a/的条件下，假腭上至多只有一个电极，而后接/ei/的时候，在硬腭区域也有接触(参见表 3-15)。

辅音腭位参数的方差能够较好地反映辅音在不同语音环境下发音动作的稳定性。分析结果表明，舌尖前音、舌尖后音和舌面前音的发音动作稳定性较好。唇音和舌面后音的舌腭接触受到后接元音的影响，舌尖中音的舌面动作易于受到元音的影响。发音动作的稳定性与声母辅音的协同发音阻力有着密切的关系，在不同后接元音条件下，辅音动作越稳定，则说明协同发音阻力也就越大。

以下对普通话辅音的 F2 音轨方程和 EPG 回归方程的斜率和截距进行线性回归分析，从而获得 21 个辅音的二阶 F2 音轨方程和 EPG 回归方程。计算结果如图 3-20。

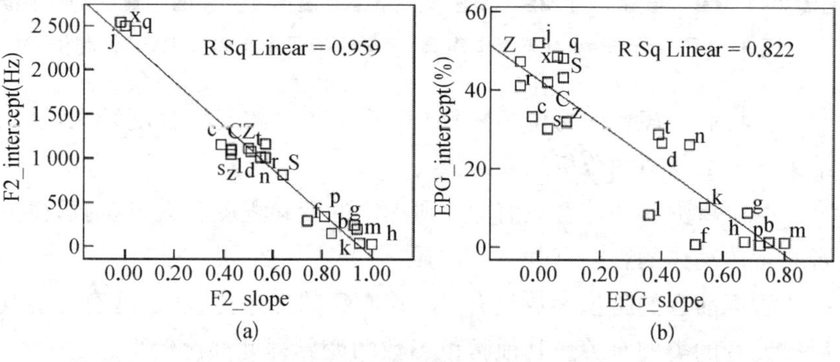

图 3-20　二阶 F2 音轨方程(a)和 EPG 回归方程(b)(图中的 Z、C、S 分别代表声母辅音/tʂ, tʂ^{h}, ʂ/)

从二阶 F2 音轨方程可以看出，21 个辅音的斜率和截距具有较强的线性关系，斜率随截距的减小而增大。相同发音部位声母的斜率和截距大体相同，但是唇齿擦音的斜率明显小于同部位的双唇音。舌面前音的协阻最大，表现为为斜率接近零，截距最大。双唇音和舌面后音的协阻最小，表现为斜率接近或者超过 1，截距最小。齿龈音(舌尖前音、舌尖中音和舌尖后音)的协阻居中，表现为斜率和截距处于两者之间。

从二阶 EPG 回归方程可以发现，辅音 EPG 回归方程的斜率和截距呈现较强的线性关系，斜率越低，截距就越大。舌面前音、舌尖前音和舌尖后音塞音除阻点及擦音中点的舌腭接触受后接元音动作的影响较小，在不同元音条件下平均接触面积比较大(即截距比较大)。舌尖中音除阻点的接触面积受后接元音动作的影响较大，与舌面后音和双唇音大体相当，但是舌尖中音的平均接触面积比后者要大一些。边音的协阻相对于同部位的舌尖塞音和鼻音要大一些，这是因为边音对舌体动作有一定的限制。唇齿擦音的协阻与同部位的双唇音有明显的区别。

表 3-18 是 21 个辅音的 F2 音轨方程两个系数和 EPG 回归方程两个系数的皮尔森相关系数。从表中可以看出，在每个音轨方程中，斜率和截距高度相关。两个音轨方程的斜率及截距也表现为强相关。这个结果说明，辅音的协阻越大，其目标腭位的接触模式就越稳定，同时受后接元音动作的影响就越小，在声学上表现为元音起点或者辅音送气段起点的 F2 就越稳定。从发音生理上看，EPG 回归方程能够很好地描写辅音的协同发音阻力特征。

表 3-18　辅音的 F2 音轨方程和 EPG 回归方程的斜率和截距的皮尔森相关系数

	F2 斜率	F2 截距	EPG 斜率	EPG 截距
F2 斜率	1			
F2 截距	−.979(***) .000	1		
EPG 斜率	.763(***) .000	−.736(***) .001	1	
EPG 截距	−.807(***) .000	.838(***) .000	−.906(***) .000	1

3.2.7.2　送气特征对塞音及塞擦音目标腭位的影响

在分析塞音和塞擦音腭位的时候，笔者发现两类辅音的目标腭位受到送气特征的影响，这说明声门上发音器官的动作与声门动作之间存在制约关系。(Browman & Goldstein 1986; Löfqvist 1980; Löfqvist & Yoshioka 1984; Sawashima 1997)

声门上发音器官和声门动作配合关系最重要的动因是要保持塞音产生过程中口腔内压力及声门压差。相关研究表明，浊塞音的舌腭接触面积小于清塞音，这使得浊塞音条件下后腔体积增大，口压下降，声门压差减小，从而促进声带产生震动。(Farnetani 1990; Kohler 1984; Recasens & Espinosa 2007)

在3.2节中，笔者发现双唇、舌尖中和舌面后(元音/a/条件)送气塞音的目标腭位和除阻前一帧腭位的舌面高度显著大于不送气塞音的情况，这支持已有的静态腭位的分析结果(舌尖中音的情况见周殿福，吴宗济 1963：25)。送气特征对双唇塞音发音动作的影响在朝鲜语的MRI实验中也有发现。Kim等(2010：90)在分析朝鲜语塞音的[tense](紧带)和[spread glottis](展开声门)特征的生理机制的时候发现，朝鲜语送气双唇音的舌位比松不送气双唇塞音的舌位位置要高，他们认为"舌位的上升可以帮助提高声道收紧点后腔的气压"。

送气塞音的声门位置一般高于不送气塞音，而主声门上升的喉外肌(颌舌骨肌肉、二腹肌、下颌舌骨肌和茎突舌骨肌)的一端都附着在舌骨上。(Zemlin 1998：123－124)因此，声门的升降在一定程度上影响了舌头的位置。① (鲍怀翘，林茂灿 2014：39)保持持阻段的口腔内压力及声门压差是不送气塞音和送气塞音舌形动作差异的根本原因。不送气塞音除阻后声带在较短时间内就开始振动，因此口腔内的压力不能大，以保证声带开始振动的声门压差。这使得不送气塞音的舌位较低，成阻点后的口腔体积相对较大。送气塞音接近除阻点时刻的发音器官动作包括：声门面积接近最大，声门位置提高及舌体抬高，三个动作的综合效果使得成阻点后面的腔体体积相对变

① 人类和其他动物(除了类人猿)控制声门升降的肌肉一般都连接到舌骨。因此，舌头的运动与声门升降的活动是相互关联。(Fitch 2010)

小，口腔内压增大，以此利于除阻后气流冲出形成送气。上述分析也适用于舌面后塞音。从表3－15可以看出，送气舌面后塞音在软腭区域的舌腭接触的对称性要优于不送气塞音。另外，后接低元音/a/的条件下，送气塞音的收紧部位相对于不送气塞音后移。

送气特征对塞擦音的影响与对塞音的影响不同。在3.2.2、3.2.4和3.2.5节中，笔者发现不送气塞擦音的舌面高度略高于送气塞擦音的情况，并且这种舌形姿态有可能保持到塞擦音除阻时刻之前。这与周殿福和吴宗济(1963)的分析结果不同。

Stevens认为塞擦音成阻点后的舌区的收紧动作在成阻点除阻前就已经到位，同时"随着成阻点后部气压的增高，成阻点的舌面发音器官受压力的影响而出现被动下降，大约在0.1 cm左右"(Stevens 1998：413)。与塞音的情况类似，送气特征对舌形姿态的影响反映了声门上发音器官与声门动作之间的配合关系，两者通过口腔内压力的变化而联系起来。声门打开动作与声门上发音器官成阻的相位关系不同。此外，声门打开的幅度也受到辅音送气特征的制约。送气塞擦音持阻开始后，声门面积增大，声门面积在除阻前后达到最大，这使得口腔内压力不断增大。由于塞擦音持阻过程中整个舌形姿态具有较高的发音限制条件，因此压力的增大有可能增大成阻点后的后腔体积。不送气塞擦音在持阻过程中声门达到最大面积的时刻较早发生，而在持阻段后部，声门开始关闭，因此不送气塞擦音的舌面发音器官受口腔内压力的影响要小一些。

3.2.7.3　唇齿擦音和边音的协同发音阻力

从3.2.1节的结果及图3－17和图3－20可以发现，唇齿擦音/f/的协同发音阻力与同部位的双唇音不同。一方面唇齿擦音的确受到后接元音动作的影响，另一方面元音对唇齿擦音的影响弱于同部位的双唇音。以下通过对比本研究发音人产出的音节/fi/和英语单音节feet的舌腭接触过程，说明唇齿擦音和双唇音的协同发音阻力的差异。

图3－21(a)和(b)分别是本研究发音人产出的音节/fi/及英语音

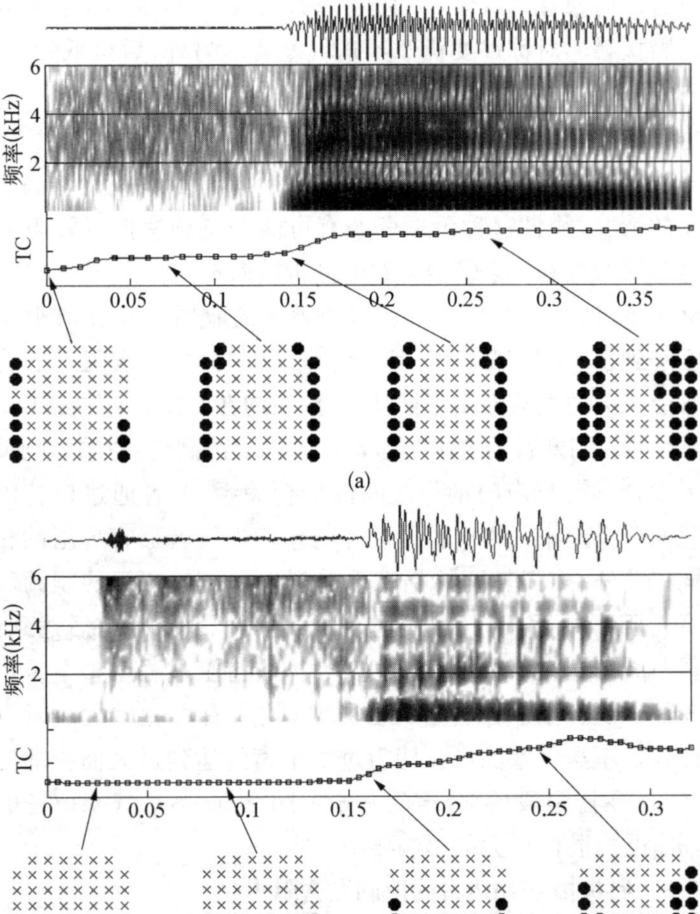

图 3-21　本研究发音人的音节/fi/(a)和英语音节 feet/fit/(b)的舌腭接触过程对比(英语词语来自句子"Ducks have webbed *feet* and colorful feathers",来自 MOCHA-TIMID 英语多模态语音语料库中第 345 号句子)

节 feet/fit/的波形、语图、TC变化曲线和四个关键时刻的腭位。可以看出，在唇齿擦音的摩擦段，本研究发音人和英语语料库中的唇齿擦音在摩擦段的舌腭接触相对稳定。一方面，后接前高元音/i/条件下舌体抬高，舌腭接触集中在假腭两侧的电极，另一方面，摩擦段舌体抬高的程度低于双唇塞音（参看表3-1），后者在双唇持阻过程中的舌形姿态与后接前高元音的舌形比较接近。在唇齿擦音声学结束点附近，舌腭接触才开始向后接前高元音/i/的目标腭位过渡。

这个对比结果说明，与双唇辅音相比，唇齿擦音在发音过程中的舌体动作具有相对较高的发音限制。唇齿擦音的舌体动作倾向于保持相对抬高的状态，声门上声道的相对收紧有可能是为了加速气流通过速度，从而使得气流从齿间及唇齿间冲出形成摩擦。这个结果对音系研究有一定的价值，它说明唇齿擦音具有特定的舌形姿态，且有抗拒后接元音动作影响的特性。

普通话边音的情况也比较特殊，从3.2.3节的结果来看，边音的多项腭位参数显著区别于同部位的舌尖塞音和鼻音。同时，边音的成阻部位及舌体高度受后接元音的影响，这与已有的研究结果相同。（李俭，郑玉玲 2006；郑玉玲，刘佳 2006）然而，边音的舌体动作是否受到后续元音的影响与两者舌面动作的互斥程度有关。如果后接元音的舌体运动方向与边音持阻过程中舌体动作方向一致，则舌面与硬腭/软腭基本上没有接触。如果后接元音的舌体运动方向与边音的舌体动作相反，则舌体与硬腭和软腭区域一侧或者两侧产生接触，但是舌体上升的高度没有同部位的舌尖塞音和鼻音的幅度大。这说明边音的舌体动作具有一定的发音限制条件。边音后接前高元音/i, y/的时候，由于受到高元音舌体上抬的影响，一些边音样本在持阻段舌体与硬腭和软腭两侧形成阻塞，在声学上表现为出现摩擦（见图3-22）。

在3.2.1和3.2.3节，笔者发现双唇鼻音/m/在除阻前一帧腭位及舌尖鼻音/n/持阻段PMC帧腭位受后接元音影响的结果与同部位

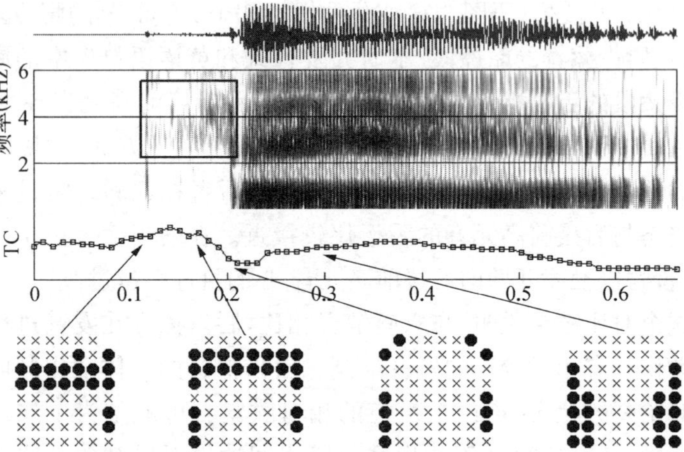

图 3－22　普通话音节/liɛ51/的波形、语图、TC 曲线和四个时间点的腭位

的塞音存在明显差异。以后接元音/i/为例，双唇鼻音在除阻前的舌体位置要高于同部位的塞音。同样，舌尖鼻音的舌体位置也显著高于同部位的舌尖塞音。鼻音的情况与送气和不送气塞音的情况不同。在鼻音持阻时段，声门和声门上声道关闭，软腭下降，气流从鼻腔流出，口腔内的压力较小，以便于维持声门压差，从而使得声门产生振动。与同部位的塞音相比，鼻音在持阻段的舌体动作自由度相对较大，因此易于受到后接元音动作的影响。

3.3　声母辅音对韵母单元音的顺向协同发音影响

本节分析声母辅音对单元音韵母的目标腭位和共振峰的顺向影响，同时考察音节声调对元音腭位和共振峰的影响。元音目标腭位定义为元音声学段中点附近连续 3 帧中最大接触面积帧的腭位(/a/的目标腭位定义为最小接触面积帧的腭位)。元音的目标腭位参数包括 TC、AC、PC、VC、CoG、CA、CP 和 CC，共振峰参数为 F1 和 F2。本节的研究内容包括：第一，相同发音部位、不同发音方式的辅音对元音目标腭位参数和共振峰的影响；第二，不同发音部位的辅音对元音目标腭位参数和共振峰的影响；第三，声调对元音目标腭位参数和共振峰的影响。前两项的研究内容不考虑音节的声调条件。

为行文方便，笔者使用符号来标记普通话辅音的六个发音部位，分别为唇音（LA），舌尖前音（DE），舌尖中音（AL），舌面后音（RE），舌面前音（AP）和舌面后音（VE）。音节声调标记为阴平调（T1），阳平调（T2），上声调（T3）和去声调（T4）。

3.3.1　不圆唇前高元音/i/

单元音韵母/i/只出现在双唇音、舌尖中音和舌面前音之后。如图 3－23 所示，前高元音/i/的发音动作是舌体向硬腭抬起，在硬腭前部位形成收紧点，舌面两侧与硬腭的接触面积比较大，并且沿舌的纵向方向在齿龈到硬腭区域形成狭长缝。

	91	41	9	0	15	88	
99	87	49	12	0	26	87	99
99	91	58	11	0	37	97	100
100	94	57	7	4	42	98	100
100	99	63	1	2	15	100	100
100	100	62	3	10	36	100	100
100	100	64	4	3	36	100	100
100	100	21	0	0	11	87	100

(a)

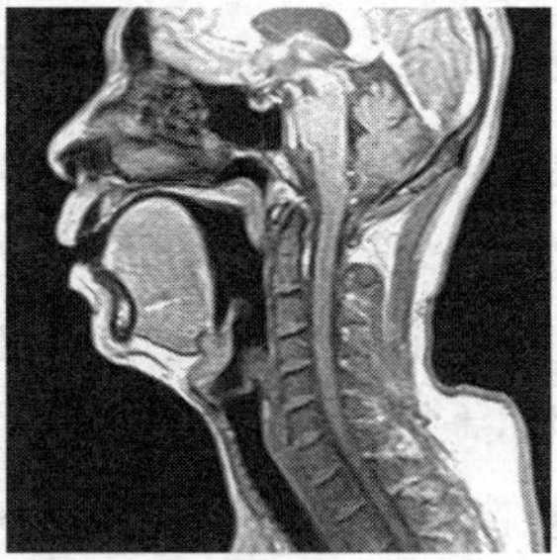

(b)

图 3－23　元音/i/（119 个音节）目标腭位的接触频率（a）和发音姿态（b）（汪高武 2010：40）

3.3.1.1　双唇辅音的影响

以双唇音声母的发音方式（送气、不送气和鼻音）为分类变量，对元音/i/目标腭位的八个腭位参数及 F1 和 F2 进行单因素方差分析。结果发现，双唇音发音方式对七个腭位参数和 F2 有显著影响。图 3－24 为上述参数的均值及使用 Sheffe 方法得到的比较结果。

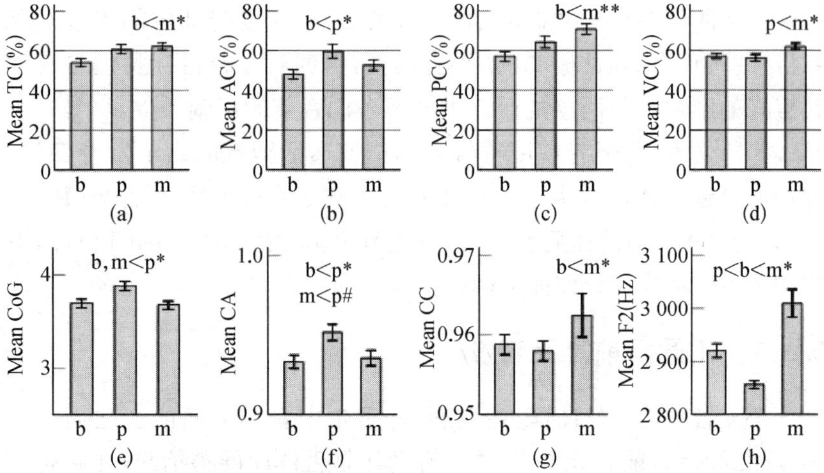

图 3-24　双唇音声母对/i/的目标腭位和 F2 的影响(图中使用汉语拼音表示声母辅音。显著性水平：* $p<0.05$； $p<0.01$；# $p=0.06$。误差为 1 个标准误。共 39 个样本)**

从图 3-24 可以看出，在双唇鼻音/m/条件下，元音/i/的 PC、VC 和 CC 最大，F2 最大。在声母为不送气塞音/p/的条件下，元音/i/的 TC、PC、CC 及 F2 显著低于鼻音/m/的情况。声母为送气塞音/p^h/的时候，元音/i/在齿龈区域的接触面积较大，这导致 CoG 和 CA 显著增大，同时 F2 降低。

上述结果说明，在前接双唇鼻音的条件下，元音/i/的舌面位置较高，舌腭收紧程度较强[见图 3-25(c)]。在前接不送气塞音的条件下，元音/i/的舌面位置较低[见图 3-25(a)]。在前接送气塞音的条件下，元音/i/在齿龈区域的接触面积较大[见图 3-25(b)]。

音节声调对元音/i/的 TC、AC、PC 和 CC 有显著影响。图 3-26 为上述参数的均值及使用 Sheffe 方法得到的比较结果。阳平调(T2)条件下/i/的 TC、AC 和 PC 最大，而阴平调(T1)和去声调(T4)条件下的上述参数最小。阴平调(T1)和去声调(T4)条件下的 CC 显著低于阳平调(T2)和上声调(T4)的情况。上述结果说明，在声调为 T2

	92	14	0	0	0	92	
100	92	21	0	0	7	92	100
100	92	28	0	0	14	100	100
100	92	14	0	7	28	100	100
100	100	28	0	7	7	100	100
100	100	50	0	7	21	100	100
100	100	57	0	0	21	100	100
100	100	14	0	0	0	100	100

(a)

	100	58	0	0	25	100	
100	100	66	0	0	33	91	100
100	100	75	0	0	41	100	100
100	100	58	0	16	41	100	100
100	100	58	0	0	33	100	100
100	100	58	0	16	41	100	100
100	100	58	0	0	33	100	100
100	100	0	0	0	8	100	100

(b)

	100	15	0	0	7	92	
100	92	23	0	0	15	92	100
100	100	46	0	0	46	100	100
100	100	61	0	15	69	100	100
100	100	84	0	15	38	100	100
100	100	84	15	15	84	100	100
100	100	84	0	0	69	100	100
100	100	23	0	0	15	92	100

(c)

图 3 - 25　声母为/p, pʰ, m/条件下元音/i/的目标腭位的接触频率示意图

和/或 T3 的条件下，元音/i/的舌腭收紧程度强于声调为 T1 和 T4 的情况。

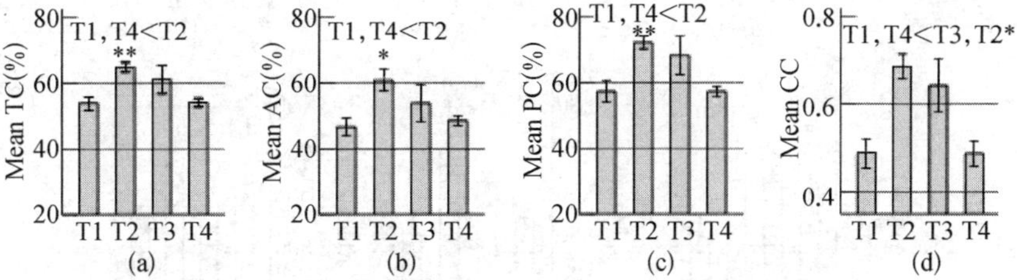

图 3 - 26　音节声调条件对元音/i/的腭位参数的影响

本节的分析结果表明：第一，双唇辅音对元音/i/的目标腭位和 F2 的影响与辅音的协同发音阻力有关，后者与辅音和元音发音动作的结合度有关。辅音协阻越小，则元音动作在辅音持阻段就几近完成（如鼻音的情况）；协阻越大，则元音动作在辅音除阻后继续向发音目标过渡。第二，送气塞音条件下元音/i/的舌腭收紧程度略高于不送气塞音，这与 3.2.1 节的结果一致。第三，声调条件对元音/i/目标腭位的影响表现为，声调起点较低（T2 和 T3）的时候，舌面位置较高；声调起点较高（T1 和 T4）的时候，舌面位置较低。

3.3.1.2　舌尖中音的影响

单因素方差分析的结果发现，舌尖中音的发音方式对/i/的目标腭位的八个参数和 F2 有显著影响。图 3 - 27 为上述参数的均值及使用 Sheffe 方法得到的比较结果。

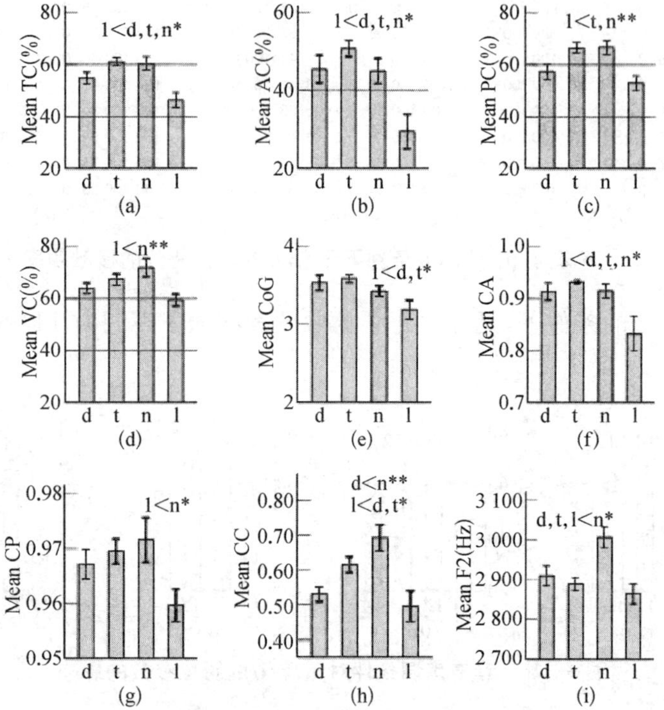

图 3-27　舌尖中音对/i/的腭位参数和 F2 的影响(共 42 个样本)

由图 3-27 可以发现，声母为边音的条件下，元音/i/的舌面最低，表现为八个腭位参数均最低。声母为鼻音的条件下，元音/i/的舌面位置最高，中点 F2 最大。声母为塞音的时候，元音舌面高度低于鼻音的情况，但是高于边音的情况（见图 3-28）。

(a)

	87	0	0	0	0	75	
100	87	12	0	0	12	87	100
100	87	25	0	0	12	100	100
100	87	25	0	0	12	100	100
100	100	37	0	0	12	100	100
100	100	50	0	0	12	100	100
100	100	100	0	0	50	100	100
100	100	75	0	0	12	100	100

(b)

	100	0	0	0	0	92	
100	92	23	0	0	7	84	100
100	92	46	0	0	61	100	100
100	100	53	0	0	69	100	100
100	100	61	0	0	30	100	100
100	100	92	0	15	53	100	100
100	100	100	0	15	61	100	100
100	100	46	0	0	38	100	100

(c)

	70	0	0	0	0	80	
100	70	20	0	0	0	70	100
100	90	40	0	0	20	90	100
100	100	40	0	0	50	100	100
100	100	60	0	0	30	100	100
100	100	90	20	30	70	100	100
100	100	100	50	20	70	100	100
100	100	60	10	0	40	100	100

(d)

	50	0	0	0	0	30	
90	20	0	0	0	0	40	90
90	40	0	0	0	10	80	100
100	60	0	0	0	30	80	100
100	90	0	0	0	0	100	100
100	100	20	0	20	50	100	100
100	100	80	0	0	50	100	100
100	100	20	0	0	10	90	100

图 3-28　声母辅音为/t, tʰ, n, l/条件下元音/i/的目标腭位的接触频率示意图

声调显著影响元音/i/的 VC、CP 和 F2(见图 3－29)。Sheffe 事后检验结果发现,阴平调(T1)和阳平调(T2)音节的 VC 和 CP 显著低于去声调(T4)的情况,同时 T2 条件下的 F2 显著低于 T4 的情况。

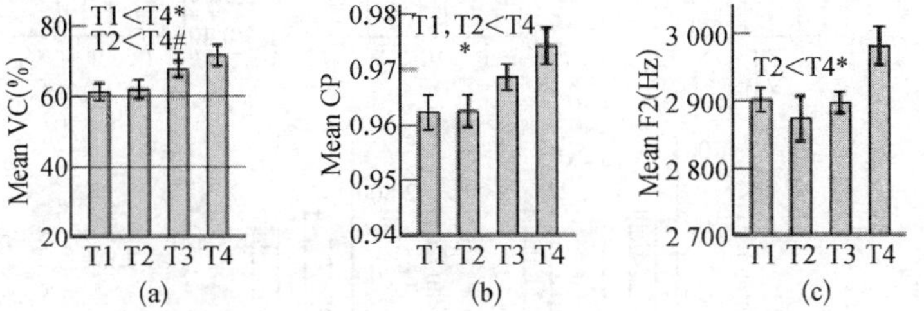

图 3－29　音节声调条件对元音/i/的腭位参数和 F2 的影响

本节的分析结果说明,舌尖中音对元音/i/的目标腭位的影响与前者的协阻有关。边音条件下元音/i/的舌面降低;鼻音条件下元音/i/的舌面位置最高,同时 F2 也最大;舌尖塞音条件下元音/i/舌面高度接近鼻音条件下的情况,但是 F2 却比后者条件下的情况要低。声调对元音/i/的目标腭位和 F2 的影响与唇音的情况不同,T4 条件下舌面在软腭区域收紧程度加大,并且 F2 显著升高。

3.3.1.3　舌面前音的影响

单因素方差分析结果发现,舌面前音发音方式对元音/i/的 TC、PC、CC 及 F1 和 F2 有显著影响。图 3－30 为上述参数的均值及使用 Sheffe 方法得到的比较结果。

从图 3－30 可以发现,不送气塞擦音/tɕ/条件下元音/i/的 TC、PC 和 CC 显著大于擦音/ɕ/的情况,同时前者的 F1 较低,F2 较高。送气塞擦音/tɕʰ/的条件下,元音/i/的 F2 与擦音的情况呈现边缘显著。由图 3－31 可以看出,擦音条件下元音/i/后腭区域的接触频率明显低于塞擦音的情况。

声调条件对元音/i/的目标腭位参数和共振峰有显著影响。从图 3－32 可以发现,T3 条件下/i/的 TC、PC 和 VC 显著大于其他声调的

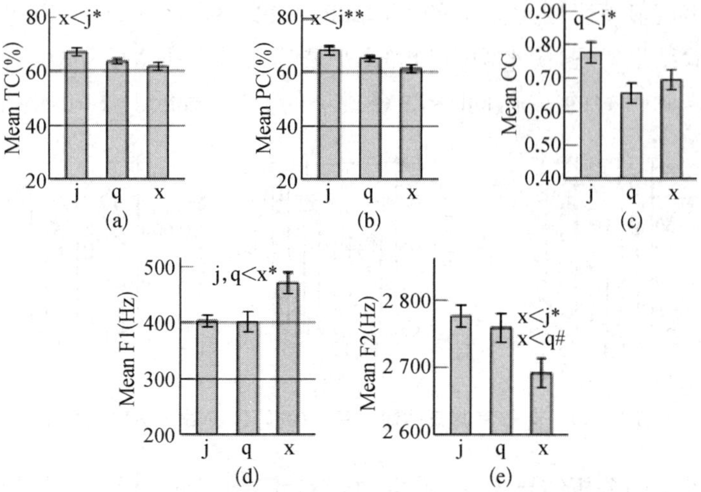

图 3－30　舌面前音发音方式对/i/的腭位参数和共振峰的影响(显著性水平＃ p=0.06。共 38 个样本)

	100	100	30	0	40	100	
100	100	100	50	0	70	100	100
100	100	100	80	0	70	100	100
100	100	100	50	0	50	100	100
100	100	100	10	0	0	100	100
100	100	90	0	0	20	100	100
100	100	40	0	0	10	100	100
100	100	0	0	0	0	80	100

(a)

	100	100	18	0	45	100	
100	100	100	18	0	63	100	100
100	100	100	18	0	63	100	100
100	100	100	18	0	63	100	100
100	100	100	9	0	0	100	100
100	100	63	0	0	9	100	100
100	100	36	0	0	18	100	100
100	100	9	0	0	0	81	100

(b)

	100	100	37	0	37	100	
100	100	100	50	0	50	100	100
100	100	100	25	0	37	100	100
100	100	100	12	0	12	100	100
100	100	87	0	0	0	100	100
100	100	25	0	0	12	100	100
100	100	12	0	0	6	100	100
100	100	0	0	0	0	43	100

(c)

图 3－31　声母为/tɕ, $tɕ^h$, ɕ/条件下元音/i/的目标腭位的接触频率示意图

情况，说明在 T3 条件下舌体在硬腭和软腭区域的收紧程度比较大。此外，T1 条件下的 TC 和 PC 显著低于 T2 的情况。声调条件对元音/i/的共振峰也有影响，T1 条件下的 F1 显著大于其他声调的情况，T3 和 T4 条件下的 F2 显著高于 T1 的情况。这些结果说明 T3 条件下的舌腭收紧程度高于其他声调的情况，同时 F1 降低，F2 升高。

由 3.2.5 节的表 3－14 可知，不送气音持阻段的舌面最高，擦音

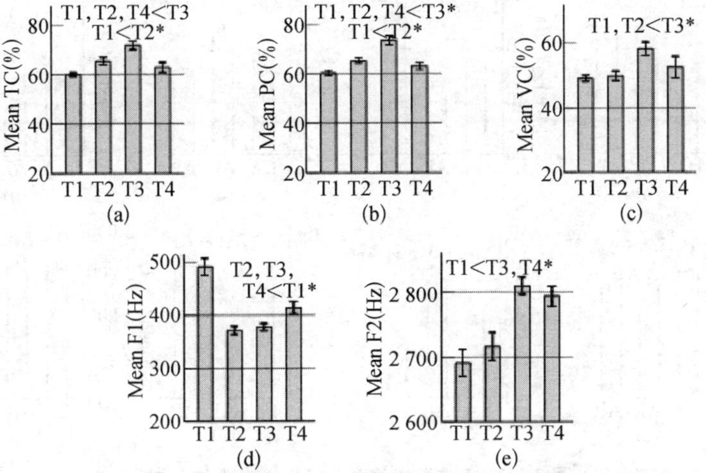

图 3－32　音节声调对/i/的腭位参数和共振峰的影响

的舌面较低。从本节的结果来看，不同发音方式的舌面前音的动作特性在元音的目标腭位中也有反映。

声调对元音/i/的目标腭位和共振峰的影响与舌尖中音和双唇音的情况都不同，T3 对/i/的目标腭位的影响最大，主要表现为舌面在硬腭和软腭区域的收紧程度增大，并对应 F1 的显著降低和 F2 的显著升高。T1 条件下/i/在硬腭及软腭区域的收紧程度倾向于最低，F1 显著增高，F2 显著降低。

3.3.1.4　小结

在得出进一步结论之前，首先分析辅音的不同发音部位对元音/i/的腭位参数和共振峰的影响。分析过程中排除边音/l/的情况，因为边音条件下元音/i/的目标腭位与同部位的舌尖塞音和鼻音条件下的情况存在较大的差异。

单因素方差分析结果发现，发音部位对元音/i/的 TC、AC、VC、CoG、CA、CP、CC 和 F2 有显著影响。图 3－33 为上述参数的均值及使用 Sheffe 方法得到的比较结果。

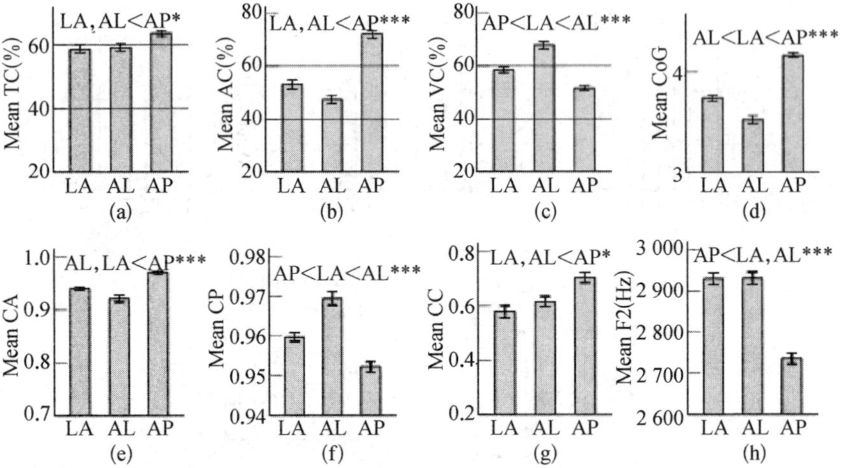

图 3-33 辅音发音部位对/i/的腭位参数和共振峰的影响(共 109 个样本)

从图 3-33 发现，在声母为舌面前音(AP)的条件下，元音/i/目标腭位的 TC、PC 和 CC 最大，VC 和 CP 最小，CoG 和 CC 最大，F2 最小。在唇音(LA)和舌尖中音(AL)声母条件下，元音/i/的 TC、AC、CC 没有显著差异，但是 VC、CoG、CA 和 CP 存在显著差异，声母为 AL 时，/i/的 VC 和 CP 显著大于 LA 条件下的情况。此外，在 LA 和 AL 条件下，元音/i/的 F2 没有显著差异。

从图 3-34 可以看出，声母为 AP 的条件下[图 3-34(a)]，元音/i/的目标腭位与其他两个辅音部位条件下的情况存在明显差异，主要表现为舌腭收紧点比较靠前，位于齿龈后到硬腭前的位置，舌面与假腭后部的接触面积较小。收紧点位置前移使得 F2 显著降低。本研究发音人的舌面前音声母的发音部位相对靠前，位于齿龈区域，因此可以说元音/i/的收紧点位置受到声母发音部位的影响出现了前移现象。在舌尖中音和双唇音条件下，元音/i/的目标腭位接触频率大体相似，收紧点位于硬腭部位。

对前高元音/i/的腭位和声学分析结果表明，声母的发音部位、发

	100	100	28	0	39	100	
100	100	100	39	0	57	100	100
100	100	100	36	0	52	100	100
100	100	100	23	0	36	100	100
100	100	94	5	0	0	100	100
100	100	55	0	0	13	100	100
100	100	28	0	0	10	100	100
100	100	2	0	0	0	65	100

(a)

	87	0	0	0	0	84	
100	84	21	0	0	6	81	100
100	90	40	0	0	34	96	100
100	96	43	0	0	46	100	100
100	100	56	0	0	25	100	100
100	100	81	6	15	46	100	100
100	100	100	15	12	59	100	100
100	100	56	3	0	31	100	100

(b)

	97	28	0	0	10	94	
100	94	35	0	0	17	92	100
100	97	48	0	0	33	100	100
100	97	43	0	12	46	100	100
100	100	56	0	7	25	100	100
100	100	64	5	12	48	100	100
100	100	66	0	0	41	100	100
100	100	12	0	0	7	97	100

(c)

图 3－34　舌面前音[AP, (a)]、舌尖中音[AL, (b)]和双唇音[LA, (c)]后的元音/i/的目标腭位接触频率示意图

音方式和声调对元音/i/的目标腭位参数和共振峰都有影响。发音部位和方式对元音/i/的舌腭接触及共振峰的影响与辅音的协阻有关。从发音部位上看，舌面前音对元音/i/目标腭位的顺向影响最强，表现为元音/i/的舌腭收紧点前移。从发音方式上看，边音条件下元音/i/的舌腭接触减少，这在其他语言中也有表现。（Recasens 1985；Recasens *et al*. 1997）①鼻音条件下元音/i/的舌腭接触面积最大；塞音条件下元音/i/的舌腭接触面积低于同部位鼻音的情况。元音/i/的目标腭位的变化与 F2 的变化密切相关，舌面与硬腭收紧程度越高，F2 越大；相反，F2 下降。另外，舌腭收紧点前移使得 F2 下降。需要说明的是，上述发音生理和 F2 的变化并非是语音范畴的改变，即无法从听感上把不同条件下的元音/i/听辨为其他元音。

音节声调条件对元音/i/的目标腭位和共振峰有显著影响，但是不同部位辅音的影响及影响的腭位参数不一致。双唇辅音条件下阳平调（T2）对舌腭接触的影响显著区别于去声调（T4）和阴平调（T1），上声调（T3）条件下的舌腭接触参数与阳平调（T2）相对一致。声调条件对齿龈区域和硬腭区域接触面积、总接触面积和聚中性指数有显著影响，也即在 T2（或者 T3）条件下，元音/i/在齿龈和硬腭的接触电极数目要显著多于 T1 和 T4 条件下的情况。最后，所有双唇音条件

---

① 需要注意的是，Recasens 等的研究对象为加泰罗尼亚语的边音/ɫ/。

下音节声调条件对元音/i/目标腭位的影响相对一致。

舌尖中音条件下去声调(T4)音节中/i/的软腭区域接触面积最大,但是这种声调影响只出现声母为/t, t^h/的音节里,在声母为/n, l/的音节里,去声调和上声调音节里元音的目标腭位参数没有显著差异。音节声调条件对F2的影响在所有4种舌尖中音的音节里表现相对一致,即去声调(T4)条件下的F2显著高于其他声调条件下的情况。

在舌面前音的条件下,上声调(T3)音节中/i/在硬腭和软腭区域的接触面积最大,且在三个舌面前音声母中表现一致,阳平调(T2)条件下的PC显著高于阴平调(T1)条件下的情况。最后,T1和T4声调条件下的F1高,F2低,而T2和T3音节里的F1低,F2高。

从以上结果来看,元音/i/在不同声调条件下发音动作的差异有可能反映了声门上发音器官和声门发音动作的配合关系。(Torng 2000)此外,在不同声调条件下,舌体高度的调整还与下颚和头的运动有关。(Erickson *et al*. 2004; Honda *et al*. 1999; Hoole & Hu 2004)对普通话音节发音过程中声门位置的X光研究结果发现,元音/i/的声门位置最高。除了阴平调外,其他三个声调在发音过程中声门高度变化与基频有较好的对应关系。(Wang & Kong 2010)从Wang等的文章中的第3张图可以发现,T1和T4声调条件下元音/i/中点附近的声门位置比T2和T3要高,后两者情况下声门位置要低于声门休息状态的高度。(Wang & Kong 2010: 337)由于控制舌、声门和下颚的部分肌肉附着在舌骨上,因此三者中任何一个器官的运动必然引起其他两个发音器官运动的调整。(Erickson *et al*. 2004; Fitch 2010)声调对元音/i/的目标腭位和/或共振峰的影响有可能反映了舌对声门运动的补偿机制。在元音/i/的声调为T2或者T3的条件下,元音中点附近的声门主动降低(也即低于声门休息状态的高度),声门的下降使得舌体高度有可能下降,但是为了保持/i/的频谱特征,舌体上升的幅度有可能增大,以补偿声门通过舌骨拉动舌体向下的运动。但是,这个结论还有待进一步的证实,原因有四：首先,只有双唇音和舌面前音做声母的条件下具有这种倾向。第二,由于样本数量较小,一些特异值有可能影响结论的有效性。第三,有可能是本研究发音人独有的发音特征(idiosyncrasy)。在 Hoole 等(2004)的实验中就没有类似的结果。第四,元音/i/在不同声调条件下声门和声门上发音器官的运动有可能还受到辅音发音动作的影响。

3.3.2　圆唇前高元音/y/

单元音韵母/y/只出现在舌尖鼻音、边音和舌面前音之后。由图 3－35 可知,元音/y/的目标腭位与/i/存在差异,元音/y/的舌腭收紧点位置相对靠前,前腭电极接触频率大于后腭;元音/y/的舌面高度略低于元音/i/,这可以从二者在 C3 和 C6 列电极接触频率的差异看出。

	93	76	12	0	19	97	
100	93	80	27	0	25	91	100
100	93	80	12	0	12	95	100
100	93	78	2	0	6	95	100
100	95	27	0	0	0	95	100
100	97	2	0	0	0	87	100
100	100	4	0	0	0	70	100
100	78	0	0	0	0	21	97

(a)

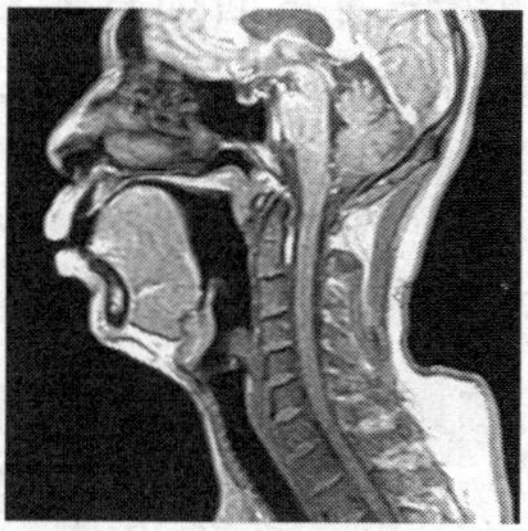

(b)

图 3－35　元音/y/(47 个音节)目标腭位的接触频率(a)和发音姿态(b)(汪高武 2010：41)

舌尖中音只有鼻音/n/和边音/l/可以后接/y/。独立样本 t 检验结果发现,在前接鼻音/n/的条件下,元音/y/的 AC 和 CoG 显著大于边音/l/条件下的情况。由图 3－36 可以发现,边音条件下元音/y/的舌面高度明显低于鼻音的情况,同时前腭区域舌腭收紧程度低于鼻音的情况。

	100	0	0	0	0	100	
100	100	40	0	0	0	60	100
100	100	40	0	0	40	100	100
100	100	40	0	0	20	100	100
100	100	0	0	0	0	100	100
100	100	0	0	0	0	100	100
100	100	0	0	0	0	100	100
100	100	0	0	0	0	60	100

(a)

	50	0	0	0	0	83	
100	50	0	0	0	0	66	100
100	50	0	0	0	0	66	100
100	50	0	0	0	16	66	100
100	66	0	0	0	0	66	100
100	83	0	0	0	0	66	100
100	100	33	0	0	0	83	100
100	83	0	0	0	0	66	100

(b)

图 3-36　声母为/n/(a)和/l/(b)条件下元音/y/的目标腭位的接触频率示意图

舌面前音对元音/y/的目标腭位参数和共振峰的影响见图 3-37。可以看出，在/ɕ/做声母的条件下，元音/y/的 TC、PC 和 VC 显著低于/tɕ/做声母的情况。/tɕʰ/做声母条件下/y/的 PC 也显著低于/tɕ/的情况。最后，擦音条件下元音/y/的 F1 显著高于/tɕ/的情况。音节声调条件对舌面前音做声母条件下元音/y/的目标腭位参数没有显著影响，但是对 F1 有显著影响，表现为 T3，T2＜T4，T1($p<0.05$)。

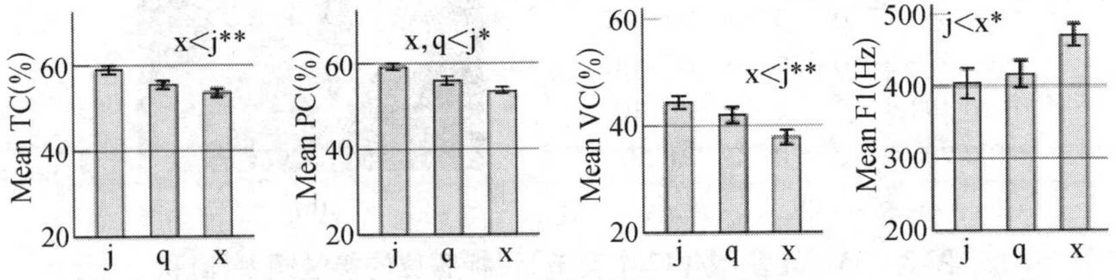

(a)　(b)　(c)　(d)

图 3-37　舌面前音对元音/y/的腭位参数和共振峰的影响(共 36 个样本)

由图 3-38 可以发现，塞擦音和擦音条件下元音/y/目标腭位的差异主要集中在后腭区域 C3 和 C7 列电极的接触频率，前腭区域电极的接触差异不大。

不同发音部位的辅音声母对元音/y/的目标腭位的八个参数均

	100	100	33	0	22	100	
100	100	100	66	0	33	100	100
100	100	100	33	0	22	100	100
100	100	100	0	0	11	100	100
100	100	88	0	0	0	100	100
100	100	11	0	0	0	100	100
100	100	0	0	0	0	77	100
100	100	0	0	0	0	11	100

(a)

	100	100	0	0	9	100	
100	100	100	45	0	27	100	100
100	100	100	18	0	9	100	100
100	100	100	9	0	0	100	100
100	100	36	0	0	0	100	100
100	100	0	0	0	0	100	100
100	100	0	0	0	0	90	100
100	63	0	0	0	0	9	100

(b)

	100	100	18	0	37	100	
100	100	100	12	0	37	100	100
100	100	100	6	0	6	100	100
100	100	93	0	0	0	100	100
100	100	6	0	0	0	100	100
100	100	0	0	0	0	75	100
100	100	0	0	0	0	37	100
100	68	0	0	0	0	6	93

(c)

图 3-38　声母为/tɕ, tɕʰ, ɕ/条件下元音/y/的目标腭位的接触频率示意图

有显著影响。独立样本 t 检验的结果发现，舌面前音做声母条件下元音/y/的 TC、AC、PC、CoG、CA、CC 显著大于舌尖中音做声母的情况，但是后者的 VC 和 CP 却显著大于前者。/y/的共振峰不受声母发音部位的影响。

上述结果说明，声母发音方式对元音/y/的舌腭接触有影响。舌尖中音做声母的条件下，鼻音后的/y/在齿龈区域的收紧程度要大于边音条件下的情况，舌面前擦音作为声母条件下元音/y/的舌面位置较低。声母发音部位对元音/y/的目标腭位有显著影响，舌面前音条件下舌腭收紧点位置前移。辅音部位特征不影响元音/y/的共振峰。声调不影响元音/y/的目标腭位，但是对元音 F1 的影响显著，T2 和 T3 条件下/y/的 F1 显著低于 T1 和 T4 的情况，并且在所有辅音条件下这种表现一致（从平均值上看，/n/条件下 T3＜T4，边音条件下 T2，T3＜T4）。元音 F1 的升高一般是由元音收紧点的截面积变大及声道长度变长引起（Pickett 1999：40－42），从本节的结果来看，T2 和 T3 条件下声门位置的下降有可能使得声道长度变长，从而导致 F1 下降。双唇外凸的程度也可以改变声道的长度，这还需进一步的研究。

3.3.3　圆唇后高元音/u/

单元音韵母/u/可以出现在大多数声母之后（除舌面前音外）。

从图 3-39 可以发现,/u/的发音动作是舌面后部向软腭方向上抬,舌腭接触集中在软腭区域的两侧。

	0	0	0	0	0	0	
0	0	0	0	0	0	0	0
0	0	0	0	0	0	0	0
0	0	0	0	0	0	0	0
0	0	0	0	0	0	0	0
14	0	0	0	0	0	0	0
80	2	0	0	0	0	0	77
99	91	0	0	0	0	79	99

(a)

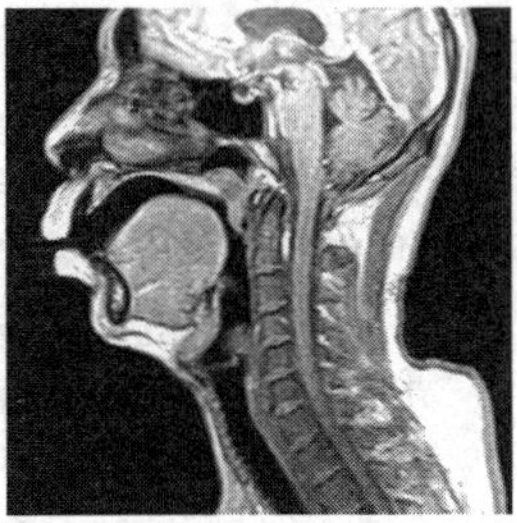

(b)

图 3-39 元音/u/(149 个音节) 目标腭位的接触频率(a)和发音姿态(b)(汪高武 2010: 40)

由于元音/u/的舌腭接触集中在假腭后部,笔者使用后腭接触面积参数(POS),其他的腭位参数包括 PC、VC、CA、CP、CoG 和 CC。表 3-19 是相同发音部位、不同发音方式的声母辅音对元音/u/的腭位参数和共振峰影响的结果。

表 3-19 相同发音部位、不同发音方式的辅音对/u/的腭位参数和共振峰的影响 ($p<0.05$,“—”表示没有显著差异,“n. a. ”表示单元格条件的 PC 均为零)

	LA	DE	AL	RE	VE
POS	—	/s/>/ts, ts^h/	—	—	—
PC	n. a.	/s/>/ts, ts^h/	—	—	/k/>/x/
VC	—	—	—	—	—
CA	—	/s/>/ts^h/	/t/>/l/	—	/k/>/x/
CP	—	—	—	—	—
CoG	/p^h/>/m, p/	/s/>/ts^h/	—	—	/k/>/x/
CC	—	—	—	—	—
F1	—	—	—	—	—
F2	/f/>/p/	/s/>/ts, ts^h/	—	—	—

由表 3－19 可以发现，相同发音部位、不同发音方式的辅音对元音/u/的腭位参数和共振峰的影响存在差异。舌尖前音(DE)的发音方式对/u/的四个腭位参数和 F2 有显著影响，但是舌尖后音(RE)对/u/的腭位参数和共振峰则没有显著影响。这是由于元音/u/的接触电极集中在软腭区域，因此无法提供辅音对元音/u/的舌前部分动作影响的信息。

四个唇音(LA)对元音腭位的顺向影响显著。/p^h/条件下/u/的 CoG 显著大于/p，m/的情况。在 3.2.7.2 节中，笔者曾经发现送气塞音持阻时舌体要相对紧张，此处元音/u/有可能保持了送气塞音的舌位特点。唇齿擦音条件下元音的 F2 显著高于不送气塞音的情况，这是因为/fu/在元音段的圆唇特征不明显，因此 F2 显著增高。

舌尖前音(DE)的发音方式对/u/的影响比较清楚。擦音条件下元音/u/的 POS、PC、CA 和 CoG 显著大于同部位的塞擦音。同时，在前者条件下的 F2 也显著大于后者的情况。这说明在舌尖擦音条件下，元音产出过程中舌体有可能前移，这在其他语言中也有发现。Recasens(1991a：185－187)对加特兰语的 EPG 数据分析结果发现，齿龈擦音/s/环境使得元音/u/的舌腭收紧点位置前移。此外，Faber (1989，1990)使用光学跟踪器和 EPG 同步记录了意大利语和德语发音人产出 V1sV2 双音节过程中上唇和舌腭接触的信号。她发现双音节/u＃su/中齿龈擦音/s/的成阻部位比/i＃si/和/a＃sa/更靠前。这从另一个角度说明舌尖擦音/s/和后高元音/u/之间存在较为复杂的双向协同发音影响。结合 Recasens 和 Faber 的研究结果，可以认为元音/u/在擦音/s/条件下 CoG 的增高有可能与舌体前移有关。塞擦音也可以使得元音/u/的舌体前移，但是影响的结果弱于舌尖擦音。

舌尖中音(AL)条件下元音/u/的 CA 的显著差异说明齿龈塞音使得元音的舌体前移，这与 Recasens(1991)的分析结果一致。边音对舌体发音动作有较强的限制，由于此时舌面下降，笔者不清楚舌体是否发生前移。

舌尖后音(RE)条件下发音方式对目标腭位参数和共振峰没有显著影响。

舌面后音(VE)做声母的时候,不送气塞音条件下的目标腭位的PC、CA和CoG显著大于擦音的情况,这有可能与舌面后音的发音方式有关。

表3－20为声调条件对/u/的腭位参数和共振峰的影响。可以发现,上声调(T3)音节中/u/的接触面积参数和接触分布参数显著低于其他声调的情况,这与已有的研究结果相同,说明上声调音节中/u/的舌体位置靠后且舌位较低。(retraction and lowering)(Hoole等2004: 92)阳平调(T2)音节中/u/的腭位参数在声母为舌尖后音(RE)条件下与上声调(T3)的情况类似。同时,在多数辅音发音部位条件下,T2和T3的F1及F2显著低于T1和T4的情况,T2和T3之间无显著差异。

表3－20　音节声调条件对/u/的腭位参数和共振峰的影响

	LA	AP	AL	RE	VE
POS	T3 < T1, T2, T4*	T3<T1*	—	T3, T2<T1*	—
PC	—	T3<T1*	—	—	—
VC	T3 < T1, T2, T4*	—	—	T3<T1*	—
CA	T3<T4*	T3<T1*	—	T2<T1*	T3<T1*
CP	T3 < T1, T2, T4**	—	—	—	—
CoG	—	T3<T1*	—	T2, T3<T1*	T3<T1*
CC	T3<T2*	—	—	—	
F1	T3, T2<T4*	T3, T2 < T1, T4*	T3, T2 < T1, T4*	T3, T2 < T1, T4**	T3, T2 < T1, T4***
F2	T3<T4*	—	T3, T2 < T1, T4*	T3, T2 < T1, T4***	T3<T1, T4**

图 3-40 为五个发音部位对元音/u/的腭位参数和共振峰影响的示意图。单因素方差分析结果发现，舌尖前音（DE）做声母条件下的/u/的 POS 显著大于其他声母条件下的情况（除舌尖中音（AL）以外）。从硬腭和软腭两个区域的接触面积来看，舌尖前音条件下/u/的 PC 最大，唇音条件下的 VC 最小。接触分布参数（CoG、CA、CP）的分析结果与接触面积参数的差异相似，此处不做赘述。在声学方面，发音部位不影响/u/的 F2，但是对 F1 有显著影响，唇音条件下的 F1 显著高于舌尖后音条件下的情况。

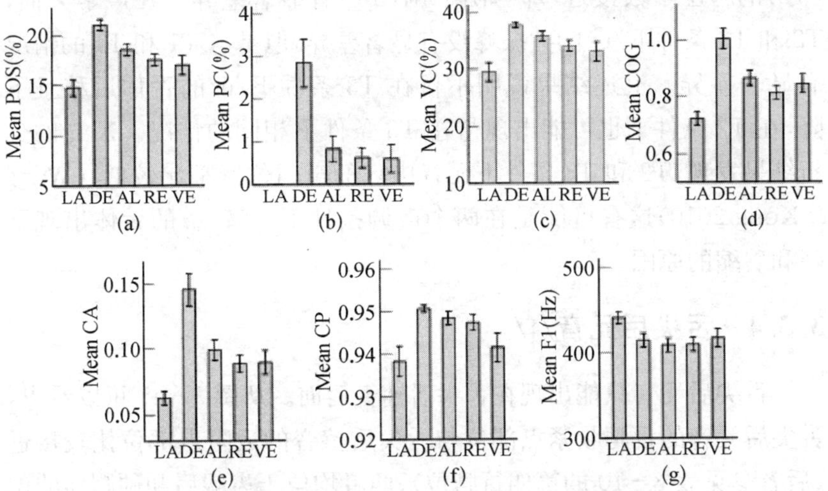

图 3-40　辅音发音部位对元音/u/的腭位参数和共振峰的影响(共 149 个样本)

虽然 EPG 只能部分地反映元音/u/的动作过程，但是上述分析结果表明，元音/u/的目标腭位和共振峰受到辅音发音方式、发音部位和声调条件的影响。辅音发音方式对/u/的目标腭位的影响与辅音的成阻方式有关。双唇音条件下/u/的腭位差异与辅音成阻时段舌体高度受口腔内压力制约有关。唇齿擦音条件下 F2 的差异有可能只与辅音的成阻方式有关，舌体高度有可能比较高，这样可以减小成阻点后的声腔体积，从而增大口腔内压力。舌尖前音条件下元音/u/舌腭接触的差异有可能与擦音条件舌体前移有关。舌面后音条件下元音/u/的差异与塞音和擦音的成阻方式有关。

发音部位对/u/的目标腭位和F1有显著的影响。舌尖前音条件下/u/的舌体有可能前移。在唇音的条件下/u/的舌体位置较靠后。

声调条件对/u/的腭位和共振峰影响的结果支持以往的声学和生理分析结果，上声调(T3)条件下舌体位置靠后且较低。同时，笔者还发现，在舌尖后音(RE)做声母的音节里，上声调(T3)和阳平调(T2)的腭位参数接近，却与阴平调(T1)有显著差异。在声学方面，T2和T3条件下/u/的共振峰没有显著差异，但是与T1和T4的情况有显著差异。上述结果说明不仅在T3条件下/u/的舌体后移且下降，在T2条件下也可能出现与在T3条件下相同的情况。X光的分析结果发现，T2和T3条件下元音中点的声门位置都比较低，(Wang & Kong 2010)这有可能是在两个声调条件下元音/u/的舌体出现下降和后缩的原因。

3.3.4　舌尖后元音/ʅ/

舌尖后元音只能出现在舌尖后辅音后面。从图3-41可以看出，舌尖后元音的舌腭收紧点部位与舌尖后擦音的成阻点部位比较接近(后者参见表3-10的第四行腭位)，两者均位于齿龈后和硬腭前的位置(即R2—R3行电极)。舌面上抬与硬腭和软腭区域两侧接触。从R8C2和R8C7两个电极的接触频率来看，舌面后位置较低。这与图3-41(b)的舌面动作姿态比较接近。舌尖后元音的舌体比较靠前，舌腭收紧点的位置比前高元音/i/靠前，F2比/i/的F2要低。另外，舌尖后元音的舌尖后缩并上抬，产生舌下腔，因此F3也比较小，接近F2。舌尖后元音的舌腭收紧点位于前腭区域，舌体动作主要表现为后腭的舌腭接触情况，因此笔者新增了前腭接触面积(ANT)和后腭接触面积(POS)分析舌尖后元音的舌形特征。

	33	11	0	0	0	2	
83	95	92	9	0	0	52	97
100	100	92	4	0	0	71	100
100	97	11	0	0	0	38	100
100	73	0	0	0	0	40	100
100	54	0	0	0	0	38	100
100	42	0	0	0	0	26	100
100	21	0	0	0	0	14	78

(a)

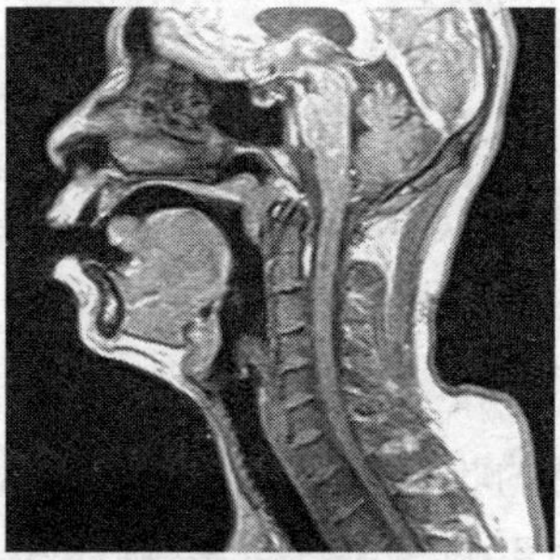

(b)

图 3－41　元音/ʅ/(42 个音节) 目标腭位的接触频率(a)和发音姿态(b)(汪高武　2010：44)

图 3－42 为舌尖后声母发音方式对/ʅ/的目标腭位参数和共振峰影响的示意图。由图中的比较结果可以看出，声母为/ʂ/的条件下，舌尖后元音的 TC 和 POS 显著大于塞擦音的情况，CoG 最小，PC 最大，F1 显著大于塞擦音的情况。

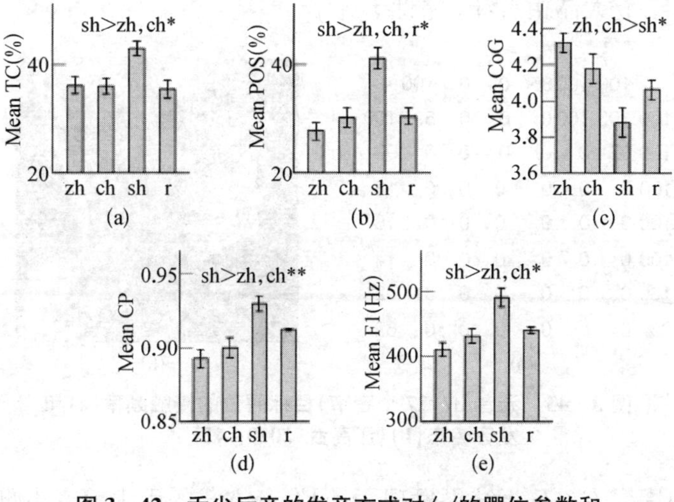

图 3－42　舌尖后音的发音方式对/ʅ/的腭位参数和共振峰的影响(共 42 个音节)

声调对元音/ʅ/的 ANT、CoG、CC 和 F1 的影响显著。声调对 ANT 的影响表现为 T3，T2＞T4（$p<0.01$），对 CoG 的影响表现为 T3＞T1（$p<0.05$），对 CC 的影响表现为 T2＞T1，T4（$p<0.01$），对 F1 的影响表现为 T3，T2＜T4＜T1（$p<0.05$）。

上述结果说明，舌尖后元音的目标腭位和共振峰受到舌尖后音发音方式及声调的影响。前接舌尖后擦音条件下舌尖后元音的舌体与硬腭的收紧程度要大些，原因尚不清楚。声调条件对元音/ʅ/目标腭位的影响与对/i/的影响结果比较一致，T3 和 T2 条件下舌尖或舌叶在齿龈后区域的收紧程度较强，在声学上表现为 F1 显著降低。

3.3.5　舌尖前元音/ɿ/

舌尖前元音只能前接舌尖前声母。如图 3－43 所示，舌尖前元音的舌腭收紧点的位置比/i/和/ʅ/的位置还要靠前，位于 R1 行电极，即齿龈脊前的部位。舌面与硬腭和软腭两侧有接触，但是右偏程度较大，这与 3.2.2 节该发音人的舌尖前音的腭位非常接近。舌尖前元音的 F1 与/ʅ/大体相当，F2 略低于/ʅ/。

	100	100	85	0	0	100	
100	100	100	0	0	0	59	100
100	88	0	0	0	0	0	92
100	3	0	0	0	0	0	18
100	3	0	0	0	0	0	18
100	0	0	0	0	0	0	14
100	0	0	0	0	0	0	62
96	0	0	0	0	0	0	62

(a)

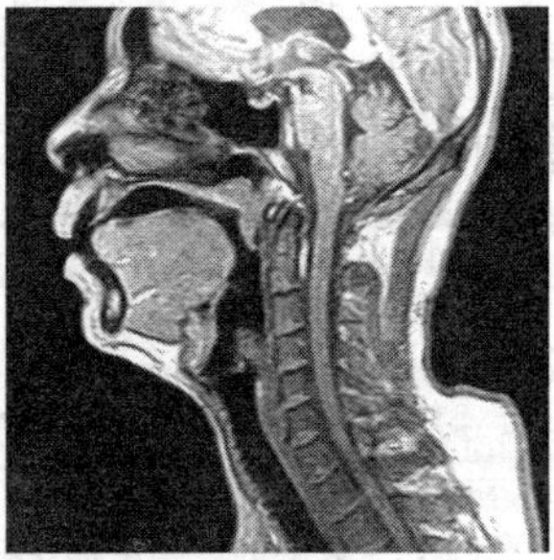

(b)

图 3－43　元音/ɿ/（27 个音节）目标腭位的接触频率（a）和发音姿态（b）（汪高武 2010：42）

单因素方差分析结果发现，不同发音方式的舌尖前音声母对/ɿ/的目标腭位参数和共振峰没有显著影响。

单音节/sɿ/和/tsɿ/没有阳平调，只有单音节/tsʰɿ/有四个声调的音节。由于样本较少，笔者不考虑音节声调缺失的情况。单因素方差分析结果发现，声调条件对/ɿ/的目标腭位参数和共振峰有显著影响（图 3－44）。上声调（T3）对/ɿ/的影响最大，VC 和 CP 显著低于其他声调的情况，但是 CoG 却显著大于其他声调的情况。这说明在 T3 的情况下，元音/ɿ/的舌面在软腭区域的接触面积明显降低，但是在齿龈区域和硬腭区域的接触面积与其他声调的情况没有显著差异。在声学方面，上声调条件下/ɿ/的 F2 显著低于去声调（T4）的情况。

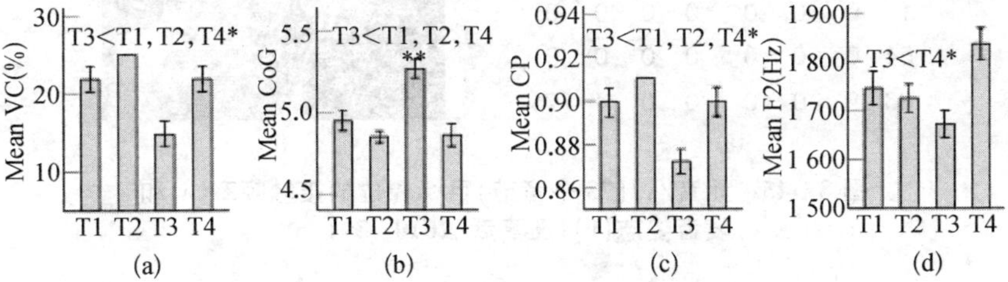

图 3－44　声调对/ɿ/的腭位参数和共振峰的影响

本节分析结果表明，舌尖前声母发音方式对/ɿ/的目标腭位参数和共振峰没有显著影响，这说明舌尖前元音/ɿ/的发音动作相对稳定。声调对舌尖前元音腭位参数和共振峰的影响与元音/u/的情况类似，上声调（T3）条件下舌体位置有可能降低且比较靠后，在声学上表现为 F2 的下降（与 VC 的下降有关）。上声调条件下 CoG 的增大与 VC 的降低有关。

3.3.6　后半高元音/ɤ/

普通话后半高元音/ɤ/作为单韵母可以前接舌尖音（舌尖前、舌尖中和舌尖后音）和舌面后音。如图 3－45 所示，元音/ɤ/的发音动作是舌体向软腭方向抬起，但是抬高的程度不如/u/，舌根接近咽腔壁。元音/ɤ/的舌腭接触主要集中在软腭区域，与/u/的目标腭位的区别在于 R8C2 和 R8C7 电极的接触频率明显低于元音/u/的情况，说明元音/ɤ/的舌体位置相对较低。由于元音/ɤ/在 R1—R5 行电极没有接触，笔者使用后腭接触面积 POS 作为分析参数，不用 TC、AC 和 PC 三个参数。

	0	0	0	0	0	0	
0	0	0	0	0	0	0	0
0	0	0	0	0	0	0	0
0	0	0	0	0	0	0	0
0	0	0	0	0	0	0	0
1	0	0	0	0	0	0	0
54	0	0	0	0	0	0	9
86	8	0	0	0	0	4	75

(a)

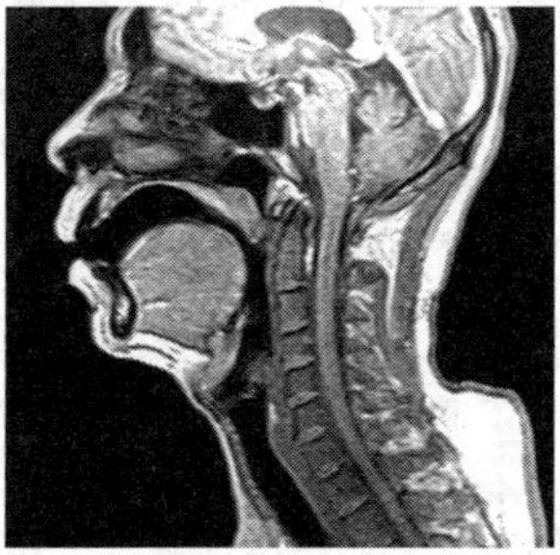

(b)

图 3-45　元音/ɤ/(73 个音节)目标腭位的接触频率(a)和发音姿态(b)(汪高武 2010：39)

首先考察相同发音部位、不同发音方式的声母辅音对元音/ɤ/的目标腭位参数和共振峰的影响。单因素方差分析结果发现，在不同发音方式辅音条件下，元音腭位参数和共振峰没有显著差异。

发音部位对元音/ɤ/的腭位参数和共振峰有显著影响。从图 3-46 可以发现，元音/ɤ/前接舌尖前音(DE)和舌尖中音(AL)条件下的 POS 和 CoG 显著大于舌尖后音(RE)的情况。在 DE 条件下的 CA 显著高于 RE 和 VE 的情况。这说明在前接 DE 和 AL(特别是前者)的条件下，舌体可能前移，这与 F2 的差异结果一致。舌尖中音声母条件下的 CC 显著高于其他部位辅音的情况。元音/ɤ/前接舌尖后音(RE)的条件下，POS、CoG、CA 最低，这与舌尖后音的舌面位置较低有关，这与 F2 的比较结果是一致的。元音/ɤ/与舌面后音(VE)的发音距离较小，此时元音的 POS 和 CC 显著低于舌尖中音(AL)的情况，而 CA 显著低于舌尖前音的情况，F2 与舌尖前音声母条件下的情况相似，且显著大于 RE 的情况。这说明，元音/ɤ/在前接舌面后音条

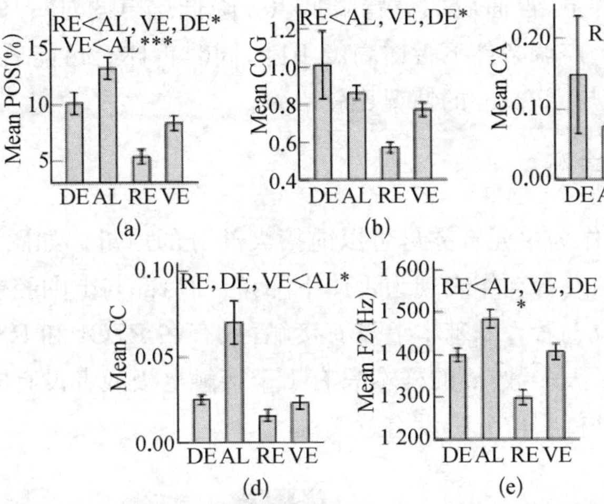

图 3-46　辅音发音部位对元音/ɤ/的腭位参数和共振峰的影响

件下舌体位置相对靠后，但是舌面位置比舌尖后音的情况要高。

由于后接/ɤ/的部分单音节声调不全，因此只选用声母为/k，k^h，tʂ，ʂ/的音节分析声调对/ɤ/的腭位参数和共振峰的影响。从图 3-47 可以发现，上声调（T3）对/ɤ/的目标腭位参数和 F1 有显著影响，T3 条件下/ɤ/的 POS、CA 和 CP 显著低于其他声调的情况，同时/ɤ/的 F1 显著高于 T2 的情况。

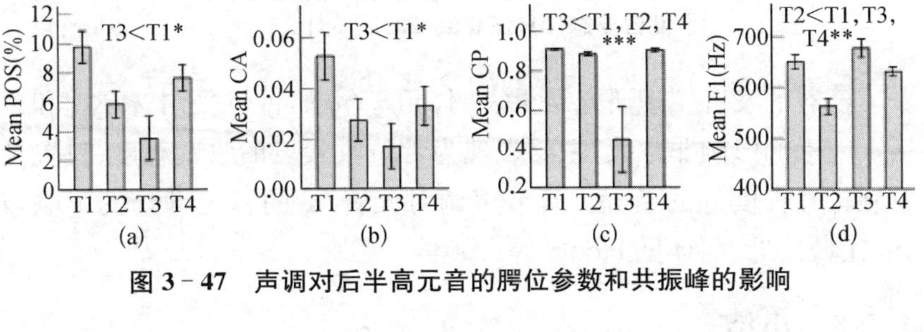

图 3-47　声调对后半高元音的腭位参数和共振峰的影响

上述结果表明，元音/ɤ/的发音动作受前接辅音发音部位的显著影响，舌尖前音和舌尖中音做声母条件下舌体位置前移，F2 变大。前接舌尖后音条件下，舌面后的位置降低，F2 降低。声调对/ɤ/的影响主要表现为在上声调条件下舌体高度下降，同时舌体有可能后移；F1 升高；这些结果与元音/u/的情况比较一致。

3.3.7 低元音/a/

低元音/a/作为单元音韵母可以前接大部分的声母。如图 3－48 所示，元音/a/的发音动作表现为舌体下降，舌面后部与上咽腔壁形成收紧点。从腭位上看，/a/基本上没有接触，只有在 R7C1 和 R8C1 电极有接触。由于大多数/a/的样本只有 1 个接触电极或者没有电极接触，因此对/a/进行腭位分析没有意义。

	0	0	0	0	0	0	
0	0	0	0	0	0	0	0
0	0	0	0	0	0	0	0
0	0	0	0	0	0	0	0
0	0	0	0	0	0	0	0
0	0	0	0	0	0	0	0
8	0	0	0	0	0	0	0
49	0	0	0	0	0	0	0

(a)

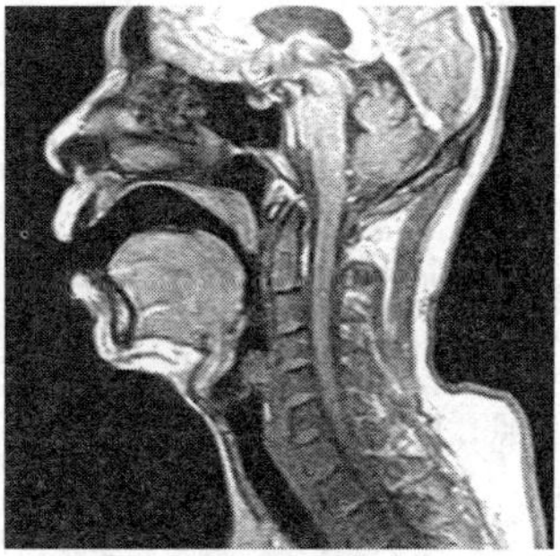

(b)

图 3－48　元音/a/(136 个音节) 目标腭位的接触频率(a)和发音姿态(b)(汪高武 2010：38)

已有的发音生理研究结果表明，元音/a/的舌位受语音环境和说话人因素的影响非常大，主要表现为舌位收紧点的收紧程度、位置及下颌打开程度等的差异。音节声调对元音/a/的舌位动作的影响与/u/比较接近。(详见 Hoole 等 2004)

3.3.8 小结

3.3.1—3.3.7 节分析了声母的发音方式、发音部位及声调条件对普通话六个单元音韵母的目标腭位参数和共振峰的影响。以下从声母发音部位和发音方式及音节声调两个方面对这些结果进行总结。

3.3.8.1　声母辅音对单元音韵母的顺向影响

单元音韵母/i/的目标腭位和共振峰受到声母发音部位和发音方式的影响。分析结果发现，舌面前音和边音对/i/的目标腭位和共振峰的影响最大，舌尖中音（除了边音）对元音/i/影2响与唇音的情况大体相当。舌面前音使得/i/的舌腭收紧点的位置前移，并导致F2的下降。边音使得元音/i/的目标腭位的舌腭接触面积和F2均降低。舌尖中音（除了边音）和唇音做音节声母的条件下，元音/i/的目标动作易于实现。从发音方式看，声母为鼻音的条件下，元音/i/的目标动作易于实现，同时F2也最高。

单元音韵母/y/的目标腭位的舌腭收紧点位置比元音/i/相对靠前（参见图3-35和图3-23）。分析结果发现，边音对元音/y/的目标腭位影响最为明显，表现为齿龈区域舌腭收紧点的收紧程度降低。

单元音韵母/u/的目标腭位只能部分地反映声母的顺向影响，这是因为EPG无法反映舌体在前后维度上的变化及舌前部的舌形姿态。从目前的结果来看，舌尖前擦音有可能使得元音/u/的舌体前移，笔者发现了两个证据：第一，元音/u/目标腭位在硬腭区域产生接触。第二，元音/u/的F2升高。舌尖中音（除了边音）也有可能使得元音/u/的舌体位置前移，但是缺乏声学上的证据。双唇音对元音/u/的影响相对较小，但是唇齿擦音对元音/u/的F2有显著影响，这有可能与/fu/在整个音节时段唇形动作有关。

两个舌尖元音只能出现在舌尖前音或舌尖后音之后。分析结果表明，舌尖前元音不受前接声母发音方式的影响，而舌尖后元音在前接舌尖后擦音的条件下，舌面高度较高，这有可能与擦音条件下整个音节时段的舌形动作基本保持一致有关。

前接舌尖前音和舌尖中音的条件下，单元音韵母/ɤ/的舌体有可能前移，腭位参数和F2的变化支持这个结果。在舌尖后音的条件下，单元音韵母/ɤ/的舌位降低，这有可能是舌尖后音舌面位置较低产生的影响。

3.3.8.2 音节声调条件对单元音韵母的影响

分析结果发现，音节声调对元音的目标腭位和共振峰(特别是F1)有显著影响，声调对元音舌腭接触以及共振峰的影响因元音舌位的不同而不同。

元音/i/(至少在前接双唇音和舌面前音条件下)和/ʅ/的目标腭位受声调影响的结果相对一致。声调为上声调(阳平调也有可能)时，舌体与硬腭和软腭(/i/的情况)及舌尖或舌叶与齿龈后区域(/ʅ/的情况)的接触面积增大，F1 降低，且显著区别于阴平调和/或去声调的情况。元音/u/的腭位分析结果支持 Hoole 等(2004)的发现，即上声调条件下元音/u/的舌体后缩并下降。笔者还发现，阳平调条件下/u/的舌体运动方式有可能与上声调的情况类似，并显著区别于阳平调和去声调的情况。最后，在上声调条件下，舌体后缩并下降的现象也发生在元音/ʅ/和/ɤ/上。

3.4 结　　论

3.4.1 元音对声母辅音的逆向协同发音影响

声母辅音的发音动作受后接元音发音动作的影响，且这种影响在声母持阻段就表现出来。声母辅音受后接元音影响的程度与自身的协同发音阻力有关，协同发音阻力的大小取决于辅音发音动作对舌面动作的控制程度，控制程度越高，则辅音越不易受后接元音动作的影响。二阶 EPG 回归方程的分析结果表明，辅音协同发音阻力由大到小表现为：舌面前音、舌尖前音、舌尖后音＞舌尖中音＞唇音、舌面后音。边音和唇齿擦音的协同发音阻力与同部位的舌尖中音和唇音不同，两者对舌体动作的要求比较强，其协同发音阻力大于同部位的辅音，但是小于舌面前音、舌尖前音和舌尖后音。

普通话双唇音和舌面后音的协同发音阻力最小，这与其他语言的研究结果一致。一般认为双唇音没有舌形特征，在双唇音持阻段，舌的动作表现为后接元音的动作。笔者发现，在双唇塞音声学除阻点及双唇鼻音中点附近的腭位和后接元音的目标腭位比较接近。舌面后音和元音共享发音器官（即舌体），因而两者的动作易于产生“融合”的现象。如果后接前高元音（普通话中不存在这样的单音节，但是在双音节/i♯kV2/中存在这种现象，详见第四章），舌面后音的成阻点前移。在后接后高元音或低元音条件下，舌面后音的成阻点靠后。

舌尖中音对舌面动作的控制较弱，舌面活动的自由度比较大，因而易于受到后接元音舌体动作的影响。实际上，在连续语流中舌尖中音的主发音器官动作易于弱化，特别是当音节位于较低韵律层级的条件下（参见第五章）。

舌尖前音和舌尖后音对舌体自由度的控制相对较强，元音一般只影响舌面后的区域，但是影响幅度不大。结合X光和EPG的数据，笔者认为在产出舌尖前音和后音的时候，整个舌都参与发音动作。产出舌尖前音的时候，舌尖在齿龈前部形成阻塞或者阻碍，舌叶和舌面的位置较高，这种舌形姿态利于加快气流的体积流速。本研究发音人的舌尖后音的成阻部位不稳定，舌腭收紧点的位置分布在齿龈到硬腭前的区域，说明本研究发音人有可能使用两种发音策略来产生舌尖后音，这在其他语言中普遍存在。（Toda & Honda 2003）但是无论采用何种策略，舌尖后音对舌面动作的控制程度均比较强。

舌面前音的主发音器官是舌面前，舌面中部受到舌面前发音动作的制约，自由度降低，因此，舌面前音协同发音阻力最强。从腭位分析的结果来看，后接元音对舌面前音的舌腭接触影响非常小。

相同发音部位、不同发音方式的辅音受后接元音动作影响的幅度存在差异。边音和唇齿擦音的协同发音阻力与同部位的声母有明显区别。边音对舌体动作有较高的限制，后接高元音/i, u, y/的时候，边音表现出较强的协同发音阻力，这是由于元音舌体高位的特征与边音舌体低位的特征相排斥，因此，两个冲突动作的结果表现为舌面与硬腭和软腭接触面积显著低于同部位的舌尖塞音和鼻音；后接低元音/a/时，边音的舌体动作与低元音的舌体动作相对一致，在腭位上表现为舌面与硬腭和软腭少有接触。

唇齿擦音在音系上没有舌位特征，但是从后接不同元音条件下的腭位分析结果来看，唇齿擦音对舌体动作有较大的限制，在后接高元音/i/的情况下，辅音目标腭位的舌腭接触显著低于双唇音；在后接非高元音的条件下，辅音目标腭位的舌腭接触又略高于双唇音。这个结果说明唇齿擦音对舌面动作有一定程度的控制，即舌体位置向软腭区域抬高，但是舌体高度低于后高元音/u/。唇齿擦音的舌体动作特征有可能来源于口腔内空气动力的需要。由于普通话唇齿擦音依靠上齿和下唇形成阻碍，口腔内没有收紧点。因此要保证口腔气流从唇齿间或者齿间冲出并击打上唇形成摩擦，口腔内必须要保持一定的压力。舌体上抬的目的在于减小声道的截面积，从而增大气流体积流速。

送气特征对塞音和塞擦音的目标腭位和除阻前一帧腭位的舌腭接触有显著影响。对塞音而言，在后接高元音的条件下，[①]送气塞音在硬腭和/或软腭的接触面积一般增大，并显著大于不送气塞音的情况。然而送气塞擦音在硬腭和软腭的接触面积一般小于不送气塞擦音。笔者从声门动作与舌的动作的时间关系来解释这种现象，其动因在于为塞音除阻后产生送气及为塞擦音除阻后产生摩擦创造适当的声道条件。

塞音和塞擦音的生理持阻时长也有可能影响它们的目标腭位。图 3－49 是塞音和塞擦音的生理持阻时长的均值及独立样本 t 检验的结果。可以发现，不送气舌尖塞音的生理持阻时长显著大于送气

① 在低元音条件下，送气特征对腭位参数没有显著影响。

塞音,而两个舌面后塞音的生理持阻时长没有显著差异。舌尖塞音生理时长的差异说明送气塞音在后接高元音的条件下在软腭和/或硬腭区域接触面积的增大与时长没有关系。舌面后音的情况有可能与 EPG 无法准确记录舌面后与软腭区域成阻起点有关。

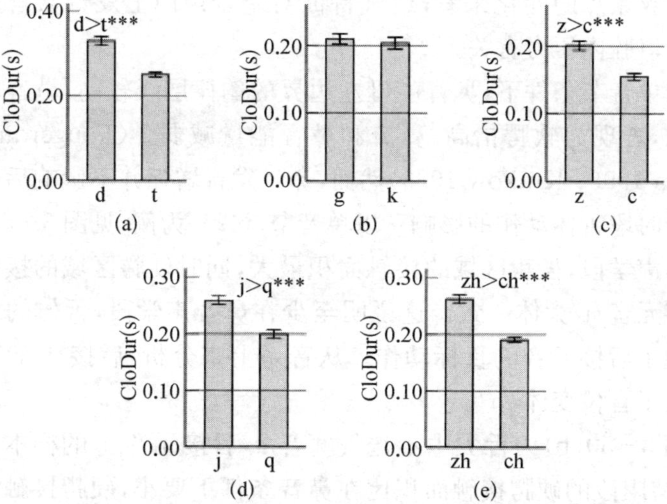

图 3-49　塞音和塞擦音的生理持阻时长均值及独立样本 t 检验结果(显著性水平 $^{***}p<0.001$, $^{**}p<0.01$)

送气/不送气塞擦音的生理持阻时长有显著差异,不送气塞擦音的生理持阻时长显著大于送气塞擦音。同样,时长的差异也不能解释送气特征对塞擦音腭位参数的影响。首先,如果认为特定假腭区域接触面积的变化与塞擦音的持阻时长有正相关关系的话,那么这种关系也有可能出现在塞音的情况,显然后者并非如此。第二,如果生理持阻时长是舌腭接触面积的决定因素的话,则说明主发音器官与相应部位的接触面积应随持阻时长的增加而变大。但是笔者的结果并没有发现这一点。第三,研究清浊特征对塞音生理持阻时长影响的结果发现,生理持阻时长与浊音起始时间(VOT)存在负相关,也即浊塞音的生理持阻时长要短于清塞音的生理持阻时长,同时生理持阻时长有可能随发音部位后移而缩短。(Recasens 1999)产生上述现象的根本原因在于声门开度的大小及与声门上发音器官动作的时间关系。综上,时长不是引起塞音或塞擦音在不同发音方式条件下舌腭接触变化的重要原因。从舌面后音后接不同元音条件下送气塞音舌腭收紧点的变化来看,送气特征对塞音声门上发音器官的影响应该与口腔内压力有关。

在单音节条件下,鼻音声母左边界的韵律层级较高,鼻音发音动作增强,表现为软腭抬高,鼻流和鼻音能量减弱。(Fougeron 2001; Gordon 1996; Krakow 1999)然而,鼻音发音增强并不影响后接元音对鼻音时段舌体动作的影响。以单音节/ni55/为例[见图 3-50(a)],在鼻音声学段,齿龈区域的接触面积最大,同时硬腭区域的接触面积与后接元音/i/大体一致。这说明至少在鼻音声学段,舌体的位置大致达到了后接元音的目标动作。从音系上来分析,后接/i/的舌尖鼻音产生了音位变体/ɲ/。

图 3-50(b)为舌尖中不送气塞音/t/后接元音/i/的样本。可以看出,持阻段的硬腭接触面积比在鼻音条件下要小,硬腭接触面积在元音/i/开始后不断上升,到元音中点后趋于稳定。这与鼻音的情况不同,可能的原因在于鼻音和不送气塞音在持阻段的口腔内压力不同。双唇鼻音与同部位的送气/不送气塞音的差异也有可能是由口腔内压力影响引起的。

综合上述结果,笔者认为元音动作有可能始于辅音的持阻段,但是动作的幅度受到声母协同发音阻力的制约。构成辅音协同发音阻力的根源有两个,一个是辅音发音动作本身对舌面动作的控制程度,另外一个是保持口腔内压力的需要。舌尖前音、舌尖后音、舌面前音对舌体运动的自由度有严格的限制,元音动作的影响一般只表现在舌面后的区域(对应假腭的软腭区域)。维持除阻必需的口腔内压力是辅音协同发音阻力的另外一个来源。鼻音持阻过程中由于鼻腔通路打开,气流可以通过鼻腔流出,因此口腔内的压力降低。另外鼻音

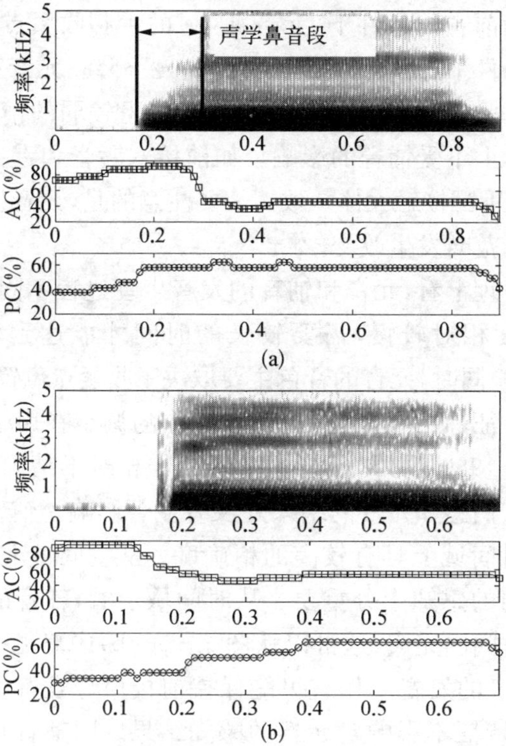

图 3-50　单音节/ni55/(a)和/ti55/(b)的语图及齿龈接触面积(AC)和硬腭接触面积(PC)曲线

对舌体自由度的控制不是十分严格。

3.4.2　声母对单元音韵母的顺向协同发音

顺向协同发音一般被认为是口腔发音器官动作的机械惰性使然。本章的分析结果表明，元音的目标腭位既受到前接声母发音方式的影响，也受到前接声母发音部位的影响。

辅音对元音的顺向影响与辅音的协同发音阻力有关。辅音协阻较强的情况下，元音的发音动作受辅音的影响而偏离其目标动作。

如在前接舌面前音的条件下，元音/i, y/的舌腭收紧点位置前移；在前接边音的条件下，元音/i, y/的舌面高度下降。元音/u, ɤ/前接舌尖前音的条件下舌体有可能前移。辅音协阻较弱的情况下，元音的发音动作基本上不受辅音的影响。如前接双唇音和舌尖塞音的情况下，元音/i/的舌腭接触大体一致。需要注意的是，元音发音动作的变化并非是语音范畴发生改变。

从发音生理上看，元音和辅音的发音生理过程不同，元音的发音器官运动速度相对较慢，需要较长的时间才能达到较高的速度。(Perkell 1969)同时，元音的音色主要取决于收紧点位置、收紧点收紧程度和唇形特征，收紧区域附近元音动作的调整在声学上的变化较小。(Stevens 1989)另外，元音的发音动作相对不精确，而这种动作的不精确对人们感知元音的结果并没有显著影响。辅音的发音动作在空间域和时间域上具有较高的精确度。从空间域上看，辅音的成阻部位对人们的感知十分重要。从时间域上看，辅音的发音动作必须在较短的时间内完成，这可以从图 3－50(b)中略见一斑。从这个意义上说，元音的发音动作有可能保持前接声母发音动作的某些特征，但是这些特征不影响对元音的感知结果。同辅音具有协同发音阻力特征一样，元音也具有发音限制条件。以往发音生理结果表明，前高元音/i/的发音限制条件较高，而低元音/a, u/的发音限制条件较低。音段的发音限制条件与元音受语音环境影响的程度具有显著的负相关关系。从本章的结果来看，普通话元音/i/在舌面前音和边音条件下的发音动作变化最大。从另外的角度来看，元音/i/对双唇音、舌尖中音(不包括边音)持阻段的动作影响最大。元音的发音限制条件与元音对周边音段协同发音能力的大小相关(Recasens & Espinosa 2009)。元音/i/的发音限制较强，对前接声母的发音动作有较强的逆向协同发音影响，但是由于舌面前音的协同发音阻力较大，因此前接舌面前音的条件下，辅音的顺向协同发音的强度更强。舌尖元音对舌体发音动作的限制也比较强。舌尖元音与前接舌尖辅音的位置一致,同时其发音的变异程度取决于前接声母。从这个意义上说,舌尖元音的发音动作可以认为是舌尖辅音动作的延续,只不过元音时段声带是振动的(部分浊擦音没有浊声段)。元音/u, ɤ/前接舌尖音的条件下舌体位置有可能前移。这种现象在英语中也存在,英语中后高元音/u/前接齿龈音的时候就会出现前化的现象,且这种现象有可能正在经历音系化的过程。(Harrington *et al*. 2008)

第四章
双音节 V1＃C2V2 的音段协同发音

在协同发音研究中，分析双音节 V1＃C2V2(＃代表音节边界)的协同发音是音段协同发音研究的基本内容。双音节 V1＃C2V2 中包括三对两个方向的协同发音影响：C2 对 V1 的逆向影响和对 V2 的顺向影响，V1 对 C2 的顺向影响和 V2 对 C2 的逆向影响，V1 对 V2 的顺向影响和 V2 对 V1 的逆向影响。这些音段协同发音现象能够反映一种语言协同发音的基本模式。

双音节是普通话词汇的基本组构形式，也是普通话中最重要的节奏单元(双音节音步)。音步内音节间的关系比较紧密，音步间音节的结合相对较松，从而表现为内紧外松的松紧型的音步。(王洪君 2008)

本章讨论普通话双音节 V1＃C2V2 中的音段协同发音现象。研究问题包括：(1) C2 对元音的协同发音是否与 C2 的协同发音阻力有关？C2 对 V1 的逆向影响和 C2 对 V2 的顺向影响是否存在差异？(2) 元音间的协同发音是否受到 C2 协同发音阻力的制约？(3) C2 声学时段的腭位受 V1 顺向影响及 V2 逆向影响的程度和时间范围。

4.1 方　　法

本章语料的构建原则参见 2.5 节。共有 402 种 V1＃C2V2 的组合形式，每种组合形式最少有一个样本，最多有四个样本，共有 1 064

个双音节样本。

在使用 V1#C2V2 双音节开展的协同发音研究中，常用的方法是比较对称元音序列和非对称元音序列的差异。所谓对称元音序列是指 V1#C2V2 双音节中前音节和后音节的元音相同，如/i#pi/或/a#pa/。非对称元音序列是指前音节和后音节的元音不同，如/i#pa/或者/a#pi/。

一般使用对称元音序列研究 C2 对元音的顺向或逆向影响。对于跨辅音元音间的协同发音研究，一般采用的方法是先固定 C2 一侧的元音，然后考察 C2 另外一侧位置上对称元音及非对称元音条件下固定元音的参数是否发生了变化。具体来说，研究 V2 对 V1 逆向影响时，固定 V1 位置上的元音，如果非对称元音序列中 V1 的某个参数与对称元音序列中 V1 的相同参数存在差异，说明前者条件下的 V1 受到 V2 的影响。同理，研究 V1 对 V2 顺向影响的时候，固定 V2 位置上的元音，如果非对称元音序列中 V2 的某个参数与对称元音序列中 V2 的相同参数存在差异，说明在前者条件下 V2 受到 V1 的影响。

普通话声韵母组合存在音位配列限制，因此有些双音节组合不存在对称元音序列，如在 V1 为/i/、C2 为舌面后音/k, k^h, x/的组合中，V2 不能为/i/。然而，在研究跨辅音元音间协同发音的时候，必须要有比较的基准。针对这种情况，本章做如下规定：

(1) 当在 V1 为/i/、C2 为舌尖前音/ts, ts^h, s/或舌尖后音/tʂ, $tʂ^h$, ʂ/的条件下，把/i#C2ɿ/或/i#C2ʅ/作为对称元音序列。

(2) 当在 V1 为/i/、C2 为/f, k, k^h, x/的条件下，把/i#C2eɪ/作为对称元音序列。

(3) 当在 C2 为舌面前音/tɕ, $tɕ^h$, ɕ/的条件下，V2 位置上的单元音只有/i/或/y/，此时用复合元音/ia, iu/作为 V1 为/a/或 V1 为/u/条件下的对称元音序列。

语料的声学和生理标记方法如下(参见图 4-1)：

(1) V1 和 V2 的声学起点一般由 EGG 信号自动标记。C2 为浊辅音的时候，通过波形和语图手动标记 V2 的声学起点。

（2）V1 的声学结束点为 V1 声学时段 F2 轨迹的结束点。C2 为塞音或者塞擦音的时候，V1 声学结束点后即为 C2 的成塞帧（也就是 C2 持阻开始的第一帧）。C2 为擦音的时候，V1 声学结束点后在语图上出现噪音乱纹。如果 C2 为鼻音或者边音，V1 声学结束点后在语图上出现断层现象。

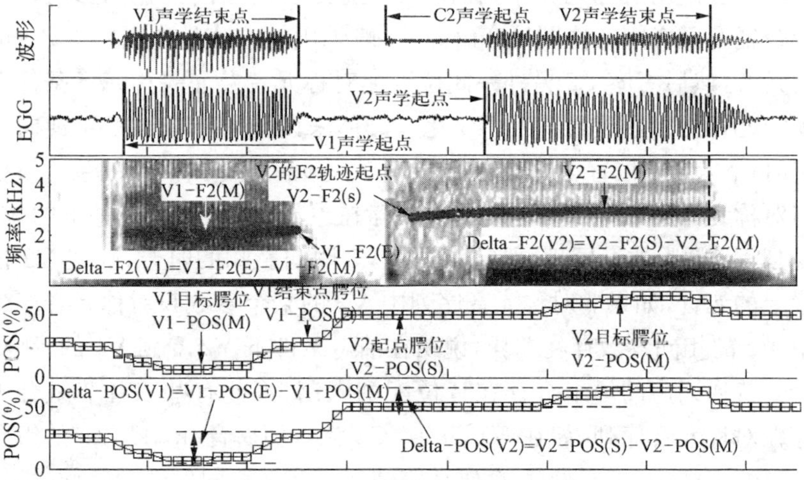

图 4-1　语音样本标记方法及部分参数的示例
（样本为/ta35＃ t^hi35/“答题”）

（3）C2 的声学起点取决于 C2 的发音方式。如果 C2 为塞音或者塞擦音，可以通过波形和语图直接判断，此时 C2 的 EPG 除阻帧出现在 C2 声学除阻点前。当 C2 为其他发音方式时，C2 的声学起点与 V1 的声学结束点重合。

（4）V2 的 F2 轨迹起点取决于 C2 的发音方式。如果 C2 为不送气音或者擦音，V2 的 F2 轨迹起点出现在 V2 声学起点之后。如果 C2 为送气音，则 V2 的 F2 轨迹起点定义为辅音送气段能够清晰辨认的 F2 轨迹的最远点。如果 C2 为送气塞音，V2 的 F2 轨迹起点在塞音声学除阻点 5—10 ms 之后[见图 4－2(a)]。如果 C2 为送气塞擦音，F2 轨迹起点在塞擦音声学时段的中点附近[见图 4－2(b)]。

(5) V2 的声学结束点由语图中 V2 时段的共振峰结构决定。

(6) V1 的声学中点定义为 V1 声学起点和 V1 声学结束点中间的时刻。V2 声学中点定义为 V2 声学起点和 V2 声学结束点中间的时刻。

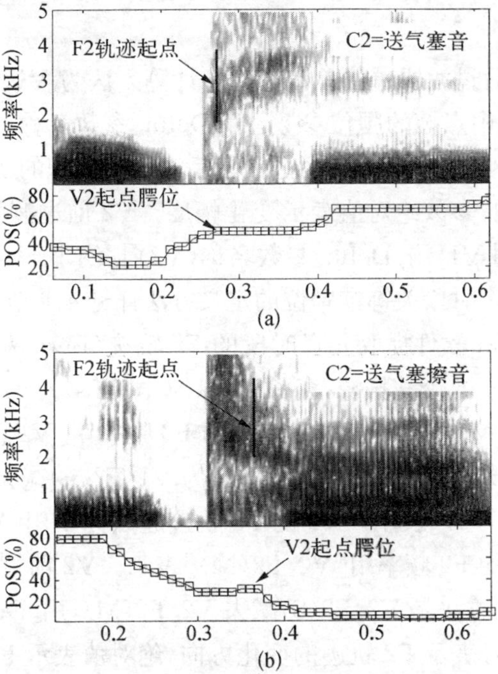

图 4－2　C2 为送气塞音(a)以及送气塞擦音(b)条件下 V2 的 F2 轨迹起点

腭位关键帧及腭位参数的命名原则如下：

(1) V1 目标腭位定义为 V1 声学中点附近连续三帧中舌腭接触面积最大帧的腭位(元音/a/为舌腭接触面积最小帧腭位)。目标腭位参数用[V1_参数名称(M)]表示。如 V1_POS(M)表示 V1 目标腭位的后腭接触面积。确定 V2 目标腭位的方法同 V1 的情况，目标腭位参数用[V2_参数名称(M)]表示。

(2) V1 结束点腭位定义为 V1 声学结束点后一帧的腭位，腭位参数用[V1_参数名称(E)]表示。如 V1_POS(E)表示 V1 结束点腭位的后腭接触面积。

(3) V2 起点腭位定义为 F2 轨迹起点前一帧腭位，[①]腭位参数用[V2_参数名称(S)]表示，如 V2_POS(S)表示 V2 起点帧的后腭接触面积。

(4) V1 后过渡段腭位参数变化的计算方法为 V1 结束帧的腭位参数减去 V1 中点帧的腭位参数，用[Delta_参数名称(V1)]来表示。如 Delta_POS(V1)表示 V1 后过渡段后腭接触面积的变化，参数符号表示变化方向，参数绝对值表示变化幅度。V2 前过渡腭位参数变化的定义方法同 V1，用[Delta_参数名称(V2)]表示。

(5) 对 C2 时段关键帧腭位的定义方法详见 4.4 节。

使用 Praat 软件提取元音时段的 F2 轨迹(Burg 方法，最大频率为 5 500 Hz，5—6 个共振峰，窗长 20ms，步长 5ms)。V1 的中点 F2 频率用[V1_F2(M)]表示。V1 结束点的 F2 频率用[V1_F2(E)]表示。V1 后过渡段 F2 轨迹变化的计算方法为 V1_F2(E)减去 V1_F2(M)，用[Delta_F2(V1)]表示。V2 的 F2 轨迹起点频率用[V2_F2(S)]表示。V2 中点的 F2 频率用[V2_F2(M)]表示。V2 前过渡段的 F2 轨迹变化的计算方法是 V2_F2(S)减去 V2_F2(M)，用[Delta_F2(V2)]表示，参数符号表示 F2 轨迹的变化方向，绝对值表示 F2 轨迹的变化幅度。

为了行文和作图方便，笔者仍使用符号表示普通话六个发音部位的声母(参见 3.3 节说明)。图片中的 i1 表示舌尖前元音/ɿ/，i2 表

---

① 此处的命名方式主要为了便于研究音段协同发音现象，因此所谓的 V2 起点帧腭位只是从 F2 轨迹的角度上提出的，而非真正的元音起点前一帧的腭位。当然，如果 C2 为摩擦音、鼻音或者边音的时候，V2 起点帧腭位就是 V2 声学开始点前的一帧腭位。

示舌尖后元音/ʅ/。

4.2　C2 对元音的协同发音影响

4.2 节的研究问题包括：(1) 相同发音部位、不同发音方式的 C2 对元音的协同发音影响是否存在差异？(2) C2 对 V1 的逆向影响和对 V2 的顺向影响程度是否存在差异？(3) C2 对元音的影响是否与 C2 的协同发音阻力有关？

笔者主要从两个方面分析 C2 对 V1 和 V2 的协同发音影响。一个是 C2 对 V1 后过渡段及 V2 前过渡段腭位和声学参数的影响幅度和方向，使用的参量包括：Delta_POS(V1)、Delta_POS(V2)、Delta_F2(V1)和 Delta_F2(V2)。二是 C2 对 V1 或 V2 的发音动作或声学目标的影响，使用的参量包括 V1_POS(M)、V2_POS(M)、V1_F2(M)和 V2_F2(M)。使用后腭接触面积(POS)的原因在于假腭后四行电极能够反映元音的舌面动作的变化过程。

4.2.1　C2 对元音/i/的影响

在对称元音为/i/的条件下，C2 只能为双唇音、舌尖中音和舌面前音。[①]由第三章的分析结果可知，元音/i/的舌面发音限制条件较强。双唇音和舌尖中音不影响元音/i/的发音动作，但是在舌面前音的条件下，元音/i/的舌腭收紧点前移，F2 下降。可以预测，双唇音和舌尖中音对元音过渡段的 POS 及 F2 轨迹的影响较小，舌面前音对两者的影响有可能较大。

图 4-3 是 C2 对元音/i/的 Delta_POS 和 Delta_F2 影响的示意

① 笔者在 4.1 节规定的对称元音序列的特殊情况(如/i#feɪ/)不用于 4.2 节，这些特殊样本主要用于分析跨辅音元音间的协同发音现象。

图。① 三个双唇音对 Delta_POS(V1)及 Delta_POS(V2)的影响没有显著差异。由图 4-3(a)可以发现,V1/i/后过渡段的 POS 变化幅度比较小(C2 为/p/的条件下,POS 下降;C2 为/p^h, m/条件下,POS 基本不变),而 V2/i/前过渡的 POS 上升幅度比较大,这有可能与元音所处的韵律位置有关。

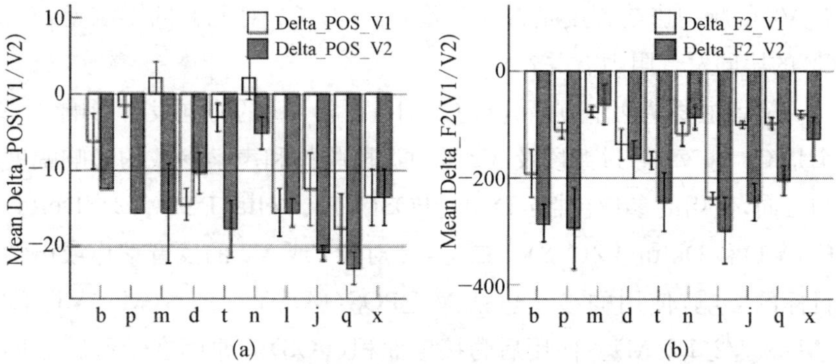

图 4-3 C2 对元音/i/过渡段的 POS 和 F2 轨迹的逆向和顺向影响 ②[(a)为 C2 对 V1 和 V2 的 Delta_POS 的影响,纵轴的单位是%。(b)为 C2 对 V1 和 V2 的 Delta_F2 的影响,纵轴单位是 Hz。两图中白色柱子表示 C2 对 V1 的逆向影响幅度,灰色柱子表示 C2 对 V2 的顺向影响幅度。图中误差横杠表示 1 个标准误。下同]

三个双唇音对 Delta_F2(V1)的影响没有显著差异,V1 后过渡段 F2 轨迹的下降主要与双唇关闭动作有关。(Fant 1971; Stevens 1998)三个双唇音对 Delta_F2(V2)的影响有显著差异($p<0.05$),V2/i/前过渡段的 F2 轨迹全部上升,双唇塞音条件下的 F2 轨迹的升幅显著大于鼻音/m/的情况($p<0.05$)。产生这个结果的原因在于,塞音条件下的 V2_F2(S)显著低于鼻音的情况,这可能与“低谷效应”

---

① 为行文方便,此处的 Delta_POS 和 Delta_F2 是指辅音对两侧元音过渡段的 POS 和 F2 轨迹变化的统称。

② 由于受到 SPSS 软件的限制,图中参数标识用下画线表示。此外,图中使用声母的拼音形式表示,但是文中使用声母的音位形式。

(trough effect)有关。[①]由图 4-3(a)可以发现,在 C2 为双唇塞音的条件下,辅音时段的 POS 略低于两侧元音的 POS,这说明辅音时段的舌面略有下降。但是,C2 为鼻音条件下却没有这种现象。从协同发音强度上看,C2 对 V1 的逆向影响显著低于 C2 对 V2 的顺向影响(Delta_F2: $p<0.05$)。上述结果说明,双唇鼻音对元音/i/后过渡的腭位及 F2 轨迹的影响弱于塞音。C2 的顺向影响大于 C2 的逆向影响。

舌尖中音对元音/i/的影响受发音方式的制约。四个舌尖中音对 Delta_POS(V1)及 Delta_POS(V2)的影响有显著差异($p<0.05$)。在 C2 为/t, l/的条件下,V1 后过渡段 POS 的降幅显著大于/n, t^h/的情况($p<0.05$)。这个结果支持第三章的结论,说明边音对舌面动作的限制条件较强,V1/i/向边音过渡过程中,舌面与硬腭和软腭接触面积降低;其次,在 C2 为/t^h/的条件下,舌面与硬腭和软腭的收紧程度要大于不送气塞音/t/,因此 V1/i/后过渡段的 POS 降幅显著低于后者情况。最后,/n/对元音舌面动作的影响最小。

在 C2 为舌尖中音条件下,V2 前过渡的 POS 均增大。在 C2 为/t^h/的条件下,V2/i/的 POS 的升幅显著大于/n/的情况($p<0.05$)。这有可能是上声调(T3)影响的结果(声调对元音/i/舌腭接触的影响参见 3.3.1.1 节)。从图 4-3(a)还可以看出,边音条件下 POS 的升幅也明显大于/n/的情况。

四个舌尖中音对 Delta_F2(V1)及 Delta_F2(V2)的影响存在显著差异($p<0.05$)。边音条件下,V1 后过渡段 F2 轨迹的降幅显著大于/n, t/的情况($p<0.05$)。同时,在边音条件下 V2 前过渡段 F2 轨迹的升幅显著大于/n/的情况($p<0.05$)。从协同发音强度上看,C2 顺向影响显著大于 C2 逆向影响(Delta_POS: $p<0.01$)。上述结果

① 所谓低谷效应是指在 C2 为双唇塞音的对称元音序列中,辅音时段的舌体动作比两侧元音的动作略有下降。(Lindblom *et al*. 2002) Fuchs 等(2004)使用 EMA 发现/V1bV2/和/V1pV2/中辅音时段舌体下降幅度显著大于/V1mV2/的情况。

说明，边音对元音/i/过渡段腭位和 F2 轨迹的影响最大，舌尖鼻音对两者的影响最小。C2 的顺向影响强于逆向影响。

三个舌面前音对四个参数的影响没有显著差异，V1 后过渡的 POS 和 F2 轨迹均下降，V2 前过渡段的 POS 和 F2 轨迹均上升，参数的变化幅度不受 C2 发音方式的影响。从协同发音强度上看，C2 顺向影响显著大于 C2 逆向影响（Delta_POS：$p=0.08$；Delta_F2：$p<0.05$）。这个结果还说明，本研究发音人产出的舌面前音的发音部位比较靠前，因而对元音/i/过渡段的腭位和声学参数产生较大的影响。

以下分析辅音三个发音部位（不考虑发音方式）对元音/i/的目标腭位的 POS 及元音中点的 F2 频率的影响。由图 4－4 的 Sheffe 事后检验结果可知，在 C2 为舌面前音的条件下，V1_POS(M) 显著大于唇音的情况，与图 4－4(c)中 C2 对 V2 的顺向影响的情况不同，说明 C2 对 V1 的逆向影响不如 C2 对 V2 的顺向影响那样显著。发音部位对 V2_F2(M) 的影响符合预期结果，即舌面前音使得元音/i/中点的 F2 降低（参见 3.3.1.3 节的图 3－33）。

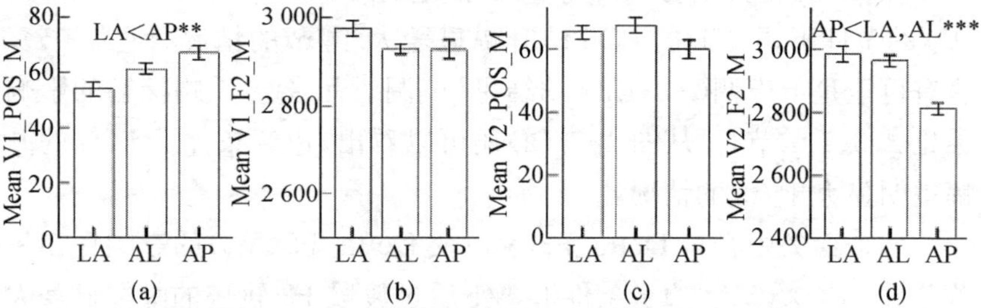

图 4－4　V1 和 V2 目标腭位的 POS 及元音中点 F2 的均值
（图中为 Sheffe 比较结果）

上述结果表明，发音方式对元音/i/过渡段的 POS 和/或 F2 轨迹的影响只存在于双唇音和舌尖中音条件下，C2 对元音/i/过渡段 POS 和 F2 轨迹的影响与 C2 的协同发音阻力有关。C2 对 V2/i/的顺向影响强于 C2 对 V1/i/的逆向影响。C2 发音部位对 V2 中点处 F2 频率的影响与 3.3.1.3 节的分析结果一致，V1 目标腭位的 POS 的显著差异有可能是其他因素造成的结果。这些结果说明 C2 和 V2 的结合程度强于 V1 和 C2 的结合程度。

4.2.2　C2 对元音/y/的影响

在对称元音为/y/的条件下，C2 只能是舌尖鼻音、边音和舌面前音。由 3.3.2 节可知，元音/y/的舌腭收紧点比/i/要靠前，发音限制条件比较强。可以预测，鼻音/n/对两侧元音/y/的影响最小，边音和舌面前音对两侧元音/y/过渡段的 POS 和 F2 的影响较大。

图 4-5 是 C2 对元音/y/的 Delta_POS 和 Delta_F2 影响的示意图。可以发现，/n/对两侧元音/y/过渡段的 POS 基本上没有影响，V2/y/前过渡段 F2 轨迹下降(由于只有一个样本，因此不清楚原因)。边音对元音/y/过渡段的 POS 和 F2 轨迹影响最大，V1 后过渡段的 POS 和 F2 轨迹下降，V2 前过渡段的 POS 和 F2 轨迹上升，两者大体呈现镜像的关系。

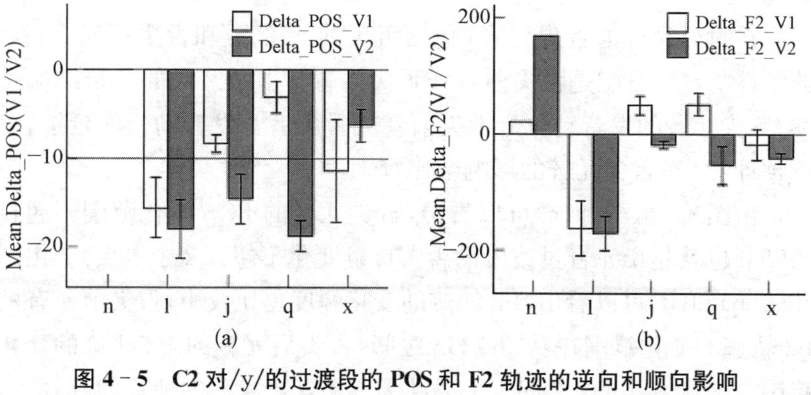

图 4-5　C2 对/y/的过渡段的 POS 和 F2 轨迹的逆向和顺向影响

舌面前音的发音方式对 Delta_POS(V1)的影响没有显著差异，但是对 Delta_POS(V2)的影响幅度存在显著差异，表现为/ɕ/＜/tɕʰ/($p<0.05$)，这与 3.3.2 节的结果一致。在 C2 为塞擦音的条件下，V1

后过渡段 F2 轨迹的上升有可能与首字音节的声母有关(C1=/l/)。①

由于双音节/y#ny/只有一个样本,因此只分析边音和舌面前音条件下发音部位对元音/y/的目标腭位的 POS 及中点 F2 的影响。独立样本 t 检验结果发现,在舌面前音条件下的 V2_POS(M)和 V2_F2(M)显著低于边音的情况($p<0.01$)。这个结果说明,舌面前音使得 V2 的舌腭收紧点位置前移,F2 下降。C2 为舌面前音条件下,C2 对 V2 的顺向影响大于 C2 对 V1 的逆向影响。

上述结果表明,发音方式对元音/y/过渡段的 POS 和 F2 轨迹有显著影响。C2 对元音/y/过渡段腭位和 F2 轨迹的影响与 C2 的协同发音阻力有关。C2 为边音的时候,C2 的顺向影响与逆向影响表现为镜像的关系;C2 为舌尖鼻音的时候,C2 对元音/y/的影响很小;C2 为舌面前音的时候,C2 的顺向影响大于逆向影响。舌面前音对元音/y/目标腭位的 POS 和 F2 影响较大。上述结果说明 C2 和 V2 的结合程度强于 V1 和 C2 的结合程度。

4.2.3 C2 对舌尖元音/ɿ, ʅ/的影响

在对称元音为舌尖元音(包括舌尖前元音/ɿ/和舌尖后元音/ʅ/)的条件下,C2 只能是舌尖前音或舌尖后音。由第三章的分析结果可知,舌尖元音的发音动作是舌尖前音或舌尖后音发音动作的延续,可以预计 C2 对舌尖元音的影响会比较小。

由图 4-6(a)和(c)可以看出,舌尖元音的 POS 变化范围不超过 ±5%(也就是说元音过渡段的舌腭接触变化不超过 2 个电极)。由图 4-6(b)和(d)可以看出,F2 轨迹的变化幅度也比较小,舌尖前元音的 F2 轨迹的变化范围在 0~60 Hz 之间,舌尖后元音的 F2 轨迹的变化范围在 -20~40 Hz 之间。上述结果说明,C2 为舌尖辅音的条件下,

① 在设计词表的时候,笔者没有考虑到边音对/y/的影响如此显著。笔者使用"滤去"/ly51#tɕʰy/来构造/y#C2y/双音节。声学分析结果表明,V1/y/的 F2 从元音起点开始就不断上升,同时后腭接触面积也同步增大。

整个 V1#C2V2 序列的后腭接触面积基本上保持不变，同时 F2 轨迹的变化幅度也比较小。

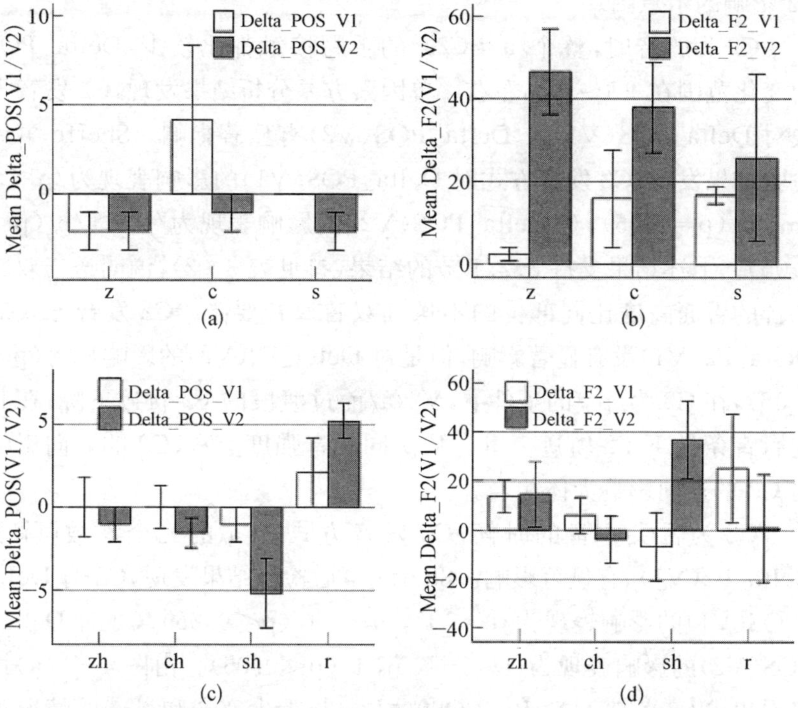

图 4－6　C2 对舌尖元音过渡段的 POS 和 F2 轨迹的逆向和顺向影响［(a)和(b)为舌尖前元音，(c)和(d)为舌尖后元音］

4.2.4　C2 对元音/a/的影响

在对称元音为/a/的条件下，普通话的 21 个声母都可以出现在 C2 位置上。①由于元音/a/的舌位易于受到语音环境的影响，可以预

① 普通话舌面前音和舌尖后浊擦音不能后接单元音韵母/a/。为了比较不同部位及发音方式的辅音对元音/a/的影响，C2 为舌面前音时，使用/a#C2ia/构建对称元音序列；C2 为舌尖后浊擦音的时候，则使用/a#ʐan/来构建对称元音序列。

测，辅音对元音/a/过渡段的腭位和 F2 轨迹的影响与辅音对舌面动作要求密切相关。图 4－7 为 C2 对元音/a/的 Delta_POS 和 Delta_F2 影响的示意图。

C2 为唇音时，整个/a ♯ C2a/的舌腭接触都比较少，Delta_POS 的变化范围在－5～10％左右。单因素方差分析结果发现，C2 发音方式对 Delta_POS（V1）及 Delta_POS（V2）有显著影响。Sheffe 事后检验结果发现，C2 发音方式对 Delta_POS（V1）的影响表现为/p^h/＞/m，p/（p＝0.05），对 Delta_POS（V2）的影响表现为/p^h/＞/p/（p＜0.05）。上述结果支持 3.2.1 节的结果（参见表 3－2），说明送气双唇塞音的舌面高度比同部位的不送气双唇塞音要高。C2 发音方式对 Delta_F2（V1）没有显著影响，但是对 Delta_F2（V2）的影响显著（p＜0.05），在 C2 为/p^h/的条件下，V2/a/前过渡段的 F2 轨迹下降；在其他唇音条件下 F2 轨迹上升。从协同发音强度上看，C2 的顺向影响与 C2 的逆向影响大体相当。

C2 为舌尖中音的时候，C2 发音方式对/a/的三个参数［除了 Delta_F2（V1）］有显著影响。Sheffe 事后检验结果发现，C2 对 Delta_POS（V1）的影响表现为/l/＜/t^h，n/＜/t/（p＜0.05），C2 对 Delta_POS（V2）的影响表现为/l/＜/t^h，n，t/（p＜0.05）。由图 4－7（a）可以看出，边音条件下 Delta_POS 的方向与舌尖塞音和鼻音的情况相反，这与边音对舌体动作的控制有关。C2 对 Delta_F2（V2）的影响表现为/l/＜/t^h/（p＝0.01），由图 4－7（b）可以看出，边音条件下 V2 前过渡段 F2 轨迹下降幅度最小。从协同发音强度上看，C2 的顺向影响大于 C2 的逆向影响（Delta_F2：p＝0.001）。

C2 为舌面后音的时候，舌面后塞音和擦音对元音/a/的影响存在明显差异。在 C2 为塞音的条件下，舌面上抬与软腭形成阻塞，V1/a/后过渡段的 POS 和 F2 轨迹上升，V2/a/前过渡段的 POS 和 F2 轨迹下降。擦音的成阻部位受环境元音影响的程度比较大，因而元音/a/过渡段的 POS 和 F2 轨迹变化不大。从协同发音强度上看，C2 的逆

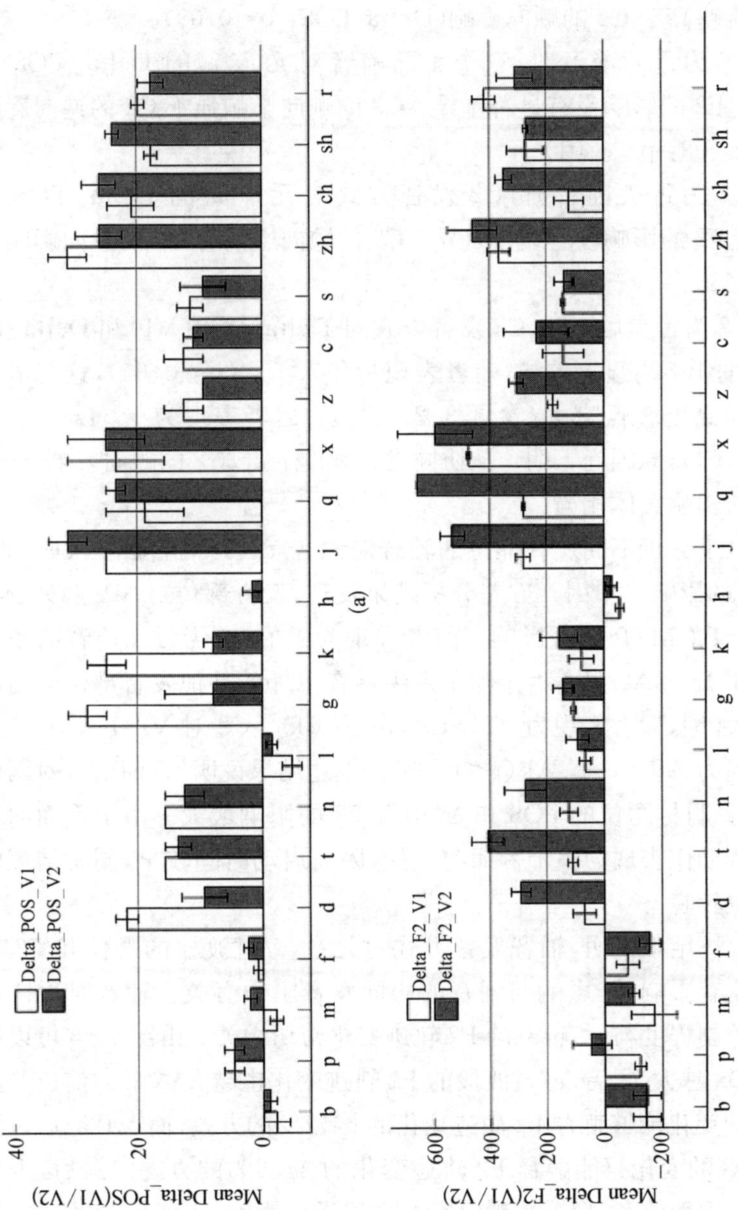

图 4－7 C2 对元音/a/过渡段的 POS(a)和 F2 轨迹(b)的逆向和顺向影响

向影响略高于 C2 的顺向影响(Delta_POS：$p=0.09$)。

C2 为舌面前音时，三个舌面前音对元音/a/的 Delta_POS 和 Delta_F2 的影响没有显著差异。C2 的顺向影响强于 C2 的逆向影响(Delta_F2：$p<0.01$)。

C2 为舌尖前音时，C2 发音方式对元音/a/的 Delta_POS 和 Delta_F2 的影响没有显著差异。C2 的顺向影响与 C2 的逆向影响大体相当。

C2 为舌尖后音时，C2 发音方式对 Delta_POS(V1)和 Delta_F2(V1)的影响有显著差异，前者表现为/tʂ/>/ʂ/($p<0.05$)，这与清擦音舌面高度较低有关(参见 3.2.4 节)。后者表现为/ʐ，tʂ/>/tʂʰ/($p<0.01$)，原因尚不明。从协同发音强度上看，C2 的顺向影响与 C2 的逆向影响大体相当。

以下分析不同发音部位的辅音对元音/a/目标腭位的 POS 和中点 F2 的影响。单因素方差分析结果发现，发音部位对 V1_POS(M)和 V1_F2(M)有显著影响。前者表现为：在 C2 为舌面前音的条件下，V1_POS(M)显著大于除了舌尖后音以外的其他发音部位的情况($p<0.05$)，后者表现为 AP>LA($p<0.01$)。C2 对 V2_F2(M)的影响表现为 AP>LA，AL($p<0.05$)。上述结果说明，舌面前音对两侧元音/a/目标腭位的 POS 和/或中点 F2 的影响最大。由于舌面前音的发音动作表现为整个舌面前上抬，因而启动时间较早，同时结束的时间也较晚。

上述结果说明，辅音发音方式对元音/a/过渡段的腭位和 F2 轨迹变化有影响，其影响与辅音的协同发音阻力有关。辅音对舌体动作的控制程度与元音/a/的 F2 轨迹变化密切相关。由图 4-8 可以看出，POS 越大，元音/a/过渡段的 F2 轨迹变化也越大；V2/a/前过渡段 POS 的变化能够解释 F2 轨迹变化的 64.7%的方差，而 V1/a/后过渡段 POS 的变化只能解释 F2 轨迹变化的 44.2%的方差。最后，舌尖中音和舌面前音对/a/的顺向影响强于逆向影响，舌面后音的逆向影

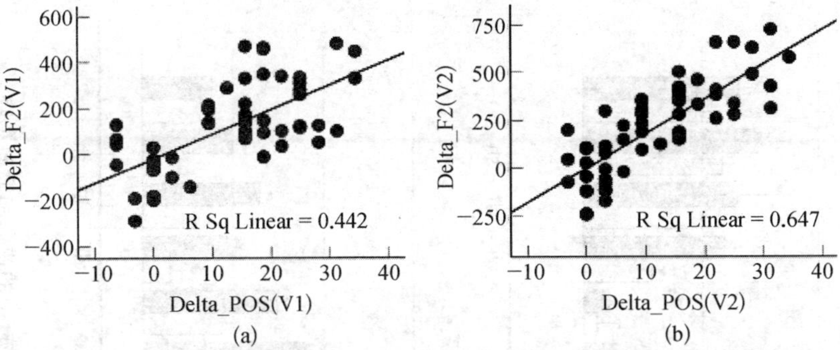

图 4-8　元音/a/过渡段的 POS 变化(a)与 F2 轨迹变化(b)的散点图

响更强些，唇音、舌尖前和舌尖后音的顺向和逆向影响强度基本一致。

4.2.5　C2 对元音/u/的影响

在对称元音为/u/的条件下，普通话的 21 个声母均可以出现在 C2 位置上。① C2 为舌前音时，元音/u/的舌体向前移动，F2 轨迹升高。C2 为唇音或者舌面后音时，元音/u/的舌体运动幅度较小，F2 轨迹变化不明显。由于 EPG 无法直接测量舌体在前后维度上的变化，因而后腭接触面积 POS 与元音/u/过渡段的 F2 轨迹变化幅度的相关程度较低。图 4-9 为六个发音部位的 21 个声母对元音/u/协同发音影响的示意图。

C2 为唇音时，元音/u/过渡段的舌腭接触变化较小，一般只有 1—2 个电极的变化。F2 轨迹的变化幅度也比较小。C2/f/降低元音/u/的 POS，这与产出唇齿擦音过程中舌体下降动作有关。C2 为双唇音的条件下，元音过渡段的 POS 变化不明显。双唇音条件下 V1/u/后过渡段的 F2 下降，V2/u/前过渡段的 F2 也下降，但是 F2 的降幅较小。C2/m/条件下 V1/u/后过渡段的 F2 轨迹的降幅在

① 与对称元音/a/序列的情况一样，使用/u#Ciu/作为 C2 为舌面前音条件下的对称元音序列。

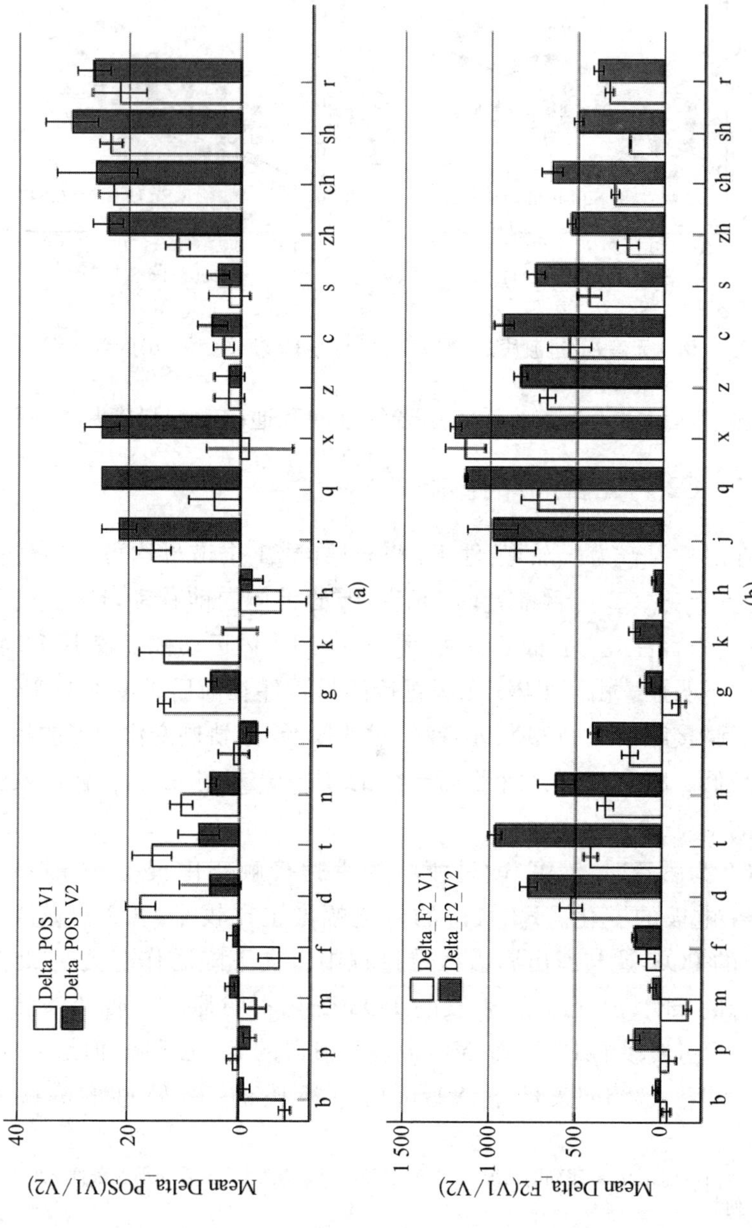

图 4-9　六个发音部位的 21 个声母辅音对元音/u/过渡段的 POS(a)和 F2 轨迹(b)的逆向和顺向影响

200 Hz 左右，这与首字声母/t/对 V1/u/的影响有关。在 C2 为唇齿擦音的条件下，V1 后过渡段的 F2 上升，V2 前过渡的 F2 下降。

C2 为舌尖中音时，C2 发音方式对 Delta_POS 和 Delta_F2 的影响存在显著差异（$p<0.05$）。C2 为边音的条件下，V1 后过渡段的 POS 变化不大，V2 前过渡的 POS 上升，元音过渡段 F2 轨迹的变化幅度显著低于舌尖塞音和鼻音的情况。从协同发音强度上看，POS 的分析结果表明，C2 的逆向影响显著大于顺向影响（$p<0.05$），但是 F2 的结果表明 C2 的顺向影响大于逆向影响（$p=0.001$）。POS 的结果与腭位帧的选择有关，V1 结束点后的腭位帧即为阻塞帧，而 V2 起点腭位已经除阻。综合上面的结果，可以认为 C2 的顺向影响强于 C2 的逆向影响。

C2 为舌面后音时，塞音和擦音对 Delta_POS（V1）的影响有显著差异，这与 C2 的发音方式有关。此外，C2 为/k/的条件下，V1 后过渡段的 F2 轨迹下降，而在/k^h，x/条件下则基本不变，这有可能与首字音节的声母对元音/u/的影响有关。从协同发音强度上看，C2 的顺向影响与逆向影响在声学上表现不同，V1 后过渡段 F2 轨迹表现出下降的趋势，而 V2 前过渡段的 F2 轨迹全部下降，这说明 V2 前过渡段的变化与 C2 的影响密切相关，而 V1 后过渡的变化有可能受到其他因素的影响。

C2 为舌面前音和舌尖前音的条件下，C2 发音方式对 Delta_POS 和 Delta_F2 的影响没有显著差异。C2 的顺向影响大于 C2 的逆向影响。

C2 为舌尖后音的时候，不同发音方式条件下的 Delta_F2（V2）存在显著差异（$p<0.01$）。C2 为/ʐ/的时候，V2 前过渡段 F2 轨迹的降幅显著低于不送气塞擦音/tʂ/的情况（$p=0.001$），这与舌尖后音持阻段舌面高度有关（参见 3.2.4 节）。从协同发音强度上看，C2 的顺向影响显著大于 C2 的逆向影响。

以下分析不同发音部位的 C2 对元音/u/目标腭位的 POS 和中点 F2 的影响。由图 4－10 的 Sheffe 比较结果可知，发音部位对 V1_

POS(M)的影响与C2对舌体动作的控制有关。舌面前音、舌尖前音和舌尖后音对舌体动作的控制程度较强，因此C2发音动作的启动时间较早。发音部位对V2_POS(M)的影响与3.3.3节的结果一致。发音部位对V1_F2(M)的影响可能与舌体前移有关。舌尖后音和舌尖前音对V1_POS(M)的影响没有差异，但是前者条件下的V1_F2(M)明显低于后者的情况，原因尚不明。如果不考虑舌面前音的情况，则发音部位对V2_F2(M)仍有显著影响，舌尖前音条件下的V2_F2(M)显著大于舌面后音和唇音的情况。

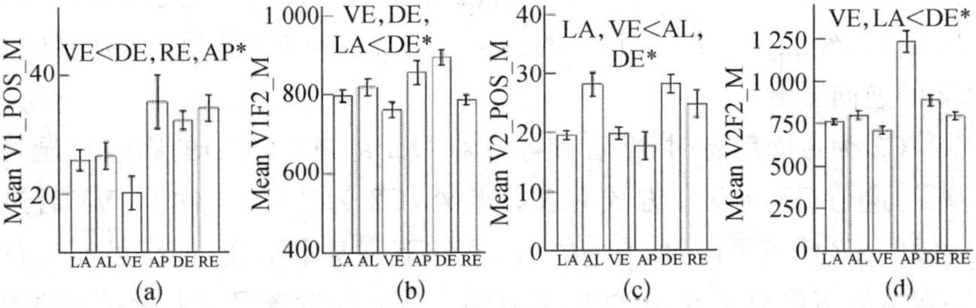

图4-10　不同发音部位的C2对元音/u/目标腭位的POS和中点F2的影响（图中为Sheffe比较结果）

上述分析结果表明，相同发音部位、不同发音方式的C2对元音/u/的影响存在差异，产生差异的原因在于C2的协同发音阻力不同，如唇齿擦音的协同发音阻力与同部位的双唇音存在区别，边音的协同发音阻力强于同部位的舌尖塞音和鼻音。C2的顺向影响强于C2的逆向影响。不同发音部位的辅音对元音目标腭位POS及中点F2的影响与C2对舌体动作的控制有关。

4.2.6　小结

从4.2.1—4.2.5节的分析结果中我们发现，C2对元音过渡段的腭位和F2轨迹的影响与C2的协同发音阻力有关。从音段之间的结合强度来看，V1＃C2的结合强度弱于＃C2V2的结合强度。

以下分别计算 21 个声母在 V1＃C2 和 C2V2 组合中的 F2 音轨方程和 EPG 回归方程，对求出的斜率和截距再进行回归分析，得出两种组合条件下的二阶 F2 音轨方程和二阶 EPG 回归方程。C2V2 组合的计算方法同第三章。在 V1＃C2 组合中，F2 结束点为 V1 后过渡段 F2 轨迹的结束点，F2 音轨方程和 EPG 回归方程的计算方法与 C2V2 组合相同。C2 为舌面后音、V1 为/i/的时候，加入了后音节为/ki, k^hi, xi/的情况，以此来控制舌面后音条件下两个回归方程的斜率。①另外，使用接触总面积参数（TC）来计算 EPG 回归方程的参数。表 4－1 为两种组合的 F2 音轨方程和 EPG 回归方程的系数（斜率，截距和确定系数），图 4－11 为使用线性回归分析方法对斜率和截距再次进行回归后的二阶 F2 音轨方程和二阶 EPG 回归方程。

从表 4－1 的结果和图 4－11 散点分布情况可以看出，V1 后过渡段和 V2 前过渡段的 F2 轨迹及舌腭接触面积的变化与 C2 的协同发音阻力相关。从发音部位来看，F2 音轨方程和 EPG 回归方程的系数都表明，舌面前音、舌尖前音和舌尖后音的斜率较小，截距较大，这说明对称元音对 C2 发音动作的影响较小；从另外一个角度来看，上述发音部位的辅音对两侧元音过渡段的腭位及 F2 轨迹的影响却较大。唇音和舌面后音的斜率最大，截距最小，说明这两个部位辅音的发音动作易于受到对称元音的影响，而它们对两侧元音的影响程度则比较小。舌尖中音的 EPG 回归方程的斜率和截距在 V1＃C2 和＃C2V2 组合中表现不一致，在 V1＃C2 组合中，舌尖中音的 EPG 回归方程的两个参数接近协阻较强的三类声母，在＃C2V2 组合中，则处于协阻较强的三类辅音和协阻较弱的两类辅音之间。产生这个结果的原因在于腭位帧选择的不同，V1 结束点后一帧的腭位基本上在

---

① 由于缺少对称元音/i/序列，因而在计算过程中发现两个回归方程的系数不可解释。所谓不可解释是指在 V1＃C2 及＃C2V2 组合中，C2 为三个舌面后音条件下，两个方程的斜率差异较大。如在 V1＃C2 组合中，舌面后送气塞音/k^h/的 F2 音轨方程的斜率为－0.6，而舌面后不送气塞音/k/的斜率为 1.1。

表 4－1　V1＃C2 和＃C2V2 组合的 F2 音轨方程和 EPG 回归方程的参数(表中灰色单元格表示显著性水平 $p<0.05$)

声母	V1＃C2						＃C2V2					
	EPG			F2			EPG			F2		
	斜率	截距	R^2	斜率	截距	R^2	斜率	截距	R^2	斜率	截距	R^2
/p/	1.01	−2	0.99	0.93	5	1.00	0.83	1	1.00	0.86	130	1.00
/p^h/	1.00	1	0.99	0.97	−33	1.00	0.71	2	0.97	0.81	321	0.99
/m/	1.18	−3	0.98	1.04	−205	0.99	0.85	2	0.99	0.95	53	1.00
/f/	0.36	3	0.91	0.83	215	0.98	0.70	3	0.96	0.69	404	0.98
/t/	0.19	47	0.77	0.68	762	0.98	0.55	21	0.79	0.56	1 105	0.99
/t^h/	0.33	41	0.68	0.72	641	0.99	0.30	34	0.78	0.44	1 396	0.97
/n/	0.48	41	0.94	0.80	498	0.99	0.68	29	0.85	0.68	869	0.97
/l/	0.34	30	0.46	0.80	371	0.99	0.55	15	0.83	0.67	689	0.99
/k/	0.81	12	0.94	1.20	−256	0.99	0.70	11	0.92	1.04	68	0.99
/k^h/	0.69	11	0.91	1.06	−29	1.00	0.70	7	0.94	1.00	165	0.99
/x/	0.77	1	0.99	0.94	59	1.00	0.68	3	0.99	0.93	95	1.00
/tɕ/	0.24	48	0.75	0.52	1 275	0.97	0.15	47	0.79	0.13	2178	0.47
/tɕ^h/	0.16	50	0.51	0.61	1040	0.98	0.06	47	0.07	0.18	2 082	0.67
/ɕ/	0.06	49	0.08	0.41	1 602	0.94	0.06	49	0.08	0.14	2 221	0.34
/ts/	0.05	38	0.05	0.47	1 136	0.95	0.12	33	0.16	0.36	1 355	0.87
/ts^h/	0.10	36	0.16	0.53	989	0.84	−0.09	38	0.09	0.17	1 635	0.35
/s/	0.07	30	0.05	0.66	730	0.95	0.01	31	0.00	0.27	1472	0.93
/tʂ/	0.01	57	0.00	0.90	353	0.94	0.08	53	0.02	0.70	826	0.90
/tʂ^h/	0.14	52	0.16	0.84	411	0.99	−0.04	56	0.01	0.62	956	0.97
/ʂ/	−0.06	52	0.02	0.92	285	0.97	−0.08	53	0.05	0.71	747	0.99
/ʐ/	0.16	42	0.11	0.87	467	0.94	0.46	32	0.35	0.82	546	0.96

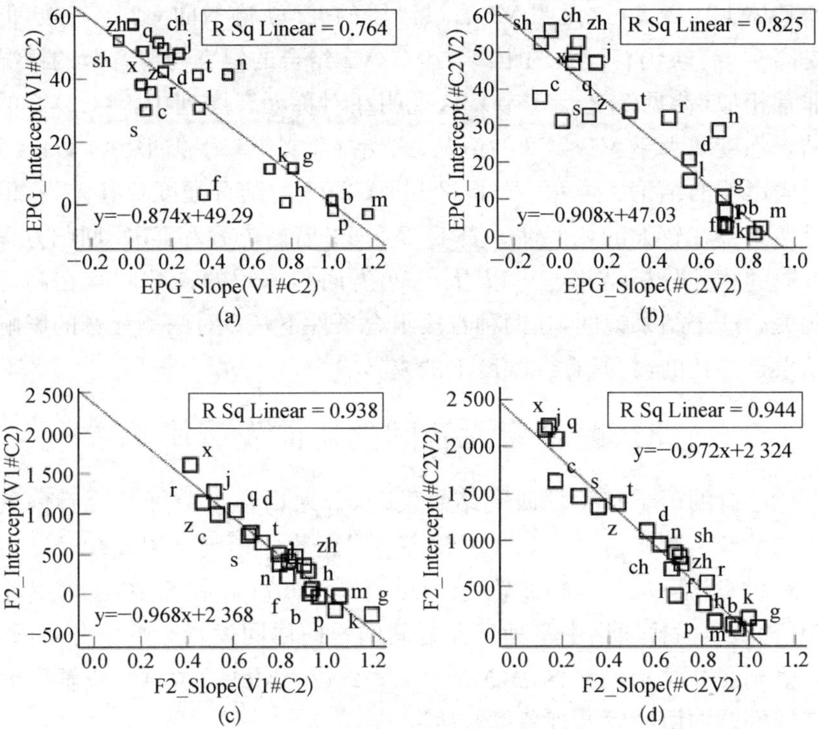

图 4－11　V1＃C2 和＃C2V2 组合的二阶 F2 音轨方程及二阶 EPG 回归方程

齿龈区域形成阻塞，而声母除阻点前一帧为除阻帧。因此，在 V1＃C2 组合中，舌尖中音的 EPG 回归方程的斜率较小，截距较大，而在＃C2V2 组合中，斜率较大，截距较小。

C2 对两侧元音的协同发音影响并非表现为镜像关系。从发音生理上看，在 V1 后过渡段，辅音 C2 开始成阻。舌尖音 C2 的舌尖动作快于舌体的动作，在 V1 声学结束点前后在齿龈区域就基本上形成阻碍或者阻塞，而舌体动作并未结束。由于协同发音阻力与辅音对舌面动作的控制程度密切相关，协同发音阻力较大的辅音在成阻结束后舌面动作继续向目标舌位过渡，并在持阻阶段达到目标舌位，之后才开始向 V2 过渡。从 F2 音轨方程的结果来看，V1＃C2 组合的斜率整体上比较大，这说明 V1 后过渡段的 F2 轨迹指向 C2 的音轨，但是离 C2 音轨仍有较大的距离。#C2V2 组合的斜率与单音节的情况非常相似（参见 3.2.7.1 节），这说明在对称元音序列中，#C2V2 的结合强度要大于 V1#C2 的情况，这支持前文中 C2 顺向影响大于 C2 逆向影响的结论。虽然 V1#C2 和 #C2V2 的结合强度存在差异，但是两者存在较大的相似性。表 4-2 为 F2 音轨方程和 EPG 回归方程参数的相关分析结果。可以看出，两类回归方程的参数间存在高度相关。这个结果说明，在两种音段组合条件下，C2 对两侧元音的影响结果是一致的，只是存在幅度上的差异。

4.3 跨辅音元音间的协同发音影响

已有的声学和生理研究结果发现，普通话存在跨辅音元音间的协同发音。对普通话 V1#C2V2 双音节的声学研究结果发现，V2 可以跨越 C2 影响 V1 的 F2 轨迹。（陈肖霞 1997；吴宗济 2004）发音生理研究发现，普通话中跨辅音元音间的逆向协同发音影响十分有限，且受到音节结构的制约。（Ma *et al*. 2008；Mok 2007）对跨辅音元音间的顺向协同发音现象鲜有研究。

本章分析如下问题：（1）跨辅音元音间的协同发音是否受到 C2 协同发音阻力的制约？如果辅音的协同发音阻力较强，那么元音间协同发音应被阻断；如果辅音的协同发音阻力较弱，则元音间的协同发音将取决于元音的发音限制条件，发音限制条件较强的元音受其他元音影响的幅度较小，但是它们对发音限制条件较弱的元音会产生较强的协同发音影响。（2）元音间的逆向和顺向协同发音的强度是否存在差异？已有研究只关注元音间的逆向影响，鲜有元音间顺向影响的研究。但是，只有通过研究两个方向的协同发音现象，才能深入认识普通话音段的发音特征及语音动作的编码机制。

在分析过程中，笔者主要使用后腭接触面积参数（POS）。这是因为元音间的协同发音往往表现为舌面与硬腭和软腭接触面积的变

表 4-2 F2 音轨方程系数和 EPG 回归方程系数的相关分析结果(浅灰色区域为 V1♯C2 和♯C2V2 两种组合情况下 F2 音轨方程系数的相关分析结果,深灰色区域为两种情况下 EPG 回归方程系数的相关分析结果,其他区域为每种组合条件下 F2 音轨方程系数和 EPG 回归方程系数的相关分析结果)

	F2 音轨斜率(V1♯C2)	F2 音轨截距(V1♯C2)	F2 音轨斜率(C2V2)	F2 音轨截距(C2V2)	EPG 回归斜率(V1♯C2)	EPG 回归截距(V1♯C2)	EPG 回归斜率(C2V2)	EPG 回归截距(C2V2)
F2 音轨斜率(V1♯C2)	1	-.968(**) 0.000	.941(**) 0.000	-.906(**) 0.000	.657(**) 0.001	-.574(**) 0.006	.633(**) 0.002	-.557(**) 0.009
F2 音轨截距(V1♯C2)	-.968(**) 0.000	1	-.936(**) 0.000	.954(**) 0.000	-.721(**) 0.000	.694(**) 0.000	-.694(**) 0.000	.676(**) 0.001
F2 音轨斜率(♯C2V2)	.941(**) 0.000	-.936(**) 0.000	1	-.972(**) 0.000	.673(**) 0.001	-.614(**) 0.003	.746(**) 0.000	-.652(**) 0.001
F2 音轨截距(♯C2V2)	-.906(**) 0.000	.954(**) 0.000	-.972(**) 0.000	1	-.698(**) 0.000	.720(**) 0.000	-.759(**) 0.000	.741(**) 0.000
EPG 回归斜率(V1♯C2)	.657(**) 0.001	-.721(**) 0.000	.673(**) 0.001	-.698(**) 0.000	1	-.874(**) 0.000	.854(**) 0.000	-.834(**) 0.000
EPG 回归截距(V1♯C2)	-.574(**) 0.006	.694(**) 0.000	-.614(**) 0.003	.720(**) 0.000	-.874(**) 0.000	1	-.794(**) 0.000	.934(**) 0.000
EPG 回归斜率(♯C2V2)	.633(**) 0.002	-.694(**) 0.000	.746(**) 0.000	-.759(**) 0.000	.854(**) 0.000	-.794(**) 0.000	1	-.908(**) 0.000
EPG 回归截距(♯C2V2)	-.557(**) 0.009	.676(**) 0.001	-.652(**) 0.001	.741(**) 0.000	-.834(**) 0.000	.934(**) 0.000	-.908(**) 0.000	1

化。元音间逆向影响研究使用的腭位参数包括 V1_POS(M)、V1_POS(E)和 Delta_POS(V1),声学参数包括 V1_F2(M)、V1_F2(E)和 Delta_F2(V1)。研究元音间顺向影响的时候,腭位参数包括 V2_POS(S)、V2_POS(M)和 Delta_POS(V2),声学参数包括 V2_F2(S)、V2_F2(M)和 Delta_F2(V2)。

语料的构建原则和研究方法见 4.1 节。主要使用双因素方差分析和单因素方差分析的方法。①为了讨论方便,首先按照固定元音/i, a, u, ɿ, ʅ/分为五个小节,各小节再按照 C2 的发音部位进行分析。每节分别分析 V2 对 V1 的逆向影响及 V1 对 V2 的顺向影响。

4.3.1 固定元音/i/

在 V1 固定为/i/的条件下,C2 位置上为普通话的 21 个声母辅音,V2 包括/i(eɪ), y, a, u, ɿ, ʅ/,②共有 68 种双音节组合形式。③大多数组合有 2~4 个样本,共有 186 个样本。

在 V2 固定为/i/的条件下,C2 位置上有双唇音、舌尖中音和舌面

---

① 每种 V1#C2V2 组合的样本数有 2~4 个(少数样本只有 1 个),属于小样本。因此每种组合的某个参数数据分布有可能不服从正态分布;同时,方差有可能较大。针对小样本组间均值差异比较一般使用独立样本 t 检验的方法,但是这种方法只能比较两个组间均值的差异。单因素方差分析可以分析多组组间均值的差异。但是,各组样本数量不均衡或样本容量过小都会降低检验效能。解决方法有两个:一个是增大样本容量,一个是使样本的方差尽量小。由 4.2 节结果可知,双音节条件下 C2 部位对元音的腭位及共振峰的影响是主要的,因此使用双因素方差分析的方法,以同部位的 C2 及元音作为固定因子,考察 C2 的主效应(即同部位、不同发音方式辅音对元音参数的影响是否存在显著差异)、元音的主效应(即不同元音条件下对侧固定元音的某个参数是否存在显著差异)、以及 C2 和 V2 的交互效应是否显著。这样可以增加不同水平条件下的样本容量。在进行方差分析检验之前,首先要做方差齐性的检验(Levene's Test),如果检验结果不显著,事后检验方法使用 Sheffe 比较方法;如果结果显著,则使用 Tamhane's T2 方法。分析 V1 对 V2 的顺向影响的时候,由于受到 C2 发音方式的制约,只能在固定 V2 和 C2 的条件下,使用单因素方差的方法来分析 V1 对 V2 起点和中点的腭位及 F2 的影响。

② 在双唇擦音和舌面后音条件下,V2 为/eɪ/,其他条件下 V2 为/i/。

③ 四个双唇音×三个元音/i(eɪ), a, u/;四个舌尖中音×三个元音/i, a, u/,其中舌尖鼻音和边音可以后接/y/;三个舌面后音×三个元音/eɪ, a, u/;三个舌面前音×四个元音/i, y, ia, iu/;三个舌尖前音×三个元音/ɿ, a, u/;四个舌尖后音×三个元音/ʅ, a, u/,共有 68 种 V1#C2V2 组合形式。

前音，V1 位置上有 6 个单元音韵母/i, y, a, u, ɿ, ʅ/，共有 60 种双音节组合形式。[①]多数组合的样本数为 2～4 个，共有 189 个样本，其中 V1 为/y/的组合只有 1 个样本，因此在方差分析过程中剔除。

表 4－3 是 V1 固定为/i/、C2 为六个发音部位的辅音、V2 为/i(eɪ), y, a, u, ɿ, ʅ/情况下的双因素方差分析结果，表 4－4 是 V2 固定为/i/、C2 为 10 个声母、V1 为/i, y, a, u, ɿ, ʅ/情况下的单因素方差分析结果。

4.3.1.1　唇音

分析结果发现，V2 和 C2 对 V1/i/的 V1_POS(M)和 V1_F2(M)没有显著影响。

V2 对 V1_POS(E)的主效应不显著，C2 的主效应显著，C2×V2 的交互效应显著，这说明在不同的 C2 条件下，V2 对 V1_POS(E)的影响不同，需要进一步分析在不同 C2 条件下 V2 对 V1_POS(E)的影响。从图 4－12(a)的单因素方差分析结果发现，C2 为/p/(图中用 b 标记)的时候，V2 对 V1_POS(E)的影响表现为/a/</u, i/。C2 为/m/的时候，V2 的影响表现为/i/</a/。

V2 和 C2 对 V1_F2(E)的主效应均较显著，C2×V2 交互效应不显著。V2 对 V1_F2(E)的影响表现为/u/</a/</i/($p<0.05$)，C2 对 V2_F2(E)的影响表现为/f/</m, p^{h}/($p<0.05$)。由图 4－12(b)可以看出，V2 的影响在不同 C2 条件下表现不一致。单因素方差分析结果发现，C2 为/p/的时候，V2/i/的影响表现为/u/</i/($p=0.09$)。在 C2 为/p^{h}/条件下，V2 的影响表现为/u/</i/($p<0.05$)。C2 为/m/的时候，V2 的影响表现为/u/</a, i/($p<0.05$)。C2 为/f/的条件下，V2 的影响不显著。上述结果表明，V2/u/显著降低 V1/i/结束点的 F2。C2 为唇齿擦音的条件下，V1/i/结束点的 F2 最低。

① 10 个声母×6 个元音。

表 4-3　V1 固定为/i/，V2 变化条件下 V2 对 V1 的腭位参数和 F2 轨迹的逆向影响比较结果

C2 部位	效应	V1_POS(M)	V1_F2(M)	V1_POS(E)	V1_F2(E)	Delta_POS(V1)	Delta_F2(V1)
唇音（LA）	C2	—	—	b, p, f<m***	f<p, m*	(−)f<(±)m**	(−)f<(−)m*
	V2	—	—	—	u<a<i*	(−)a, u<(−)i*	(−)u<(−)i**
	交互	—	—	***	—	—	—
舌尖中（AL）	C2	—	—	l<t, d, n*	—	l<t, d, n*	—
	V2	—	—	a, u<i**	u<i***	(−)a,(−)u<(±)i**	(−)u<(−)a,(−)i**
	交互	—	—	—	—	—	—
舌面后（VE）	C2	—	—	h<g, k***	—	(−)h<(±)k,(±)g***	(−)h<(±)k,(±)g**
	V2	—	—	a<u*	u<a, ei*	—	(−)u<(±)a,±)ei***
	交互	—	—	**	*	—	—
舌面前（AP）	C2	—	—	—	—	—	—
	V2	—	—	—	u, y<i, a*	—	(−)u,(−)y<(−)i,(−)a**
	交互	—	—	—	—	—	—
舌尖前（DE）	C2	—	—	—	—	—	—
	V2	—	—	—	u<i1, a*	—	(−)u<(−)i1,(−)a*
	交互	—	—	—	—	—	—
舌尖后（RE）	C2	—	—	—	—	—	—
	V2	i2,u<a*	—	—	u<a, i2***	—	(−)u<(−)a,(−)i2***
	交互	—	—	—	—	—	—

（表中单元格内出现的辅音为普通话的 21 个声母的拼音形式。元音表示 V2，其中 i1 表示舌尖前元音/ɿ/，i2 表示舌尖后元音/ʅ/。“<”表示存在显著差异以及差异的方向。Delta_POS 和 Delta_F2 各单元格中字母前括号内的符号表示参数的变化方向，“±”表示参数的变化取决于后接元音的类型。单元格中的“—”表示没有显著差异。显著性水平定义为：* $p<0.05$，** $p<0.01$，*** $p<0.001$）

表 4－4　V2 固定为/i/，V1 变化条件下 V2 前过渡段腭位和声学参数的单因素方差分析结果的显著性水平(灰色单元格表示显著)

C2 部位	C2	V2_POS(S)	V2_F2(S)	V2_POS(M)	V2_F2(M)	Delta_POS(V2)	Delta_F2(V2)
唇音（LA）	/p/	0.060	0.078	0.599	0.611	0.346	0.077
	/pʰ/	0.411	0.000	0.426	0.425	0.195	0.087
	/m/	0.616	0.004	0.894	0.292	0.434	0.032
舌尖中（AL）	/t/	0.180	0.286	0.178	0.050	0.285	0.026
	/tʰ/	0.037	0.343	0.740	0.315	0.065	0.442
	/n/	0.396	0.072	0.794	0.567	0.124	0.001
	/l/	0.003	0.006	0.005	0.068	0.299	0.092
舌面前（AP）	/tɕ/	0.412	0.328	0.111	0.037	0.121	0.178
	/tɕʰ/	0.923	0.826	0.789	0.657	0.455	0.877
	/ɕ/	0.068	0.036	0.119	0.014	0.326	0.245

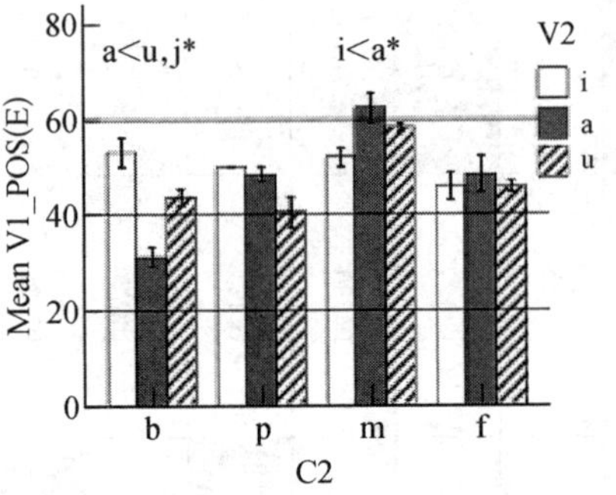

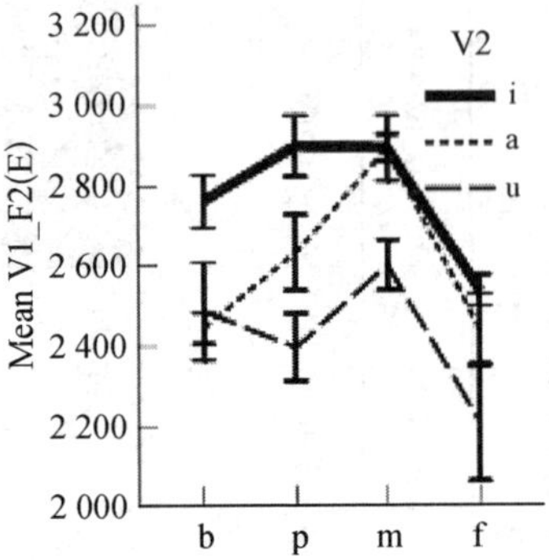

图 4-12　固定 V1/i/、C2 为唇音条件下，V2 对 V1_POS(E)(a)和 V1_F2(E)(b)的影响

V2 和 C2 对 Delta_POS(V1)和 Delta_F2(V1)的主效应均显著，交互效应不显著。V2 对 Delta_POS(V1)的影响表现为/a, u/</i/($p<0.05$)，对 Dclta_F2(V1)的影响表现为/u/</i/($p<0.01$)。由图 4-13 可以发现，V1 后过渡段的 POS 和 F2 一般都下降(在/i#mi/中，V1 后过渡段的 POS 不变，但是 F2 下降)。C2 对 Delta_POS(V1)和 Delta_F2(V1)的影响均表现为/f/</m/($p<0.05$)，这说明 C2 为唇齿擦音时，V1/i/后过渡段的 POS 和/或 F2 轨迹下降幅度显著大于双唇鼻音的情况。

上述结果说明，V2/a/和 V2/u/均显著降低 V1/i/后过渡段的 POS，但是两者的过程不同。在 V2/a/条件下，V1/i/后过渡段的舌面降低，舌形动作指向/a/的目标舌位，F2 轨迹指向/a/的目标值。在 V2/u/条件下，V1/i/后过渡段的舌面前部降低，舌腭收紧点向软腭方向移动，F2 轨迹指向/u/的目标值。唇音的不同发音方式影响上述过程。由图 4-13(a)可以看出，鼻音条件下 POS 的下降幅度较低，说明 V1/i/的发音动作对辅音时段的腭位产生影响。唇齿擦音条件下 POS 下降幅度比较大，这有可能与唇齿擦音对舌体动作的要求有关。

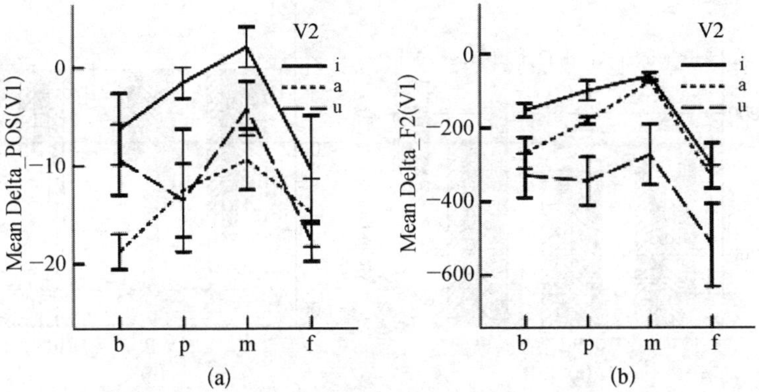

图 4－13　固定 V1/i/、C2 为唇音条件下，V2 对 Delta_POS(V1)(a)和 Delta_F2(V1)(b)的影响

通过上述分析，可以得出如下结论：第一，V2 不影响 V1/i/的目标腭位的 POS 以及中点 F2。第二，V2 对 V1/i/结束点的 POS 和 F2 及 V1/i/后过渡段的 POS 和 F2 轨迹的变化幅度有显著影响，V2/a，u/显著降低 V1/i/后过渡段的 POS，V2/u/显著降低 V1/i/后过渡段的 F2 轨迹。第三，V2 的逆向影响受到 C2 协同发音阻力的制约，唇齿擦音条件下 V1/i/后过渡段的 POS 和 F2 下降幅度较大，而鼻音条件下两者的下降幅度最小。

以下分析 V1 对 V2/i/的顺向影响。由表 4－4 的单因素方差分析结果发现，在 C2 为/p^h，m/的条件下，V1 对 V2/i/的 V2_F2(S)和/或 Delta_F2(V2)有显著影响。图 4－14(a)的 Sheffe 事后检验结果表明，V1/u/显著降低 V2_F2(S)。在 C2 为/p/的条件下，V1 对两个声学参数的影响呈现边缘显著($p=0.07$)，但是图 4－14(b)的 Sheffe 事后检验结果没有发现显著差异。可以看出，在 C2 为/p^h，m/、V1 为/u/的条件下，V2/i/前过渡段的 F2 上升幅度最大。

从发音过程来看，在 C2 为/p^h/或/m/的条件下，V1/u/的顺向影响结果不同。如图 4－15 所示，在/u＃p^hi/中，V1 结束点的腭位开始向 V2/i/过渡，到 V2 的 F2 轨迹起点时刻前，舌腭接触与 V2 的目标

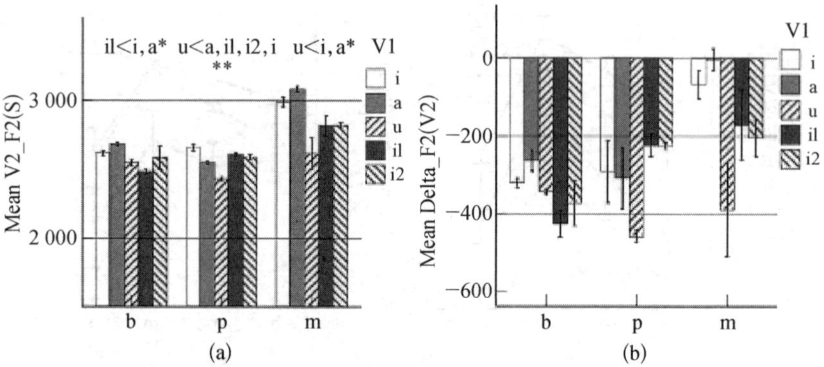

图 4-14 固定 V2/i/、C2 为唇音条件下，V1 对 V2_F2(S)(a)和 Delta_F2(V1)(b)的影响

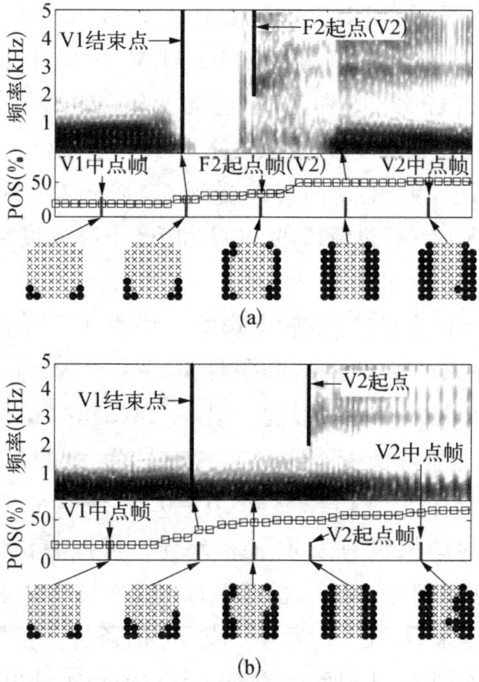

图 4-15 样本/u#pʰi/(a)和/u#mi/(b)的语图、POS 曲线和五个关键帧

腭位仍存在差距，这在 V1 为其他元音的时候也有表现。在/u＃mi/中，V1 结束点的腭位也开始向 V2 过渡，F2 轨迹起点前的腭位与 V2/i/的目标腭位差异不明显。同样，其他 V1 条件下也表现出相似的过程。由于两种情况下 V2 起点腭位的 POS 不存在显著差异，因此 V1_F2(S)的显著差异与舌位过渡无关。图 4－14(a)中不送气塞音/p/的情况也有可能与舌位过渡无关。

4.3.1.2　舌尖中音

分析结果发现，V2 和 C2 对 V1_POS(M)和 V1_F2(M)没有显著影响。

V2 和 C2 对 V1_POS(E)的主效应显著。V2 对 V1_POS(E)的影响表现为/a, u/＜/i/($p<0.01$)。C2 对 V1_POS(E)的影响表现为/l/＜/t, t^h, n/($p<0.05$)[图 4－16(a)]。V1_F2(E)只受 V2 的影响，V2 的影响表现为/u/＜/i/($p<0.001$)。从图 4－16(b)还可以看出，V2 为/a/条件下，V1_F2(E)也倾向于低于对称元音序列/i＃C2i/的情况。

V2 和 C2 对 Delta_POS(V1)的主效应较显著，V2 为/a, u/时，V1 后过渡段的 POS 显著下降。从图 4－16(c)可以发现，C2 为/t/、V2 为/a/条件下的 Delta_POS(V1)的幅度明显小于对称元音序列的情况，这是由于在前者条件下 V1_POS(M)较小，从而导致 Delta_POS(V1)的幅度降低。边音条件下的 Delta_POS(V1)的降幅最大，这在 V2 为/a, u/的时候非常明显，但是在 V2 为/i/的时候与/t/的情况差异不大。

V2 对 Delta_F2(V1)的主效应显著。V2 为/u/的时候，V1 后过渡段 F2 轨迹的下降幅度显著大于 V2 为/a, i/的情况。从图 4－16(d)可以发现，V2 为/a/条件下的 V1 后过渡段的 F2 轨迹下降的幅度也明显大于对称元音情况。

V2/u/和 V2/a/对 V1/i/后过渡段后腭接触面积的影响大体相当(C2 为/t^h, n, l/的条件下)。然而，V2/u/对 V1/i/的 F2 轨迹的影

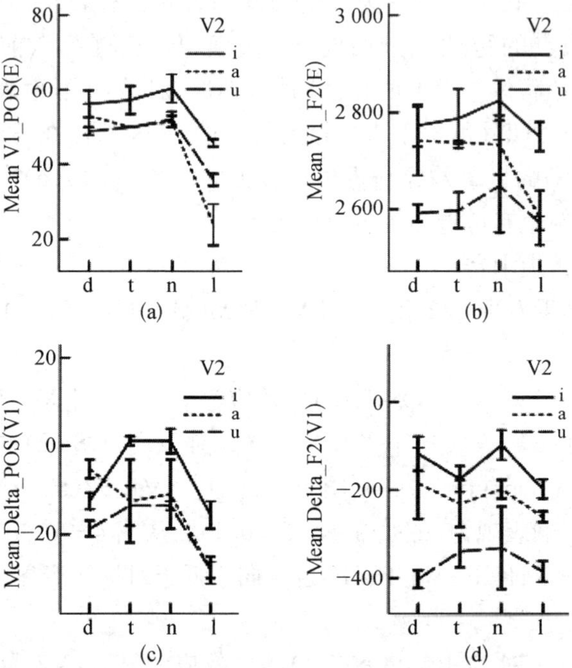

图 4-16 固定 V1/i/、C2 为舌尖中音条件下，V2 对 V1_POS(E)(a)、V1_F2(E)(b)、Delta_POS(V1)(c)和 Delta_F2(V1)(d)的影响

响却显著大于后者的情况，这说明 V2/u/的圆唇动作和舌体动作共同影响了 V1 后过渡段的 F2 轨迹。支持这个结论的证据来自两个方面，第一，普通话唇形协同发音研究发现，后字韵母为圆唇元音的时候，其圆唇动作在前字韵母起点前开始作势，在前字韵母即将结束前，圆唇度与后字圆唇韵母的唇形发音目标比较接近。（潘晓声 2011）第二，V1 后过渡段舌面接触面积降低（V2 为/u/的条件），但是从 C2 时段的腭位变化来看，V2/u/条件下辅音在持阻过程中的舌面与硬腭和软腭仍保持较大面积的接触，这说明在 V1 后过渡段舌体有可能后移。（参见 Öhman 1966：166）由于圆唇动作和舌体后移都能使 F2 降低，因此这可以解释 V2/u/条件下 V1/i/后过渡段 F2 轨迹迅速下降的现象。

上述结果说明，在 C2 为舌尖中音的条件下，V2 不影响 V1/i/目标腭位的 POS 和 F2。但是，V2 影响 V1 后过渡段的 POS 和 F2 轨迹的变化幅度。V2 的影响表现为两个方面：第一，V2 为/a/的条件下，舌面下降，从而导致 F2 轨迹下降。第二，V2 为/u/的条件下，舌体有可能后移，同时 V2 的圆唇动作影响了 V1 后过渡段的唇形，从而导致 F2 轨迹的迅速下降。V2 的逆向影响受到 C2 协同发音阻力的制约。在 C2 为边音的条件下，V1 后过渡段的舌体运动同时受 C2 和 V2 的影响。支持这个结论的证据来自两个方面：第一，无论 V2 为何种元音，V1 后过渡段的 POS 的变化显著区别于舌尖塞音和鼻音的情况。第二，V1 后过渡段的 POS 的变化受 V2 的影响。上述两点可以概括为绝对的变化和相对的变化两种情况，绝对的变化是指在 C2 为边音的条件下，V1/i/后过渡段的 POS 无条件下降。相对的变化是指 V1/i/后过渡段的 POS 的下降幅度受 V2 的控制。

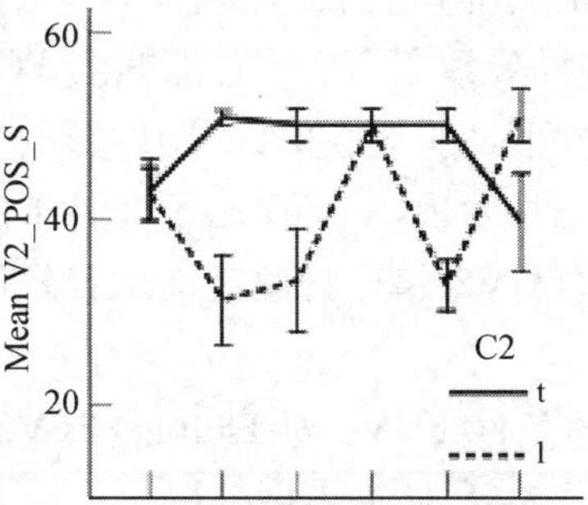

(a)

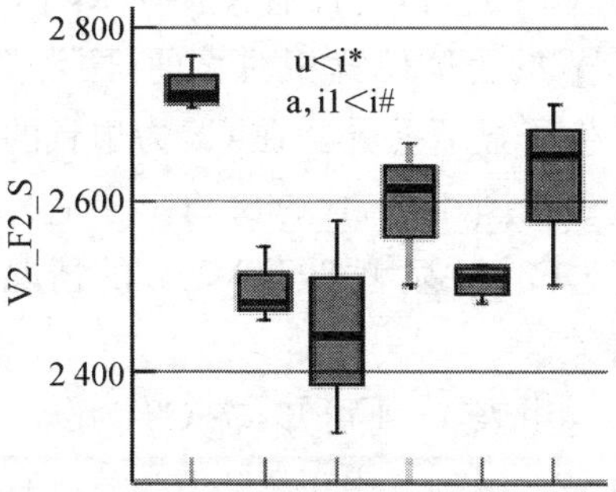

(b)

图 4－17　边音/l/和送气塞音/t^h/条件下的 V2_POS(S)(a)的均值及边音条件下 V2_F2(S)(b)的箱形图

以下分析 V1 对固定 V2/i/的顺向影响。从表 4－4 可以发现，在

C2 为/tʰ, l/的条件下，V1 对 V2_POS(S)有显著影响。

C2 为/tʰ/的时候，Sheffe 事后检验结果发现，在 V1 为/ʅ, a/条件下的 V2_POS(S)的差异呈现边缘显著($p=0.08$)。从发音生理上看，上述差异反映了两种不同类型的协同发音机制。在 V1/a/条件下，V2 起点腭位的 POS 较大是 V2 对 C2 逆向影响的结果。V1/ʅ/的情况则是由于 V1 的顺向影响产生的结果，这是因为在舌尖后元音向前高元音过渡过程中，舌面动作幅度较大，舌面首先下降，舌体前移后舌面再上升。此外，V1 结束点和 V2 的 F2 轨迹起点间的时长也能够解释 V1 的顺向影响。在四个舌尖中音中，送气塞音/tʰ/的声学持阻时长最短，平均值为 54 ms(不送气塞音/t/为 74 ms；鼻音/n/为 103 ms；边音/l/为 86 ms)。因此，舌面动作的调整及过渡时长较短有可能是 V1 顺向影响产生的根源。

C2 为边音时，Sheffe 事后检验结果发现，V1 对 V2_POS(S)的影响表现为/a/</y/($p=0.07$)，/a/</ʅ/($p=0.05$)，/ɿ/</ʅ/($p=0.06$)，/u/</ʅ/($p=0.09$)。由图 4－17(a)可知，V2 起点帧的腭位与 V1 的舌位特征有关，V1/a, u, ɿ/的舌体位置相对靠后，而 V1/i, y, ʅ/的舌体位置相对靠前，两者的差异导致了 V2/i/起点帧的 POS 产生了显著差异。在 C2 为边音的条件下，V1 对 V2_F2(S)的影响显著。由图 4－17b 的 Sheffe 事后检验结果发现，V1/u, a, ɿ/条件下的 V2_F2(S)显著低于 V1/i/的情况，这与 V2 起点腭位舌面位置较低有关。

由表 4－4 可知，在 C2 为/t, n/的条件下，V1 对 Delta_F2(V2)有显著影响。由于 V2_F2(S)没有显著差异，此处不做分析。

通过上述分析，可以得出如下结论：第一，V2 影响 V1 后过渡段的腭位和 F2 轨迹。第二，V1 对 V2 的顺向影响只出现在送气塞音和边音的条件下，V1 对 V2 起点腭位和 F2 的顺向影响取决于 V1 的发音限制条件。第三，元音间的协同发音受到 C2 协同发音阻力的制约，鼻音条件下 V2 的发音动作相对易于影响 V1 后过渡段的腭位，同时，V1 的发音动作能够相对迅速地过渡到 V2 的发音动作。在边音条件下，V1 后过渡段的舌体绝对下降（POS 大幅下降），但是下降的程度受 V2 的控制。V2 前过渡的舌体上升的幅度最大，上升幅度受到 V1 的控制。

4.3.1.3　舌尖前音和舌尖后音

在 C2 为舌尖前音或舌尖后音的条件下，只能研究 V2 对 V1/i/的逆向协同发音影响。① 以下对两类 C2 条件分别进行分析。

由表 4－3 的结果可知，在 C2 为舌尖前音的条件下，V1/i/的 V1_POS(M)和 V1_F2(M)不受 V2 的影响。V1_POS(E)和 Delta_POS(V1)在不同 C2 条件下没有显著差异[图 4－18(a)]。V1_F2(E)和 Delta_F2(V1)受 V2 的影响，表现为/u/＜/ɿ，a/($p<0.05$)[图 4－18(b)]。

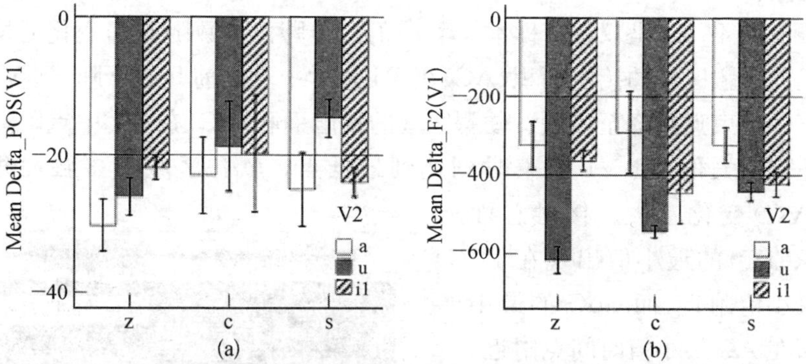

图 4－18　固定 V1/i/、C2 为舌尖前音条件下，V2 对 Delta_POS(V1)(a)和 Delta_F2(V1)(b)的影响

上述结果说明，V1 后过渡段的腭位指向 C2 的目标腭位，V2 不能跨越 C2 影响 V1 后过渡段的腭位过渡过程。V2/u/的圆唇特征可以跨越 C2 影响 V1 后过渡段的 F2 轨迹。从图 4－19 可以看出，整个

① 舌尖前音或舌尖后音不能和前高元音/i/构成音节。

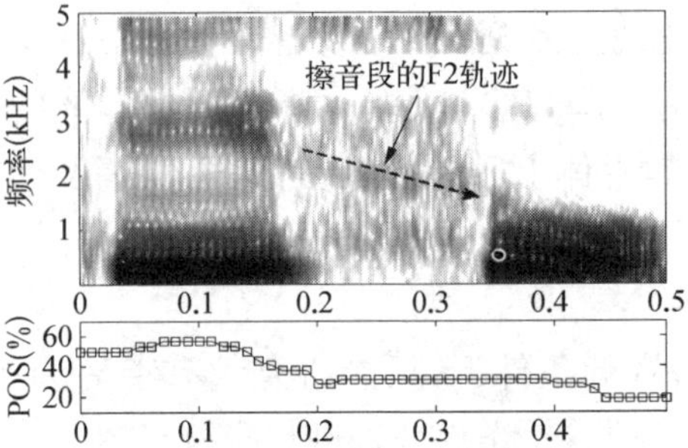

图 4－19　样本/i＃su/的语图和 POS 曲线

摩擦段的 F2 持续下降，这说明 V2/u/的圆唇特征的影响域涵盖了整个擦音时段，同时圆唇动作有可能在 V1 后过渡段即将结束前就开始了。

由表 4－3 的结果可知，在 C2 为舌尖后音的条件下，V1/i/的 V1_POS(M)和 V1_F2(M)不受 V2 的影响。V1_POS(E)和 Delta_POS(V1)在不同 C2 条件下没有显著差异。V1_F2(E)和 Delta_F2(V1)受 V2 的影响，表现为/u/＜/ʅ, a/(p＜0.001)。上述结果与 C2 为舌尖前音的情况一致。

图 4－20 是双音节样本/i＃ʂu/的六个腭位参数随时间变化的情况。齿龈区域的接触面积(AC)在 V1 声学中点之前开始下降，到 V1 声学结束点前降至最低。硬腭区域的接触面积(PC)在 V1 中点附近达到最大值，在 V1 结束时刻达到最低点。软腭区域的接触面积(VC)变化不大。接触总面积(TC)的最小值出现在 PC 最小值附近，而 CoG 的最小值在 AC 最小值时间点附近。上述过程说明，V1/i/向舌尖后声母过渡时，舌尖先于舌面下降，在此之后，舌前部在齿龈后/硬腭前部位形成阻碍。在整个发音过程中，主发音器官发生了变化，舌面前主 V1/i/的发音动作，而舌

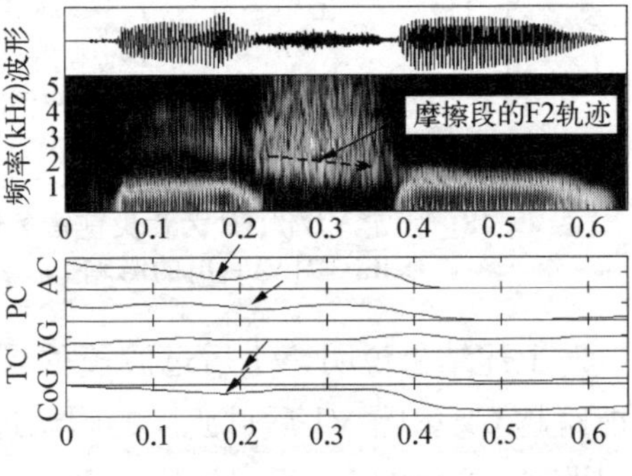

图 4－20　样本/i＃ʂu/的波形、语图和腭位参数曲线(图中箭头表示 V1 时段曲线最小值的位置)

尖或舌叶主舌尖后辅音的发音动作，两个发音器官所处的舌区非常接近，因此，V1 后过渡段的舌形调整幅度比较大。

上述结果表明，C2 为舌尖前音或者舌尖后音声母时，V2 不能跨越 C2 影响 V1 的目标腭位和声学目标及 V1 后过渡段的腭位和 F2 轨迹，但是 V2/u/的圆唇特征却能够跨越 C2 影响 V1 后过渡段的 F2 的轨迹。两类舌尖声母的情况说明，在 C2 协同发音阻力较强的条件下，C2 阻断了 V2 对 V1 的逆向协同发音影响，V1 后过渡段的腭位变化指向 C2 的目标腭位。

4.3.1.4　舌面前音

在 C2 为舌面前音的条件下，笔者在 V2 位置上增加了复合韵母/ia, iu/来考察复合韵母主元音/a, u/是否对 V1 产生影响（表示为 V2/a/和 V2/u/）。

由表 4-3 可知，V2 只影响 V1_F2(E)和 Delta_F2(V1)，表现为/u, y/＜/i, a/(p＜0.01)（图 4-21）。这个结果与舌尖前音和舌尖后音的情况一致，说明由于 C2 的协同发音阻力较强，V2 无法跨越 C2 影响 V1 后过渡段的腭位。但是 V2 圆唇特征的逆向影响却不受限制。

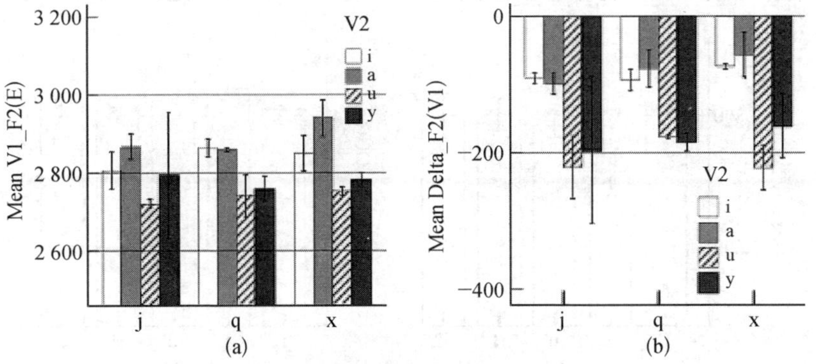

图 4-21　在固定 V1/i/、C2 位舌面前音条件下，V2 对 V1_F2(E)(a)和 Delta_F2(V1)(b)的影响

以下分析 V1 对固定 V2/i/的顺向影响。V1 对 V2/i/的 POS 参数没有显著影响，但是对 V2_F2(S)和 V2_F2(M)有显著影响。Sheffe 事后检验结果发现，V1/a/条件下 V2/i/的 V2_F2(M)显著低于 V1 为/u, i, ɿ/条件下的情况。不考虑 C2 的发音方式，对 V2 中点帧的其他腭位参数的分析结果发现，只有一个参数在不同 V1 条件下存在显著差异，V1/a/条件下的 V2_CoG(M)显著大于 V1/i, ɿ/条件下的情况[图 4-22(b)]。此外，V1/a/条件下的 V2/i/的 V2_POS(M)的均值最小，V2_ANT(M)的均值最大，V2_CC(M)的均值最大。上述结果说明，在 V1/a/的条件下，V2/i/的舌腭收紧点前移，收紧程度加大。其声学结果是使得 V2 中点处的 F2 下降。对语料进一步观察后发现，V2/a/条件下 V1/i/的能量较低，时长较短，同时声调调域变窄，接近轻声音节的声学特性。综合上述结果，可以认为此处显著差异产生的根源主要与韵律因素有关。

上述结果说明，V2 无法影响 V1 的发音目标及 V1 后过渡段的腭位，但是 V2/u, y/的圆唇特征却能够影响 V1 后过渡段的 F2 轨迹。V1 无法影响 V2 起点和中点的腭位和 F2。这些结果说明，元音间的协同发音与 C2 对舌体动作的控制密切相关。后音节元音圆唇动作不受 C2 影响，因此能跨越 C2 影响 V1 的 F2 轨迹。

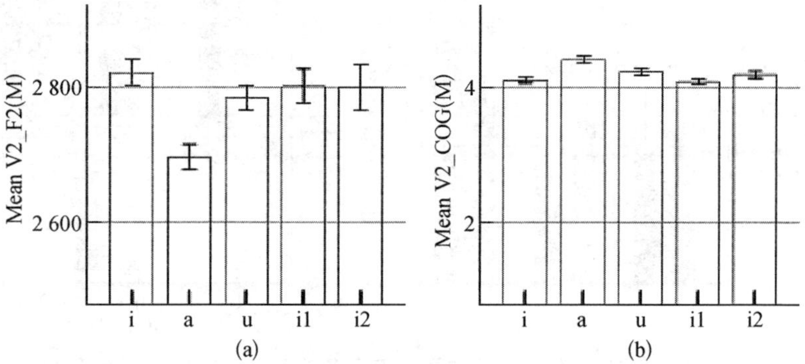

图 4-22 固定 V2/i/中点帧的 V2_F2(M)(a)和 V2_CoG(M)(b)

4.3.1.5　舌面后音

C2 为舌面后音时，V2 为/eɪ, a, u/。笔者以/i＃C2eɪ/作为对称元音序列。①

由表 4-3 的结果可知，V2 和 C2 对 V1_POS(M)和 V1_F2(M)没有显著影响。V2 和 C2 对 V1_POS(E)的主效应显著，V2×C2 的交互效应也显著。单因素方差分析结果发现，在 C2 为/k, kʰ/的条件下，V2 对 V1_POS(E)没有显著影响。在 C2 为/x/的条件下，V2 的影响表现为/a/</u/($p<0.05$)[图 4-23(a)]。

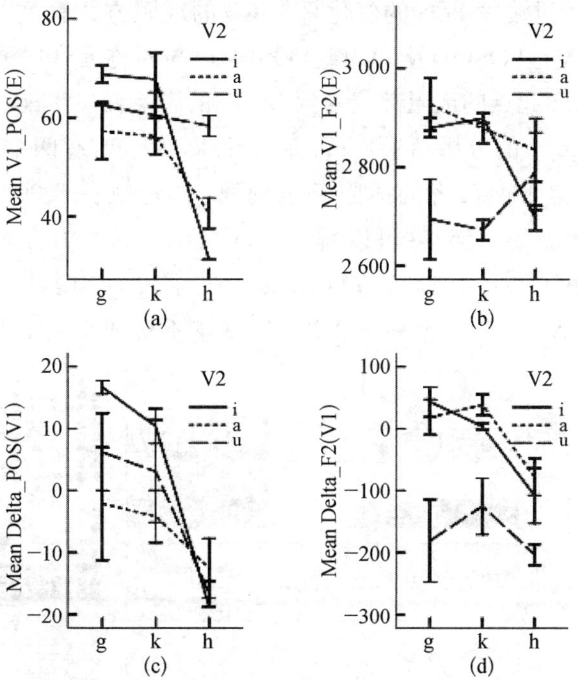

图 4-23　固定 V1/i/、C2 为舌面后音条件下，V2 对 V1_POS(E)(a)、V1_F2(E)(b)、Delta_POS(V1)(c)和 Delta_F2(V1)(d)的影响

① 由于舌面后音不能后接前高元音/i/，因此本节不分析 V1 对 V2 的顺向协同发音影响。

V2 对 V1_F2(E)的主效应较显著，V2×C2 的交互效应也较显著。单因素方差分析结果发现，V2 的影响只在 C2 为/kʰ/的条件下才显著，表现为/eɪ, a/>/u/($p<0.05$)[图 4-23(b)]。

C2 对 Delta_POS(V1)的主效应显著。在 C2 为/x/的条件下，V1 后过渡段的 POS 降幅较大[图 4-23(c)]。V2 和 C2 对 Delta_F2(V1)的主效应均较显著，V2/u/条件下 V1 后过渡段的 F2 轨迹下降，且降幅超过 100 Hz。C2 为/x/的条件下，V1 后过渡段的 F2 轨迹均下降。

上述结果表明，C2 为舌面后音时，V2 不影响 V1 后过渡段的 POS，V1 后过渡段 POS 的变化只与 C2 的成阻方式有关。不对称元音序列中 V1_POS(E)及 Delta_POS(V1)与对称元音序列不存在显著差异。C2 起点的成阻部位受到 V1/i/的影响而发生前移(见图 4-24 及 3.2.6 节的分析结果)。舌面后音/k, kʰ, x/有两个变体，前高元音/i/使得舌面后音的成阻部位前移，其音轨在 3 000 Hz 左右。(Kent 等 2002：156)这可以解释在 V1 为/i/、C2 为舌面后音条件下，V1 结束点的 F2 均在 2 600 Hz 以上的事实。同时，C2 为/k, kʰ/的条件下，V1/i/后过渡段的 F2 轨迹基本不变或小幅上升，F3 迅速

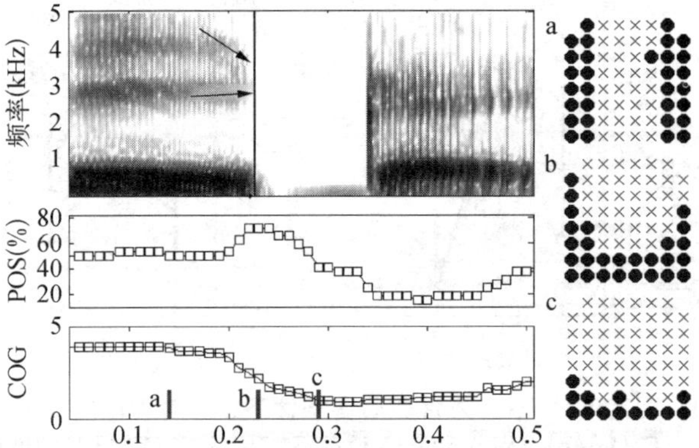

图 4-24　样本/i#keɪ/的语图、POS 和 CoG 曲线及三个时刻的腭位(图中三帧腭位分别为 V1/i/中点帧 a、V1 结束点后一帧 b、C2 持阻段中点帧 c。图中两个箭头表示 F2 和 F3 轨迹变化方向)

下降，逐渐靠近 F2。（Stevens 1998：366－367）V2/u/的圆唇特征影响 V1 后过渡段的 F2 轨迹。

4.3.1.6　小结

通过分析跨辅音元音对辅音另外一侧元音/i/的影响，笔者得出如下结论：第一，V2 不影响 V1/i/的目标腭位和元音中点 F2。第二，V2 是否影响 V1/i/后过渡段的 POS 取决于 C2 的协同发音阻力。在 C2 为舌尖前音、舌尖后音和舌面前音的条件下，V2 的逆向影响被阻断。在 C2 为唇音、舌尖中音的条件下，V2 能够影响 V1/i/后过渡段的 POS。在 C2 为舌面后音的条件下，V2 不影响 V1 后过渡段的 POS。第三，V2 的圆唇特征可以跨越 C2 影响 V1 后过渡段的 F2 轨迹。第四，V1 对 V2 的顺向影响只出现在 C2 为双唇音或舌尖中音的情况下。从已有的结果来看，V1 的顺向影响取决于 V1 和 V2 的发音距离。如在 C2 为送气舌尖塞音的条件下，V1/ʅ/与 V2/i/的发音距离相对较远（这里是指舌形动作调整比较大），因此，送气段 F2 轨迹起点处的腭位受到 V1 的顺向影响。又如在 C2 为边音的条件下，V1/a，u，ʅ/的舌体比较靠后，因此对 V2/i/的起点腭位产生显著的顺向影响。C2 为舌面前音的条件下，由于 C2 协同发音阻力较大，V1 不影响 V2 的腭位参数。

4.3.2　固定元音/a/

V1 为固定元音/a/时，C2 位置上为普通话的 21 个声母，V2 包括/i(eɪ)，y，a，u，ɿ，ʅ/，共有 68 种 V1＃C2V2 组合形式。多数组合形式有 2～3 个样本，共有 205 个语音样本。V2 为固定元音/a/时，C2 位置上为普通话的 21 个声母，V1 为/i，y，a，u，ɿ，ʅ/，共有 126 种组合形式，多数组合形式有 2～3 个样本，共有 315 个语音样本。

元音/a/的目标腭位与其他元音不同，笔者把元音/a/声学时段中点附近最小接触面积帧作为/a/的目标腭位。使用/a＃C2a/作为对称元音序列。表 4－5 为 V2 对 V1/a/逆向影响的双因素方差分析结果，表 4－6 为 V1 对 V2/a/顺向影响的单因素方差分析结果。

表 4-5 V1 固定为/a/,V2 变化条件下 V2 对 V1 的腭位参数和 F2 轨迹的逆向影响比较结果(图中符号意义见表 4-3)

C2 部位	效应	V1_POS(M)	V1_F2(M)	V1_POS(E)	V1_F2(E)	Delta_POS(V1)	Delta_F2(V1)
唇音(LA)	C2	—	—	—	—	—	—
	V2	—	u<i*	a, u<i**	u<a<i*	(±)a<(+)u<(+)i *	(−)u(−)a<(+)i***
	交互	—	—	—	—	—	—
舌尖中(AL)	C2	—	l<n**	l<t, d, n***	l<t, d, n***	(−)l<(+)t, d, n***	(−)l<(+)t, d, n***
	V2	—	u<a, i * y<i*	a, u<i**	u<a<i** y<i*	(±)a, u, y<(+)i**	(±)u, a, y<(+)i**
	交互	—	—	—	—	—	—
舌面后(VE)	C2	—	—	h<g, k***	h<g, k**	(+)h<(+)k(+)g ***	(±)h<(±)k,(±)g **
	V2	—	—	—	u<a<eɪ*	—	(−)u<(±)a<(+)eɪ ***
	交互	—	—	—	—	—	—
舌面前(AP)	C2	—	—	—	—	(+)q,(+)x<(+)j*	—
	V2	—	—	—	y, u<i, a*	—	(+)y(+)u<(+)i**
	交互	—	—	—	—	—	—
舌尖前(DE)	C2	—	—	s<z, c**	—	—	—
	V2	a<u*	—	—	u<i1, a***	—	(−)u<(−)i1,(−)a***
	交互	—	—	—	—	—	—
舌尖后(RE)	C2	zh<ch*	—	—	—	—	—
	V2	—	—	—	u<a, i2***	—	(+)u<(+)i2,(+)a***
	交互	—	—	—	—	—	—

表 4-6　V2 固定为/a/，V1 变化条件下 V2 前过渡段腭位和声学参数的单因素方差分析结果的显著性水平

C2 部位	C2	V2_POS(S)	V2_F2(S)	V2_POS(M)	V2_F2(M)	Delta_POS(V2)	Delta_F2(V2)
唇音（LA）	/p/	0.596	0.008	0.761	0.830	0.190	0.005
	/pʰ/	0.588	0.002	0.860	0.599	0.144	0.210
	/m/	0.114	0.007	0.215	0.230	0.171	0.011
	/f/	0.862	0.086	0.750	0.675	0.168	0.001
舌尖中（AL）	/t/	0.535	0.006	0.552	0.057	0.040	0.014
	/tʰ/	0.659	0.019	0.555	0.277	0.670	0.194
	/n/	0.152	0.355	0.081	0.055	0.095	0.077
	/l/	0.238	0.010	0.274	0.831	0.008	0.014
舌面后（VE）	/k/	0.941	0.323	0.946	0.578	0.916	0.150
	/kʰ/	0.114	0.885	0.739	0.964	0.317	0.635
	/x/	0.003	0.835	0.072	0.952	0.080	0.108
舌尖前（DE）	/ts/	0.412	0.278	0.367	0.259	0.410	0.026
	/tsʰ/	0.087	0.785	0.508	0.489	0.026	0.620
	/s/	0.933	0.185	0.713	0.946	0.912	0.035
舌尖后（RE）	/tʂ/	0.416	0.341	0.737	0.223	0.372	0.281
	/tʂʰ/	0.330	0.037	0.539	0.718	0.002	0.012
	/ʂ/	0.654	0.490	0.340	0.844	0.565	0.324
	/ʐ/	0.176	0.236	0.724	0.491	0.086	0.606

4.3.2.1　唇音

由表 4 - 5 的结果可知，V2 对 V1_F2(M)有显著影响，表现为/u/<∕i/(p<0.05)。由于两种 V2 情况下的 V1_F2(M)与对称元音序列的情况没有显著差异，此处不做进一步的讨论。

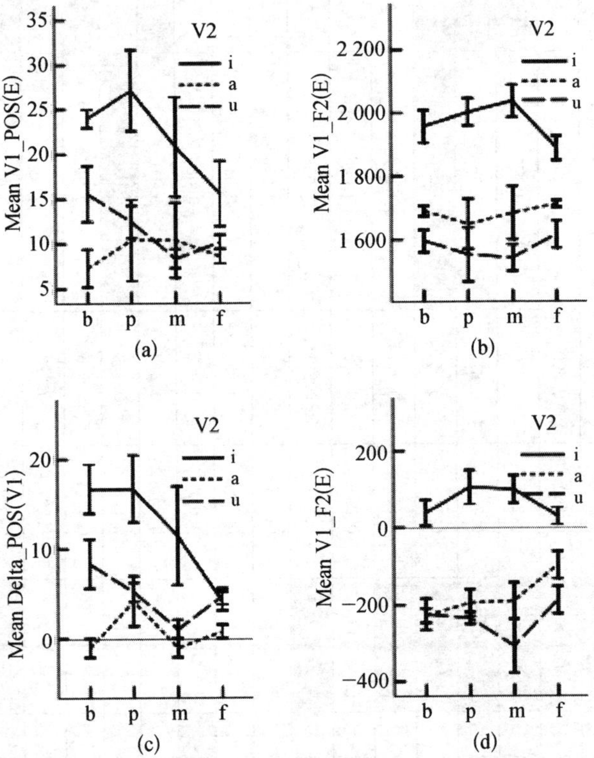

图 4 - 25　固定 V1/a/、C2 为唇音条件下，V2 对 V1_POS(E)(a)、V1_F2(E)(b)、Delta_POS(V1)(c)、Delta_F2(V1)(d)的影响

V2 对 V1_POS(E)和 V1_F2(E)的主效应显著，在 V2/a, u/条件下的 V1_POS(E)显著低于 V2/i/的情况，V2 对 V1_F2(E)的影响表现为/u/</a/</i/(p<0.05)[见图 4 - 25(a)和(b)]。

V2 对 Delta_POS（V1）和 Delta_F2（V1）的主效应较显著，V2 对前者的影响表现为/a/＜/u/＜/i/（$p<0.05$），对后者的影响表现为/u, a/＜/i/（$p<0.001$）。由图 4－25(c)可以发现，V2 舌位较高的条件下（即 V2 为/i, u/），V1/a/后过渡段的 POS 上升，且由 V2/i/引起的 POS 的升幅明显高于 V2/u/的情况。但是在唇齿擦音的条件下，两者没有区别。在对称元音序列中，V1/a/后过渡段的 POS 基本上没有变化。由图 4－25(d)可以发现，V2 对 V1 后过渡段 F2 轨迹的影响表现为方向和幅度的差异。在 V2 为/i/（唇齿擦音条件下为/eɪ/）的条件下，V1 后过渡段的 F2 轨迹上升；V2/a, u/情况下的 F2 轨迹下降，且降幅在 200 Hz 左右。

上述结果说明，V2 对固定 V1/a/后过渡段的 POS 和 F2 轨迹的影响与 V2 的发音限制条件有关。V2/i/对 V1/a/的影响显著区别于对称元音序列的情况，V2/u/对 V1/a/的影响相对较弱。V2/u/对 V1/a/后过渡段 F2 轨迹的影响有可能是舌体和圆唇动作共同作用的结果。其次，V2 的逆向影响受到 C2 协同发音阻力的制约，由图 4－26 可以看出，无论 V2 为/i/还是/eɪ/，[1] V1/a/结束点的 POS 及 V1 后过渡段 POS 的变化大体相同，这与图 4－25 的结果一致，说明唇齿擦音的协同发音阻力影响 V2 对 V1/a/的逆向影响。

以下分析 V1 对固定 V2/a/的顺向影响。V1 为/y/的样本只有 4 个，在统计过程中剔除。笔者只比较 V1/i, a, u, ʅ, ɿ/对 V2/a/的顺向影响。

由表 4－6 的结果可知，V1 不影响 V2 的目标腭位参数，但对 V2_F2(S)和 Delta_F2（V2）有显著影响。由于 Delta_F2（V2）与 V2_F2(S)密切相关，以下只分析 V1 对 V2_F2(S)的影响。

① /a#fi/的后字音节在普通话中不存在，此处是为了说明唇齿擦音的协同发音阻力大于同部位的双唇音。

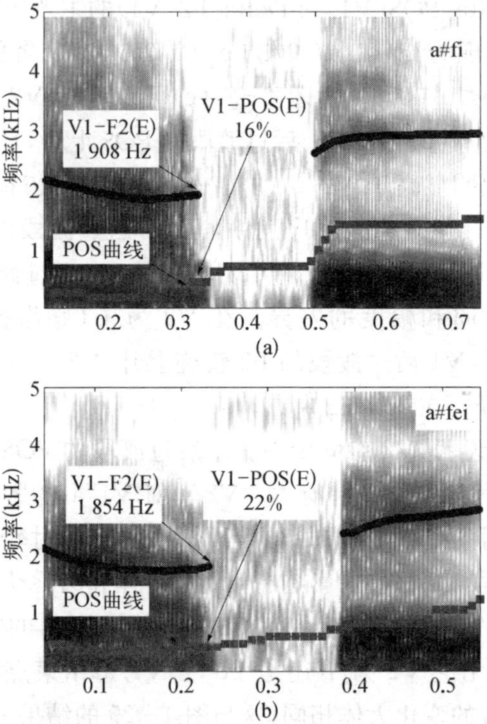

图 4-26　样本/a＃fi/(a)和/a＃feɪ/(b)的语图、POS 曲线和 F2 轨迹

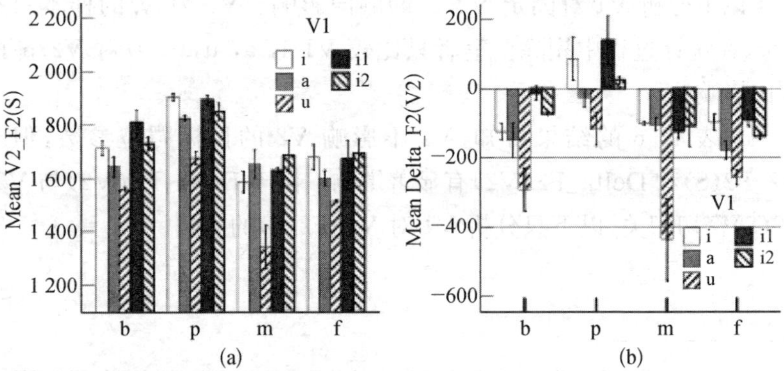

图 4-27　固定 V2/a/、C2 为唇音条件下，V1 对 V2_F2(S)(a)和 Delta_F2(V2)(b)的影响

Sheffe 事后检验结果发现，在 C2 为唇音的条件下，V1 对 V2_F2(S)的影响表现为/u/<\/i，ɿ，ʅ/($p<0.05$)[见图 4－27(a)]，这说明 V1 的顺向影响与 V1 的舌体位置有关。由图 4－27(b)可以看出，V1 对 V2 的 F2 轨迹的影响取决于 C2，在 C2 为/p^h/的条件下，V2 前过渡段 F2 轨迹与其他唇音存在显著的差异，在 V1 为/i，ɿ，ʅ/的条件下，V2/a/前过渡段的 F2 轨迹不变或略有下降；在 V1 为/a，u/的条件下，F2 轨迹上升。在 C2 为其他唇音的条件下，V2/a/前过渡的 F2 轨迹上升，其中 V1 为/u/的条件下，F2 轨迹上升的幅度最大。

由图 4－28 可以看出，V2 声学起点前的腭位有可能受到 V1 的顺向影响。在 V1 舌位较高的条件下，V2/a/声学起点的舌位也有可能比较高。由于舌腭接触面积较小，无法判断此时的舌形特征。

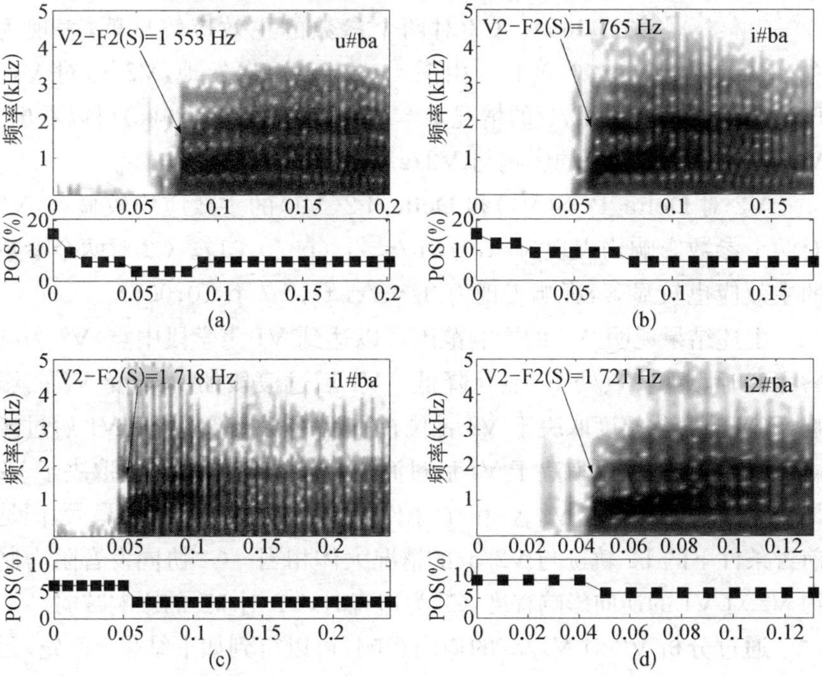

图 4－28　四种 V1 条件下 V2/a/的起点 F2 数值

V1 对 V2 顺向影响的分析结果表明，当 V1 舌位比较靠前，且舌面比较高的时候，V1 影响 V2/a/的起点 F2，此时 V1 的舌位有可能影响 V2 起点的舌位。

4.3.2.2　舌尖中音

由表 4－5 可知，V2 对固定 V1/a/的 V1_POS(M)没有显著影响，但是对 V1_F2(M)有显著影响，表现为/u/</a, i/，/y/</i/(p<0.05)。C2 对 V1_F2(M)也有显著影响，表现为/l/</n/(p<0.01)[见图 4－29(a)]。由于 EPG 无法提供元音/a/的舌位信息，因此无法判断 V1_F2(M)的差异是否是由于舌位变化导致的结果，但是这个结果说明/a/的发音限制条件较低，易于受到语音环境的影响。

V2 对 V1_POS(E)和 V1_F2(E)的主效应均较显著，V2 对前者影响表现为/a, u/</i/(p<0.05)，对后者影响表现为/u/</a/</i/，/y/</i/(p<0.05)。C2 对两个参数的主效应较显著，表现为/l/</t, t^h, n/(p<0.001)。由图 4－29(b)可以发现，V2/y/对 V1_POS(E)的影响与 V2/i/的情况基本一致，但从图 4－29(c)可以看出，V2/y/对 V1_F2(E)的影响与 V2/a/相当。

V2 对 Delta_POS(V1)和 Delta_F2(V1)的主效应均较显著，V2 对两个参数影响均表现为/a, y, u/</i/(p<0.01)。C2 对两个参数的主效应也较显著，影响表现为/l/</t, t^h, n/(p<0.001)。

上述结果说明，V2 的影响范围可以达到 V1 声学段中点，V2 为圆唇元音时，V1 中点处 F2 显著降低。V1 后过渡段的 POS 受 V2 的影响，POS 的变化幅度取决于 V2 舌位在前后维度上的差异。V1 后过渡段 F2 轨迹的变化既取决于 V1 后过渡段舌面抬高的程度，也取决于 V2 是否为圆唇元音。在 V2/y/和/i/条件下，V1/a/的 POS 增幅最大，但是前者条件下的 F2 轨迹与 V2/a/的情况大体相当。C2 协同发音阻力制约 V2 对 V1 的逆向影响程度，C2 为边音时，V2 对 V1 的影响减弱。

通过分析 V2 对 V1/a/的逆向影响，可以得到如下结果：首先，元音能否对其他元音产生协同发音影响及受其他元音影响的程度取决

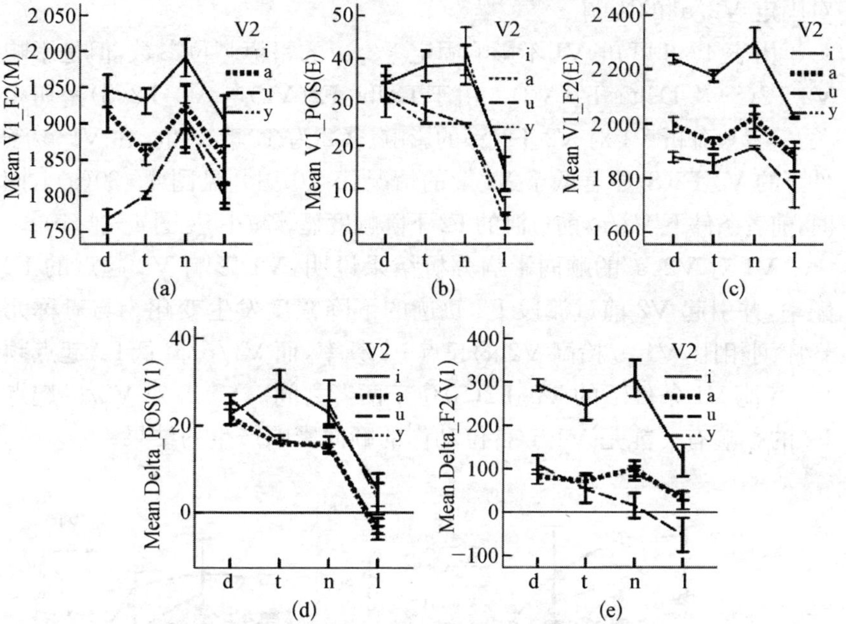

图 4－29　固定 V1/a/、C 为舌尖中音条件下，V2 对 V1_F2(M)(a)、V1_POS(E)(b)、V1_F2(E)(c)、Delta_POS(V1)(d)和 Delta_F2(V1)(e)的影响

于元音自身的发音限制条件。元音/a/的舌位动作易于受到语音环境的影响，上文中 V2/i, y/能够对 V1 后过渡段的腭位参数产生影响。元音/u/对 V1/a/的影响程度与对称元音序列没有差异，这说明元音/u/的发音限制条件比较低，在语流中对其他元音的影响程度有限。第二，边音的协同发音阻力大于同部位的舌尖塞音和鼻音。由图 4－29(d)和(e)可以看出，V2/i/对固定 V1/a/后过渡段的腭位和 F2 轨迹影响有限，此外，V2/a, u/条件下 V1 后过渡段的 POS 下降，F2 轨迹变化幅度较小，这与其他舌尖中音的情况存在明显的差异。

以下分析在 C2 为舌尖中音条件下 V1 对固定 V2/a/的顺向影响。由于/y♯C2a/的样本只有 1 个，因此只分析 V1 为/a, i, u, ʅ, ɿ/

对固定 V2/a/的影响。

由表 4-6 可知，V1 不影响固定 V2/a/的目标腭位参数，但是影响 V2_F2(S)及 Delta_F2(V2)。由于 Delta_F2(V2)与 V2_F2(S)密切相关，笔者只分析 V1 对 V2_F2(S)的影响。C2 为/t, t^h, l/时，在 V1/u/条件下的 V2_F2(S)显著低于 V1/i/的情况($p<0.01$)[见图 4-30(a)]，同时，前者条件下 V2/a/前过渡的 F2 下降幅度显著减小[见图 4-30(b)]。

V1 对 V2/a/的顺向影响分析结果说明，V1 影响 V2 起点的 F2 频率，并引起 V2 前过渡段 F2 轨迹的下降幅度发生变化。与对称元音序列相比，V1/i/抬高 V2 的起点 F2 频率，而 V1/u/降低 F2 起点频率，其他 V1 条件下的 V2_F2(S)位于两者之间。V1/i/对 V2/a/起点 F2 的影响有可能是 V1/i/舌位动作的顺向影响产生的结果。

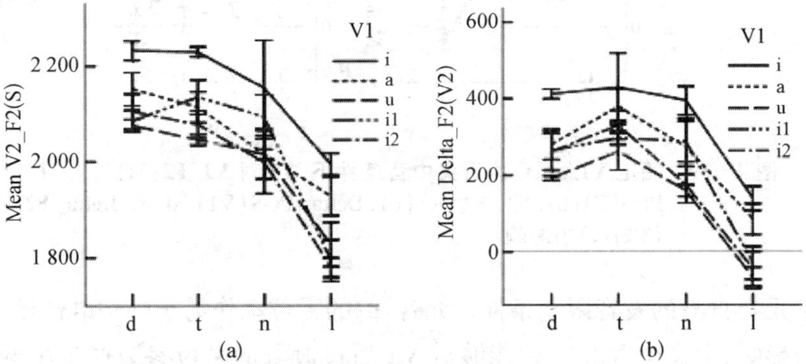

图 4-30 V2_F2(S)和 Delta_F2(V2)的均值

4.3.2.3 舌尖前音和舌尖后音

本节对 C2 为舌尖前音和舌尖后音条件下的元音间协同发音现象进行分析。由表 4-5 可知，在 C2 为舌尖前音的条件下，V2 对 V1_POS(M)的主效应较显著，表现为/a/</u/($p<0.05$)。[1] V1_F2

---

① 单因素方差分析结果发现，这种差异出现在 C2 为舌尖前擦音/s/的条件下，此时使用的双音节组合为“拉萨”和“大俗”。由前文的分析结果可知，V2 一般不能跨越舌尖前音影响 V1 时段的腭位，因此，此处的显著差异有可能是首字声母/l/造成的结果，与 V2 或者 C2 无关。

(M)在不同的 V2 和 C2 条件下没有显著差异。

C2 对 V1_POS(E)的主效应较显著，表现为/s/</ts, tsʰ/($p<0.01$)，这与舌尖前音的目标腭位有关(参见 3.2.2 节表 3-5)。V2 对 V1_F2(E)有显著影响，在 V2 为/u/条件下的 V1_F2(E)显著低于 V2 为/a, ɿ/的情况。如前文所述，这个结果说明，V2/u/的圆唇特征能够跨越舌尖前音影响 V1 后过渡段的 F2 轨迹。

V2 和 C2 对 Delta_POS(V1)的主效应不显著，V2 对 Delta_F2(V1)的主效应较显著，V1 后过渡段 F2 轨迹下降，V2/u/条件下 F2 轨迹下降的幅度显著大于 V2 为/a, ɿ/的情况。

跨舌尖前音元音间的逆向影响分析结果说明，V2 对 V1/a/中点处的 POS 和 F2 没有显著影响。V1/a/后过渡段的舌位动作指向 C2 的目标腭位，V2 不影响 V1 后过渡段 POS 的变化。V2 圆唇特征影响 V1 后过渡段的 F2 轨迹。

以下分析 C2 为舌尖前音条件下 V1 对固定 V2/a/的顺向影响。由表 4-6 可知，V1 不影响 V2 的目标腭位参数。在 C2 为送气塞擦音/tsʰ/的条件下，Delta_POS(V2)的显著差异有可能是样本容量过小造成的结果。同时，表中 V1 对 Delta_F2(V2)的显著影响有可能与 V1 无关，这是因为 V2_F2(S)和 V2_F2(M)均无显著差异。上述结果说明 V1 不能影响 V2 时段的腭位和 F2 参数。

C2 为舌尖后音的时候，由表 4-5 的结果可知，C2 对 V1_POS(M)的主效应显著，然而这个结果与语料设计有关。C2 为不送气塞擦音/tʂ/时，笔者使用了“麻渣”/ma35♯tʂa/。C2 为送气塞擦音/tʂʰ/时，笔者使用了“答茬”/ta55♯tʂʰa35/。因此 V1_POS(M)的差异有可能与双音节首字声母有关，而与 V2 或 C2 无关。其他的结果与舌尖前音一致，不做赘述。

在分析 V1 对固定 V2/a/的顺向影响时，排除了 V1 为/y/及 C2 为/ʐ/的组合，前者只有 1 个样本，后者的韵母为/an/。[①]由表 4-6 的

---

① 鼻韵母/an/的元音/a/的 F2 显著高于/a/作为单元音韵母条件下的 F2。

结果可知，在 C2 为送气塞擦音/tʂʰ/的条件下，V1 对 V2_F2(S)、Delta_POS(V2)及 Delta_F2(V2)有显著影响，Sheffe 事后检验结果发现，V1 对 V2_F2(S)和 Delta_F2(V2)的影响表现为/u/＜/ɿ，ʅ/(p＜0.05)，对 Delta_POS(V2)的影响表现为/ɿ/＜/u，ʅ/(p＜0.01)。由于在其他的舌尖后音和所有的舌尖前音条件下都没有观察到 V1 对 V2 的顺向影响，因此，笔者倾向于认为在送气塞擦音/tʂʰ/的条件下出现的与 V1 有关的 V2 前过渡段的腭位和声学参数的显著差异有可能与样本容量过小有关。另外，这有可能还与本研究发音人在产出舌尖后音过程中的动作变异有关(见 3.2.4 节的表 3－10)。

4.3.2.4　舌面前音和舌面后音

在 C2 为舌面前音的条件下，只研究 V2 对 V1/a/的逆向影响。① 由表 4－5 可知，V2 对 V1_POS(M)、V1_F2(M)及 Delta_POS(V1)没有显著影响。V2 对 V1_F2(E)有显著影响，在 V2 为圆唇元音条件下的 V1_F2(E)显著低于 V2 为非圆唇元音条件下的情况。C2 对 Delta_POS(V1)有显著影响，在 C2 为不送气塞擦音/tɕ/条件下的 Delta_POS(V1)显著大于 C2 为其他舌面前音条件下的情况，这与舌面前音发音方式有关(参见 3.2.5 节的表 3－14)。V2 对 Delta_F2(V1)有显著影响，在 V2 为圆唇元音的条件下，V1 后过渡段的 F2 轨迹上升幅度显著低于 V2 为/i/的情况。上述结果说明，V1 后过渡段的腭位过渡指向 C2 的目标腭位，V2 无法跨越 C2 影响 V1 后过渡段的腭位，但是 V2 的圆唇特征影响 V1 后过渡段 F2 轨迹的变化幅度。

在 C2 为舌面后音的条件下，由表 4－5 的结果可知，V2 只影响 V1_F2(E)和 Delta_F2(V1)，影响结果均表现为/u/＜/a/＜/eɪ/(p＜0.05)。C2 对 V1_POS(E)和 Delta_POS(V1)的影响与 C2 的成阻方式有关。C2 对 V1_F2(E)和 Delta_F2(E)的影响只出现 V2 为/eɪ，u/的情况。上述结果说明，V2 不影响 V1 后过渡段的腭位参数，后者

---

①　舌面前音后不能出现单元音韵母/a/。

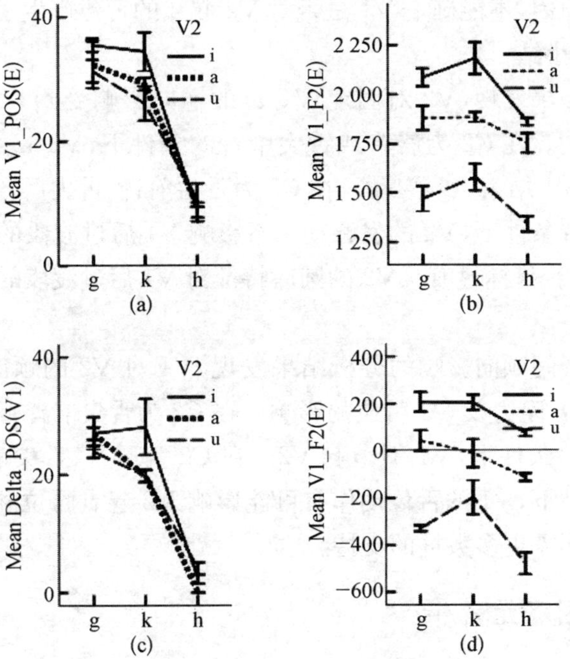

图 4-31　在固定 V1/a/、C2 为舌面前音条件下，V2 对 V1_POS(E)(a)、V1_F2(E)(b)、Delta_POS(V1)(c)和 Delta_F2(V1)(d)的影响

指向 C2 的目标腭位。V2 圆唇特征影响 V1 后过渡段的 F2 轨迹。

最后分析 C2 为舌面后音条件下 V1 对固定 V2/a/的顺向影响。由表 4-6 可知，在 C2 为/x/的条件下，V1 对 V2_POS(S)有显著影响，Sheffe 事后检验结果发现，V1/ʅ/条件下的 V2_POS(S)显著低于对称元音序列/a＃xa/的情况。这个结果有可能与样本容量过小有关。由 3.3.4 节的图 3-44 可知，舌尖后元音/ʅ/的舌面位置相对较高。因此，在舌位从/ʅ/向/a/过渡过程中(舌面后擦音/x/时段的舌位主要受到周边元音舌位的影响)，如果 V1 存在顺向影响，则 V2 起点的舌位应略高一些。其次，V1/i/与 V1/a/条件下的 V2/a/起点 POS 没有检出显著差异。最后，V2/a/的 F2 参数也没有检出显著差异。

基于上述原因，不能确定 V1 是否对 V2 起点的舌位产生了顺向影响。

4.3.2.5　小结

分析结果发现，V2 对固定 V1/a/的逆向影响受到 C2 协同发音阻力的制约。在 C2 为唇音或舌尖中音的条件下，V2/i/的舌体动作有可能在 V1 结束点前启动。在 C2 为舌尖前音、舌尖后音、舌面前音及舌面后音条件下，V2 的发音动作不影响 V1 后过渡段的腭位，后者向 C2 的发音目标过渡。V2 的圆唇特征对 V1 后过渡段的 F2 轨迹有显著影响。

对元音间顺向影响的分析结果发现，V1 对 V2 的顺向影响受到 C2 协同发音阻力及 V1 舌位的影响。在 C2 为舌尖前音、舌尖后音或舌面前音的条件下，V1 不影响 V2。在 C2 为唇音、舌尖前音或舌面后音的条件下，V1 的舌位动作有可能影响 V2 起点腭位和/或 F2，但这个结果还需更多数据的支持。

4.3.3　固定元音/u/

V1 为固定元音/u/时，C2 位置上为普通话的 21 个声母，V2 包括/i(eɪ)，y，a，u，ɿ，ʅ/，共有 68 种 V1#C2V2 组合形式。多数组合形式有 2～3 个样本，共有 193 个语音样本。V2 为固定元音/u/时，C2 位置上为普通话的 21 个声母，[①] V1 为/i，y，a，u，ɿ，ʅ/，共有 126 种组合形式。多数组合形式有 2～3 个样本，共有 325 个语音样本。表 4-7 为 V2 对 V1/u/逆向影响的双因素方差分析结果，表 4-8 为 V1 对 V2/u/顺向影响的单因素方差分析结果。

4.3.3.1　唇音

由表 4-7 的结果可知，V1/u/的 V1_POS(M)和 V1_F2(M)在不同的 V2 和 C2 条件下没有显著差异。V2 对 V1_POS(E)和 V1_F2(E)的主效应显著，表现为/i/>/a，u/($p<0.05$)[见图 4-32(a)和

---

① C2 为舌面前音的时候，V2 为复合元音/iu/。

表 4-7　V1 固定为/u/,V2 变化条件下 V2 对 V1 的腭位参数和 F2 轨迹的逆向影响比较结果

C2 部位	效应	V1_POS(M)	V1_F2(M)	V1_POS(E)	V1_F2(E)	Delta_POS(V1)	Delta_F2(V1)
唇音（LA）	C2	—	—	—	m<f*	—	(±)m<(±)f**
	V2	—	—	u, a<i*	u, a<i**	(−)a(−)u<(±)i**	(±)u<(±)a(±)i*
	交互	—	—	—	—	—	—
舌尖中（AL）	C2	—	—	l<t, d, n*	l<t, d, n**	(±)l<(+)d, t, n*	(+)l<(+)t, d, n***
	V2	—	—	a, u<i*	u<a<i***	(±)a, u<(+)i**	(+)u<(+)a<(+)i ***
	交互	—	—	—	—	—	—
舌面后（VE）	C2	k<h*	—	h<k, g*	—	(−)h<(+)k(+)g***	—
	V2	—	—	u<eɪ, a*	u<a, eɪ***	—	(−)u<(±)a(+)eɪ***
	交互	—	—	*	—	—	—
舌面前（AP）	C2	—	—	—	—	—	(+)j<(+)x**
	V2	—	—	—	y<u, i, a***	—	(+)y<(+)u, i. a**
	交互	—	—	—	—	—	—
舌尖前（DE）	C2	—	—	—	—	—	—
	V2	—	—	—	u<i1, a***	—	(+)u<(+)i1, (+)a***
	交互	—	—	—	—	—	—
舌尖后（RE）	C2	—	—	—	zh, ch, sh<r*	—	(+)zh, ch, sh<(+)r*
	V2	—	—	—	u<a, i2** i2<a (p=0.06)	—	(+)u<(+)i2(+)a**
	交互	—	—	—	—	—	—

表 4-8　V2 固定为/u/，V1 变化条件下 V2 前过渡段腭位和声学参数的单因素方差分析结果的显著性水平

C2 部位	C2	V2_POS(S)	V2_F2(S)	V2_POS(M)	V2_F2(M)	Delta_POS(V2)	Delta_F2(V2)
唇音（LA）	/p/	0.415	0.222	0.722	0.115	0.833	0.094
	/pʰ/	0.082	0.077	0.242	0.142	0.051	0.455
	/m/	0.004	0.178	0.010	0.403	0.023	0.304
	/f/	0.114	0.574	0.275	0.263	0.340	0.271
舌尖中（AL）	/t/	0.347	0.308	0.825	0.684	0.211	0.497
	/tʰ/	0.440	0.016	0.978	0.149	0.027	0.001
	/n/	0.068	0.673	0.298	0.743	0.100	0.523
	/l/	0.365	0.109	0.971	0.548	0.514	0.003
舌面后（VE）	/k/	0.137	0.498	0.309	0.019	0.234	0.648
	/kʰ/	0.013	0.588	0.992	0.162	0.015	0.880
	/x/	0.385	0.765	0.823	0.801	0.775	0.580
舌尖前（DE）	/ts/	0.737	0.054	0.169	0.018	0.006	0.003
	/tsʰ/	0.123	0.708	0.297	0.002	0.430	0.168
	/s/	0.293	0.396	0.881	0.012	0.036	0.420
舌尖后（RE）	/tʂ/	0.136	0.130	0.358	0.000	0.343	0.119
	/tʂʰ/	0.869	0.000	0.868	0.027	0.976	0.007
	/ʂ/	0.280	0.023	0.650	0.433	0.030	0.074
	/ʐ/	0.299	0.072	0.902	0.038	0.442	0.055

(b)]。C2 对 V1_F2(E)的主效应显著，表现为/f/>/m/(p<0.05)；然而对不同 V2 条件下 V1_F2(E)的单因素方差分析结果发现，C2 的影响只存在于 V2 为/u/的条件。从图 4－32(b)可以发现，在后字音节为/fu/的条件下，V1/u/结束点的 F2 频率显著高于双唇音的情况。

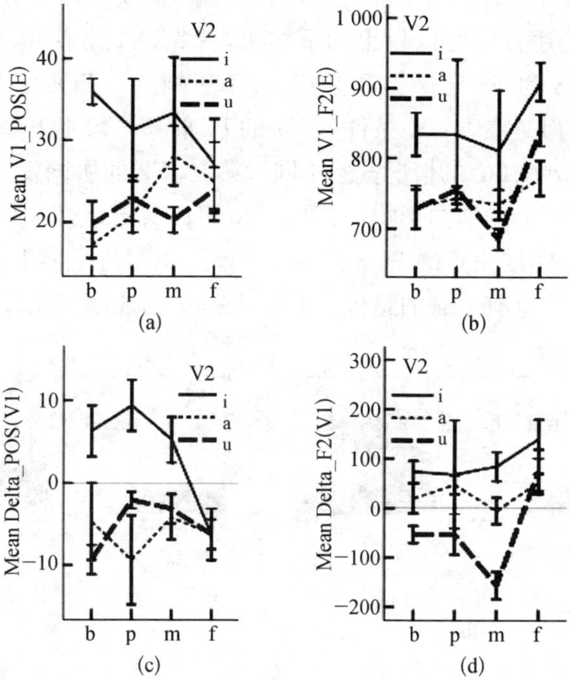

图 4－32　固定 V1/u/、C2 为唇音条件下，V2 对 V1_POS(E)(a)、V1_F2(E)(b)、Delta_POS(V1)(c)和 Delta_F2(V1)(d)的影响

V2 对 Delta_POS(V1)和 Delta_F2(V1)的主效应显著。V2 对 Delta_POS(V1)的影响表现为 V1 后过渡段 POS 变化方向的差异，V2/i/条件下 V1 后过渡段的 POS 上升(但是在 C2 为/f/的条件下下降)，而在 V2/a，u/条件下的 POS 一般下降。V2 对 Delta_F2(V1)的影响表现为 V1 后过渡段的 F2 轨迹方向的差异，在 V2/i/条件下的 F2 轨迹一般上升，在 V2/a/条件下的 F2 轨迹基本保持不变，而在 V2/u/条件下的 F2 轨迹下降（但是在 C2 为/f/的条件下上升）。C2 对 Delta_F2(V1)的主效应显著，表现为在 C2/m/条件下 Delta_F2(V1)的变化显大于 C2/f/的情况。从图 4－32(d)可以发现，当后字音节为/mu/的条件下，V1 后过渡段 F2 轨迹下降幅度较大。

通过上述分析可以得出如下结果，首先，V2/i/使得 V1/u/后过渡段的 POS 和 F2 轨迹上升。V2/a/不影响 V1_POS(E)和 Delta_POS(V1)，但是在 V2/a/条件下 V1 的 F2 轨迹一般不下降，这与对称元音序列/u＃C2u/的情况截然不同。第二，C2 的协同发音阻力影响 V2/i/对 V1/u/的逆向影响，从图 4－33 可以看出，唇齿擦音无论后接何种元音，V1 结束点的 POS 保持在 20%～40%左右；同时，V1/u/后过渡段 F2 轨迹有上升的趋势。第三，在 V2 为非圆唇元音的条件下，

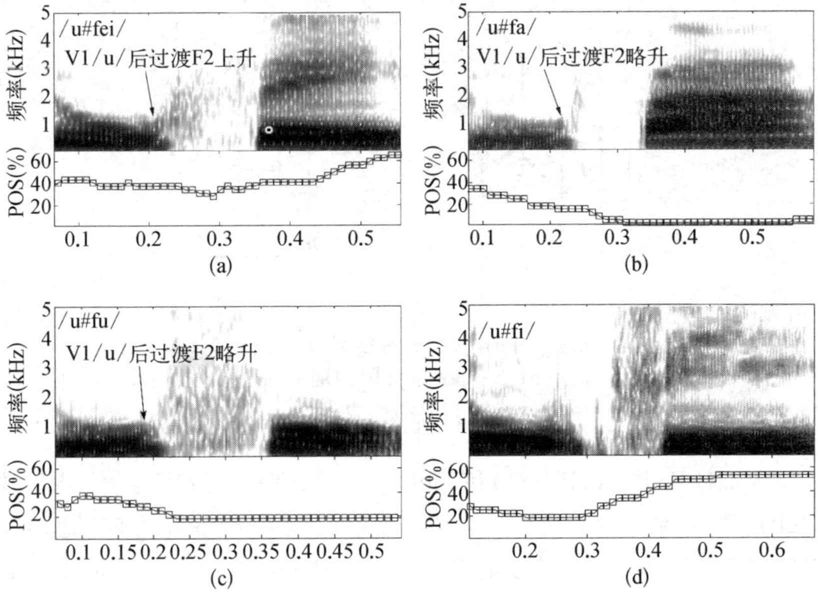

图 4－33　样本/u＃feɪ/(a)、/u＃fa/(b)、/u＃fu/(c)和/u＃fi/(d)的语图和腭位参数 POS 曲线

V1/u/后过渡段的 F2 轨迹一般上升，但是在对称元音序列/u#C2u/中，F2 轨迹一般下降（唇齿擦音的情况例外）。这说明在前者条件下，V1 后过渡段的唇形动作有可能发生了变化，由圆唇向非圆唇过渡。

以下分析 V1 对固定 V2/u/的腭位参数和 F2 轨迹的顺向影响。由表 4-8 可知，在 C2 为双唇鼻音/m/的条件下，V1 对 V2/u/的三个 POS 参数有显著影响。[①]从图 4-34 的比较结果来看，与对称元音序列相比，V1/i，ʅ/显著提高 V2/u/的 V2_POS(S)；到 V2/u/中点附近，V1/ʅ/对 V2/u/的 POS 的影响依然显著[见图 4-34(a)和(b)]。通过观察语料发现，V1/i，ʅ/对 V2_POS(S)的影响方式不同，在 V1 为/i/的条件下，辅音时段的 POS 不断下降，到 V2/u/起点时刻，POS 显著大于对称元音序列的情况；在 V1 为/ʅ/的条件下，辅音时段起点的 POS 升高，并保持到 V2/u/的中点时刻。上述过程说明 V1 有可能影响 V2/u/的舌位，使得后者的舌位前移。从 V2/u/起点和中点 F2 频率来看，V1/i，ʅ/条件下的均值明显大于对称元音序列的情况。

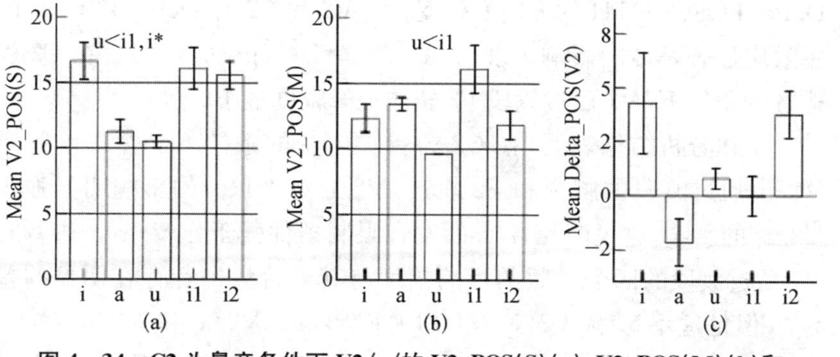

图 4-34　C2 为鼻音条件下 V2/u/的 V2_POS(S)(a)、V2_POS(M)(b)和 Delta_POS(V2)(c)的均值

① 三个 POS 参数为 V2_POS(S)、V2_POS(M)和 Delta_POS(V2)。

上述结果说明：在 C2 为鼻音/m/的条件下，V1/i，ɿ/易于影响 V2/u/的起点腭位和/或中点腭位，其结果使得 V2/u/的舌位前移。这个结果也说明双唇鼻音的协同发音阻力小于同部位的其他唇音。元音/u/的发音限制条件较弱，因此易于跨辅音元音的协同发音影响。

4.3.3.2　舌尖中音

由于/u#C2y/(C2 为/n，l/)各有 1 个样本，因此不纳入统计分析中。由表 4－7 的结果可知，V1/u/的 V1_POS(M)和 V1_F2(M)在不同的 V2 和 C2 条件下没有显著差异。V2 和 C2 对 V1_POS(E)和 V1_F2(E)的主效应均显著，V2 对前者的影响表现为/i/>/u，a/($p<0.05$)，对后者的影响表现为/i/>/a/>/u/($p<0.001$)，C2 对两者的影响表现为/l/</t，t^h，n/($p<0.05$)。

V2 和 C2 对 Delta_POS(V1)的主效应显著。在 V2 为/i/的条件下，V1 后过渡段 POS 的升幅显著大于 V2 为/a，u/的情况。在 C2 为边音的条件下，V1 后过渡段 POS 的变化显著低于舌尖塞音和鼻音的情况。由图 4－35(c)可以发现，在后字音节为/la/的条件下，Delta_POS(V1)7H 的方向发生变化。V2 和 C2 对 Delta_F2(V1)的主效应显著，V2 的影响表现为/u/</a/</i/($p<0.001$)。在 C2 为边音的条件下，V1 后过渡段 F2 轨迹上升幅度最小。

上述分析结果表明，在 C2 为舌尖中音的条件下，V2 影响固定 V1/u/后过渡段的腭位和 F2 轨迹，V2/i/对 V1/u/的影响明显强于 V2/a/的影响，这说明元音/i/的发音限制条件强于元音/a/。边音对 V1 后过渡段的四个参数的影响幅度与其他舌尖中音存在明显的差异，①但是这不影响 V2 对 V1 的逆向影响。V2/a/和 V2/u/对 V1/u/逆向影响的差异主要体现为 V1 后过渡段 F2 轨迹的不同，由图 4－35(a)和 c 可以发现，C2 为塞音时，V2/a，u/条件下的 V1_POS

① 四个参数是指：V1_POS(E)、V1_F2(E)、Delta_POS(V1)和 Delta_F2(V1)。

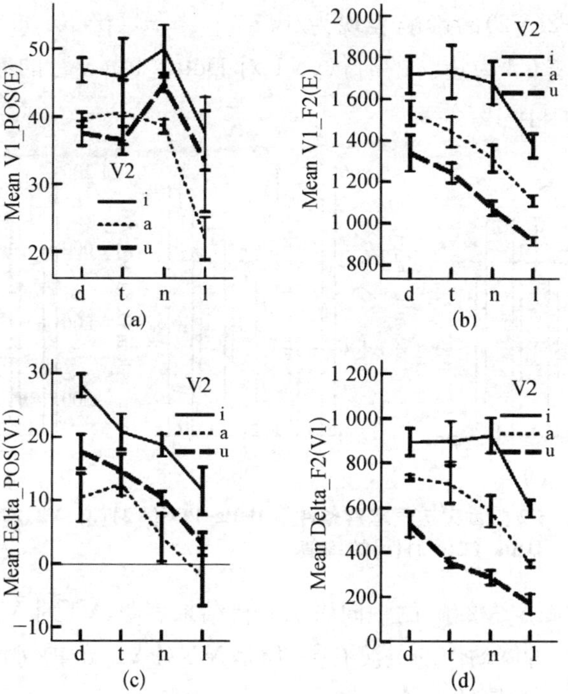

图 4－35　固定 V1/u/、C2 为舌尖中音条件下，V2 对 V1_POS(E)(a)、V1_F2(E)(b)、Delta_POS(V1)(c)和 Delta_F2(V1)(d)的影响

(E)和 Delta_POS(V1)大体相当，这说明 V1 后过渡段的唇形有可能受到 V2 的逆向影响。在 C2 为鼻音和边音的条件下，上述两个参数存在明显的差异，这说明在 V2 为/a/的条件下，V1/u/后过渡段的舌位动作向 V2/a/的舌位目标过渡。

以下分析在 C2 为舌尖中音条件下 V1 对固定 V2/u/的顺向影响。由表 4－8 的结果可知，在 C2 为/t^h，l/的条件下，V1 对 V2 的 F2 轨迹有显著影响。Sheffe 事后检验结果发现，在 C2 为舌尖塞音的条件下，V1 对 Delta_POS(V2)的影响表现为/a/＜/i/(p＝0.07)[见图 4－36(a)]，V1 对 V2_F2(S)的影响表现为/u/＜/a/(p＝0.06)，V1

对 Delta_F2(V2)的影响表现为/i, a, ɿ/>/u/($p<0.05$)[图 4-36(b)和(c)]。C2 为边音的时候,V1 对 Delta_F2(V2)的影响表现为/a, i/>/u/($p<0.05$)。

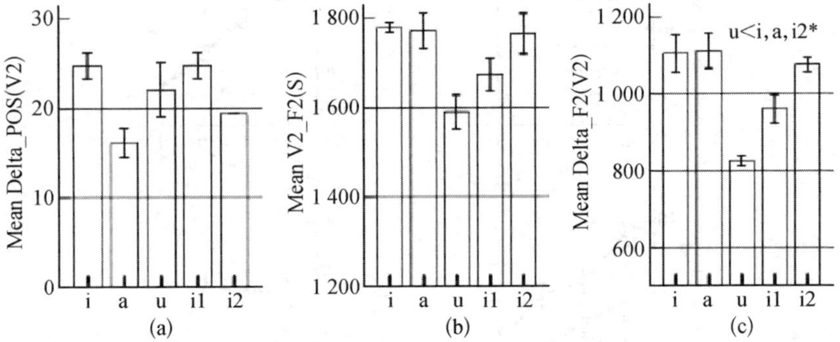

图 4-36　C2 为舌尖送气塞音条件下 Delta_POS(V2)(a)、V2_F2(S)(b)和 Delta_F2(V2)(c)的均值

V1 对固定 V2/u/的顺向影响分析结果表明,V1 对 V2 的顺向影响有可能与舌体动作的过渡有关,但是 V1 对 V2/u/前过渡段腭位参数和 F2 轨迹的影响并不一致。

4.3.3.3　舌尖前音和舌尖后音

在 C2 为舌尖前音的条件下,V2 为/a, u, ɿ/。由表 4-7 的结果可知,V2 不影响 V1_POS(M)、V1_F2(M)、V1_POS(E)和 Delta_POS(V1)。V2 影响 V1_F2(E)和 Delta_F2(V1),表现为/u/</a, ɿ/($p<0.001$)[见图 4-37(a)和(b)]。

在 C2 为舌尖后音的条件下,V2 为/a, u, ʅ/。由表 4-7 可知,V2 对 V1/u/的逆向影响与 C2 为舌尖前音的情况一致,V2/u/条件下 V1/u/结束点的 F2 及后过渡段 F2 轨迹降幅显著低于其他 V2 的情况。

C2 对 V1_F2(E)和 Delta_F2(V1)有显著影响。C2 为浊擦音条件下的两个参数显著大于 C2 为其他舌尖后音的情况[见图 4-38(a)和(b)]。在 V2 为/u/的条件下,V1/u/结束点的 F2 及 F2 轨迹的降幅显著低于 V2 为非圆唇元音的情况。

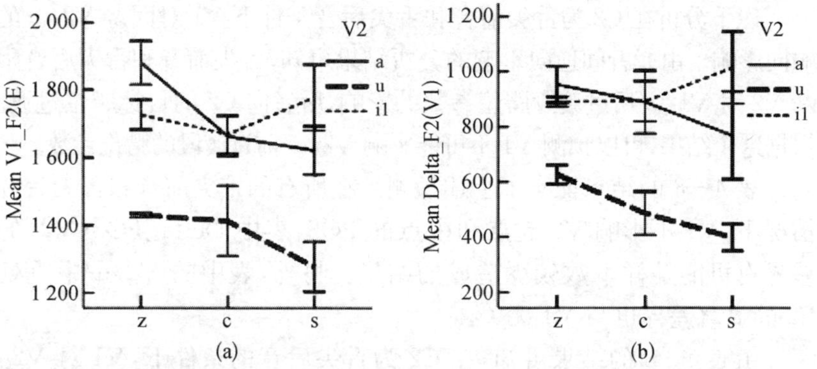

图 4-37　固定 V1/u/、C2 为舌尖前音条件下，V2 对 V1_F2(E)(a)和 Delta_F2(V1)(b)的影响

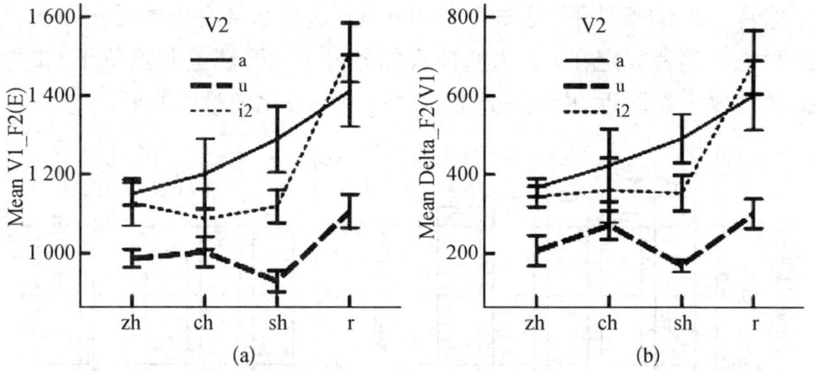

图 4-38　固定 V1/u/、C2 为舌尖后音条件下，V2 对 V1_F2(E)(a)和 Delta_F2(V1)(b)的影响

上述结果表明，V1/u/后过渡段的腭位指向 C2 的发音目标，V2 不影响 V1 过渡段的腭位。在 V2 为/u/的条件下，V1/u/结束点的 F2 及后过渡段 F2 轨迹的升幅显著降低，这说明对称元音序列/u♯C2u/在整个双音节时段均保持圆唇的动作。如果 V2 为非圆唇元音，V1/u/的圆唇动作在 V1 后过渡段就开始向后接元音的唇形动作过渡。(潘晓声　2011)这也说明圆唇动作的顺向影响难于实现。(Modarresi *et al*. 2004)

以下分析在 C2 为舌尖前音和舌尖后音条件下 V1 对固定 V2/u/的顺向影响。由元音间逆向影响的分析结果可知，舌尖前音和舌尖后音阻断 V2 对 V1/u/后过渡段腭位参数的影响，后者向 C2 的目标腭位过渡。根据这个结果，可以预测 V1 不可能影响 V2/u/前过渡段的腭位参数。

表 4－8 的结果证实了上述预测。在所有的舌尖前音和舌尖后音情况下，V1 不影响 V2 起点和中点的 POS，表中 Delta_POS(V2)的差异有可能是样本数较少造成的结果。另外，表中的 V2/u/中点处 F2 的显著差异也与 V1 无关。

由表 4－8 的结果可知，在 C2 为舌尖后音的条件下，V1 对 V2_F2(S)有显著影响。单因素方差分析结果发现，V1 对 V2_F2(S)的影响表现为/u/</i, ɿ, ʅ/($p<0.05$)，且这种影响只出现在 C2 为送气塞擦音/tʂ^h/的条件下[见图 4－39(b)]。这个结果有可能受测量方法的影响。笔者规定在 C2 为塞擦音的条件下，F2 轨迹起点位于 C2 摩擦送气段中点附近，而这个时段 F2 轨迹一般比较难于判断。

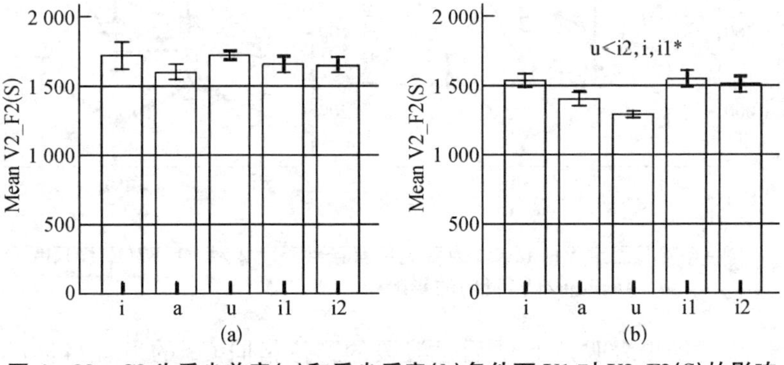

图 4－39　C2 为舌尖前音(a)和舌尖后音(b)条件下 V1 对 V2_F2(S)的影响

4.3.3.4　舌面前音和舌面后音

C2 为舌面前音时，只分析 V2 对 V1 的逆向影响。① 由表 4－7

---

① 舌面前音不能后接单元音韵母/u/。后接复合元音/iu/的时候，韵母后段/u/与单元音韵母/u/在发音生理和声学上存在较大的差异。

可知,V1/u/的 V1_POS(M)、V1_F2(M)、V1_POS(E)和 Delta_POS(V1)在不同的 V2 和 C2 条件下没有显著差异。V2 对 V1_F2(E)和 Delta_F2(V1)的主效应显著,其影响表现为/y/</u, a, i/($p<0.05$)。C2 对 Delta_F2(E)的主效应显著,在 C2 为不送气塞擦音/tɕ/的条件下,V1/u/后过渡段的 F2 轨迹的上升幅度显著低于擦音/ɕ/的情况(见图 4-40)。

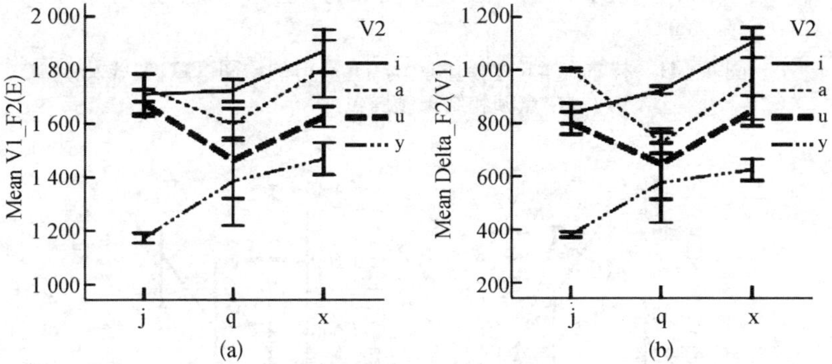

图 4-40　固定 V1/u/、C2 为舌面前音的条件下,V2 对 V1_F2(E)(a)和 Delta_F2(V1)(b)的影响

上述结果说明,在 C2 为舌面前音的条件下,V2 不影响 V1 后过渡段 POS 的变化,V1/u/后过渡段的腭位变化指向 C2 的目标腭位。在 V2 为/y/的条件下,V1/u/后过渡段 F2 轨迹的上升幅度显著低于 V2/a, i, u/的情况。由图 4-41 可以看出,在双音节/u#tɕy/中,V1 结束点的 F2 为 1 245 Hz,而在双音节/u#tɕiu/中 V1 结束点的 F2 为 1 854 Hz。这说明,在前者条件下,整个双音节的唇形基本不变,而在后者条件下,V1 后过渡段的圆唇动作幅度有可能降低。

C2 为舌面后音的时候,V2 位置上的元音为/a, u, eɪ/。由表 4-7 的结果可知,V2 对 V1 中点腭位的 POS 及 F2 没有显著影响。C2 发音方式对 V1 中点腭位的 POS 有显著影响,在擦音/x/条件下的 V1_POS(M)显著大于送气塞音/kʰ/的情况。这可能是双音节首字

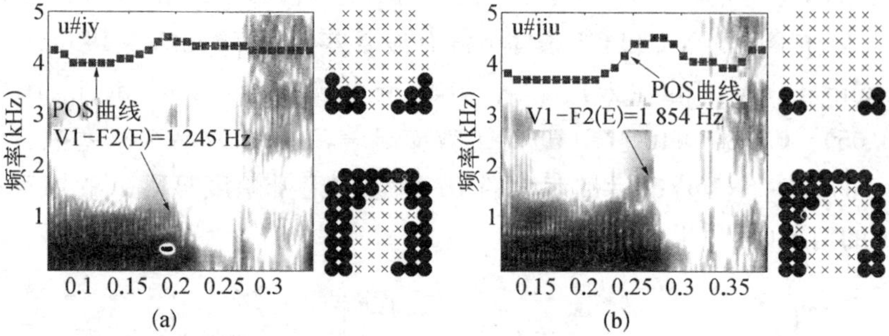

图 4-41　样本/u#tɕy/(a)和/u#tɕiu/(b)的语图、POS 曲线及 V1/u/中点帧和结束帧腭位

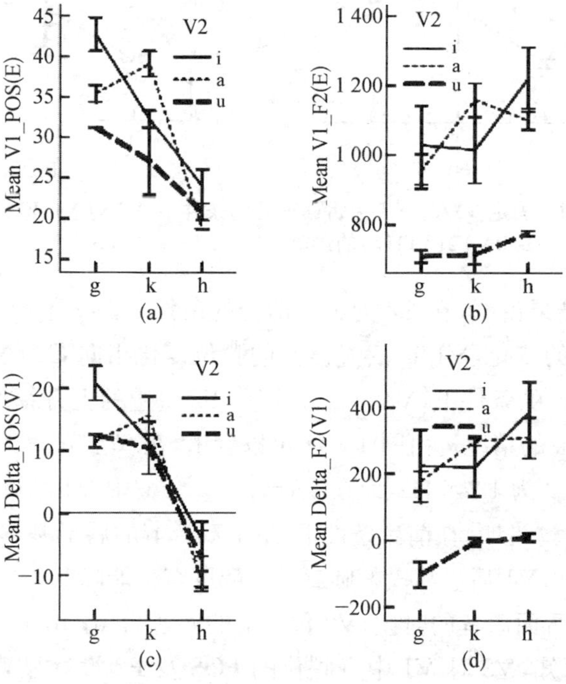

图 4-42　固定 V1/u/、C2 为舌面后音条件下，V2 对 V1_POS(E)(a)、V1_F2(E)(b)、Delta_POS(V1)(c)和 Delta_F2(V1)(d)的影响

声母/t/对 V1/u/的顺向协同发音的结果。

V2 和 C2 对 V1/u/的 V1_POS(V1)的主效应显著，V2×C2 的交互效应显著。单因素方差分析结果发现，V2 的影响在不同的 C2 条件下表现不一致。在 C2 为/k/的条件下，V2 的影响表现为/u/$<$/a, eɪ/($p<0.05$)。在 C2 为/x, k^h/的条件下，V1_POS(E)没有显著差异[图 4 - 42(a)]。C2 对 V1_POS(E)的影响表现为/x/$<$/k^h, k/($p<0.05$)，这与擦音/x/的发音方式有关。V2 对 V1_F2(E)有显著影响，对称元音/u/序列条件下的 V1_F2(E)显著低于 V2 为其他元音的情况。

C2 对 Delta_POS(V1)的影响显著，这与舌面后音的成阻方式有关系。C2 为擦音/x/时，V1 后过渡段的 POS 下降；C2 为塞音时，POS 则上升。V2 对 Delta_F2(V1)的主效应显著。在对称元音/u＃C2u/序列条件下，V1 后过渡段的 F2 轨迹倾向于保持不变。在 V2 为/a, eɪ/的条件下，V1 后过渡段的 F2 轨迹上升，且两者之间没有显著差异。

上述结果说明，C2 为舌面后音时，V2 不影响 V1 后过渡段 POS 的变化，后者指向 C2 的成阻部位。由图 4 - 43 可以看出，无论 V2 为何种元音，C2 起点帧的成阻部位一致，但是后腭接触面积可能存在差异。V2/u/的圆唇特征影响 V1 后过渡段的 F2 轨迹。

以下分析 C2 为舌面后音条件下 V1 对 V2/u/的顺向影响。由表 4 - 8 的结果可知，在 C2 为/k/的条件下，V1 对 V2_F2(M)有显著影响，这可能是样本容量较小的缘故(/i＃ku/只有 2 个样本)。C2 为/k^h/时，V1 对 V2_POS(S)和 Delta_POS(V2)有显著影响。由图 4 - 44 的 Sheffe 事后检验结果发现，V1/ʅ/条件下的两个参数显著高于 V1/u/的情况。V1 对 V2/u/起点腭位(此时的起点腭位为 V2 的 F2 轨迹起点时刻前的腭位)的影响有可能与 V1 的舌位有关。V1 的舌位越高，则 V2 的 F2 轨迹起点前腭位的 POS 就越大。

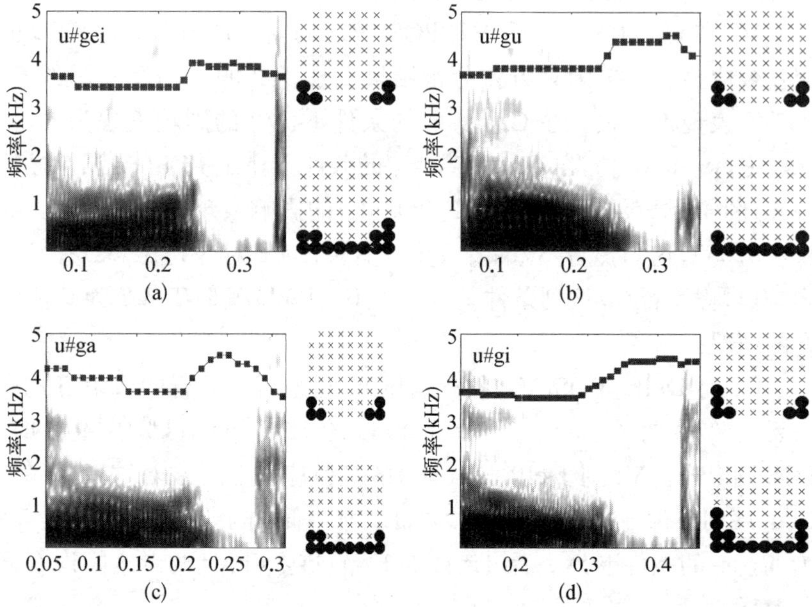

图 4-43　样本/u＃keɪ/(a)、/u＃ku/(b)、/u＃ka/(c)和/u＃ki/(d)的语图、POS 曲线和两个关键帧(分别为 V1 中点帧和 V1 结束帧的腭位)

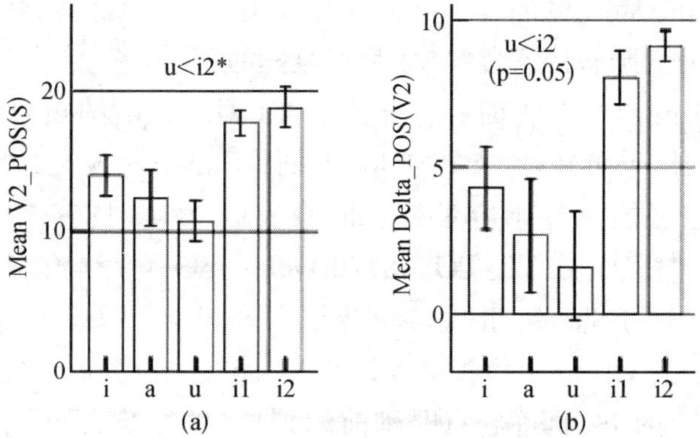

图 4-44　C2 为/k^h/条件下 V2/u/的 V2_POS(S)(a)、和 Delta_POS(V1)(b)的均值

对在 C2 为舌面后音条件下 V1 对固定 V2/u/顺向影响的分析结果表明，V1 对 V2/u/起点腭位的影响取决于 V1 的舌位。

4.3.3.5　小结

从 V2 对固定元音 V1/u/的逆向影响分析结果发现，V2/i/对固定 V1/u/后过渡段的腭位和 F2 轨迹有显著影响，V2/a/对 V1 后过渡段的腭位没有显著影响，但是对 V1/u/后过渡段 F2 轨迹的变化有显著影响。V2 对 V1 的逆向影响受到 C2 协同发音阻力的制约：在 C2 为舌尖前音、舌尖后音或舌面前音条件下，V1 后过渡段的腭位指向 C2 的舌体动作目标，因而阻断 V2 对 V1 腭位的影响。在 C2 为唇音或舌尖中音的条件下，V1 后过渡段的腭位受 V2/i/的影响。在 C2 为舌面后音的条件下，V1 后过渡段的腭位指向 C2 的目标腭位，C2 的成阻部位不受影响，但是舌腭接触面积受到 V2 的影响。在对称元音序列中，V1 后过渡段的 F2 轨迹变化方向或幅度与 V2 为非圆唇元音条件下的情况存在显著差异，这在 C2 为舌尖前音、舌尖后音及舌面前音条件下非常明显。可以认为，在非对称元音序列中，V1/u/的圆唇动作在后过渡段有可能逐渐向 V2（V2≠/u/）的唇形动作过渡，这说明圆唇动作对后音段的顺向影响较难实现。

V1 对固定 V2/u/的顺向影响与 V1 的舌位及元音间的间距时长有关，V1 的舌位越高、越靠前，则 V2 起点腭位的 POS 和/或 F2 轨迹起点越高。元音间的顺向影响一般出现在 C2 为送气音的情况，这是因为送气音的持阻时长小于不送气塞音。

4.3.4　固定元音/ɿ/

V1 为固定元音/ɿ/时，C2 位置上有 21 个辅音声母，V2 包括/i(eɪ)，y，a，u，ɿ，ʅ/，共有 68 种组合形式。多数组合有 2～3 个样本，共有 200 个语音样本。V2 为固定元音/ɿ/时，C2 位置上只能为舌尖前音声母，V1 位置上有 6 个单元音韵母/i，y，a，u，ɿ，ʅ/，共有 18 种组合形式。多数组合有 2～3 个样本，共有 45 个语音样本。

表 4-9　V1 固定为/ɿ/,V2 变化条件下 V2 对 V1 的 ANT 和 POS 参数的逆向影响比较结果

C2 部位	效应	V1_ANT(M)	V1_POS(M)	V1_ANT(E)	V1_POS(E)	Delta_ANT(V1)	Delta_POS(V1)
唇音(LA)	C2	—	—	f, b<m***	—	(−)f,(±)b<(±)m **	—
	V2	—	a<u, i*	u, a<i*	a<u, i*	(−)u,(−)a<(+)i * **	(±)a<(±)i*
	交互	—	—	**	—	—	—
舌尖中(AL)	C2	l<n***	l<t, d, n*	—	l<t, d, n*	—	(±)l<(+)n(p=0.05)
	V2	—	—	—	a<i*	—	—
	交互	—	—	—	—	—	—
舌面后(VE)	C2	—	—	—	h<k, g***	—	(±)h<(+)g, k***
	V2	—	—	—	—	—	—
	交互	—	—	—	—	—	—
舌面前(AP)	C2	—	—	x<j*	—	(+)x<(+)j, q	—
	V2	—	—	—	—	—	—
	交互	—	—	—	—	—	—
舌尖前(DE)	C2	—	—	s<z, c*	—	(+)s<(+)z, c**	—
	V2	—	—	—	—	—	—
	交互	—	—	—	—	—	—
舌尖后(RE)	C2	—	—	sh,r<zh, ch ***	—	(+)sh,r<(+)zh, ch ***	—
	V2	—	—	—	—	—	—
	交互	—	—	—	—	—	—

舌尖前元音的舌腭收紧点部位与同部位的舌尖前音相似。本节使用前腭接触面积(ANT)和后腭接触面积(POS)来研究舌尖前元音受对侧元音影响的情况。研究 V2 对固定 V1/ɿ/的逆向影响的时候，只有在 C2 为舌尖前音声母的条件下才有对称元音序列/ɿ＃C2ɿ/。根据 4－1 节的规定，当 C2 不是舌尖前音的时候，V1 为/i/、/ʅ/或/eɪ/的双音节序列作为对称元音序列。表 4－9 为 V2 对 V1/ɿ/的两个腭位参数的逆向影响的双因素方差分析结果，表 4－10 为 V2 对固定 V1/ɿ/的 F2 参数的逆向影响的双因素方差分析结果。

表 4－10　V1 固定为/ɿ/，V2 变化条件下 V2 对 V1 的 F2 轨迹参数的逆向影响结果

C2 部位	效应	V1_F2(M)	V1_F2(E)	Delta_F2(V1)
唇音 (LA)	C2	—	—	(－)f<(±)m, b, p
	V2	—	u<a<i*	(－)u(±)a<(±)i*
	交互	—	—	**
舌尖中 (AL)	C2	l<n (p=0.07)	l<n**	(±)t<(±)n*
	V2	u<i**	u, a<y, i*	(±)u, a<(＋)y, i ***
	交互	—	—	—
舌面后 (VE)	C2	—	h<g, k*	(－)h<(－)k, g *
	V2	u<a**	u<a, eɪ***	(－)u<(±)a(－)eɪ ***
	交互	—	—	—
舌面前 (AP)	C2	—	q, j<x*	—
	V2	—	—	(＋)y<(＋)i * (＋)u<(＋)i (p=0.05)
	交互	—	—	—
舌尖前 (DE)	C2	—	—	—
	V2	—	—	(－)u<(±)i1, (＋)a*
	交互	—	—	—
舌尖后 (RE)	C2	—	—	(＋)ch<(＋)zh, sh*
	V2	—	u<a, i2**	(＋)u<(＋)i2<(＋)a **
	交互	—	—	***

4.3.4.1　唇音

C2 为唇音时，对称元音序列定义为/ɿ＃C2i/（C2 为双唇音）或/ɿ＃C2eɪ/（C2 位唇齿擦音/f/）。由表 4－9 可知，V1/ɿ/的 V1_ANT(M)不受 V2 和 C2 的影响。V2 对 V1_POS(M)有显著影响，表现为/a/＜/u, i/($p<0.05$)[见图 4－45(a)]。由表 4－10 可知，V1_F2(M)在不同的 V2 或 C2 条件下没有显著差异。

V2 和 C2 对 V1_ANT(E)的主效应显著，交互效应也显著。单因素方差分析结果发现，V2 对 V1_ANT(E)的影响表现为/a, u/＜/i/($p<0.05$)[见图 4－45(b)]，V2 的影响与 C2 无关。在不同的 V2 条件下，C2 对 V1_ANT(E)的影响表现不一致，在 V2 为/i(eɪ), u/的条件下，C2 对 V1_ANT(E)的影响表现为/f/＜/m/($p<0.001$)，但是在 V2 为/a/的条件下，C2 的影响不显著。V1_POS(E)只受 V2 的影响，表现为/a/＜/u, i/($p<0.05$)[见图 4－45(c)]。V1_F2(E)受 V2 的显著影响，表现为/u/＜/a/＜/i/($p<0.05$)。但是单因素方差分析结果发现，在 C2 为唇齿擦音/f/的条件下，V2 对 V1_F2(E)的影响不显著[见图 4－45(f)]。

V2 和 C2 对 Delta_ANT(V1)的主效应均显著，这与两者对 V1_ANT(E)影响结果一致。由图 4－45(d)可以看出，V2 对 Delta_ANT(V1)的影响表现为变化方向的差异，但是在 C2 为唇齿擦音的条件下，V1 后过渡段的 ANT 均下降。V2 对 Delta_POS(V1)有显著影响，表现为/a/＜/i/($p<0.05$)。由图 4－45(e)可以看出，V2 的影响只出现在 C2 为/p, p^h, m/的情况下，在 C2 为唇齿擦音的条件下，V1 后过渡段的 POS 变化与 V2 无关。V2 和 C2 对 Delta_F2(V1)的主效应均显著，交互效应也显著。单因素方差分析结果发现，C2 为/p/时，V2 的影响表现为/u/＜/i/($p<0.05$)；C2 为/m, p^h/时，V2 的影响表现为/a, u/＜/i/($p<0.01$)；C2 为/f/时，V2 的影响不显著[见图 4－45(g)]。

上述结果说明，V2/a, u/显著降低 V1/ɿ/后过渡段的前腭接触面

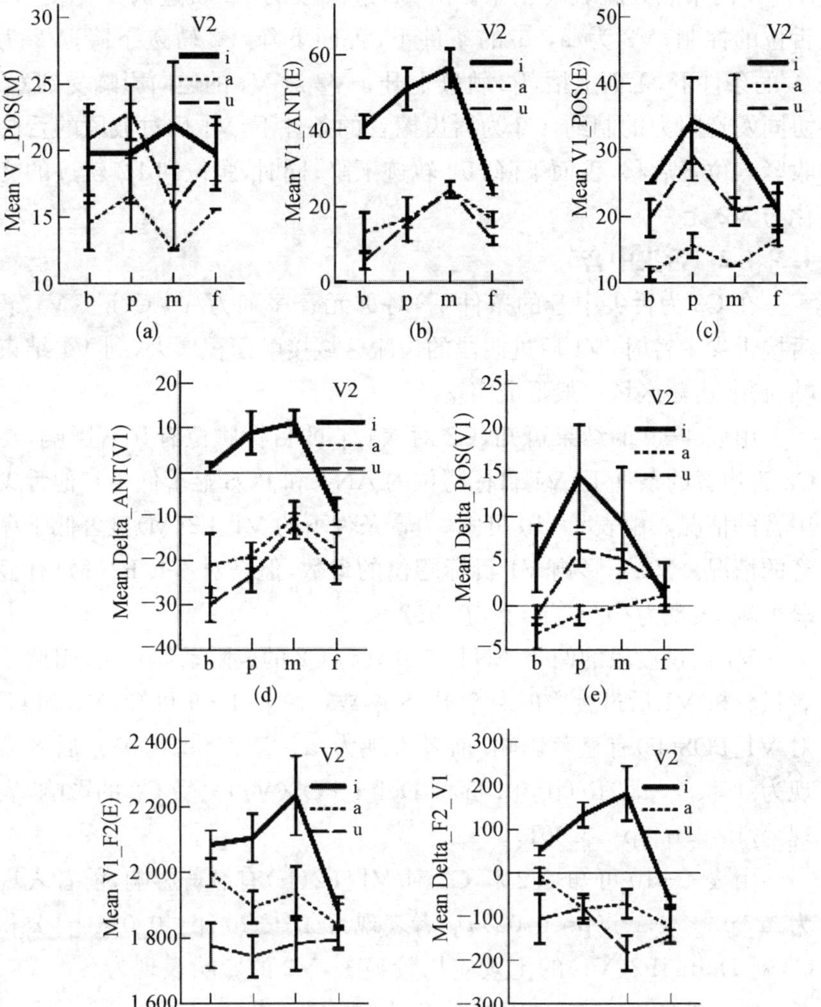

图 4-45　在固定 V1/ʅ/、C2 位唇音条件下，V2 对 V1/ʅ/的腭位和 F2 参数的影响

积，V1/ɿ/后过渡段的后腭接触面积与 V2 舌位高度有关，V2 的影响从 V1 的中点处就表现出来。V1 后过渡段的 F2 轨迹的变化受 V2 舌位的控制，V2 为/a, u/的条件下，舌面下降，F2 轨迹下降；V2 为/i/的条件下，舌面上抬，F2 轨迹上升。V2 对 V1 的逆向影响受到 C2 协同发音阻力的制约，C2 为唇齿擦音的条件下，V1 后过渡段的舌腭收紧点位置后移，舌面下降，F2 轨迹下降；同时，腭位和 F2 轨迹的变化与 V2 无关。

4.3.4.2　舌尖中音

在 C2 为舌尖中音的条件下，对称元音序列为/ɿ＃C2i/。V1/ɿ/后接舌尖中音时，V1 后过渡段的齿龈区域接触面积增大，到 V1 结束帧时刻，齿龈区域一般形成闭塞。

由表 4－9 的结果可知，C2 对 V1/ɿ/的目标腭位有显著影响，在 C2 为边音的条件下，V1 目标腭位的 ANT 和 POS 显著低于其他舌尖中音的情况。由表 4－10 可知，边音条件下的 V1_F2(M)显著低于鼻音的情况。V2 不影响 V1 目标腭位的参数，但是对 V1_F2(M)有显著影响，表现为/u/＜/i/($p<0.01$)。

V1 后过渡段的两个 ANT 参数只与 C2 的成阻动作有关，因此笔者只分析 V1 后过渡段的两个 POS 参数。由表 4－9 可知，V2 和 C2 对 V1_POS(E)有显著影响，前者表现为/a/＜/i/($p<0.05$)，后者表现为/l/＜/t, t^h, n/($p<0.05$)。Delta_POS(V1)只受 C2 的影响，表现为/l/＜/n/($p<0.001$)。

由表 4－10 可知，V2 和 C2 对 V1_F2(E)有显著影响，前者表现为/a, u/＜/i, y/($p<0.05$)，后者表现为/l/＜/n/($p<0.01$)。V2 和 C2 对 Delta_F2(V1)的主效应均较显著，V2 的影响表现为/a, u/＜/y, i/($p<0.001$)，C2 的影响表现为/t^h/＜/n/($p<0.05$)。

上述结果说明，在 C2 为舌尖中音的条件下，V2 对 V1/ɿ/后过渡段的腭位参数的影响与 V2 的舌位有关，V2/a, u/降低 V1 的 POS，而 V2/i, y/使得 V1 的 POS 上升。V1 后过渡段的 F2 轨迹的变化与

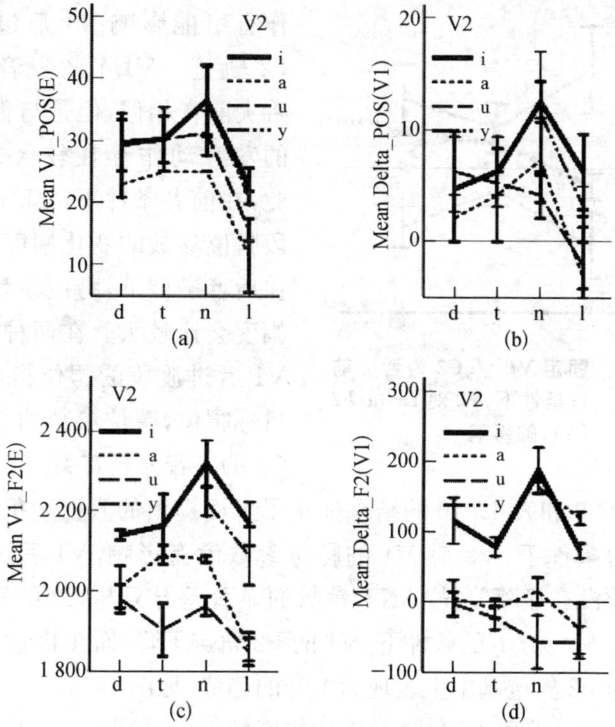

图 4-46 固定 V1/ɿ/、C2 为舌尖中音条件下 V2 对 V1_POS(E)(a)、Delta_POS(V1)(b)、V1_F2(E)(c)和 Delta_F2(V1)(d)的影响

POS 的变化密切相关，在 V2 为/i, y/的条件下，F2 轨迹上升，在 V2 为/a, u/的条件下，F2 轨迹保持不变或者下降。V2 对 V1 的逆向影响受到 C2 协同发音阻力的制约，后者只影响 V2 对 V1 逆向作用的幅度。在 C2 为鼻音的条件下，V2 对 V1/ɿ/的逆向影响十分显著。C2 为边音的条件下，V2 对 V1/ɿ/的逆向作用减弱。

4.3.4.3 舌尖前音和舌尖后音

C2 为舌尖前音或舌尖后音的时候，由于 C2 的协同发音阻力较强，V2 对 V1 后过渡段腭位的逆向影响被阻断，但是 V2/u/的圆唇动

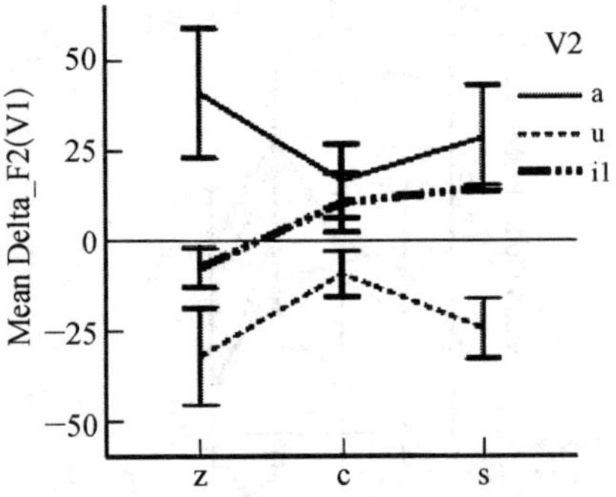

图 4-47 固定 V1/ɿ/、C2 为舌尖前音条件下，V2 对 Delta_F2(V1)的影响

作有可能影响 V1 后过渡段的 F2 轨迹。V1/ɿ/的发音动作与舌尖前音相似，但是与舌尖后音的发音动作存在较大差异，因此，在前者条件下，V1/ɿ/后过渡段腭位参数的变化幅度较小，而在后者条件下，腭位参数的变化幅度会比较大。在两种条件下，V1 后过渡段的腭位指向 C2 的目标腭位，腭位参数的差异应与 C2 的发音方式有关。

表 4-9 和表 4-10 的结果证实了上面提出的假设。在 C2 为舌尖前音的条件下，V2 对 V1 的腭位参数没有影响，V1 后过渡段的 POS 参数没有显著差异，ANT 参数的显著差异只与 C2 的发音方式有关。在 V2 为/u/的条件下，V1 的 F2 轨迹下降，而在其他元音条件下，V1 的 F2 轨迹基本上表现为上升的趋势(见图 4-47)。需要注意的是，V1 后过渡段 F2 轨迹的变化幅度较小，一般在±50 Hz 范围内，这与 V1 向 C2 过渡过程中舌面动作幅度较小有关。

在 C2 为舌尖后音的条件下，V1 后过渡段腭位参数的显著差异只与 C2 的发音方式有关。由表 4-10 的结果可知，V2 对 V1_F2(E)的影响与 V2 是否为圆唇元音有关[见图 4-48(a)]。V2 和 C2 对 Delta_F2(V1)存在显著的交互效应，单因素方差分析结果发现，C2 为/tʂ/时，V2 的影响表现为/u/</a, ʅ/($p<0.01$)。C2 为/tʂʰ/时，V2 没有显著影响。C2 为/ʂ, ʐ/时，V2 的影响表现为/u/</a/($p<0.05$)，/ʅ/</a/($p<0.08$)[见图 4-48(b)]。上述结果表明，在 V2 为圆唇元音的条件下，V1 结束点的 F2 及后过渡段 F2 的升幅均显著降低。

C2 为舌尖前音的条件下存在对称元音序列/ɿ#C2ɿ/，因而笔者

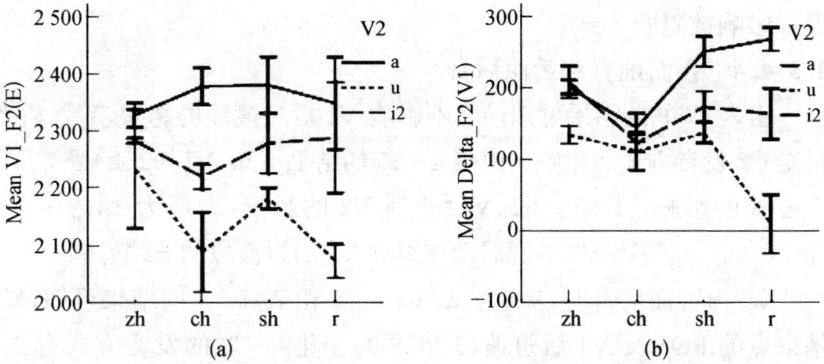

图 4-48　固定 V1/ʅ/、C2 为舌尖后音条件下，V2 对 V1_F2(E)(a)和 Delta_F2(V1)(b)的影响

可以分析 V1 对固定 V2/ʅ/的腭位和 F2 轨迹的影响。从表 4-11 的结果来看，V1 对 V2 的腭位参数和 F2 参数没有影响。

表 4-11　C2 为舌尖前音、V2 为/ʅ/条件下 V1 对 V2 顺向影响的单因素方差结果的显著性水平

	/ts/	/tsʰ/	/s/
V2_ANT(S)	0.065	0.445	0.195
V2_POS(S)	0.065	0.407	0.209
V2_ANT(M)	0.414	0.146	0.527
V2_POS(M)	0.507	0.474	0.605
Delta_ANT(V2)	0.773	0.215	0.977
Delta_POS(V2)	0.75	0.283	0.379
V2_F2(S)	0.993	0.501	0.225
V2_F2(M)	0.9	0.329	0.264
Delta_F2(V2)	0.501	0.48	0.283

上述结果说明，在 C2 为舌尖前音或舌尖后音的条件下，V2 不影响 V1/ʅ/后过渡段的腭位参数，后者指向 C2 的目标腭位。V2 圆唇特征显著影响 V1/ʅ/后过渡段 F2 的轨迹。此外，V1 对 V2/ʅ/的协同

发音影响被阻断。

4.3.4.4　舌面前音和舌面后音

由表 4－9 的结果可知，V2 不影响 V1 后过渡段的腭位参数，后者只受 C2 发音方式的影响。由表 4－10 的结果可知，V1_F2(E)受 C2 发音方式的影响。Delta_F2（V1）受到 V2 的影响，表现为/u, y/＜/i/（$p<0.05$），这说明 V2 的圆唇动作影响 V1 后过渡段的 F2 轨迹。

C2 为舌面后音时，V2 为/a, u, eɪ/。由表 4－9 的结果可知，V1 结束点的 POS 及 V1 后过渡段 POS 的变化与 C2 的发音方式有关。在 C2 为塞音/k, k^h/的条件下，V1 后过渡段的后腭接触面积显著增加；在 C2 为擦音/x/的条件下，后腭接触面积基本不变。

由表 4－10 的结果可知，V2/u/显著降低 V1/ɿ/中点和结束点的 F2，同时，V1 后过渡段的 F2 轨迹下降，且降幅最大。C2 对 V1 结束点 F2 和 V1 后过渡段的 F2 轨迹有显著影响，表现为在擦音/x/条件下的 V1_F2(E)显著低于塞音/k, k^h/的情况。此外，擦音条件下的 F2 轨迹轨迹下降，这与塞音的情况有明显的区别。

上述分析结果表明，当舌尖前元音/ɿ/后接舌面后音时，V1/ɿ/后过渡段的 ANT 迅速减小，POS 的变化与舌面后音的发音方式有关，

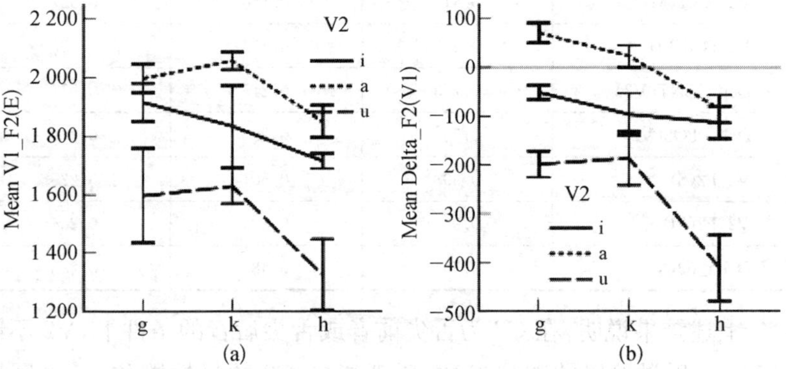

图 4－49　在固定 V1/ɿ/、C2 为舌面后音条件下，V2 对 V1_F2(E)(a)和 Delta_F2(V1)(b)的影响

在后接塞音/k, k^h/的条件下，POS 增大；在后接擦音/x/条件下，POS 倾向于降低。在声学方面，擦音/x/对 V1/ɿ/的 F2 轨迹有显著影响。对比同部位的塞音，擦音条件下 V1/ɿ/的 F2 轨迹从中点处开始下降，这与 POS 的持续下降密切相关。圆唇元音/u/对 V1/ɿ/的 F2 轨迹的影响可以达到 V1 的中点，并使 V1 后过渡段的 F2 轨迹持续下降，由于 V1 后过渡段的腭位变化只受 C2 发音方式的影响，因此，唇形的变化可能是导致 F2 迅速下降的主要原因。

4.3.4.5　小结

本节的分析结果表明，V2 对固定 V1/ɿ/后过渡段的腭位参数有显著的逆向影响。V2 对 V1 的逆向影响取决于 C2 的协同发音阻力。在 C2 为唇音和舌尖中音条件下，V2 对 V1 的腭位和 F2 轨迹有显著影响，V2/i/的影响最大，它使得 V1 后过渡段的 POS 增加，F2 轨迹上升，且升幅倾向于最大。V2/a, u/对 V1 后过渡段腭位的影响相对较小。在 C2 为舌尖前音、舌尖后音、舌面前音或舌面后音条件下，V2 不影响 V1 后过渡段的腭位。V2 的圆唇特征影响 V1 后过渡段的 F2 轨迹的变化幅度和/或方向。最后，V1 不影响 V2 时段的腭位参数和 F2 轨迹。

4.3.5　固定元音/ʅ/

V1 为固定元音/ʅ/时，C2 位置上有 21 个辅音声母，V2 包括/i (eɪ), y, a, u, ɿ, ʅ/，共有 68 种组合形式。多数组合有 2～3 个样本，共有 194 个语音样本。V2 为固定元音/ʅ/时，C2 位置上只能为舌尖后音，V1 位置上有 6 个单元音韵母/i, y, a, u, ɿ, ʅ/，共有 18 种组合形式。每种组合形式的样本数为 2～4 个，共有 68 个语音样本。

舌尖后元音/ʅ/的腭位与舌尖后擦音及塞擦音摩擦段的腭位相似，它的腭位有两个特征，首先，在 R2—R3 行电极位置形成收紧点。其次，舌面前两侧上抬，与硬腭和软腭两侧接触，舌面中部下降，形成凹槽。本研究发音人的舌尖后元音的腭位不稳定，舌腭收紧点的位置和收紧点宽度存在较大差异。由图 4－50 可以看出，舌尖后元音收紧点的部位主要位于齿龈后区域，收紧点的宽度为3～5个电极，舌腭收紧点长度为1～3个电极。

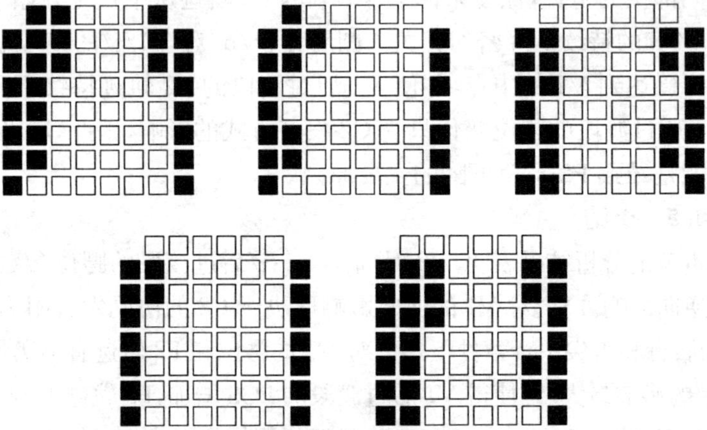

图4-50　本研究发音人产出的处于V1位置元音/ʅ/的最大舌腭接触帧的样本

舌尖后元音的F2轨迹较难提取。舌尖或舌叶抬起与齿龈后/硬腭前接触，由此产生舌下腔。舌下腔引入一对零极点，极点为舌下腔的共鸣频率，一般位于元音的F2和F3之间，这个共鸣频率自身并没有单独的轨迹，它增大F2的带宽并有可能取代F3，而此时的F3的能量会非常弱。零点的引入会导致F3及高次共振峰能量减弱。(Stevens 1998)笔者测量的舌尖后元音的F2在2 000～2 500 Hz之间。研究V2对固定V1/ʅ/的逆向影响时，只有C2为舌尖后音声母的条件下才有对称元音序列/ʅ＃C2ʅ/。根据4.1节的规定，当C2不是舌尖后音的时候，V1为/i，ʅ，eɪ/、V2为/ʅ/的双音节序列作为其他辅音发音部位条件下的对称元音序列。

4.3.5.1　唇音

在C2为唇音的条件下，对称元音序列规定为/ʅ＃C2i(eɪ)/。由表4-12的结果可知，V1/ʅ/的目标腭位不受C2和V2的影响。V2

表 4-12　V1 固定为/ʅ/，V2 变化条件下 V2 对 V1 的 ANT 和 POS 的逆向影响比较结果

C2 部位	效应	V1_ANT(M)	V1_POS(M)	V1_ANT(E)	V1_POS(E)	Delta_ANT(V1)	Delta_POS(V1)
唇音（LA）	C2	—	—	f<p, m**	—	(−)f, b<(−)p, m **	—
	V2	—	—	u, a<i***	a<i**	(−)u,(−)a<(−)i ***	—
	交互	—	—	**	—	—	—
舌尖中（AL）	C2	—	—	t<d*	—	—	(−)l<(±)d, t, n*
	V2	u<a*	—	—	u, a<i*	—	(−)u, a<(±)i**
	交互	—	—	—	*	—	—
舌面后（VE）	C2	—	—	—	h<k,g***	—	(−)h<(+)g, k***
	V2	—	—	—	—	—	—
	交互	—	—	—	—	—	—
舌面前（AP）	C2	—	—	x<q, j***	—	(+)x<(+)j, q	—
	V2	—	—	—	—	—	—
	交互	—	—	—	—	—	—
舌尖前（DE）	C2	—	—	s<z*	—	(±)s<(±)c,(+)z **	—
	V2	—	—	—	—	—	—
	交互	—	—	—	*	—	—
舌尖后（RE）	C2	ch<r**	—	sh, r<zh, ch ***	—	(+)sh, r<(+)zh, ch***	—
	V2	—	—	—	—	—	—
	交互	—	—	—	—	—	—

和 C2 对 V1_ANT(E)的主效应显著,交互效应也显著。单因素方差分析结果发现,在 C2 为/p, p^h, m/的条件下,V2 对 V1_ANT(E)的影响表现为/u, a/＜/i/(p＜0.01);在 C2 为/f/的条件下,V1_ANT(E)不受 V2 的影响。由图 4 - 51(a)可以发现,在唇齿擦音条件下,

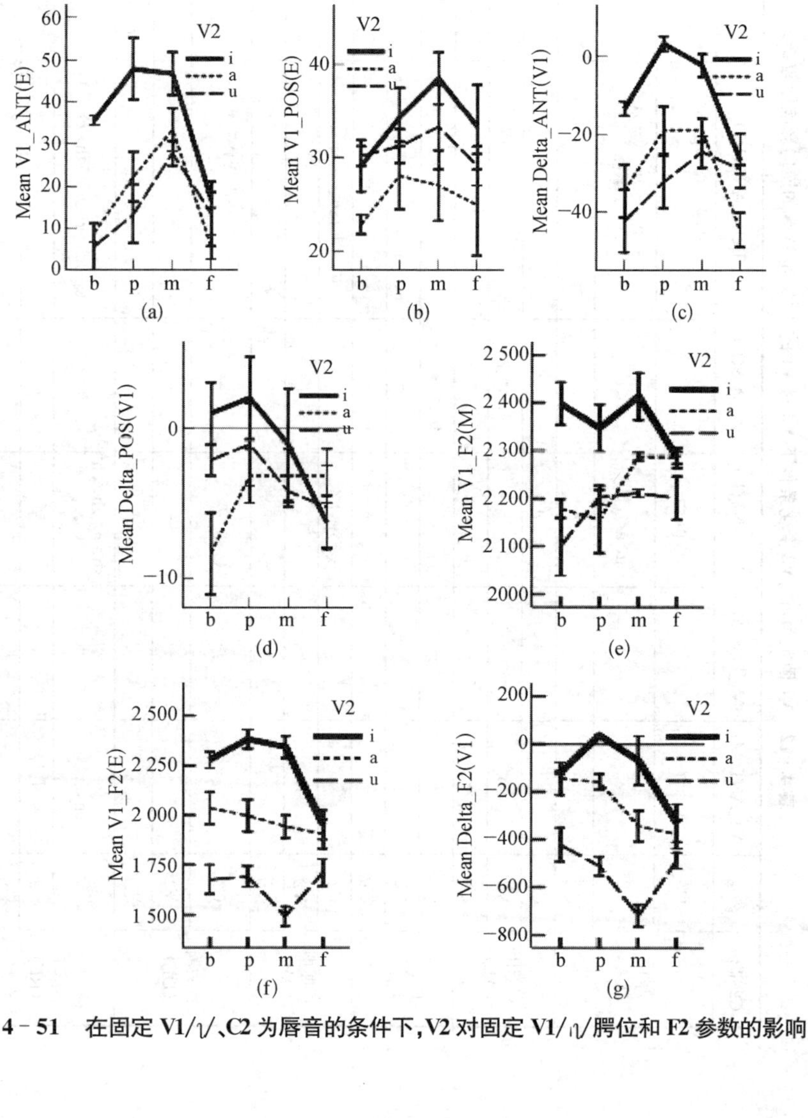

图 4 - 51　在固定 V1/ʅ/、C2 为唇音的条件下,V2 对固定 V1/ʅ/腭位和 F2 参数的影响

V1 结束点的 ANT 在 10%～20%之间，且与 V2 无关。V1_POS(E)只受 V2 的影响，在 V2/a/条件下的 V1_POS(E)显著低于对称元音序列的情况。

C2 和 V2 对 Delta_ANT(V1)的主效应较显著，交互效应也显著。单因素方差分析结果发现，在 C2 为/p, pʰ, m/的条件下，V2 对 Delta_ANT(V1)的影响表现为/u, a/＜/i/($p<0.05$)；在 C2 为/f/的条件下，Delta_ANT(V1)不受 V2 的影响。V2 和 C2 对 Delta_POS(V1)没有显著影响，但从图 4－51(d)可以发现，C2 为/p/时，Delta_POS(V1)有可能受到 V2 的影响。单因素方差分析结果证实了上述观察结果，V2 对 Delta_POS(V1)的影响表现为/a/＜/i/($p=0.05$)。

V2 和 C2 对三个 F2 参数的影响显著，交互效应也显著。由表 4－13 的单因素方差分析结果发现，V2 对 V1/ɿ/声学参数的影响受到 C2 的制约，唇齿擦音条件下的三个参数没有显著差异。C2 为双唇音时，元音对三个 F2 参数的影响与 V2 舌位有关[参见图 4－51(a)—(d)]。

表 4－13　C2 为唇音条件下 V2 对三个 F2 参数影响的单因素方差分析 Sheffe 比较结果

C2	V1_F2(M)	V1_F2(E)	Delta_F2(V1)
/p/	u, a ＜i*	u＜a, i*	u＜a, i*
/pʰ/	a＜i*	u＜a＜i*	u＜a＜i**
/m/	a, u＜i*	u＜a＜i*	u＜a＜i**
/f/	—	—	—

上述分析结果说明，在 C2 为唇音的条件下，V2 影响 V1/ɿ/后过渡段的腭位参数。V2 为/i/的条件下，V1/ɿ/后过渡段齿龈区域的舌腭收紧程度降低，到 V1 结束点时刻仍保持较大的前腭接触面积。V1/ɿ/的后腭接触面积变化不大，但是却反映了从舌尖后元音向前高元音/i/过渡的特征。通过观察语料发现，在 V1/ɿ/结束点附近，后腭

区域在时域上出现“闪点”的频率非常高，①这可能是舌体前移所造成的结果。V2/a，u/降低 V1/ɿ/后过渡段的 ANT 和 POS。从图 4－51(c)和(d)来看，两者有可能也存在差异，V2/a/舌体下降的程度要大一些。C2 的协同发音阻力影响 V2 对 V1 的逆向影响。在 C2 为擦音/f/的条件下，V1/ɿ/的 ANT 和 POS 两个参数下降幅度较大。在 C2 为送气塞音/p^h/和鼻音/m/的条件下，两个腭位参数下降的程度较小。V1 后过渡段的 F2 轨迹的变化幅度与 V1 后过渡段舌体运动的方向有关。

4.3.5.2　舌尖中音

由表 4－12 可知，在 C2 为舌尖中音的条件下，V2 和 C2 对 V1 时段的 ANT 的影响不明显。虽然 V2 和 C2 对 V1_ANT(M)有显著影响，但是 Delta_ANT(V1)并没有显著差异。

V2 和 C2 对 V1 时段 POS 的影响显著，在 V2/u，a/条件下的 V1_POS 和 Delta_POS(V1)显著低于 V2/i/的情况。C2 为边音的条件下，V1 后过渡段的 POS 均下降，而在 C2 为其他舌尖中音条件下，POS 变化的方向取决于 V2 的舌位[见图 4－52(a)]。

V2 对固定 V1/ɿ/时段的 F2 轨迹有显著影响。V2/u/条件下的 V1_F2(M)显著低于对称元音的情况。V2/a，u，y/条件下的 V1_F2(E)显著低于对称元音序列的情况。对称元音序列中 V1/ɿ/后过渡段的 F2 轨迹方向在 C2 不是边音的条件下上升，而在其他元音条件下，F2 轨迹一般下降[见图 4－52(a)和(b)]。

上述结果说明，在 C2 为舌尖中音的条件下，V1/ɿ/向舌尖中音过渡过程中，舌尖动作和舌面动作相对独立，舌尖动作指向舌尖中音的成阻部位，舌面动作向 V2 过渡，但是受到 C2 协同发音阻力的制约。从图 4－52(a)可以看出，在 C2 为鼻音的条件下，V2/i/对 V1/ɿ/后过

① 所谓“闪点”是指在连续若干帧腭位中，某一个或者某几个电极出现间歇性的接触特征，一般间隔 10 ms 左右，这有可能表示舌体滑动的过程。

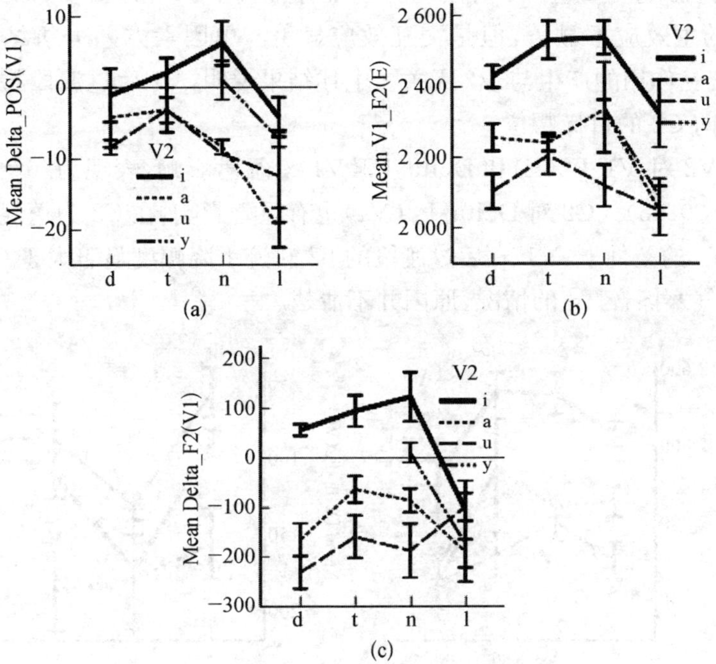

图 4－52　在固定 V1/ʅ/、C2 为舌尖中音条件下，V2 对 Delta_POS(V1)的影响

渡段的舌面动作影响最大，表现为 POS 显著增大。在 C2 为边音条件下，V1/ʅ/后过渡段的 POS 下降，且在 V2/a/条件下降幅最大。在 C2 为塞音、V2 为/i/的条件下，V1/ʅ/的舌体动作变化不大。从 V1/ʅ/后过渡段的 F2 轨迹来看，在 V2 为/i/的条件下，F2 轨迹倾向于上升，这与舌面上抬的动作相关。在 V2 为/a, u/的条件下，F2 轨迹一般下降。从图 4－52(b)和(c)可以看出，V2/u/条件下 F2 轨迹结束点较低，且 F2 轨迹下降幅度较大，这说明 V1/ʅ/后过渡段的舌体后移，唇形变圆，从而导致 F2 轨迹迅速下降。

4.3.5.3　舌尖前音和舌尖后音

由表 4－12 可知，V1_ANT(E)和 Delta_ANT(V1)受到 C2 发音

方式的影响，V2 对 V1 时段的腭位没有影响。V2 和 C2 对 V1_POS(E)的主效应不显著，但是交互效应显著。单因素方差分析结果发现，交互作用的产生与 V2 无关。上述结果说明，V1 后过渡段腭位参数指向 C2 的目标腭位。

V2 对 V1_F2(E)和 Delta_F2(V1)有显著影响，表现为/u/</a，ʅ/($p<0.05$)。C2 对 Delta_F2(V1)也有显著影响，在 C2 为送气塞擦音/ts^h/的条件下，V1/ʅ/后过渡段的 F2 轨迹下降幅度显著大于 C2 为不送气塞擦音/ts/的情况，原因并不清楚。

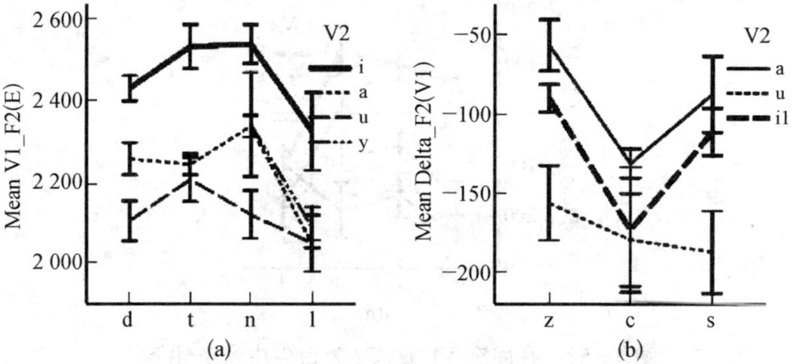

图 4－53　在固定 V1/ʅ/、C2 为舌尖前音条件下，V2 对 V1_F2(E)(a)和 Delta_F2(V1)(b)的影响

上述分析结果表明，在 C2 为舌尖前音的条件下，V1 后过渡段的腭位指向 C2 的目标腭位，V2 不影响 V1 后过渡段的腭位参数。V2 /u/使得 V1 后过渡段的 F2 轨迹显著下降。

在 C2 为舌尖后音的条件下，V1/ʅ/和 C2 的发音动作相似，V1 /ʅ/后过渡段的腭位变化指向 C2 的发音动作，V1/ʅ/结束点的腭位及后过渡段腭位参数的变化只与 C2 的发音方式有关。V1/ʅ/后过渡段的 F2 轨迹的变化相对平缓。由表 4－12 的结果可知，V1/ʅ/时段的腭位参数只受 C2 发音方式的影响，C2 对 V1_ANT(M)的影响有可能是样本容量过小导致的结果。上述结果说明，V1/ʅ/后过渡段的腭位参数指向 C2 的目标腭位。

V1/ʅ/的 F2 参数只受 V2 的影响，V2/u/条件下 V1/ʅ/结束点的 F2 显著低于 V2/ʅ，a/的情况[图 4－54(a)]。同时，V1/ʅ/后过渡段的 F2 轨迹下降，幅度超过 100 Hz，而在 V2/ʅ，a/条件下，F2 轨迹基本不变[图 4－54(b)]。

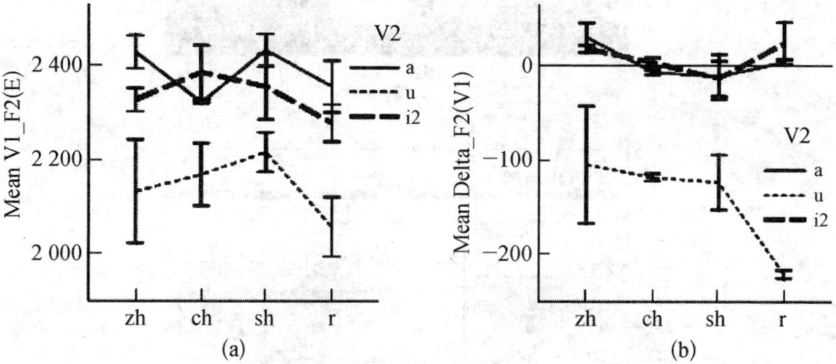

图 4－54　在固定 V1/ʅ/、C2 为舌尖前音条件下，V2 对 V1_F2(E)(a)和 Delta_F2(V1)(b)的影响

上述分析结果表明，在 C2 为舌尖后音的条件下，V1 时段的腭位不受 V2 的影响，而是指向 C2 的目标腭位。V2 的圆唇特征影响 V1 后过渡段的 F2 轨迹。图 4－55 为样本/ʅ#ʐu/和/ʅ#ʐʅ/的语图和 POS 曲线。可以看出，在两个样本中，V1/ʅ/后过渡段的 POS 变化大体相当，但是 F2 轨迹方向却有显著的区别。

以下分析在 C2 为舌尖后音条件下 V1 对固定 V2/ʅ/的顺向协同发音影响。元音间逆向影响的结果表明，V1 后过渡段的腭位参数指向 C2 的发音目标，因此，V1 不可能影响 V2 前过渡的腭位参数。

表 4－14 为 V2/ʅ/的腭位和 F2 参数在不同的 V1 条件下的单因素方差分析结果。可以看出，V1 对 V2/ʅ/的 ANT 参数没有显著影响，但是当 C2 为/ʂ，ʐ/时，V1 对 V2/ʅ/起点的 POS 有显著影响。当 C2 为/tʂʰ/的时候，V1 的影响也表现为边缘显著。Sheffe 事后检验

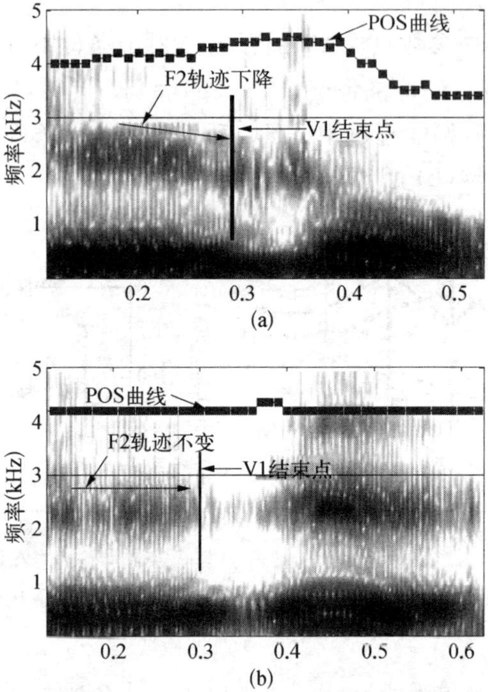

图 4-55　样本/ʅ#ʐu/(a)和/ʅ#ʐʅ/(b)的语图和 POS 曲线

结果发现，在 C2 为擦音的条件下，V1/ʅ/显著降低 V2/ʅ/起点腭位的 POS，在 C2 为送气塞擦音的条件下，V1/ʅ/条件下的 V2_POS(S)的均值也最小。前文曾经发现舌尖后元音舌腭接触并不稳定(见图 4-50)，因此，此处的显著差异到底是由 V1/ʅ/引起，还是由其他因素引起，还需要做进一步的研究。

表 4-14　C2 为舌尖后音、V2 为/ʅ/条件下 V1 对固定 V2/ʅ/顺向影响的单因素方差分析结果的显著性水平

	/tʂ/	/tʂʰ/	/ʂ/	/ʐ/
V2_ANT(S)	0.066	0.22	0.323	0.205
V2_POS(S)	0.428	0.071	0.033	0.012

续　表

	/tʂ/	/tʂʰ/	/ʂ/	/ʐ/
V2_ANT(M)	0.521	0.792	0.47	0.231
V2_POS(M)	0.463	0.697	0.17	0.191
Delta_ANT(V2)	0.528	0.403	0.138	0.39
Delta_POS(V2)	0.245	0.551	0.068	0.264
V2_F2(S)	0.098	0.05	0.587	0.448
V2_F2(M)	0.077	0.055	0.638	0.516
Delta_F2(V2)	0.304	0.106	0.85	0.043

由表 4－14 还可以发现，在 C2 为送气塞擦音的条件下，V1 对 V2/ʅ/的起点 F2 的影响也接近显著水平。同时，在 C2 为浊擦音的条件下，V1 对 V2/ʅ/前过渡段的 F2 轨迹有显著影响。然而，上述结果没有其他参数的差异作为印证，因此有可能是样本容量过小导致的结果。由此，可以认为 V1 不影响 V2/ʅ/时段的腭位参数和 F2 轨迹。

4.3.5.4　舌面前音和舌面后音

舌尖后元音/ʅ/和舌面前音的主发音器官不同，前者是舌尖与齿龈后区域接触形成收紧点，后者是舌面前与齿龈后/硬腭前区域接触形成阻碍。本研究发音人的舌面前音的成阻位置处于齿龈/硬腭前的位置(R1—R3 行电极)，因此在 V1/ʅ/向舌面前音的过渡过程中，舌尖或舌叶向前移动并下降，舌面前抬起与齿龈/硬腭前区域接触。由表 4－12 可知，V1/ʅ/后过渡段的腭位参数不受 V2 的影响，只与舌面前音的发音方式有关，在 C2 为塞擦音条件下，V1/ʅ/的 ANT 的变化显著大于 C2 为擦音的情况。V1/ʅ/后过渡段的 POS 没有显著差异。从图 4－56(a)可以发现，大多数情况下，V1 后过渡段的 POS 下降。

V2 不影响 V1_F2(M)，但是对 V1/ʅ/后过渡段的 F2 轨迹有显

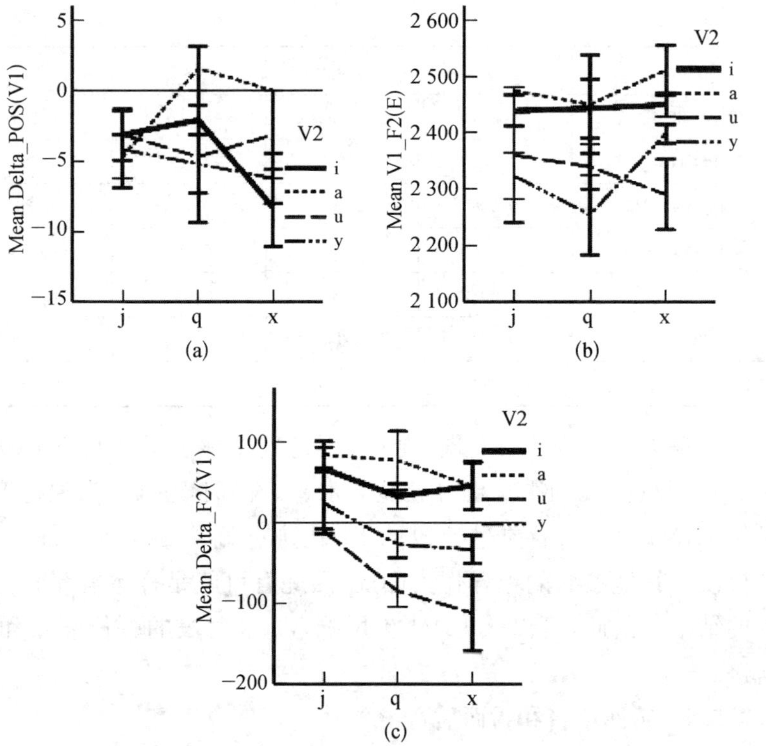

图 4-56　在固定 V1/ʅ/、C2 为舌面前音条件下,V2 对 V1 的 Delta_POS(V1)(a)、V1_F2(E)(b)和 Delta_F2(V1)(c)的影响

著影响。在 V2 为圆唇元音的条件下,V1 后过渡段的 F2 轨迹一般下降,在 V2 为非圆唇元音的条件下,F2 轨迹上升。由图 4-56(c)可以看出,F2 轨迹上升和下降的幅度都比较小,一般在±100 Hz 范围内。

以下分析在 C2 为舌面后音条件下 V2 对固定 V1/ʅ/的逆向影响。舌尖后元音向舌面后音过渡时,在 V1/ʅ/后过渡段的 ANT 会迅速降低,这个过程在 V1/ʅ/时段中点前就可能开始。

由表 4-12 可知,V1/ʅ/后过渡的 ANT 参数不受 C2 和 V2 的影响,但是 C2 对 Delta_POS(V1)有显著影响。从图 4-57(a)和(b)可以发现，V1/ʅ/后过渡段的 ANT 下降，POS 的变化主要受 C2 发音方式的影响，在 C2 为舌面后擦音的条件下，V1/ʅ/后过渡段的 POS 下降，在 C2 为舌面后塞音的条件下，POS 上升。

V2 对 V1_F2(M)、V1_F2(E)和 Delta_F2(V1)有显著影响。V2/u/条件下 F2 轨迹从中点开始显著下降。在 V2 为/a，eɪ/的条件下，V1 后过渡段的 F2 轨迹方向受到 C2 的制约：C2 为擦音的时候，F2 轨迹下降；C2 为塞音的时候，F2 轨迹基本不变，或略有上升[见图 4－57(d)]。由于 V1 结束点的腭位只受 C2 的影响，因此 F2 轨迹方向的差异有可能反映了 V2 唇形的影响(图 4－58)。

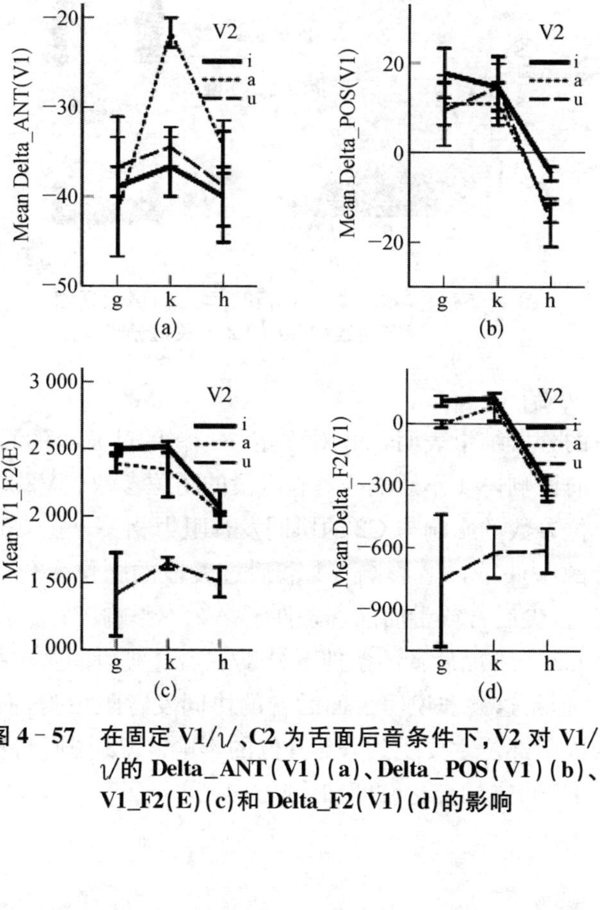

图 4－57　在固定 V1/ʅ/、C2 为舌面后音条件下，V2 对 V1/ʅ/的 Delta_ANT(V1)(a)、Delta_POS(V1)(b)、V1_F2(E)(c)和 Delta_F2(V1)(d)的影响

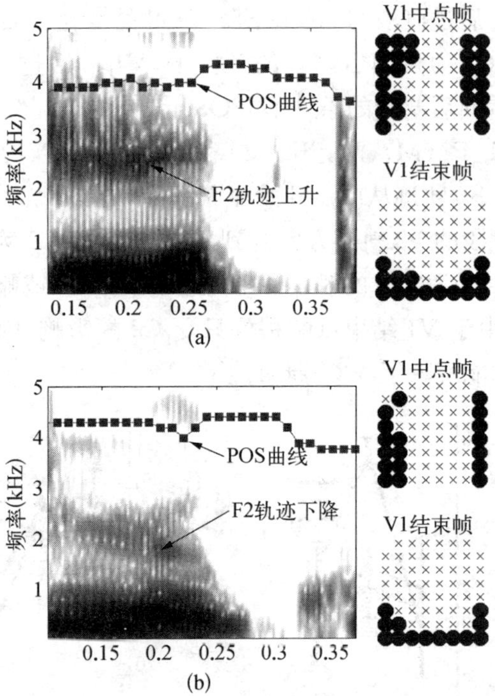

图 4－58　样本/ʅ＃ka/(a)和/ʅ＃ku/(b)的语图、POS 曲线和 V1 的 2 个关键帧

4.3.5.5　小结

本节的分析结果表明，V2 对固定 V1/ʅ/后过渡段的腭位参数有显著的逆向影响，V1 不影响 V2/ʅ/时段的腭位参数。V2 对 V1/ʅ/后过渡段腭位参数的影响与 C2 的协同发音阻力相关。在 C2 为唇音或舌尖中音的条件下，V2 影响 V1/ʅ/后过渡段的腭位变化。在 C2 为舌尖前音、舌尖后音或舌面前音条件下，V2 不影响 V1/ʅ/后过渡段的腭位。在 C2 为舌面后音的条件下，V1/ʅ/后过渡段的腭位指向 C2 的目标腭位，但是这并非说明舌面后音的协同发音阻力强，而是因为舌面后音的成阻部位主要受到 V1 舌位的影响。V2 圆唇特征影响 V1 后过渡段 F2 轨迹的变化幅度和/或方向。

4.3.6　小结

4.3 节分析了普通话 V1＃C2V2 双音节中元音间的协同发音现象。研究结果表明，双音节间元音协同发音受到两个因素的制约：第一，C2 的协同发音阻力；第二，V1 和 V2 的发音限制条件。C2 的协同发音阻力决定了双音节中元音间是否存在逆向或者顺向协同发音。C2 为舌尖前音、舌尖后音或舌面前音时，C2 一侧元音无法影响另外一侧元音的腭位。在 C2 为唇音或舌尖中音的条件下，元音间的协同发音取决于 V1 或者 V2 的发音限制条件。元音的舌位越高、越靠前，则对对侧元音的影响越显著。C2 为舌面后音时，C2 的成阻部位主要受 V1 的影响，元音间的协同发音相对较弱。本节还发现 V2 的圆唇特征不受 C2 协同发音阻力的影响，从而影响 V1 后过渡段的 F2 轨迹，但是 V1 的圆唇特征没有顺向影响。

4.4　元音对 C2 的协同发音影响

由 4.3 节的结果可知，在 V1＃C2V2 双音节中，元音可以跨越 C2 相互影响，但是元音间的协同发音受到 C2 协同发音阻力的制约。本节考察元音对辅音时段腭位参数的影响方式和时间范围，研究问题包括：(1) C2 的发音姿态是否受到元音环境的影响？(2) V1 顺向影响和 V2 逆向影响的时间范围。第二个研究问题与 4.3 节密切相关，如果元音能够跨越 C2 影响对侧元音过渡段的腭位，那么它必须通过影响 C2 的发音姿态才能够实现这个目的。

C2 辅音时段的关键帧腭位定义如下：辅音起点帧(C_{onset})定义为 V1 的 F2 轨迹结束点后的一帧腭位，辅音结束帧(C_{end})定义为 V2 声学起点前一帧的腭位。C2 时段的其他关键帧腭位取决于 C2 的发音方式：如果 C2 为塞音或者塞擦音，辅音除阻帧(C_{offset})定义为 C2 声学除阻点前的一帧腭位，辅音持阻段中点帧($C_{1/2}$)定义为辅音声学持阻段中点处的腭位。如果 C2 为送气塞音或者塞擦音，摩擦送气段中点帧(C_{asp})定义为辅音声学摩擦和送气段中点的腭位。如果C2为鼻音、边音或者摩擦音，在辅音持阻段选择三帧腭位，分别为辅音持阻段1/4时长点的腭位帧($C_{1/4}$)、辅音持阻段中点帧($C_{1/2}$)和辅音持阻段3/4时长点的腭位帧($C_{3/4}$)。浊擦音持阻时长较短，笔者只选取辅音声学时段中点附近的最大接触面积帧(C_{max})进行分析，C_{max}帧定义为以辅音声学持阻段中点附近连续三帧腭位中舌腭接触面积最大的一帧。腭位参数依据不同发音部位的辅音的舌腭接触特点而定。

研究V1对C2的顺向影响时，先把V2固定住，然后按照时间顺序观察从辅音起点帧到辅音结束帧的腭位参数的变化。研究V2对C2的逆向影响时，先把V1固定住，然后逆序观察从辅音结束帧到辅音起点帧的腭位参数的变化过程。对每个时间点的腭位参数进行单因素方差分析，从而确定元音对辅音时段腭位影响的时间范畴。为了直观地表现元音对C2协同发音的影响，将辅音时段的腭位参数进行时间归一化处理，并用图示说明。①

本节按照声母发音部位分为六个小节，每个小节分析不同发音方式声母的关键帧腭位参数受元音影响的情况。为行文方便，分析过程中使用音段的国际音标，在图示或表格中使用音段的拼音来表示。

4.4.1　唇音

4.4.1.1　不送气双唇塞音/p/

不送气双唇塞音/p/的声学持阻时长均值为83 ms(标准差18 ms)。②多数样本的VOT小于10毫秒。本节选择四个时间点的关键帧腭位进行分析，分别为C2起点帧(C_{onset})，C2持阻段中点帧($C_{1/2}$)，C2除阻帧(C_{offset})和C2结束帧(C_{end})。由于唇音对舌形动作没有明确的要求，因此使用CoG和CC两个腭位参数来分析上述四

① 对唇音和舌尖中音使用这种方式来展示V1和V2对C2的影响。

② 声学持阻时长均值为所有该类型的V1#C2V2组合的平均值，下同。

个关键帧腭位。CoG 能够反映舌腭接触前后维度上的变化,CC 能够反映舌腭接触向硬腭中轴线聚拢的程度。

由表 4-15 可知,在固定 V2 的条件下,V1 对辅音/p/时段 CoG 的影响一直持续到辅音中点帧,对 CC 的影响一般不超过辅音中点帧。在固定 V1 的条件下,V2 对辅音时段腭位参数的影响一般超过辅音中点帧,除了/a#pV2/以外,V2 的影响可以达到 C2 起点帧。/a#pV2/在辅音起点帧的两个腭位参数没有显著差异。上述结果说明,V1 对 C2 时段腭位的影响范围较小,一般不超过辅音持阻段的中点帧,因而无法影响 V2 前过渡的腭位。V2 对 C2 时段腭位的影响范围较大,一般达到辅音起点帧,因而能够影响 V1 后过渡段的腭位。

表 4-15　四个时间点腭位参数的单因素方差分析的显著性水平(* p<0.001, ** p<0.01, * p<0.05, ※p<0.1。表中灰色区域表示差异显著。下同)**

音节组合	腭位参数	C_{onset}	$C_{1/2}$	C_{offset}	C_{end}
V1 对 C2 的顺向影响					
V1 # pa	CoG	0.000***	0.017*	0.227	0.65
	CC	0.004**	0.198	0.709	0.818
V1 # pi	CoG	0.000***	0.032*	0.665	0.644
	CC	0.011*	0.002**	0.488	0.699
V1 # pu	CoG	0.000***	0.023*	0.616	0.605
	CC	0.003**	0.452	0.683	0.598
V2 对 C2 的逆向影响					
a # pV2	CoG	0.139	0.002**	0.000***	0.000***
	CC	0.145	0.01**	0.000***	0.003**
i # pV2	CoG	0.057 ※	0.000***	0.000***	0.000**
	CC	0.042*	0.001**	0.000***	0.000**
u # pV2	CoG	0.01**	0.011*	0.000***	0.000***
	CC	0.293	0.274	0.000***	0.000***
ɿ # pV2	CoG	0.007**	0.005**	0.000***	0.000***
	CC	0.071 ※	0.000***	0.008**	0.002**
ʅ # pV2	CoG	0.043	0.001***	0.000***	0.000***
	CC	0.716	0.000***	0.000***	0.000***

对所有样本辅音时段的 CoG 和 CC 进行时间归一化。不送气双唇塞音/p/的 VOT 较短，在辅音声学除阻点和元音起点之间最多只有一帧腭位，由此只选择四个时间点的腭位，分别为 V1 中点帧、C2 起点帧、C2 除阻帧和 V2 中点帧。①对四个时间点之间的三个时段的 CoG 和 CC 进行插值，V1 后过渡段和 V2 前过渡段分别取 4 个归一化的时间点，C2 时段取 10 个归一化的时间点。对每种双音节类型相同时间点的腭位参数平均后进行 3 点平滑。经过上述处理的辅音时段腭位参数的动态变化曲线见图 4－59。在多数情况下，腭位参数曲线在归一化后的时间点中部前后的变化存在较大差异，因此把归一

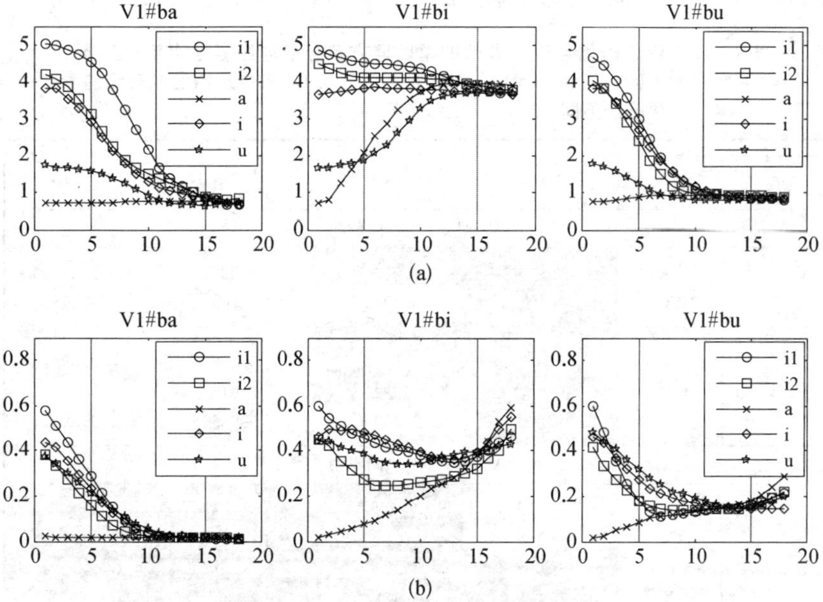

图 4－59　固定 V2 条件下双唇音/p/时段的 CoG 曲线(a)和 CC 曲线(b)(图中第一个竖线代表 V1 结束点，第二个竖线代表塞音声学除阻点，图中 i1 代表舌尖前元音/ɿ/，i2 代表舌尖后元音/ʅ/。下同)

---

① 由于不送气双唇塞音的 VOT 一般不超过 10 ms，因此不考虑辅音除阻段。

化后的辅音时段的中点称为 C2 中点时刻。

首先看 V1 对 C2 的顺向影响情况。在 V2 为/a/、V1 为/i，ʅ，ɿ/的条件下，CoG 曲线在 C2 中点时刻前迅速下降，下降幅度和速度与 V1 的目标腭位关。CC 曲线同步下降，到 C2 中点时刻前，CC 趋近于零。C2 中点时刻之后，CoG 曲线的下降速度和幅度减缓，CC 曲线基本保持不变，两者一直延伸到后字音节。上述结果说明，在后字音节为/pa/的条件下，辅音时段的腭位表现为从 V1 的腭位向 V2 的腭位平滑过渡过程。C2 中点时刻前后的腭位变化过程不同，中点时刻前的腭位参数的变化幅度和速度明显快于中点时刻之后的情况。辅音时段腭位参数的变化速度和幅度与两个元音的发音距离有关。V1 舌腭收紧点位置越靠前（即 CoG 越大），收紧点舌位越高（即 CC 越大），两个元音的发音距离就越远，腭位参数变化幅度越大，变化速度越快。

双音节/V1♯pi/在辅音时段的腭位参数的变化比较复杂。对称元音序列/i♯pi/的 CoG 曲线从 V1 中点时刻到 V2 中点时刻基本不变，CC 曲线从 V1 中点时刻开始下降，在 C2 中点时刻之后达到最低点，然后迅速上升。舌的这种运动特征在英语和德语的对称元音 V1pV2 序列中也有发现，（Fuchs *et al*. 2004；Lindblom *et al*. 2002；Vazquez-Alvarez & Hewlett 2007）在前文的对称元音序列中也有发现。

在 V1 为/ɿ，ʅ/的条件下，从 V1 中点时刻到 C2 除阻帧的 CoG 曲线有下降趋势，CC 曲线变化较大。上述结果说明，舌尖元音到前高元音的腭位过渡包括两个过程，在 V1 中点时刻之后，舌尖元音在齿龈区域收紧程度降低，但是齿龈区域接触面积（AC）和/或硬腭区域的接触面积（PC）不一定降低。C2 起点帧后舌面前开始上抬，表现为 PC 开始增大。在两个过程中，舌腭收紧程度的降低不影响 CoG，因为在齿龈区域仍存有电极接触，但是对 CC 的影响非常大。

在 V1 为/a/的条件下，CoG 和 CC 曲线从 V1 中点时刻开始上升。在 V2 为/u/的条件下，CoG 曲线在 C2 起点帧前相对平缓。CC 曲线在 C2 起点帧前下降，在辅音的大部分时间点内保持较低水平，在 C2 除阻帧之前开始上升。两种条件下的 CoG 曲线在 C2 声学持阻段中点后与其他元音条件下的 CoG 曲线逐渐聚敛。

双音节/V1＃pu/在辅音时段的腭位变化与/V1＃pa/类似。对称元音序列/u＃pu/的 CoG 从 V1 中点时刻开始下降，在 C2 中点时刻之后达到最低值，并一直延续到 V2 中点时刻。CC 从 V1 中点时刻后快速下降，在 C2 除阻帧前达到最小值，而后上升。/u＃pu/的两个腭位参数的变化可能受到双音节首字声母/t/的影响。

以下分析 V2 对 C2 的逆向影响。图 4－60 的两个腭位参数变化曲线的走向支持 4.3 节的分析结果，即 V2 对 V1 的影响从 V1 中点时刻之后就表现出来。CoG 和 CC 曲线在 C2 中点时刻之前就已基本稳定。以/a＃pi/为例，向 V2 腭位过渡的起点最早从 V1 中点时刻即开始，在 C2 除阻帧之前，CoG 曲线迅速上升，接近 V2 的目标值。CC 的过渡模式与 CoG 不同，从 V1 中点时刻之后一直到 V2 中点时刻一直处于上升的状态。与对称元音序列/a＃pa/相比，/a＃pu/在辅音时段的 CoG 曲线变化幅度较小，这是因为 V2/u/的舌腭接触主要集中在软腭区域两侧。CC 曲线过渡起点与 V2/i/的情况类似，然而在辅音时段的大部分时间点内增长平缓，直到塞音除阻后才开始迅速上升。其他类型的双音节在辅音时段的腭位过渡与/a＃pV2/类似。

上述结果说明，C2 为不送气双唇音/p/时，辅音时段的腭位主要受 V2 腭位的影响，V2 对 C2 的逆向影响大于 V1 的顺向影响。V2 可以跨越 C2 影响 V1 后过渡段的腭位，这与 4.3 节的分析结果一致。当 V1 为舌尖元音、V2 为前高元音时，辅音时段的腭位过渡包括两个生理过程，舌尖/舌叶下降，而后舌面前抬起。辅音时段的舌面动作过渡受到辅音的影响，这表现为对称元音序列 V1＃pV2（V1＝V2）在辅音时段的 CC 出现了低谷效应。

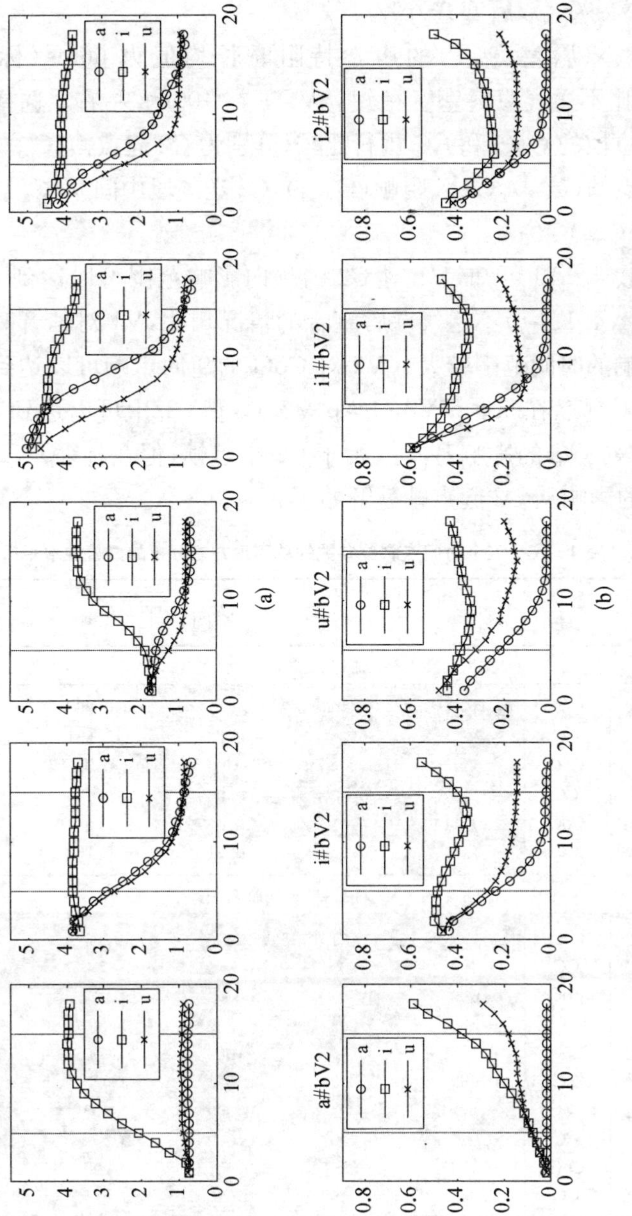

图 4-60　固定 V1 条件下双唇音/p/时段的 CoG 曲线(a)和 CC 曲线(b)(图中竖线定义参见图 4-59)

4.4.1.2 送气双唇塞音/p^h/

送气双唇塞音/p^h/的声学持阻时长均值为 66ms（标准差为 17ms），比不送气双唇塞音稍短。VOT 在 100ms 左右。选择五个时间点腭位帧的 CoG 和 CC 进行比较，分别为 C2 起点帧（C_{onset}），C2 持阻段中点帧（$C_{1/2}$），C2 除阻帧（C_{offset}），C2 送气段中间帧（$C_{aspl/2}$）和 C2 结束帧（C_{end}）。

由表 4－16 可知，V1 对 C2 的顺向影响范围可以达到 C2 除阻帧。与 4.4.1.1 节不送气双唇塞音的情况相比，V1 对辅音时段腭位参数影响的时间范围较大。V2 对 CoG 的逆向影响可以达到或者超过 C2 中点帧，在/a # p^hV2，i # p^hV2、ɿ # p^hV2/中可以达到 C2 起点帧。V2 对 CC 的影响基本上始于 C2 中点帧，但在/ɿ # p^hV2/中，V2 对 CC 的影响从 C2 起点帧就开始了。

表 4－16　五个时间点腭位参数的单因素方差分析的显著性水平

音节组合	腭位参数	C_{onset}	$C_{1/2}$	C_{offset}	$C_{aspl/2}$	C_{end}
V1 对 C2 的顺向影响						
V1 # p^ha	CoG	0.000***	0.032*	0.037*	0.367	0.272
	CC	0.004**	0.009**	0.208	0.601	0.745
V1 # p^hi	CoG	0.000***	0.000***	0.001***	0.096 ※	0.861
	CC	0.05*	0.047*	0.009**	0.406	0.954
V1 # p^hu	CoG	0.000***	0.01**	0.005**	0.187	0.648
	CC	0.011*	0.289	0.81	0.163	0.218
V2 对 C2 的逆向影响						
a # p^hV2	CoG	0.081 ※	0.001***	0.000***	0.000***	0.000***
	CC	0.453	0.003**	0.000***	0.000***	0.001***
i # p^hV2	CoG	0.000***	0.001***	0.000***	0.000***	0.000***
	CC	0.239	0.002**	0.000***	0.000***	0.000***
u # p^hV2	CoG	0.516	0***	0.000***	0.000***	0.000***
	CC	0.689	0.209	0.046*	0.002**	0.016*
ɿ # p^hV2	CoG	0.023*	0.003**	0.000***	0.000***	0.000***
	CC	0.03*	0.000***	0.000***	0.001***	0.003**
ʅ # p^hV2	CoG	0.173	0.001***	0.000***	0.000***	0.000***
	CC	0.248	0.015*	0.000***	0.000***	0.000***

由图 4－61 可以看出，在/V1＃p^ha/中，当 V1 为/i, ɿ, ʅ/，CoG 和 CC 曲线在 C2 起点帧后快速下降，到 C2 除阻帧后与 V1/a, u/条件下的参数曲线开始聚敛。

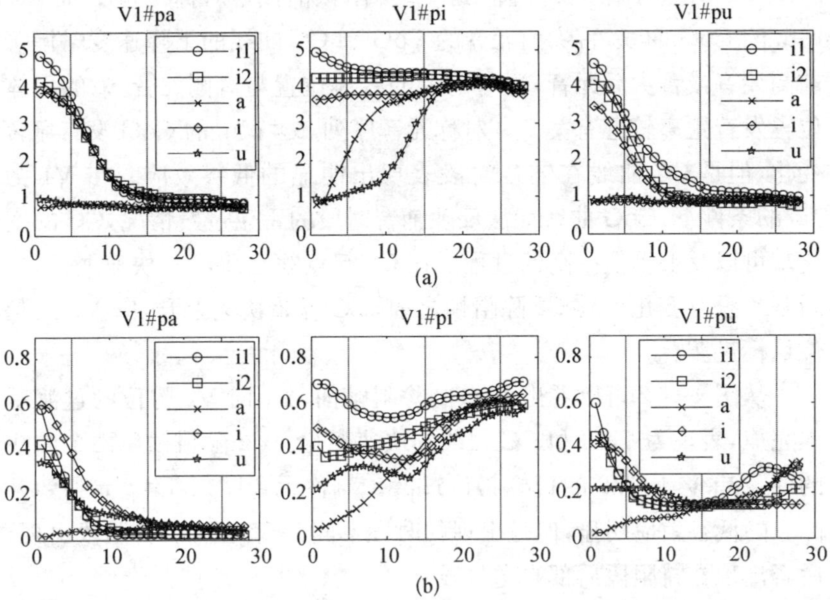

图 4－61　固定 V2 条件下双唇音/p^h/时段的 CoG 曲线(a)和 CC 曲线(b)

（第一个竖线代表 V1 结束点，第二个竖线代表塞音声学除阻点，第三个竖线代表 V2 声学起点，时间归一化方法见 4.4.1.1 节）

在/V1＃p^hi/中，当 V1 为/i, ɿ, ʅ/，辅音时段的 CoG 曲线基本没有变化。两个舌尖元音的 CoG 在辅音成阻段略高于对称元音/i＃p^hi/序列的情况。在 V1 为/a, u/条件下，辅音持阻段的 CoG 曲线快速上升，但是上升方式存在差异，这与/V1＃pi/的情况相似。辅音时段的 CC 曲线的变化比较复杂，在 V1 为舌尖元音的条件下，CC 曲线一般在 C2 起点帧前下降，在辅音持阻时段转而缓升，到 C2 除阻帧之前才开始向 V2/i/的目标过渡。对称元音序列/i＃p^hi/的低谷效应明显。在 V1 为/u/条件下，CC 在辅音持阻段的下降与舌面中部下降有关，CC 在送气段的上升与硬腭接触面积增大有关。

在/V1＃p^hu/中，当 V1 为前高元音或舌尖元音，CoG 和 CC 曲线从 V1 中点时刻快速下降，到 C2 除阻帧前接近对称元音序列/u＃p^hu/的 CoG 曲线，舌尖前元音的 CoG 和 CC 曲线的下降速度略慢于前高元音或舌尖后元音，这与前者的舌体位置与对侧元音/u/的舌体位置发音距离较近有关 9。[①]对称元音序列/u＃p^hu/的 CoG 没有显著变化，但是 CC 曲线在辅音时段表现出明显的低谷效应。在 V1 为/a/的条件下，CoG 曲线无法反映辅音时段的舌位过渡情况，CC 的变化却可以反映舌位抬高的过程。在 C2 起点帧之前，CC 快速上升，之后基本没有变化。到 C2 除阻帧之前，CC 开始快速上升，向 V2 的腭位目标过渡。

从图 4－62 可以看出，在 C2 除阻帧前，V1 向 V2 腭位的过渡基本完成，表现为 CoG 和 CC 曲线的快速变化。C2 除阻帧后两个曲线的变化趋缓，向 V2 的目标腭位过渡。对称元音序列/i＃p^hi/和/u＃p^hu/的低谷效应明显，但是出现的时段不同，前者在辅音持阻段出现，后者出现在持阻段后部和送气段。

辅音送气与否与辅音的生理持阻时长密切相关，两者之间存在较强的负相关关系。送气塞音的生理持阻时长较短，则 V1 的顺向影响就有可能影响到辅音除阻后的腭位，这在 4.3 节中有所发现。对比图 4－59 和图 4－61 可以看出，前者在 C2 除阻前不同 V2 条件下的腭位曲线聚敛程度较高，而后者在 C2 除阻前的不同 V2 条件下的腭位曲线聚敛性相对较差，特别是 V1＃pi 双音节。这与表 4－15 和表 4－16 得出的差异一致。送气特征对元音间的逆向协同发音是否有影响呢？对比图 4－60 和图 4－62 的结果可知，增加送气段并不影响 V2 对 V1 腭位的逆向影响。上述结果说明，逆向协同发音受到高级

① 对舌尖前元音发音动作的描写参见周殿福、吴宗济(1963：35)。

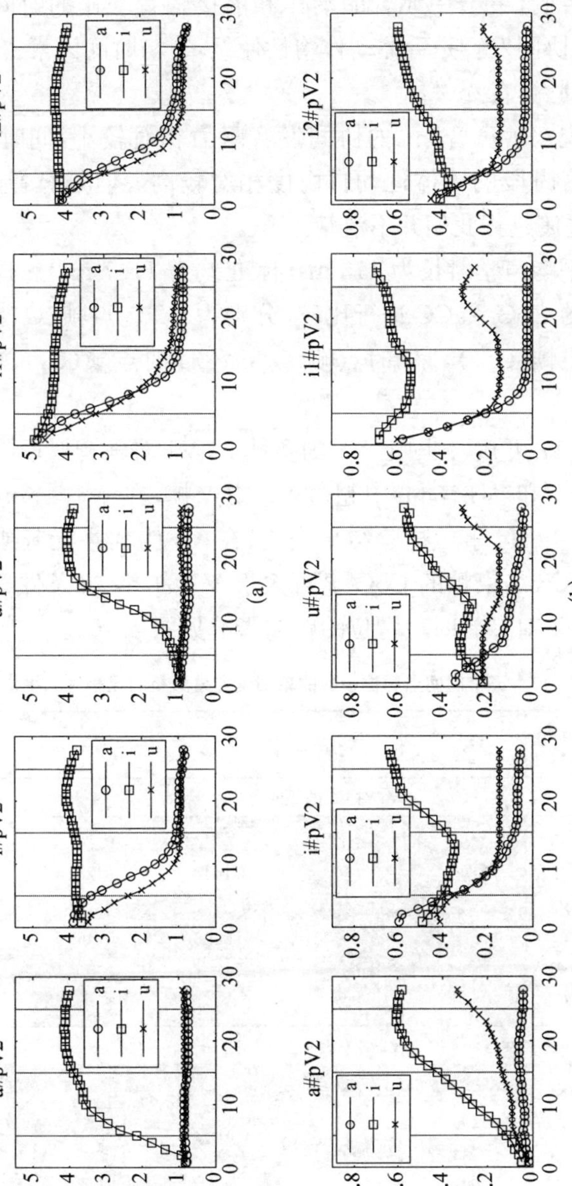

图 4-62 固定 V1 条件下的双唇音/p^h/时段的 CoG 曲线(a)和 CC 曲线(b)(图中竖线定义参见图 4-61)

神经机制的控制，音节中元音的动作和前接辅音动作的时间关系相对稳定；顺向协同发音是舌体动作惰性使然，它与时间因素密切相关。

4.4.1.3 双唇鼻音/m/

前文发现双唇鼻音/m/的协同发音阻力相对较小，同时，4.3 节发现双唇鼻音时段的舌体运动自由度相对较高。但是鼻音时段 V1 向 V2 腭位过渡过程我们并不清楚。

鼻音的平均声学时长为 113 ms（标准差为 11.7 ms）。选择五个时间点腭位的 CoG 和 CC 进行比较，分别为 C2 起点帧（C_{onset}），辅音时段 1/4 时点帧（$C_{1/4}$），1/2 时点帧（$C_{1/2}$），3/4 时点帧（$C_{3/4}$）和 C2 结束帧（C_{end}）。

由表 4－17 可知，在固定 V2 的条件下，V1 对辅音时段腭位的影响在/V1＃ma/和/V1＃mi/中超过 C2 中点帧，在/V1＃mu/中达到 C2 结束帧。Sheffe 事后检验结果表明，在 V1 为前高元音或舌尖元音的条件下，C2 结束帧的 CoG 显著大于 V1 为/a, u/条件下的情况（$p<0.1$）。V1 对鼻音时段腭位的顺向影响见图 4－63。

表 4－17 五个时间点腭位参数的单因素方差分析的显著性水平

音节组合	腭位参数	C_{onset}	$C_{1/4}$	$C_{1/2}$	$C_{3/4}$	C_{end}
V1 对 C2 的顺向影响						
V1 ＃ ma	CoG	0.000***	0.000***	0.005**	0.221	0.736
	CC	0.003**	0.011*	0.144	0.284	0.172
V1 ＃ mi	CoG	0.000***	0.000***	0.032*	0.161	0.273
	CC	0.000***	0.001***	0.048*	0.463	0.584
V1 ＃ mu	CoG	0.000***	0.000***	0.023*	0.003**	0.016*
	CC	0.001***	0.002**	0.012*	0.082 ※	0.215
V2 对 C2 的逆向影响						
a ＃ mV2	CoG	0.093 ※	0.000***	0.000***	0.000***	0.000***
	CC	0.193	0.142	0.005**	0.001***	0.002**
i ＃ mV2	CoG	0.034*	0.003**	0.000***	0.000***	0.000***
	CC	0.695	0.121	0.011*	0.003**	0.000***

续　表

音节组合	腭位参数	C_{onset}	$C_{1/4}$	$C_{1/2}$	$C_{3/4}$	C_{end}
u ＃ mV2	CoG	0.093 ※	0.000***	0.000***	0.000***	0.000***
	CC	0.193	0.142	0.005**	0.001***	0.002**
ɿ ＃ mV2	CoG	0.061 ※	0.003**	0.001***	0.000***	0.000***
	CC	0.001***	0.000***	0.001***	0.003**	0.002**
ʅ＃ mV2	CoG	0.174	0.002**	0.000***	0.000***	0.000***
	CC	0.046*	0.003**	0.000***	0.000***	0.002**

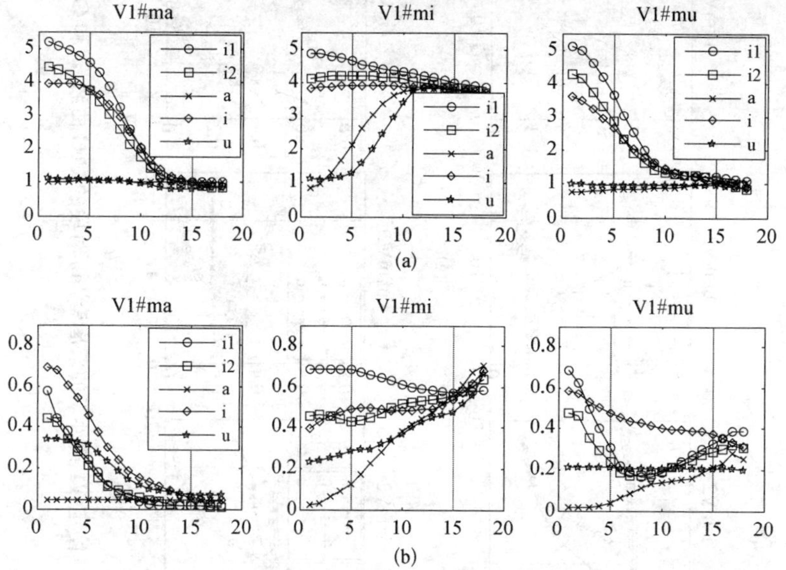

图 4－63　固定 V2 条件下的双唇音/m/时段的 CoG 曲线(a)和 CC 曲线(b)

(第一个竖线代表 V1 结束点,第二个竖线代表 V2 声学起点。)

在固定 V1 的条件下,V2 对鼻音时段 CoG 的影响始于 C2 起点帧,但是在/ʅ＃mV2/中始于 1/2 时点帧。在 V1 为/a, i, u/的条件下,V2 对辅音时段 CC 的影响出现在 1/2 时点帧。V1 为/ɿ/时,从 C2 起点帧开始,CC 就存在显著差异。V2 对鼻音时段腭位的逆向影响见图 4－64。

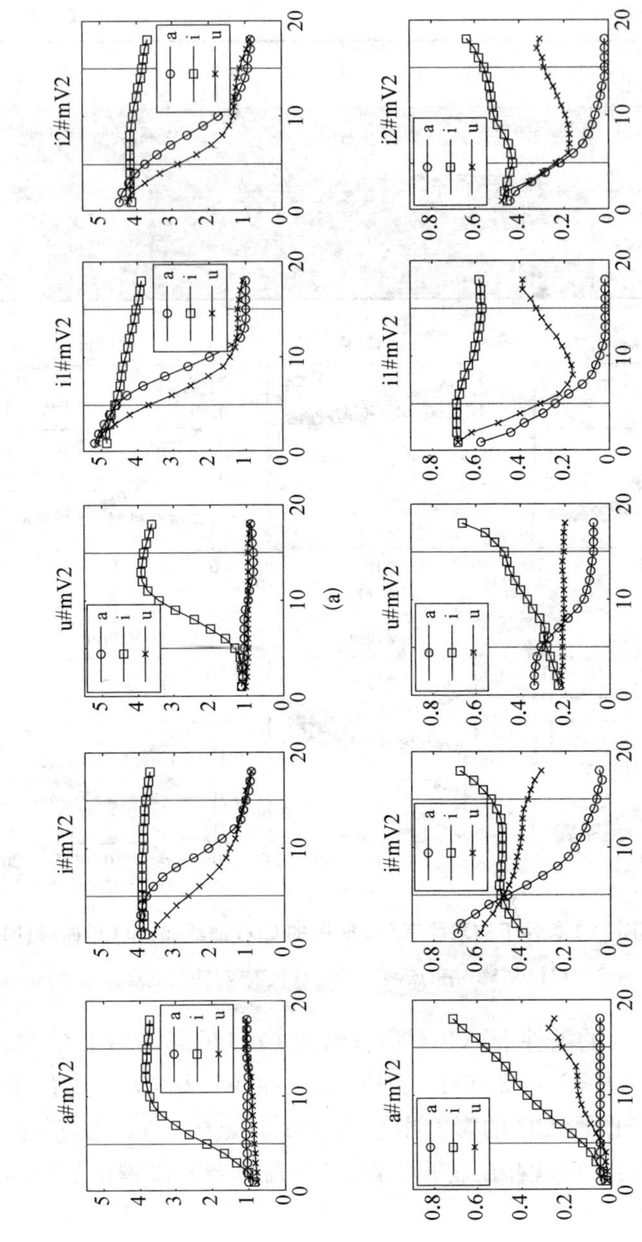

图 4－64　固定 V1 条件下的双唇音/m/时段的 CoG 曲线(a)和 CC 曲线(b)

由图 4-63 可知，在 C2 中点时刻前，CoG 和 CC 曲线的变化幅度和速度取决于 V1 和 V2 的发音距离。在/V1♯ma/中，CoG 下降的速度与舌腭收紧点的位置密切相关。舌尖前元音的舌腭收紧点在齿龈前部，而舌尖后元音或前高元音的舌腭收紧点在齿龈后或硬腭前部部位。因此，在 V1/ɿ/条件下的 CoG 和 CC 的下降幅度和速度显著大于 V1/i, ʅ/的情况。在/V1♯mi/中，V1 为/a, u/条件下的 CoG 曲线变化方式存在明显的差异。V1 为/a/时，CoG 曲线在 C2 起点帧前快速上升，但是 V1 为/u/时，CoG 曲线从 C2 起点帧之后才开始上升。这有可能与元音间的发音距离有关。在/V1♯mu/中，V1 为前高元音或舌尖元音时，辅音段 CC 的变化能够说明舌的不同部位运动特性的差异，这与/V1♯ma/的情况一样。

在 C2 中点时刻之后，CoG 和 CC 的变化速度趋缓，逐渐接近 V2 的腭位目标。在/V1♯ma/和/V1♯mi/中，不同 V1 条件下的 CoG 和 CC 曲线开始聚敛，表明辅音时段的腭位与 V2 的目标腭位接近。与双唇塞音的情况不同，在/i♯mi/中没有出现低谷现象，即辅音时段的 CC 没有出现下降的情况，而是保持相对平稳的状态。在/V1♯mu/中，不同 V1 条件的 CoG 曲线逐渐聚敛，但是 CC 曲线变化比较复杂。V1 为舌尖元音的时候，CC 曲线上升，说明在辅音时段的后半段舌面向软腭抬起。V1 为/i/条件下的 CC 曲线缓降，说明从/i/过渡到/u/是舌腭收紧点由前向后的变化，舌体在高度维度上变化幅度较小，但是在水平维度上变化较大。

以下分析图 4-64 的 V2 对 C2 的逆向影响。辅音时段起点处的 CoG 变化幅度和方向受到 V2 腭位目标的影响。V2 和固定元音 V1 的腭位目标距离越远，则辅音时段前半段的 CoG 变化幅度和速度就越大。辅音时段后半段的 CoG 变化趋缓，表明腭位逐渐接近 V2 的腭位目标。在/i♯mV2, ɿ♯mV2, ʅ♯mV2/中，V2 为/u/条件下的 CoG 从 V1 中点就开始快速下降，到 C2 起点帧的时候，CoG 的降速最大。V2 为/a/条件下的 CoG 在 C2 起点帧之后才开始快速下降。

两种情况反映了不同的舌腭接触变化过程：在 C2 起点帧之前，前高元音或舌尖元音向低元音腭位过渡过程中舌面整体下降，因此 CC 迅速下降，但是舌面和硬腭两侧的电极仍然有接触。如果向后高元音过渡，则舌体水平后移，因而 CoG 的降幅明显，而 CC 下降的速度较慢。在双音节/u＃mV2/中，V1/u/向 V2/i/的腭位目标过渡的起点大体上始于 V1 结束点。

CC 曲线的变化也能够反映 V2 和 V1 对 C2 的协同发音影响。从/a＃mV2/和/u＃mV2/在辅音时段的 CC 曲线变化可以看出，V2 的影响从 C2 起点帧之前就开始了。在双音节/i＃mV2/中，虽然在三种 V2 条件下的 CC 在 C2 起点帧交汇于一点，但是在 C2 起点帧之后就表现出明显的差异。/ɿ＃mV2/和/ʅ＃mV2/的情况与上述三种情况不同。后字韵母为低元音或者后高元音时，CC 从 V1 的中点处开始就快速下降，到 C2 起点帧后不久就达到最小值。V2 为/u/时，在辅音时段的大部分时间内，CC 缓慢上升，向 V2 的腭位目标过渡；V2 为/a/时，在辅音大部分时间点内 CC 缓降。在/ʅ/向/i/的腭位目标过渡过程中，CC 上升，而/ɿ/向/i/的腭位目标过渡过程中 CC 下降。

4.4.1.4　唇齿擦音/f/

唇齿擦音的声学时长均值为 141 ms(标准差为 19 ms)。选择五个时间点腭位的 CoG 和 CC 进行比较，关键时间点的定义与双唇鼻音相同。

表 4－18　五个时间点腭位参数的单因素方差分析的显著性水平

音节组合	腭位参数	C_{onset}	$C_{1/4}$	$C_{1/2}$	$C_{3/4}$	C_{end}
V1 对 C2 的顺向影响						
V1 ＃ fa	CoG	0.000***	0.000***	0.007**	0.009**	0.002**
	CC	0.001***	0.000***	0.078 ※	0.42	0.741
V1 ＃ feɪ	CoG	0.000***	0.000***	0.003**	0.004**	0.018*
	CC	0.019*	0.152	0.296	0.445	0.986

续　表

音节组合	腭位参数	C_{onset}	$C_{1/4}$	$C_{1/2}$	$C_{3/4}$	C_{end}
V1 # fu	CoG	0.000***	0.033*	0.012*	0.004**	0.354
	CC	0.006**	0.028*	0.176	0.717	0.006**
V2 对 C2 的逆向影响						
a # fV2	CoG	0.081※	0.000***	0.005**	0.000***	0.000***
	CC	0.364	0.157	0.019*	0.009**	0.018*
i # fV2	CoG	0.005**	0.000***	0.009**	0.003**	0.000***
	CC	0.709	0.217	0.092 ※	0.007**	0.000***
u # fV2	CoG	0.014*	0.08 ※	0.025*	0.001**	0.000***
	CC	0.915	0.365	0.263	0.261	0.087 ※
ɿ # fV2	CoG	0.013*	0.042*	0.004**	0.000***	0.000***
	CC	0.035*	0.088 ※	0.1	0.059 ※	0.083 ※
ʅ # fV2	CoG	0.375	0.007**	0.046*	0.067 ※	0.013*
	CC	0.382	0.388	0.053 ※	0.000***	0.024*

由表 4－18 可知，V1 对辅音时段 CoG 的影响范围超过 C2 中点时刻，在/V1＃fa/和/V1＃feɪ/中达到 C2 结束帧。V1 对辅音时段 CC 的影响不一致，固定 V2 为/eɪ/时，V1 对 CC 的影响在 C2 中点时刻前结束；固定 V2 为低元音时，V1 的影响范围止于 C2 中点时刻前；在/V1＃fu/中，V1 对 CC 的影响不连续。

V2 对辅音时段 CoG 的影响范围一般达到 C2 起点帧。在/ʅ＃fV2/中接近 C2 中点时刻。V2 对 CC 的影响范围在/a＃fV2，i＃fV2，ʅ＃fV2/中可以达到 C2 中点时刻，在/u＃fV2/中只在 C2 结束帧才有显著差异，在/ɿ＃fV2/中有可能达到 C2 起点帧。

以下讨论图 4－65 的 V1 对辅音时段的顺向协同发音影响。为了能够与其他唇音的情况做对比，笔者加入了后字音节为/fi/的双音节组合（见图 4－65 的最后一列）。[①]从辅音时段的 CoG 曲线来看，固定 V2 为/a，u/，V1 为前高元音或舌尖元音时，C2 中点时刻前的

① 笔者的语料库中包括了后字音节为/fi/，前字元音为/a，i，u，ɿ，ʅ/的双音节，这些双音节只读 1 遍。

CoG 曲线快速下降，在 C2 中点时刻之后下降速度减缓，并与其他 V1 条件下的 CoG 曲线聚敛。V2 固定为/eɪ/的时候，V1 为舌尖前元音和前高元音条件下的 CoG 曲线表现为缓降的趋势；V1 为舌尖后元音条件下的 CoG 曲线以在辅音时段先降后升；V1 为低元音/a/条件下的 CoG 曲线快速上升，在 C2 中点时刻后接近 V2 起点元音的腭位；V1 为后高元音/u/条件下的 CoG 曲线缓慢上升，到 C2 结束帧明显小于其他 V1 条件下的情况。在双音节 V1 # fi 中，前高元音或舌尖元音条件下的 CoG 曲线在 C2 中点时刻前略升，这表明在齿龈区域两侧的电极仍然接触，但是舌面略降。在 C2 中点时刻后 CoG 曲线略降，表明舌面开始抬高，开始接近 V2/i/的腭位。

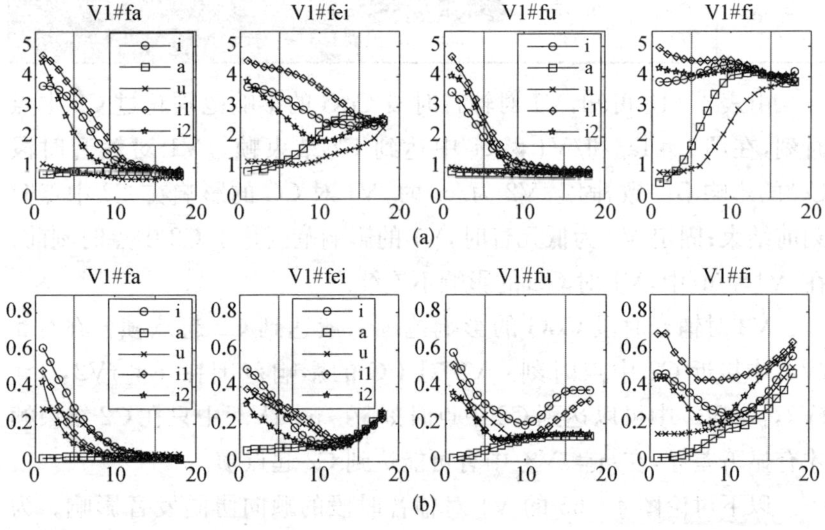

图 4-65 固定 V2 条件下的唇齿音/f/时段的 CoG 曲线(a)和 CC 曲线(b)

(第一个竖线代表 V1 结束点，第二个竖线代表 V2 声学起点)

固定 V2 为/a/和/eɪ/时，辅音时段 CC 曲线的变化表明 V1 的影响范围超过辅音时段的中点，在 C2 中点时刻之后开始聚敛。固定 V2 为/u/时，V1 为/a, u, ɿ/条件下的 CC 曲线在 C2 中点时刻之前就聚敛了；V1 为前高元音或舌尖后元音条件下的 CC 曲线先降后升，这说明舌前部与齿龈后/硬腭前的接触面积先降低，而后舌面后部与软腭接触面积增加，从而向 V2 的发音目标过渡。

在对称元音双音节/i#fi/中，低谷效应非常明显。这表明在辅音时段舌腭接触并没有保持周边前高元音的腭位特征，舌面明显下降。舌尖元音的情况与/i#fi/的情况类似，结合 CoG 的变化来看，辅音时段在齿龈区两侧仍有接触，但是在辅音时段的前半段收紧点处的舌面下降，在后半段则向前高元音的收紧位置过渡。

图 4-66 为 V2 对辅音时段腭位的逆向影响。可以看出，V2 对辅音时段腭位的逆向影响达到了 C2 起点帧，这表现为从 C2 起点帧开始，辅音时段的腭位就开始向 V2 的腭位过渡。在 C2 中点时刻之前，CoG 曲线的变化幅度和速度受到两侧元音发音距离的影响。CC 曲线在不同元音环境中的表现不一致。在/a#fV2/中，非低元音 V2 条件下的 CC 曲线在辅音时段的轨迹单调上升。在/i#fV2/中，V2 为高元音的条件下，辅音时段的 CC 曲线表现为先降后升的模式，表明在辅音时段舌面先下降，而后上升。在/u#fV2/中，由于受到 V1 腭位目标的影响，CC 曲线出现了交叉的情况，这也是为什么在表 4-18 中从 C2 起点帧到 3/4 时点帧 V2 影响不显著的原因。固定 V1 为舌尖前元音的条件下，辅音时段的 CC 曲线在 C2 中点时刻附近出现了交叉现象，其原因在于 V2/eɪ/的 CC 曲线在辅音时段持续下降；V2/u/条件下的 CC 曲线在 C2 中点时刻后开始上升。在/ɿ#fV2/中，V2/eɪ/在 C2 中点时刻前缓降，在后半段基本保持稳定，在 C2 结束帧前开始上升。V2 为/a, u/条件下的 CC 曲线在 C2 中点时刻前保持相对稳定的水平，并接近后接 V2 的腭位目标。

4.4.1.5　小结

从元音对 C2 时段腭位影响的分析结果可以发现，C2 为唇音的条件下，辅音时段的腭位表现为 V1 的腭位相对自由地向 V2 的腭位过渡，这说明唇音对舌体运动的限制相对较小。V2 对 C2 时段腭位

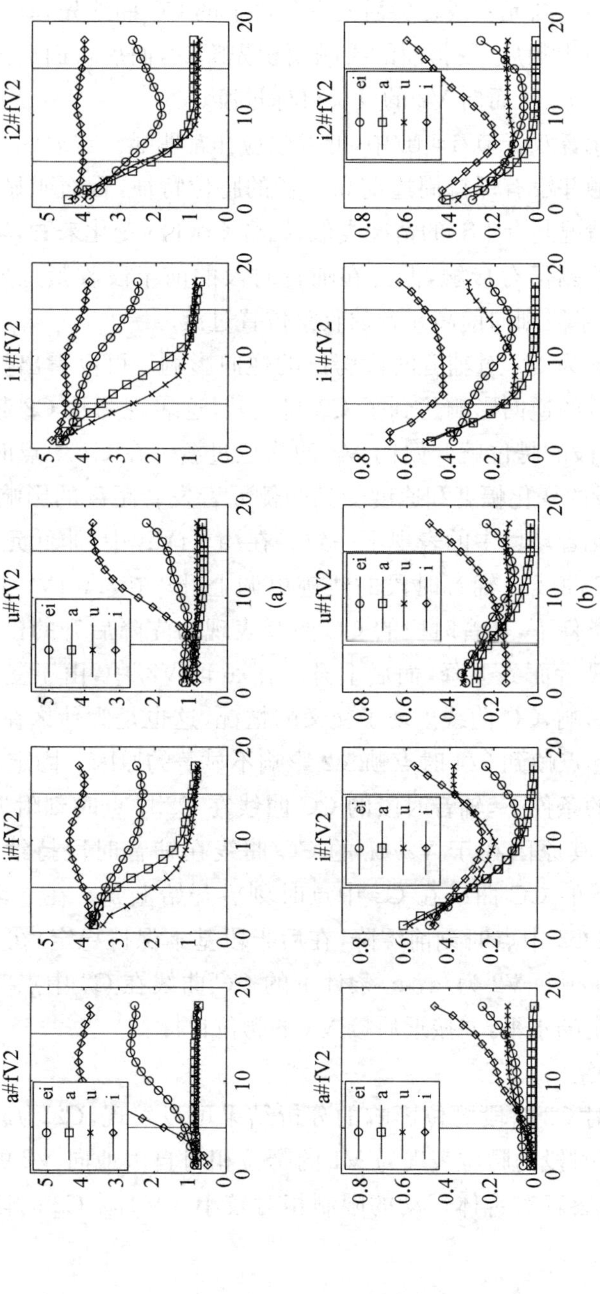

图 4-66　固定 V1 条件下的唇齿音/f/时段的 CoG 曲线(a)和 CC 曲线(b)(图中竖线说明参见图 4-65)

的影响范围整体上大于 V1 对 C2 的影响范围。在顺向影响方向上，CoG 和 CC 曲线从 V1 中点处就开始向 V2 的腭位目标过渡，在辅音时段中点前，两个参数的变化比较大，变化的速度和幅度受两个元音发音距离的制约。在辅音时段中点后，两个参数的变化趋缓。在逆向影响方向上，V2 的发音动作从 C2 起点帧前就启动了，在 C2 中点时刻前 2 个参数就接近 V2 的腭位目标。V2 对 C2 时段腭位参数的影响与双唇音送气与否没有关系。C2 为送气音的时候，C2 除阻帧前的腭位变化与不送气音持阻段的腭位变化过程相似。C2 为/p, p^h, f/的条件下，对称元音序列中的低谷效应显著，但是，这种效应在 C2 为/m/的条件下不明显。这个结果说明，在辅音持阻过程中，口腔内压力较小时，周边元音的舌位动作就易于保持；口腔内压力较大时，舌面会下降，这有可能是由于口腔内压力增大导致的舌体被动下降的结果。

4.4.2　舌尖中音

由第三章的分析结果可知，舌尖中音的舌尖动作和舌面动作相对独立。在辅音持阻阶段，舌尖与齿龈接触形成阻塞，舌面自由度较大，易于受到相邻元音的影响。其中，鼻音/n/的舌面动作受相邻元音影响的幅度最大，边音的舌面动作受元音影响的幅度比较小。

本节使用的腭位参数包括：齿龈区域接触面积重心（CoGA）、齿龈区域的聚中性指数（CCA）、后腭接触面积（POS）和后腭区域的聚中性指数（CCP）。前两个参数反映辅音发音部位或发音方式的变化，后两个参数反映舌面区域的活动过程。

4.4.2.1　不送气塞音/t/

不送气齿龈清塞音/t/的声学持阻平均时长为 74 ms（标准差为 15 ms），VOT 均值为 18 ms（标准差为 5 ms）。选择四个时间点的腭位进行分析，分别为 C2 起点帧（C_{onset}）、C2 持阻段中点帧（$C_{1/2}$），C2 除阻帧（C_{offset}）和 C2 结束帧（C_{end}）。

首先分析 V1 对 C2 时段腭位参数的顺向影响。V2 固定为/i/时，V1 只对起点帧的 CoGA 和 CCA 有显著影响。在 V1 为/i/的条件下，两个参数显著低于 V1 为其他元音的情况（p＝0.069）。①通过考察对称元音序列/i＃ti/中/t/的起点帧腭位，笔者发现，在 C2 的起点帧齿龈区域没有形成完全阻塞。另外，三个样本中有一个样本在 C2 持阻段的齿龈部位没有形成阻塞。V1 对 POS 和 CCP 的影响也只出现在 C2 起点帧，V1 对两个参数的影响表现为/i，u/＞/a，ɿ/（p＜0.1），/i/＞/ɿ/（p＜0.01），这说明 C2 起点帧腭位的 POS 和 CCP 的差异与 V1 的舌面高度有关。由图 4－67 可以看出，对称元音序列/i＃ti/的 POS 和 CCP 曲线在 C2 起点帧前就下降，表现出明显的低谷效应。上述结果说明在 V2 为/i/的条件下，V1 的顺向影响只出

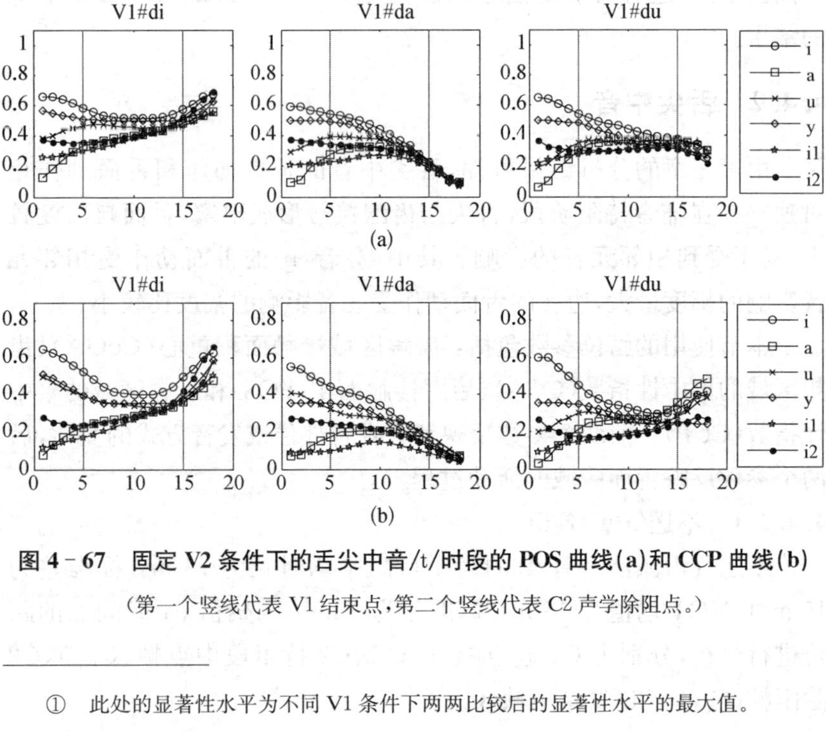

图 4－67　固定 V2 条件下的舌尖中音/t/时段的 POS 曲线(a)和 CCP 曲线(b)

（第一个竖线代表 V1 结束点，第二个竖线代表 C2 声学除阻点。）

① 此处的显著性水平为不同 V1 条件下两两比较后的显著性水平的最大值。

现在 C2 的起点帧。

V2 为/a/的时候，V1 对 C2 时段的 CoGA 和 CCA 的影响只出现在 C2 起点帧。在 V1 为/ʅ/的条件下，起点帧的 CoGA 与对称元音序列存在显著差异($p<0.05$)。虽然两种条件下的 C2 的成阻部位相同(R1 行电极)，但是在前者条件下齿龈区域的接触面积显著大于后者的情况，从而导致前者的 CoGA 显著低于后者。在 V1 为/ɿ/的条件下，C2 起点帧的 CCA 显著低于其他元音的情况($p<0.01$)，这与舌尖在 C2 起点时刻还没有上抬有关。V1 对 POS 和 CCP 的顺向影响范围可以达到 C2 持阻段中点帧。在 C2 起点帧，V1 的影响表现为/i/>/a, ʅ, ɿ/($p<0.05$)，这个结果与/V1#ti/的情况一致。在 C2 持阻段中点帧，V1 的影响表现为/i/>/ɿ/($p<0.05$)。

V2 固定为/u/时，V1 对 C2 时段的 CoGA 和 CCA 的影响只出现在 C2 起点帧，V1 对 CoGA 的影响表现为/i, ɿ, ʅ/</a, u/($p<0.05$)。CCA 没有显著差异。这个结果说明，C2 起点时刻在齿龈区域会形成阻塞，但是齿龈区域的接触面积受 V1 的影响，在 V1 为前高元音或舌尖元音的条件下齿龈区域的舌腭接触面积较大，在 V1 为/a, u/条件下则较小。V1 对 POS 的影响可以达到 C2 持阻段中点帧，V1 的影响表现为/i/>/a, u, ɿ, ʅ/($p<0.01$)。V1 对 CCP 的影响只出现在 C2 起点帧，表现为/i/>/a, ɿ, ʅ/($p<0.05$)。

上述结果说明，V1 对舌尖动作的顺向影响只出现在 C2 起点帧，在前高元音或舌尖元音条件下 CoGA 和 CCA 一般低于低元音和后高元音的情况，这说明 V1 的舌位越高、越靠前，其对齿龈成阻的动作影响越大。V1 对舌面动作的影响与 V2 的发音限制条件有关，在 V2 为/i/的条件下，V1 对 POS 和 CCP 的影响只出现在 C2 起点帧；在 V2 为/a, u/的条件下，V1 的影响可以达到 C2 持阻段中点帧。

以下讨论 V2 对辅音时段腭位的逆向影响。V1 固定为/i/时，V2 对 CoGA 和 CCA 的逆向影响可以达到 C2 除阻帧，在 V2/i/条件下的 C2 除阻帧和结束帧在齿龈区域接触电极的数目最多，在 V2/a/条件下的 C2 除阻帧在齿龈区域的接触电极较少，到 C2 结束帧时刻无接触电极。在 V2 为/u/的条件下，C2 起点帧在齿龈区域仍然保持一定数目的接触电极。V2 对 POS 和 CCP 的影响可以达到 C2 除阻帧，V2 对 POS 的影响表现为/i/＞/u/＞/a/（$p<0.05$），对 CCP 的影响表现为/i/＞/u，a/（$p<0.05$）。

V1 固定为/a/时，V2 对 CCA 的影响可以达到 C2 持阻段中点帧，V2 的影响表现为/i/＜/a/（$p<0.05$）。V2 对 CoGA 没有显著影响。V2 对两个后腭接触参数的影响始于 C2 除阻帧，均表现为/i，u/＞/a/（$p<0.05$）。

V1 固定为/u/时，V2 对两个齿龈接触参数的影响始于 C2 除阻帧，V2 对 CoGA 和 CCA 的影响表现为/a，u/＞/i/（$p<0.05$）。V2 对 CCP 的影响始于 C2 持阻段中点帧，表现为在 V2/i/条件下的 CCP 显著大于 V2 为其他元音条件的情况；V2 对 POS 的影响只出现在 C2 除阻帧，表现为/i/＞/u，a/（$p<0.05$）。V1 固定为/ɿ/时，V2 对齿龈区域的接触参数没有显著影响。V2 对 POS 和 CCP 的影响始于 C2 除阻帧，表现为/i/＞/a，u/（$p<0.05$）。V1 固定为/ʅ/时，V2 对四个腭位参数的影响始于 C2 除阻帧，V2 的影响表现为/i/＞/a，u/（$p<0.05$）。

上述结果说明，V2 对辅音/t/的舌尖动作的影响一般出现在 C2 除阻帧，V2 对舌面动作的影响出现在 C2 除阻帧之后。

4.4.2.2　送气塞音/t^h/

送气塞音/t^h/的声学持阻时长的平均值为 54 ms（标准差为 15 ms），VOT 平均值为 106 ms（标准差为 9 ms）。选择四个时间点的腭位进行分析，分别为 C2 起点帧（C_{onset}）、C2 持阻段中点帧（$C_{1/2}$）、C2 除阻帧（C_{offset}）和送气段中点帧（C_{asp}）。

在 V2 固定的条件下，V1 对辅音时段的 CoGA 和 CCA 的影响只出现在辅音起点帧。通过观察辅音起点帧的腭位发现，在 V1 为前高元音或舌尖元音的条件下，部分样本在齿龈区域没有形成阻塞；但在低元音或后高元音条件下，辅音起点帧全部形成阻塞。这说明 V1 的舌腭收紧点越靠前，就会对舌尖在齿龈区域的成阻产生影响。

V2 固定为/i/的时候，V1 对辅音时段后腭接触参数的影响范围可以达到送气段中点帧。V1 对 C2 起点帧的 POS 和 CCP 影响显著，表现为/i/>/i，ʅ，ɿ/($p<0.05$)。在送气段中点帧，V1 的影响表现为/i/>/ʅ，ɿ/(POS，$p=0.059$；CCP，$p=0.061$)。

V2 固定为/a/时，V1 对辅音时段的 POS 和 CCP 的影响范围可以达到送气段中点帧，表现为/i，u/>/a，ɿ/($p<0.05$)。V1 对送气段中点帧 CCP 的影响表现为/u/>/ɿ/($p=0.053$)。

V2 固定为/u/时，V1 对辅音时段的 POS 和 CCP 的影响不超过辅音除阻帧。V1 对起点帧的 POS 和 CCP 的影响表现为/i/>其他元音($p<0.05$)，对 CCP 的影响表现为/i/>/ɿ，ʅ，a/($p<0.05$)。到辅音除阻时刻，在 V1 为前高元音条件下的 POS 仍明显大于舌尖元音和低元音的情况($p<0.1$)，但是 CCP 没有显著差异。

由图 4－68 可以发现，辅音时段的 POS 和 CCP 曲线在不同的固定 V2 条件下表现为从 V1 向 V2 的平滑过渡过程。在除阻帧时刻之前，不同条件下的两个参数曲线存在差异，在除阻时刻后逐渐聚敛，向 V2 的腭位目标过渡。

以下讨论在固定 V1 条件下 V2 对辅音时段腭位的逆向影响。单因素方差分析结果发现，在固定 V1 条件下，V2 对辅音时段的 CoGA 和 CCA 的影响只出现在 C2 送气段中点帧。V2 对辅音时段的 POS 和 CCP 的影响取决于 V1 的发音限制条件，在 V1 固定为/i，u，ɿ/的条件下，V2 对辅音时段的 POS 和 CCP 的影响范围达到 C2 除阻帧，V2 的影响表现为/i/>/a，u/($p<0.05$)。在 V1 固定为/a/的条件下，V2 对辅音时段的 POS 和 CCP 的影响范围可以达到辅音起点帧，V2 对起点帧的 POS 和 CCP 的影响表现为/i/>/a，u/($p<0.05$)。在 V1 固定为/ʅ/的条件下，V2 对 POS 和 CCP 的影响最远出现在送气段中点帧，表现为/i/>/a，u/($p<0.05$)。

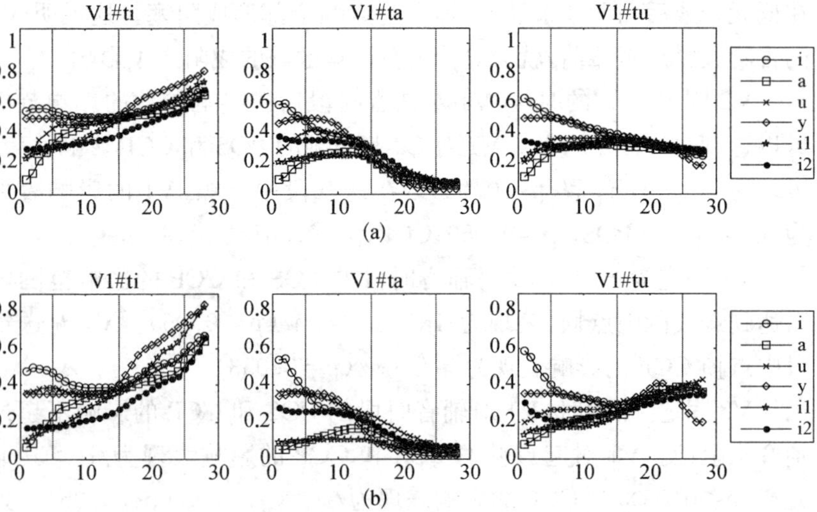

图 4-68 在固定 V2 条件下的舌尖中音/t^h/的 POS 曲线(a)和 CCP 曲线(b)(第一个竖线代表 V1 结束点,第二个竖线代表 C2 声学除阻点,第三个竖线代表 V2 起点)

上述结果说明,V2 对辅音时段腭位的逆向影响与 V1 的发音限制条件有关:如果 V1 的发音限制条件较高,V2 的影响可以达到辅音的除阻帧;如果 V1 的发音限制条件较低,V2 的影响范围最远可以达到辅音的起点帧。

4.4.2.3 鼻音/n/

鼻音/n/的声学持阻段平均时长为 103 ms(标准差为 15 ms)。我们选择五个时间点的腭位进行分析,分别为 C2 起点帧(C_{onset})、辅音 1/4 时点帧($C_{1/4}$)、辅音中点帧($C_{1/2}$)、辅音 3/4 时点帧($C_{3/4}$)和辅音结束帧(C_{end})。

在固定 V2 的条件下,V1 对辅音时段的 CoGA 和 CCA 的影响范围不超过辅音中点帧,在 V1 为/i, y, ɿ, ʅ/的条件下,部分样本在齿龈区域没有形成阻塞,这与舌尖塞音的情况相似,说明 V1 和 C2 的舌腭收紧点的距离越近,则 C2 的成阻动作受到影响。V1 对辅音时段的 POS 和 CCP 的影响范围不超过辅音中点帧，其影响取决于 V1 的舌位高度。在 V2 固定为/i, a, u, ɿ, ʅ/的条件下，V1 对 POS 和 CCP 的影响表现为/i, u, y/＞/a, ɿ, ʅ/($p<0.05$)。V2 固定为/y/时，V1 对辅音时段的 POS 和 CCP 影响不显著，这可能受到样本规模的影响。V1 对 POS 和 CCP 的顺向影响见图 4－69。

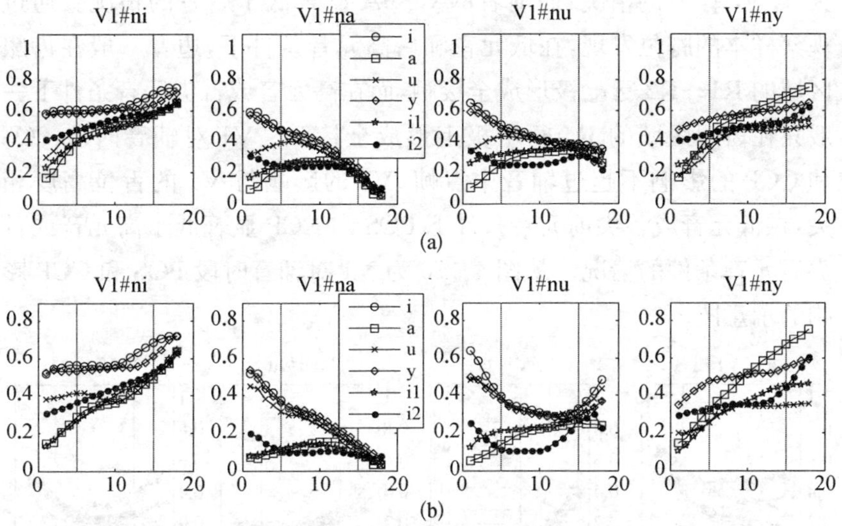

图 4－69　在固定 V2 条件下鼻音/n/时段的 POS 曲线(a)和 CCP 曲线(b)

(第一个竖线代表 V1 结束点，第二个竖线代表 C2 声学结束点)

在固定 V1 的条件下，V2 对 CoGA 和 CCA 的影响不超过辅音 3/4 时点帧。V2 对 CoGA 和 CCA 的影响与 V2 的舌位有关，在前高元音/i, y/条件下的 CoGA 一般低于后高元音和低元音条件的情况，而前者的 CCA 却高于后者的情况。V2 对辅音时段的 POS 和 CCP 的影响范围较大，单因素方差分析结果发现，V2 对辅音时段的 POS 和 CCP 的影响可以达到辅音起点帧，表现为/i, y/＞/a, u/($p<0.05$)。

4.4.2.4　边音/l/

边音声学持阻段平均时长为 86 ms(标准差为 16 ms)。我们选择五个时间点的腭位进行分析，分别为辅音起点帧（C_{onset}）、辅音 1/4 时点帧（$C_{1/4}$）、辅音中点帧（$C_{1/2}$）、辅音 3/4 时点帧（$C_{3/4}$）和辅音结束帧（C_{end}）。

在 V2 固定条件下，V1 对辅音时段的 CoGA 和 CCA 的影响范围不超过辅音中点帧。在 V1 为/a，u/条件下的 CCA 显著大于 V1 为/i，y，ɿ，ʅ/的情况，而前者的 CoGA 显著低于后者的情况。通过观察样本的腭位发现，在低元音和后高元音条件下，边音一般在齿龈区域的 R1—R2 行电极形成全接触，而在高元音或舌尖元音条件下一般只在齿龈区域的 R1 行电极上形成全接触。V1 对辅音时段 POS 和 CCP 的影响不超过辅音中点帧，V1 的影响与 V1 的舌位高度相关，在低元音或舌尖前元音条件下 POS 和 CCP 显著低于高元音或舌尖后元音条件的情况。从图 4－70 为 V1 对辅音时段 POS 和 CCP 影响的示意图。

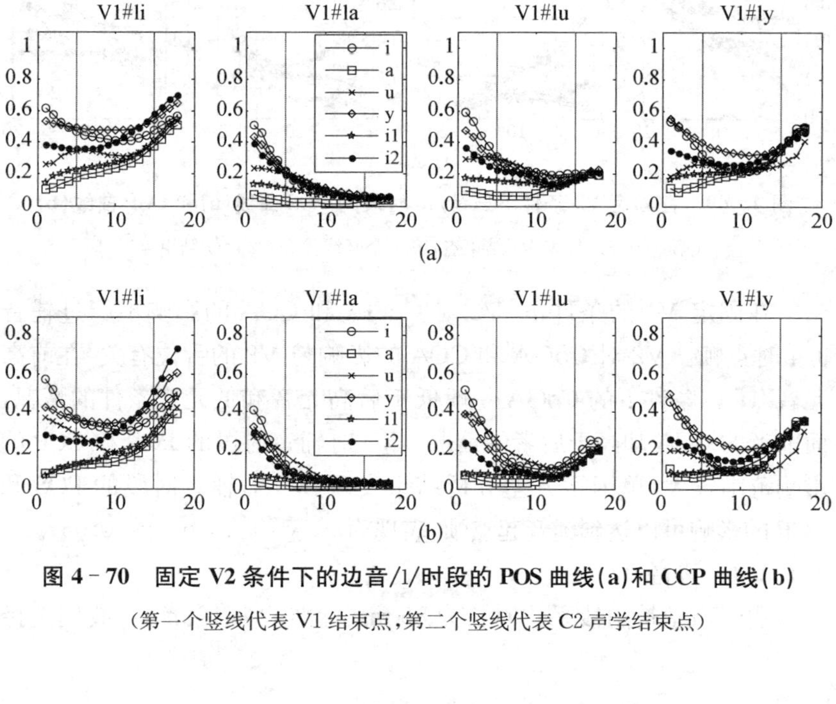

图 4－70　固定 V2 条件下的边音/l/时段的 POS 曲线(a)和 CCP 曲线(b)

（第一个竖线代表 V1 结束点，第二个竖线代表 C2 声学结束点）

在 V1 固定的条件下，V2 对辅音时段的 CoGA 影响范围一般达不到辅音中点帧，V2 对 CoGA 的影响一般表现为/i/</a, u/($p<0.05$)，这与其他舌尖中音的结果一致。V2 对辅音时段 POS 和 CCP 的影响范围最远可以达到辅音起点帧，表现为/i, y/>/a, u/($p<0.05$)，这与 4.3 节中的结果一致。

4.4.2.5　小结

元音对四个舌尖中音持阻段腭位的影响的分析结果说明：第一，舌尖中音的成阻部位变化不大，但是成阻方式受到两侧元音的影响，在前高元音或舌尖元音的条件下，舌尖在齿龈区域 R1 行的接触不完整，说明舌尖动作易于受到相邻舌区动作的影响。第二，V1 的顺向影响时间范围一般无法到达辅音的结束帧，影响幅度与 V1 和 V2 的发音限制条件有关，如果 V1 的发音限制条件越高，而 V2 的发音限制条件较低，则 V1 对舌面动作影响的时间范围越长。第三，V2 对 C2 舌面动作的逆向影响时间范围最远可以达到辅音的起点帧，这与 4.3 节的结果一致。V2 对 C2 舌面动作的影响幅度也取决于 V2 和 V1 的发音限制条件，V2 的发音限制条件越强，则逆向影响的程度越大，但是这种逆向影响受到 V1 发音限制条件的制约。

4.4.3　舌尖前音

舌尖前音的腭位有三个特征：第一，舌腭收紧点位于 R1 行电极。第二，齿龈区域的接触电极较少，分布在齿龈区域的两侧。第三，后腭区域的接触电极分布在硬腭和软腭的两侧边缘。

本节用齿龈区域接触面积(AC)考察舌尖收紧动作受环境元音的影响程度，用后腭接触面积(POS)和后腭聚中性指数(CCP)考察环境元音对辅音时段的舌面动作的影响。

4.4.3.1　不送气塞擦音/ts/

塞擦音/ts/的平均声学持阻时长为 39 ms(标准差 20 ms)，VOT 均值为 85 ms(标准差为 20 ms)。我们选择辅音时段的四个关键帧进行分析，分别为 C2 起点帧（C_{onset}）、辅音除阻帧（C_{offset}）、辅音摩擦段中点帧（C_{asp}）和辅音结束帧（C_{end}）。①

单因素方差分析结果发现，在固定 V2 条件下，四个时间点的 AC 不受 V1 的顺向影响，说明舌尖与齿龈区域接触从辅音起点帧开始就非常稳定。V1 对 POS 和 CCP 的影响只出现在辅音的起点帧，表现为/i/＞/a，ɿ，ʅ/（$p<0.05$）。

在固定 V1 条件下，V2 对辅音时段 AC 的影响只出现在辅音的结束帧，表现为/a，u/＜/ɿ/（$p<0.05$）。V2 对 POS 和 CCP 的影响只出现在辅音的结束帧，V2 的影响一般表现为/u/＞/a，ɿ/（$p<0.05$）。这说明当 V2 为后高元音时，辅音时段接近结束的时候舌面开始上抬，POS 和 CCP 同步增大。

上述结果说明塞擦音/ts/的发音限制较强，这不仅表现为主发音器官的发音动作不受周边元音舌位的影响，同时，在辅音持阻时段的大部分时间内，舌面与硬腭和软腭的接触十分稳定，一般不受周边元音舌位的影响，这说明塞擦音/ts/对舌体动作的控制比较严格。

4.4.3.2　送气塞擦音/tsʰ/

送气塞擦音/tsʰ/的平均声学持阻时长为 32 ms（标准差为 18 ms），VOT 均值为 149 ms（标准差为 21 ms）。在辅音起点时刻，部分样本在齿龈区域没有形成阻塞，V1 结束点后紧接着就出现了高频噪音（塞擦音擦化产生的结果）。选择辅音时段的四帧腭位进行分析，分别为 C2 起点帧（C_{onset}）、辅音除阻帧（C_{offset}）、辅音摩擦送气段中点帧（C_{asp}）和辅音结束帧（C_{end}）。

单因素方差方分析结果发现，在固定 V2 条件下，V1 四个时间点的 AC 没有显著影响，这表明送气塞擦音的主发音器官动作不受 V1 的顺向影响。当固定 V2 为/a，ɿ/时，V1 对辅音时段的后腭接触参数

---

① 部分塞擦音没有明显的静音段，此时，C2 起点帧定义为 V1 结束点后的一帧，C2 除阻帧定义为 C2 起点帧之后的一帧。

的影响只出现在辅音起点帧，V1 的影响与其舌位高度有关，在高元音/i, u/条件下的两个参数显著大于舌尖元音和低元音的情况。固定 V2 为/u/时，V1 对辅音时段的影响范围达到摩擦送气段的中点帧。通过对样本的观察结果发现，在 V1 为/i, u/的条件下，一半以上的样本在 V1 声学结束点之后没有静音段(见图 4－71)。

在 V1 固定的条件下，V2 对辅音时段腭位的影响范围一般不超过辅音摩擦送气段的中点。从辅音摩擦送气段中点开始，在 V2 为低元音和后高元音条件下的 AC 迅速下降，在 V2 为舌尖前元音条件下的 AC 保持不变。V2 对辅音摩擦送气段后半部分的影响表现为/u/>/ɿ, a/($p<0.05$)，这说明从辅音摩擦送气段中点之后，后腭接触参数才开始向 V2 的腭位目标过渡。

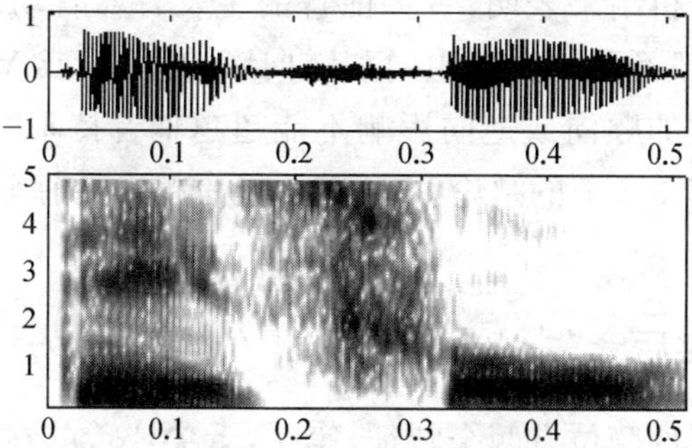

图 4－71　样本/i#tsʰu/的波形和语图

上述分析结果表明，送气塞擦音/tsʰ/的舌尖或舌叶动作非常稳定，两侧元音对舌面动作有影响，但是元音影响范围一般不超过辅音的辅音摩擦送气段中点帧。

4.4.3.3　舌尖前擦音/s/

舌尖前擦音/s/的平均声学时长为 160 ms(标准差为 20 ms)。我们选择五个时间点的腭位进行分析，分别为 C2 起点帧(C_{onset})、辅音 1/4 时点帧($C_{1/4}$)、辅音中点帧($C_{1/2}$)、辅音 3/4 时点帧($C_{3/4}$)和辅音结束帧(C_{end})。

当 V2 固定时，V1 对五个时间点的 AC 没有显著影响。V1 对辅音时段的后腭接触参数的影响不超过辅音时段的 1/4 时点，其影响取决于 V1 的舌面高度，在 V1 为高元音/i，u/条件下的擦音起点帧的 POS 显著大于舌尖元音和低元音条件下的情况。到辅音时段 1/4 时点帧时，V1 对 POS 和 CCP 的影响与 V1 的舌位高度无关。

V1 固定时，V2 对 AC 的影响范围不超过辅音的结束帧，V2 的影响表现为/ɿ/>/a，u/($p<0.05$)。V2 对辅音时段的 POS 和 CCP 的影响不超过辅音 3/4 时点帧，表现为/u/>/a，ɿ/($p<0.05$)。

上述结果说明，舌尖前擦音的舌尖动作非常稳定，舌面动作在擦音段也非常稳定，元音只影响舌尖前擦音两侧的后腭接触参数。

4.4.3.4 小节

本节的分析结果表明，舌尖前音的主发音器官动作在辅音时段十分稳定，一般不受元音的顺向和逆向影响。V1 或 V2 对辅音时段后腭接触参数的顺向或逆向影响不能超越辅音持阻时段的中点帧。这个结果支持 4.3 节的结论，即元音不能跨越舌尖前音影响对侧元音过渡段的腭位。

4.4.4 舌尖后音

舌尖后音的腭位有两个特征，第一，舌尖或舌叶在齿龈后和硬腭前位置形成阻塞或狭窄通道，成阻收紧点长度比舌尖前音长，一般为 2—3 行电极。第二，舌面前的两侧上抬与硬腭和软腭两侧电极接触。

本节使用五个腭位参数讨论元音对舌尖后音的影响，分别为齿龈区域的接触重心(CoGA)、齿龈区域的接触面积(AC)、齿龈区域聚中性指数(CCA)、后腭接触面积(POS)和后腭区域聚中性指数(CCP)。分析塞擦音的时候，齿龈区域的参数使用 CoGA 和 AC，分析擦音的时候使用 CoGA 和 CCA。

4.4.4.1 不送气塞擦音/tʂ/

不送气塞擦音/tʂ/的平均声学持阻时长为 58 ms(标准差为

19 ms)，VOT 均值为 56 ms(标准差为 16 ms)。选择四个时间点的腭位进行分析，分别为辅音起点帧(C_{onset})、辅音持阻段中点帧($C_{1/2}$)、辅音除阻帧(C_{offset})和辅音结束帧(C_{end})。

V2 为固定元音时，V1 对 CoGA 的影响只出现在辅音起点帧，表现为/u/<其他元音($p<0.05$)，这说明在 V1/u/条件下的塞擦音起点帧的阻塞部位相对靠后。然而在起点帧之后，阻塞部位开始前移(如图 4-72 所示)。V1 对四个时间点 AC 的影响不显著。

V1 对后腭接触参数的顺向影响不超过持阻中点帧，V1 对 POS 和 CCP 的影响取决于 V1 的舌位高度，在 V1/i, u/条件的 POS 和 CCP 显著大于 V1/a, ɿ ,ʅ/的情况($p<0.05$)。

V2 固定为/u/时，V1 对后腭接触参数的顺向影响可以达到辅音的结束帧。对四个时间点腭位的 POS 和 CCP 的单因素方差分析结果表明，高元音条件下的两个参数显著大于低元音或舌尖前元音的情况($p<0.05$)，原因并不清楚。

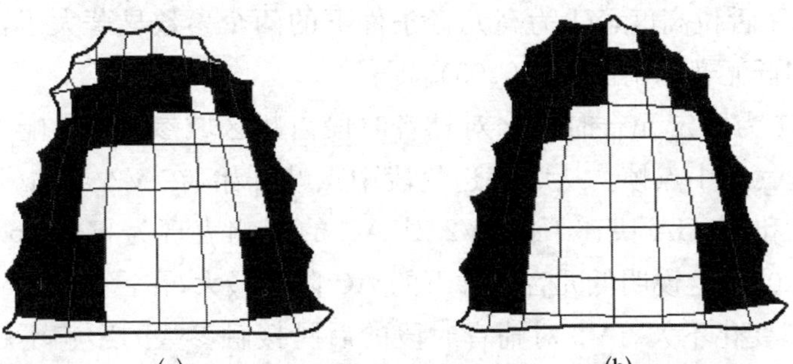

(a)　(b)

图 4-72　样本/u#tʂʅ/辅音时段的起点帧(a)和除阻前一帧(b)

V1 为固定元音时，V2 对辅音时段四个腭位参数的影响只出现在辅音结束帧，V2 对结束帧的 CoGA 和 AC 的影响表现为/ʅ/>/a, u/($p<0.05$)，V2 对 POS 和 CCP 的影响表现为/u/>/a, ʅ/($p<0.05$)。

上述结果说明，舌尖后不送气塞擦音的舌尖或舌叶发音动作比较稳定，V1 主要影响不送气塞擦音的舌面动作，在多数情况下 V1 的顺向影响不超过起点帧。V2 的逆向影响只表现在 C2 的结束帧。

4.4.4.2 送气塞擦音/tʂʰ/

送气塞擦音的平均声学持阻时长为 46 ms（标准差为 15 ms），VOT 均值为 131 ms（标准差为 13 ms）。我们选择辅音时段的五个时间点的腭位进行分析，分别为辅音起点帧（C_{onset}）、辅音持阻段中点帧（$C_{1/2}$）、辅音除阻帧（C_{offset}）、摩擦送气段中点帧（C_{asp}）和辅音结束帧（C_{end}）。

单因素方差分析结果发现，在固定 V2 的条件下，V1 对辅音时段的 CoGA 的影响不超过持阻中点帧，V1 的影响表现为/u/<其他元音（$p<0.05$）。V1 对五个关键帧的 AC 没有显著影响，这表明主发音器官的发音动作非常稳定。V1 对后腭接触参数的影响不超过持阻段中点帧。在持阻段中点帧之前，V1 对 POS 和 CCP 的顺向影响取决于 V1 舌位高度，V1 为高元音条件下的两个参数显著大于舌尖前元音和低元音的情况（$p<0.05$）。

V1 为固定元音时，V2 对辅音时段齿龈区域参数的影响不超过摩擦送气段中点帧。从摩擦送气段中点帧开始，在 V2/a, u/条件下的 AC 和 CoGA 快速下降，V2 对 AC 的影响表现为/a/>/u/>/ʅ/（$p<0.05$），这说明低元音条件下的 AC 降幅最大；在舌尖后元音条件下，AC 变化不大。V2 对辅音时段的后腭接触参数的影响不超过摩擦送气段中点帧。从摩擦送气段的中点帧到辅音结束帧，V2 对 POS 的影响表现为/a/>/u, ʅ/（$p<0.05$），V2/a/使得这个时段的 POS 降幅显著大于 V2 为其他两个元音条件下的情况。V2 对这个时段的 CCP 的影响一般表现为/u/>/ʅ/>/a/（$p<0.05$）。V2 为后高元音的时候，在软腭区域逐渐形成舌腭收紧点，因而 CCP 最高。在舌尖后元音条件下舌面与硬腭的接触面积保持稳定，而在软腭区域的接触明显小于后高元音条件下的情况。V2 为/a/的时候，由于后腭接触

面积迅速降低，因此 CCP 最小。

上述结果说明，舌尖后送气塞擦音在辅音时段的发音动作非常稳定。

4.4.4.3　清擦音/ʂ/

清擦音的平均时长为 158 ms（标准差为 17 ms）。选择五个时间点的腭位进行分析，分别为辅音起点帧（C_{onset}）、辅音 1/4 时点帧（$C_{1/4}$）、辅音中点帧（$C_{1/2}$）、辅音 3/4 时点帧（$C_{3/4}$）和辅音结束帧（C_{offset}）。

在 V2 为固定元音条件下，V1 对齿龈区域接触参数的影响只出现在擦音起点帧，在 V1 为/a, u/条件下的 CoGA 显著低于 V1 为前高元音或舌尖元音的情况（$p<0.05$）。V1 对起点帧 CCA 的影响表现为/a, u/>/ɿ/（$p<0.05$）。在 V2 为舌尖后元音的条件下，V1 对 CCA 的影响不显著。V1 对后腭接触参数的影响范围不超过辅音 1/4 时点帧。在此之前，V1 对 POS 和 CCP 的影响与 V1 舌面高度有关，在/i, u/条件下的 POS 和 CCP 显著大于/a, ʅ, ɿ/的情况（$p<0.05$）。

在 V1 为固定元音的条件下，V2 对辅音时段五个时间点的 CoGA 没有显著影响。V1 对 CCA 的影响只出现在辅音结束帧，表现为在 V2/a/条件下的 CCA 显著低于 V2/u, ʅ/的情况（$p<0.05$）。V2 对辅音时段的后腭接触参数的影响与 V1 有关。在固定 V1 为舌尖后元音的条件下，V2 对五个时间点的 POS 和 CCP 没有显著影响；在固定元音 V1 为高元音的条件下，V2 的影响范围不超过辅音时段的 3/4 时间点，此时 V2/u/条件的 POS 和 CCP 最高，V2/a/条件的 POS 和 CCP 最低，V2/ʅ/条件的 POS 和 CCP 基本不变。

上述结果说明，舌尖后清擦音的发音动作限制较高，元音的影响只出现在辅音时段的边缘位置。

4.4.4.4　浊擦音/ʐ/

浊擦音/ʐ/的边界需要结合声学和腭位特征共同来确定。浊擦音缺乏稳定的声学表现，在笔者的数据库中表现为三类：第一，/ʐ/表现为典型的浊擦音。在周期性波形中负载高频成分，在语图上表现为基音周期冲直条中出现噪声乱纹。第二，/ʐ/表现为清擦音，在波形上表现为无规则的噪音，语图上表现为高频噪音乱纹，缺少基音周期冲直条。第三，/ʐ/表现为无擦通音，波形上表现为周期性的波形，其能量有时比周边元音能量显著降低，语图上的共振峰与周边元音相接。

在前两类情况下，浊擦音的声学边界与腭位边界有较好的对应关系，即摩擦段声学起始点前在齿龈区域形成收紧点，在摩擦段结束点之后齿龈区域的收紧点开始除阻。在第三类情况下，浊擦音的边界主要靠腭位来界定。浊擦音的起点确定为在齿龈区开始形成阻碍的第一帧，而结束点定义为齿龈区开始除阻的一帧。

浊擦音的平均声学时长为 80 ms（标准差为 20 ms）。由于时长较短，又因浊擦音的边界划分标准有可能受到主观因素的影响，因此在辅音时段只选取辅音时段中点附近的最大接触面积帧 C_{max} 进行分析。

首先，暂不考虑 V1 的情况，只分析在 V2 为/a，u，ʅ/条件下的 C_{max} 帧的四个腭位参数。单因素方差分析的结果发现，在 V2/a/条件下的 CCA 显著低于 V2 为/u，ʅ/的情况（$p<0.05$），这说明在 V2/a/条件下的齿龈区域收紧点宽度较大，而在其他 V2 条件下齿龈区域收紧点宽度较小。在 V2/a/条件下的 POS 和 CCP 显著小于 V2/u/的情况（$p<0.01$），这说明在不考虑 V1 的情况下，在 V2/a/条件下的舌面前上抬程度不高。上述结果说明，在不考虑 V1 的情况下，V2 的逆向影响十分显著。

在固定 V2 条件下，单因素方差结果发现，V1 对齿龈区域的接触参数没有显著影响。V1 对后腭接触参数的影响与 V1 舌面高度有关，在 V1/u/条件下的 POS 和 CCP 在 V2/u，ʅ/条件下最大。

V1 固定为/i，a，ʅ/时，V2 对 C_{max} 的腭位参数没有显著影响。

V1 固定为/u, ʅ/时，V2 对 C_{max} 的后腭接触参数有显著影响，在 V2 为/a/条件下的 POS 和 CCP 显著低于 V2 为/u/的情况($p<0.01$)，这与前文的结果一致。

上述结果说明，舌尖后浊擦音的主发音器官的动作不受 V1 的顺向影响，但是受到 V2 的逆向影响。V1 和 V2 对舌尖后浊擦音的舌面动作均有影响，且与周边元音的舌位高度相关。

4.4.4.5　小结

本节的分析结果说明：第一，舌尖后清辅音的主发音器官的动作不易受到周边元音的影响。第二，舌尖后清辅音的舌面动作受 V1 的顺向影响及 V2 的逆向影响，但是元音影响范围不能达到对侧辅音的端点(即 V1 的顺向影响不能达到 C2 的结束帧，或者 V2 的逆向影响不能达到 C2 的起点帧)，元音对 C2 时段舌面动作的影响与元音的舌位高度相关。第三，舌尖后浊擦音的主发音器官主要受到 V2 的逆向影响，而舌面动作同时受到 V1 和 V2 的影响，元音的影响与元音的舌位相关。

4.4.5　舌面前音

舌面前音在齿龈区域和硬腭区域的接触面积都比较大。本节使用三个腭位参数：齿龈接触面积(AC)，齿龈区域聚中性指数(CoGA)及硬腭接触面积(PC)。

4.4.5.1　不送气塞擦音/tɕ/

不送气塞擦音/tɕ/的平均声学持阻时长为 39 ms(标准差为 19 ms)，VOT 均值为 90 ms(标准差为 15 ms)。我们选择四个时间点的腭位进行分析，分别为辅音起点帧(C_{onset})、辅音持阻段中点帧($C_{1/2}$)、辅音除阻帧(C_{offset})和辅音结束帧(C_{end})。

在 V2 固定的条件下，V1 对辅音时段的齿龈区域接触参数的影响只出现在辅音起点帧，其影响与 V1 的舌位高度有关，在元音/i, y/条件下的 CCA 和/或 AC 显著大于/a, u/的情况($p<0.05$)。

V1 对 PC 的影响显著，最远可以达到辅音除阻帧，其影响与 V1 的舌位高度有关，元音/i, y/条件下的 PC 显著大于其他元音的情况（$p<0.05$）。舌尖后元音自身的 PC 比较高，但是在向舌尖前音过渡过程中，舌面下降，成阻部位向舌面前音过渡，因此在辅音除阻帧之前，其硬腭接触面积较小，与低元音和后高元音条件下的情况相似。

在 V1 固定的条件下，V2（此时的 V2 既包括单元音韵母/i, y/，也包括复合韵母/iu, ia/）对辅音时段的腭位参数的影响只出现在辅音结束帧。V2 对齿龈区域两个接触参数有显著影响。在元音/i, y/条件下的 CCA 和 AC 显著大于低元音的情况（$p<0.05$）。V2/u/对辅音结束帧的齿龈区域接触参数的影响规律性不强，V1 固定为/i, a/时，V2/u/的影响与前高元音类似，与 V2/a/存在显著差异；V1 固定为/u, ɿ/时，V2/u/的影响与低元音类似，而与前高元音存在显著差异，这可能是样本容量过小导致的结果，因为舌面前音后接低元音或者后高元音时，声母和元音中间存在介音/i/，处于音节尾的两个元音不大可能跨越介音影响舌面前音的腭位。V2/i, y, a, u/对辅音四个时间点的 POS 没有显著影响。

4.4.5.2 送气塞擦音/tɕʰ/

舌面前送气塞擦音的平均声学持阻时长为 35 ms（标准差为 16 ms），VOT 均值为 145 ms（标准差为 19 ms）。我们选择五个时间点的腭位进行分析，分别为辅音起点帧（C_{onset}）、辅音持阻段中点帧（$C_{1/2}$）、辅音除阻帧（C_{offset}）、摩擦段中点帧（C_{asp}）和辅音结束帧（C_{end}）。

在 V2 固定的条件下，对辅音时段五个时间点的齿龈区域接触参数的单因素方差分析结果发现，V1 对 CCA 和 AC 没有显著影响。V1 对 PC 的影响最远可以达到辅音的除阻帧，其影响与 V1 的舌位高度有关。

在 V1 固定的条件下，V2 对辅音时段腭位的影响只出现在辅音的结束帧。V2 对起点帧的 CCA 和 AC 的影响与 V2 的舌位高度有关，表现为/i, y/＞/u/＞/a/（$p<0.05$）。V2/u/对结束帧腭位参数的影响没有规律，其结果与不送气舌面前音的情况类似。

4.4.5.3　擦音/ɕ/

舌面前擦音的平均声学持阻时长为 166 ms（标准差为 21 ms）。选取五个时间点的腭位进行分析，分别为辅音起点帧（C_{onset}）、辅音 1/4 时点帧（$C_{1/4}$）、辅音中点帧（$C_{1/2}$）、辅音 3/4 时点帧（$C_{3/4}$）和辅音结束帧（C_{offset}）。

在 V2 固定的条件下，V1 对辅音时段齿龈区域接触参数的影响可以达到辅音中点帧，V1 对 CCA 和 AC 的影响表现为/i, y, ɿ/＞/a, u, ʅ/（$p<0.05$）。通过观察 V1 向 C2 的腭位过渡过程，笔者发现，前高元音或舌尖前元音的舌腭收紧点的位置与舌面前擦音的收紧点位置比较接近，因而辅音起点帧在齿龈区域易于形成狭窄通道，且收紧点宽度较小。在 V1 为后高元音或低元音的条件下，辅音起点帧在齿龈区域的成阻宽度较大，接触面积较小。在舌尖后元音向舌面前擦音的过渡过程中，舌尖后元音的舌腭收紧点松弛，舌面下降，舌尖前移，因此在辅音起点帧的舌腭收紧点的宽度较大，接触面积较小。V1 对辅音时段 PC 的影响不超过辅音中点帧，其影响与 V1 的舌位高度有关，在 V1 为前高元音条件下的 PC 较显著大于 V1 为其他元音的情况（$p<0.05$）。

V1 固定的条件下，V2 对辅音时段齿龈区域的接触参数的影响范围只出现在辅音结束帧，在 V2/a/条件下的 CCA 和 AC 显著低于元音/i, y/的情况（$p<0.05$）。2/u/对 CCA 和 AC 的影响表现不一致，此处不做进一步的分析。

4.4.5.4　小结

本节的分析结果表明：V1 的顺向影响和 V2 的逆向影响范围一般不超过舌面前音除阻时刻或擦音中点时刻。辅音时段的主发音器官动作非常稳定，不受周边元音动作的影响。周边元音只影响不参与形成阻碍的舌面，其影响与元音的舌面高度有关。

4.4.6　舌面后音

由第三章的分析结果可知，舌面后音的协同发音阻力较弱，主要表现为舌面后音的成阻部位受到临近元音舌位的影响。

本节讨论在 V1＃C2V2 双音节中 C2 时段的腭位变化过程。使用三个腭位参数考察元音对舌面后音的影响，分别为后腭接触面积（POS），后腭区域聚中性指数（CCP）和接触面积重心（CoG）。CoG 度量整个假腭接触面积分布特征的指数。使用后腭接触参数而不用软腭接触参数的原因在于舌面后音在前元音环境下舌腭接触面积可以延展到硬腭区域。

4.4.6.1　不送气塞音/k/

舌面后不送气塞音/k/的平均声学持阻时长为 83 ms（标准差为 20 ms），VOT 均值为 25 ms（标准差为 10 ms）。我们选择四个时间点的腭位进行分析，分别为辅音起点帧（C_{onset}）、辅音持阻段中点帧（$C_{1/2}$）、辅音除阻帧（C_{offset}）和辅音结束帧（C_{end}）。

V2 为固定元音时，V1 对辅音时段 CoG 的影响范围受到 V2 舌位的制约：(1) 固定 V2 为/eɪ, a/时，V1 的影响范围止于辅音起点帧，在 V1 为/i/条件下的 CoG 与 V1/a/的情况呈现边缘显著（$p<0.1$）。(2) 固定 V2 为/u/时，V1 对辅音四个时间点的 CoG 有显著影响。在辅音起点帧，V1/i, ɿ/条件下的 CoG 显著大于 V1/a, u/的情况（$p<0.05$）；在随后的三帧腭位中，V1/ʅ/条件下的 CoG 显著大于 V1/u/的情况（$p<0.05$）。V1 对后腭接触参数的影响最远可以达到辅音持阻中点帧。固定 V2 为/eɪ, u/时，V1 对 CCP 和 POS 的影响表现为/i/＞/ʅ, ɿ/＞/a, u/（$p<0.05$）。固定 V2 为/a/时，V1 对 POS 的影响表现为/i/＞/a, u/（$p<0.05$）。

V1 固定的条件下，在 V2 对辅音时段的 CoG 的影响范围最远可以达到辅音时段的起点帧。对辅音时段四个时间点的 CoG 的单因素方差分析结果表明：当 V1 为/a, u/时，四个时间点的 CoG 受到 V2

的影响，表现为/eɪ/>/a/($p<0.05$)；当 V1 为/i，ʅ/时，V2 对 CoG 的影响只出现在辅音结束帧，其影响表现为/eɪ/>/a/($p<0.05$)；当 V1 为/ɿ/时，V2 对 CoG 的影响范围达到辅音除阻帧，影响的结果与上面两种情况相同。上述结果说明，V2 对辅音时段 CoG 的影响与 V1 的舌位有关，V1 舌位越高、越靠前，则 V2 的影响减弱；V1 舌位越低、越靠后，则 V2 的影响变强。

V2 对 CCP 和 POS 的影响范围一般只出现在辅音结束帧，其影响表现为：在 V2/eɪ/条件下的 CCP 和 POS 显著大于 V2/a/和/或 V2/u/的情况($p<0.05$)。在 V1 为/ɿ/的条件下，V2 对辅音时段的 CCP 没有显著影响，但是对 POS 的影响却可以达到辅音除阻帧；在 V1 为/ʅ/的条件下，V2 对辅音时段的 CCP 和 POS 没有显著影响。

上述结果表明，舌面后不送气塞音的起点帧主要受 V1 的顺向影响，不同腭位参数的影响范围不一致，V1 对 CoG 的影响最远可以达到 C2 结束帧，而 POS 和 CCP 不能超过持阻段中点帧。V2 的逆向影响也因参数的不同而不同，V2 对 CoG 的影响最远可以达到 C2 的起点帧，但是对 POS 和 CCP 的影响只出现在结束帧。

4.4.6.2　送气塞音/k^h/

舌面后送气塞音的平均声学持阻时长为 73 ms(标准差为 21 ms)，VOT 均值为 101 ms(标准差为 15 ms)。我们选择五个时间点的腭位进行分析，分别为辅音起点帧(C_{onset})、辅音持阻段中点帧($C_{1/2}$)、辅音除阻帧(C_{offset})、辅音送气段中点帧(C_{asp})和辅音结束帧(C_{end})。

V1 对辅音时段顺向影响的结果与固定元音 V2 的舌位有关：V2 固定为/eɪ/和/u/时，V1 对辅音时段五个时间点的 CoG 均有显著影响，在除阻帧之前，V1 的影响表现为/a，u/</i，y，ʅ，ɿ/($p<0.05$)；在除阻帧之后，V1 的影响表现为/a/</i，y，ʅ，ɿ/($p<0.05$)。V2 固定为/a/时，V1 对辅音时段 CoG 的影响不超过辅音持阻段中点帧，V1 的影响表现为/a/</i，ʅ，ɿ/($p<0.05$)。

V1 对辅音时段 POS 的影响不超过辅音持阻段中点帧，V1 的影响表现为/a, u/＜/i, y, ʅ, ɿ/($p<0.05$)。V1 对辅音时段 CCP 的影响同样受到 V2 舌位的制约：V2 固定为/eɪ/和/a/时，辅音时段的 CCP 不受 V1 的影响。V2 固定为/u/时，V1 对五个时间点的 CCP 的影响表现为/a/＜/i, y, ʅ, ɿ/($p<0.05$)。

V2 对辅音时段腭位参数的逆向影响取决于 V1。在 V1 固定为/i, y, ʅ, ɿ/的条件下，V2 对辅音时段三个腭位参数的影响不超过辅音送气段中点帧。从辅音送气段中点帧开始，V2 对三个参数的影响表现为/a/＜/eɪ, u/($p<0.05$)。V1 固定为/a, u/时，V2 对辅音时段 CoG 的影响最远可以达到辅音起点帧，但是 V2 对辅音时段 CCP 和 POS 的影响只在辅音除阻帧之后才表现出来。

元音对舌面后送气塞音时段的腭位的影响结果与不送气塞音的情况基本一致：首先，舌面后送气塞音的成阻部位主要受到 V1 的顺向影响，V1 对辅音时段腭位的影响与 V2 有关。其次，V2 的逆向影响与 V1 的舌位密切相关，后者舌位越高、越靠前，V2 的逆向影响则相对较弱。

4.4.6.3　擦音/x/

擦音的平均声学时长为 140 ms(标准差为 17 ms)。我们选取五个时间点的腭位进行分析，分别为辅音起点帧(C_{onset})、辅音 1/4 时点帧($C_{1/4}$)、辅音中点帧($C_{1/2}$)、辅音 3/4 时点帧($C_{3/4}$)和辅音结束帧(C_{end})。

在 V2 固定的条件下，V1 对辅音时段 CoG 的影响范围不超过辅音中点帧。辅音起点帧的 CoG 取决于 V1 的舌位，V1 对起点帧 CoG 的影响表现为/i, y, ʅ, ɿ/＞/a, u/($p<0.05$)，这说明擦音起点的收紧点部位受到 V1 的顺向影响。

V1 对辅音时段的 CCP 和 POS 的影响受到 V2 的制约：V2 固定为/eɪ/时，V1 对辅音时段的 CCP 的影响只出现在辅音起点帧，在前高元音条件下的 CCP 显著大于低元音条件下的情况($p<0.05$)。V2

固定为/a/时，V1 对五个时间点的 CCP 有显著影响，在辅音 1/4 时点帧之前，高元音条件下的 CCP 显著大于低元音及舌尖元音的情况（$p<0.05$）；在辅音 1/2 时点帧之后，后高元音条件下的 CCP 显著大于其他元音的情况（$p<0.05$）。V1 对 POS 的影响超过辅音时段的中点帧：V2 固定为/eɪ，a/时，V1 对 POS 的影响范围最远可以达到辅音的结束帧；V2 固定为/u/时，V1 的影响范围不超过辅音中点帧。

V2 对辅音时段 CoG 的影响受到 V1 的制约。V1 固定为/u/时，V2 对辅音时段 CoG 的影响达到辅音中点帧，V2 的影响表现为/eɪ/$>$/a/（$p<0.05$）。V1 固定为其他元音时，V2 对辅音时段 CoG 没有显著影响。

V2 对辅音时段腭 CCP 和 POS 的影响也受到 V1 的制约。V1 固定为/i，ʅ，ɿ/时，V2 对两个参数的影响只出现辅音结束帧，表现为/a/$<$/eɪ，u/（$p<0.05$）；V1 固定为/a，u/时，V2 对辅音时段的影响可以达到辅音 3/4 时长帧，在该帧之后，V2 的影响表现为/a/$<$/eɪ，u/（$p<0.05$）。

上述结果说明，舌面后擦音起点的成阻部位主要受 V1 的顺向影响，V1 顺向影响的时间范围取决于 V1 和 V2 的舌位，V1 的舌位越高、越靠前，则对辅音时段腭位影响的范围越大。在 V2 为/eɪ/的条件下，V1 的顺向影响受到制约。同样，V2 对辅音时段腭位的影响范围与 V1 的舌位有关。

4.4.6.4　小结

对在 C2 为舌面后音条件下元音对辅音时段腭位影响的分析结果可知：第一，辅音起点帧的腭位主要受 V1 的顺向协同发音影响，在 V1 为前高元音和/或舌尖元音的条件下，舌面后音的成阻部位比较靠前，在硬腭区域的接触面积较大；在 V1 为后元音或者低元音的条件下，舌面后音的成阻部位比较靠后，主要接触软腭区域的电极。第二，V1 的顺向影响及 V2 的逆向影响与两个元音的舌位有关，这是由于舌面后音与两侧元音共享舌体发音器官，因此 C2 起点主要受

V1 舌位的影响,辅音时段的舌位表现为向 V2 舌位的过渡过程。

4.5 结　　论

本章从三个方面讨论了普通话双音节 V1＃C2V2 的协同发音现象：C2 对 V1 和 V2 的影响,V1 和 V2 的跨辅音影响,V1 和 V2 对 C2 的影响。主要发现如下：

第一,4.2 节的结果发现,C2 对两侧元音过渡段的腭位和 F2 轨迹的影响首先取决于 C2 的协同发音阻力。C2 的协同发音阻力越大,它对两侧元音过渡段的腭位和 F2 轨迹的影响就越大。其次,元音的舌面动作与 C2 的舌面动作是否互斥也影响 C2 对元音的影响。如果两者动作互斥,则元音过渡段的腭位和 F2 轨迹变化较大(如双音节/i＃li/);如果两者的舌面动作方向一致,则元音过渡段的腭位和 F2 轨迹的变化较小(如双音节/i＃tɕi/)。从协同发音的强度来看,C2 对 V2 的顺向协同发音程度要强于 C2 对 V1 的逆向协同发音程度,这说明 V1 和 C2 发音动作的结合程度不如 C2 和 V2 之间动作结合程度强。最后,C2 对元音目标腭位和 F2 的影响程度不同。C2 对前高元音/i, y/和舌尖元音/ɿ, ʅ/的目标腭位和 F2 影响较小,但后高元音/u/受 C2 的影响比较大。C2 对低元音/a/的声学时段中点的 F2 的影响取决于元音所处的位置,低元音处于 V1 位置时,C2 对/a/中点的 F2 没有影响,但是低元音处于 V2 位置时,C2 对/a/中点的 F2 有显著的影响。这个结果说明 C2 对元音的影响与元音的舌体发音限制条件密切相关。

第二,4.3 节的结果发现,普通话 V1＃C2V2 双音节存在元音间的协同发音现象。V2 对 V1 的逆向协同作用显著,V1 对 V2 的顺向协同发音作用规律性不强。V2 对 V1 的逆向协同发音表现为两种方式：(1) V2/i/影响 V1 后过渡段的腭位和 F2 轨迹。(2) V2/u/的圆唇动作有可能影响 V1 后过渡段的 F2 轨迹。元音间的逆向协同发音影响受到 C2 协同发音阻力的制约。如果 C2 对舌面发音动作有较强的限制，那么 V2 无法影响 V1 后过渡段的腭位，此时，V1 后过渡段的腭位指向 C2 的发音动作。然而，V2/u/的圆唇动作不受 C2 舌面发音限制条件的制约。V1 对 V2 的顺向协同发音与 C2 的协同发音阻力及辅音持阻段的时长有关，C2 协同发音阻力越强，则 V2 就只受到 C2 的顺向影响。辅音持阻时长越短，则 V1 易于影响 V2 起点的 F2。

第三，4.4 节的结果发现，C2 声学时段的腭位同时受到 V1 的顺向影响和 V2 的逆向影响，两者对辅音时段腭位的影响取决于两个因素，C2 的协同发音阻力和元音的舌面动作限制。唇音的协同发音阻力最小，因而辅音时段的腭位表现为 V1 的发音动作向 V2 发音动作的平滑过渡。V2 对 C2 时段的腭位影响显著，V1 对 C2 时段腭位的顺向影响与 V1 的舌面高度有关。舌面后音的协同发音阻力也比较小，辅音时段的腭位取决于 V1 或者 V2 的舌面收紧部位。舌面后音成阻时刻的成阻部位主要取决于 V1，如果舌面的收紧部位靠前，则在辅音时段对舌面后音的顺向影响显著。如果 V1 的舌面收紧部位靠后，而 V2 的舌面收紧部位靠前的话，则 V2 对辅音时段的腭位的影响就比较显著。舌尖中音的舌尖动作和舌体动作相对独立，周边元音不影响 C2 主发音器官的动作，但是却影响其动作的强度。辅音时段的舌体运动表现为从 V1 向 V2 过渡。舌尖前音、舌尖后音和舌面前音的协同发音阻力较强，周边元音一般不影响这些辅音的主发音器官的动作，但是元音对舌面动作有一定的影响，一般情况下，元音对辅音时段舌面动作的影响不超过辅音持阻段的中点或者摩擦段的中点。

第五章
韵律对音段发音和协同发音的影响

口语韵律研究一般从基频、时长、能量以元音共振峰等声学特征来分析韵律因素对音段产出的影响。基于发音生理的韵律研究则是通过观察和分析发音动作探讨韵律因素对发音器官动作的影响。本章讨论韵律层级和语速对普通话音段发音及音段协同发音的影响。

5.1 韵律边界层级对音段发音和音段协同发音的影响

韵律结构对音段发音的影响表现为两个方面：第一，处于韵律单元边界首位的辅音音段的发音动作受到边界层级的影响，边界层级越高，辅音音段的发音动作幅度越大。这就是域首音段发音增强现象(domain-initial strengthening)。已有的发音生理研究发现，韵律单元边界后的辅音音段的发音动作幅度随边界强度的增高呈现出层级性的递增，表现为音段的舌腭接触面积增大、持阻时长变长。(Byrd *et al*. 2000；Cao & Zheng 2006；Cho 2001；Cho & Keating 2009，2001；Cho & McQueen 2005；Cho *et al*. 2007；Fougeron 2001；Fougeron & Keating 1997；Hsu & Jun 1998；Keating *et al*. 2004；Zheng *et al*. 2006)第二，韵律单元边界末尾音段的时长随边界层级的提高而变长，这就是域尾音段时长延长现象(domain-final lengthening)。域尾音段时长延长也是音段发音增强的表现。

韵律结构也影响音段协同发音的程度。元音间的协同发音受到韵律边界层级的制约，韵律层级越高，元音间的协同发音减弱，反之则越强。（Cho 2004；Kondo 2006）此外，韵律边界层级对 V1＃C2 的协同发音也有影响，韵律层级越高，C2 对 V1 的影响减弱，反之则越强。（Tabain 2003；Zheng *et al*. 2006）

本章的研究问题包括：第一，普通话韵律边界域首辅音的舌腭接触面积是否受到韵律边界强度的影响？这种影响是否可以延伸到域首音节的韵母中？第二，普通话双音节 V1＃C2V2（＃表示不同层级的韵律边界）中跨韵律边界的音段协同发音是否受到韵律边界强度的影响？如果普通话音步的基本特点是"内紧外松"的松紧型音步，那么跨韵律边界的音段协同发音必然要受到这个制约条件的限制，并在发音上表现为音步内的音段协同发音强于音步间的音段协同发音。

5.1.1　方法

普通话韵律层级的划分有多种方案。从语音学角度来看，普通话韵律层级一般包括音节、音步、韵律词、次要韵律短语、主要韵律短语和语调组.（李爱军 2002；林茂灿 2002）语流中韵律层级结构一般通过基频和停顿时长来标记，边界层级越高，边界前后的基频重设越明显，边界前音段时长越长，停顿时长越长。音步是普通话韵律结构的重要单位，表现为"内紧外松"的松紧型音步。从音段发音强度上看，位于音步首位的辅音的发音动作幅度强于音步内的情况。（王洪君 2008）

参考王洪君（2008），林茂灿（2002）和李爱军（2002）的汉语普通话韵律结构模型，笔者把汉语普通话的韵律层级设定为音节（Syllable）、音步（Foot）、次要韵律短语（Immediate phrase）、主要韵律短语（Intonational phrase）和语调组（Utterance）。采用 0—4 级停延来界定不同层级的韵律边界（见图 5－1）。

音步层为双音节词语，把音步内部音节间的边界定义为 0 级停延，音步之间的边界定义为 1 级停延，如例（1）。2—3 级停延分别对应次要韵律短语和主要韵律短语的韵律边界，2 级停延是长主语和谓

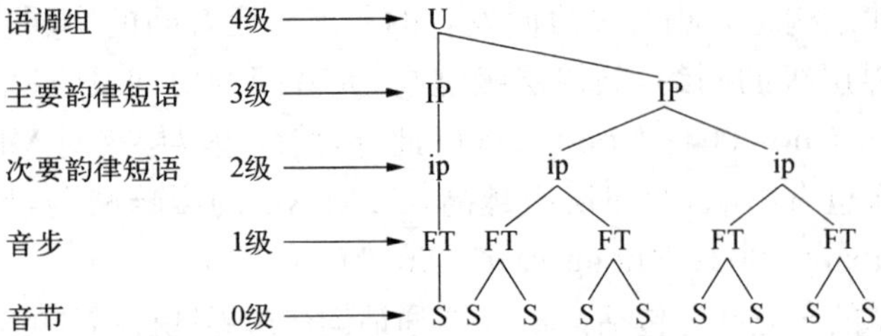

图 5-1　普通话的韵律层级结构

语之间的边界,如例(2)。长主语一般由两个多音节的词汇词构成,其中一个词语为修饰语,另外一个词语为中心词,两个词由“的”相连。3 级停延定义为逗号之后的边界,如例(3)。4 级停延对应语调组的边界,定义为句号之后的边界,如例(4)。

(1) 加拿大(1)**地**(0)**大**(1)宝石鉴定中心于去年成立。

(2) 聪明绝顶的苏格拉(0)**底**(2)**达**(0)到了他的目标。

(3) 代表团在经贸委主任的陪同下,(3)**抵**(0)**达**(1)上海进行友好访问。

(4) 洼地的水流流向新的洼(0)**地**。(4)**大**(0)水时节依然水漫四野。①

待测双音节组合为/ta#ta,ta#ti,ti#ti,ti#ta/。每个双音节组合的音节边界设置 0—4 级的停延,另外,在双音节音步前设置 1—4 级停延。待测的双音节组合放置于负载句中,共设计了 32 个句子。②待测双音节之前音节的末音段设定为元音/a/,双音节后面音节的首音段不做具体规定。此外,待测双音节的声调未做控制。③

① 所有语料改编自北京大学中国语言学研究中心 CCL 语料库检索系统(网络版)。

② 双音节构成一个音步的设计(即音节间为 0 级停延)与双音节音步前设置 1—4 级停延的设计重合,因此每个双音节的组合共有 8 种韵律层级的设计。

③ 在语料设计之初,并没有考虑上声调对辅音和元音目标腭位的影响。第三章的研究结果未发现音节声调对辅音目标腭位的影响,但是声调对元音的目标腭位有较大的影响。这需要在以后的研究中加以考虑。

每个句子读3遍，96个句子随机排序。在发音任务准备阶段，要求发音人按照个人朗读习惯进行练习，并要求发音人注意在句号位置上停顿较长时间。录音过程中发音人使用正常语速朗读。录音结束后首先从连续语流中切分出待测双音节的语音信号和腭位信号，然后根据韵律层级的标准进行文件名编码，辅音和元音的韵律编码方式不同，辅音的韵律层级在左侧，元音的韵律层级在右侧。编码结果表现为文件名的名称，如文件名“0a2i0”表示双音节组合/ta#ti/的首字音节的左边界为0级停延，右边界为2级停延，后字音节的左边界为2级停延，右边界为0级停延，样本的负载句为例(5)：

(5) 处于北半球的加拿(0)**大**(2)**地**(0)势变化多样。

对获取的双音节样本进行语音标记，标记内容包括前字音节之前静音段的起点和两个音节的声母和韵母的起止点；生理标记包括辅音持阻帧起点和除阻帧。辅音生理持阻时长(Closure Duration, CloDur)定义为辅音持阻段齿龈区域形成阻塞的第一帧到齿龈区域除阻帧之间的时长。[①]辅音的声学持阻时长(GAP)定义为前字元音F2轨迹的结束点到辅音除阻产生的能量脉冲时刻之间的时长。辅音的生理持阻时长往往小于辅音的声学持阻时长。辅音时段最大接触面积(MaxC)定义为辅音持阻段舌腭接触面积最大帧的接触比率。元音时段的最大接触面积(MaxV)定义为元音时段1/3时长帧到1/2时长帧之间的最大接触面积帧的接触比率，在元音1/3时长帧之前，声母对韵母腭位的顺向影响基本结束，元音1/2时长帧之后的腭位有可能向下一个音段的腭位目标过渡。由于元音/a/基本上没有接触，只测量元音/i/的最大接触面积。使用Praat中的Burg方法获取元

① 韵律边界为4级停延的时候，发音人产出的部分样本在静音段内的舌腭接触与齿龈塞音的发音动作无关，因此在分析过程中剔除这些样本。

音时段的 F2 轨迹，而后在笔者设计的腭位分析程序平台上进行校准。对样本标记和参数的定义的方法见图 5－2。

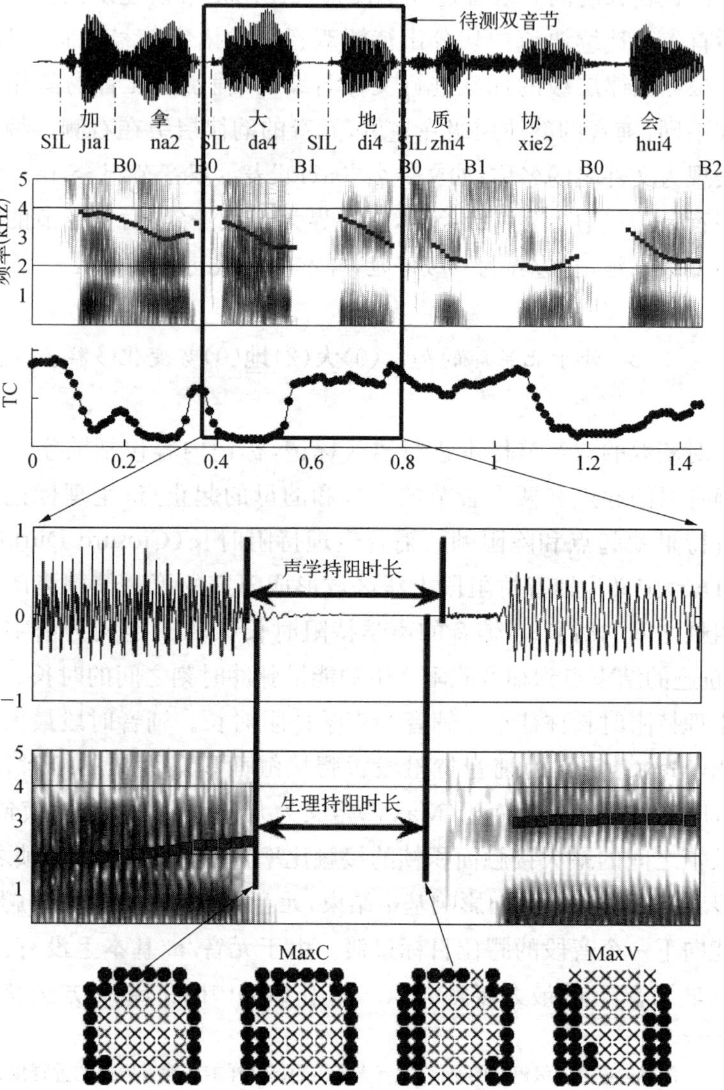

图 5－2　样本的标记和参数定义

5.1.2　域首音段发音增强

按照辅音前后的元音环境把语音样本分为四组，分别为 a_a，a_i，i_a 和 i_i 组。在四组条件下不同域首舌尖塞音的 MaxC 均值见图 5-3。对每组的参数进行单因素方差分析。

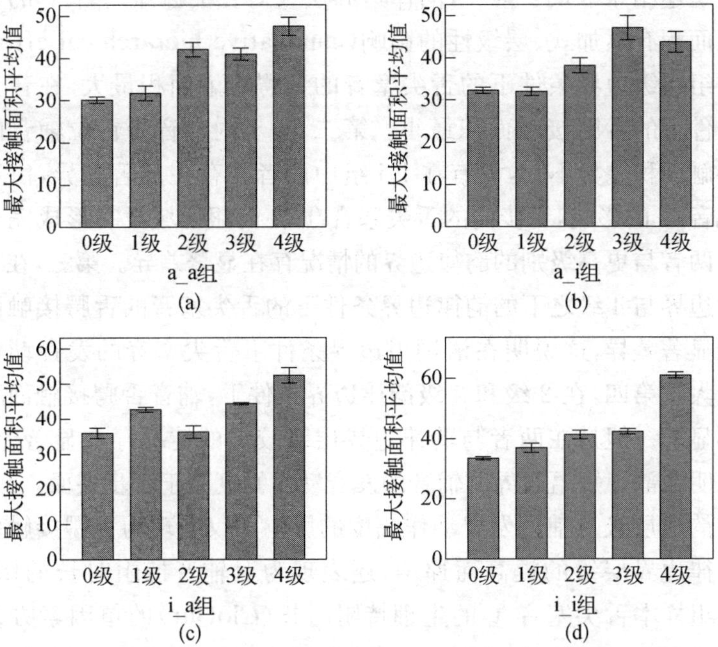

图 5-3　不同元音环境下舌尖塞音/t/的 MaxC 的均值(单位%)

对 a_a 组的分析结果发现，韵律边界对 MaxC 有显著的影响[$F(4, 67)=30.609$，$p<0.001$]。Sheffe 事后检验结果发现，边界强度对 MaxC 的影响表现为：0，1 级<2，3，4 级($p<0.01$)，3 级<4 级($p=0.056$)[见图 5-3(a)]。对 a_i 组的分析结果也发现韵律边界影响显著[$F(4, 67)=20.323$，$p<0.001$]，韵律边界对 MaxC 的影响表现为：0，1 级<2 级<3 级($p<0.01$)，0，1 级<4 级($p<0.001$)[见

图 5－3(b)]。i_a 组的 MaxC 受到韵律边界的影响显著[$F(4, 19)=11.143$, $p<0.001$]，韵律边界对 MaxC 的影响表现为 0 级＜3 级＜4 级($p<0.05$)，1，2 级＜4 级($p<0.05$)[见图 5－3(c)]。韵律边界对 i_i 组的 MaxC 有显著影响[$F(4, 19)=113.492$, $p<0.001$]，表现为：0 级＜1 级＜2，3 级＜4 级($p<0.05$)[见图 5－3(d)]。

上述结果表明：第一，韵律边界层级对舌尖齿龈塞音/t/的舌腭接触面积有累加式、层级性的影响(cumulative hierarchical effect)。语调组层级边界条件下的舌尖塞音的舌腭接触面积最大，在音节边界条件下的舌腭接触面积最小。第二，音步内和音步首位辅音的舌腭接触面积差异不大，只有在 i_i 组中两者才存在显著差异，由于受到元音/i/的影响，音步内的舌尖塞音/t/在齿龈区域没有形成完全阻塞。两者与更高级别的韵律边界的情况存在显著差异。第三，在 4 级韵律边界与 4 级之下的韵律边界条件下的舌尖塞音的舌腭接触面积存在显著差异，这说明在语调组边界条件下舌尖塞音的发音动作幅度最大。第四，在 2 级和 3 级韵律边界条件下，辅音舌腭接触面积差异不显著。但是在两者与韵律边界层级较低的情况存在显著差异，这说明在韵律短语边界的辅音的发音动作幅度高于音步层面。

韵律层级对辅音发音动作幅度的影响不仅表现为舌腭接触面积随韵律边界层级的提高而递增，还表现为对辅音持阻时长的影响。对四组样本舌尖塞音/t/的生理持阻时长(CloDur)的单因素方差分析结果发现，韵律边界的影响显著[a_a 组：$F(4, 67)=84.273$, $p<0.001$；a_i 组：$F(4, 67)=94.234$, $p<0.001$；i_a 组：$F(4,19)=108.772$, $p<0.000\,1$；i_i 组：$F(4, 19)=97.765$, $p<0.001$]。Sheffe 事后检验结果发现，在 0 级和 1 级韵律边界条件下的 CloDur 没有显著区别，但是与较高的韵律边界层级的情况存在显著差异。在 2 级边界条件下的 CloDur 显著低于 3 级和 4 级边界条件的情况。在 3 级和 4 级边界条件下的 CloDur 在 a_a 组和 i_i 组中存在显著差异，但是在 a_i 组和 i_a 组没有显著差异。

对四组样本舌尖塞音的声学持阻时长(GAP)的单因素方差分析结果发现,韵律边界的影响显著[a_a 组：$F(4, 67)=144.829$,$p<0.001$;a_i 组：$F(4, 67)=110.092$,$p<0.001$;i_a 组：$F(4, 19)=148.057$,$p<0.001$;i_i 组：$F(4, 19)=105.97$,$p<0.001$]。Sheffe 事后检验结果发现,在 0 级和 1 级条件的 GAP 没有显著差异;在 2 级、3 级和 4 级边界条件的 GAP 逐次增大,且相互之间一般存在显著差异。只有在 i_a 组中 3 级和 4 级边界条件下的 GAP 没有显著差异。

从图 5-4 可以看出,在四种元音环境下,处于音步内部和音步首位的辅音的 CloDur 和 GAP 大体一致。但是,在 i_i 组中处于音步内部的辅音的 CloDur 趋于零;同时,音步首辅音的 CloDur 也比 GAP 要小一些。这说明在前高元音/i/的环境下,位于韵律层级较低位置

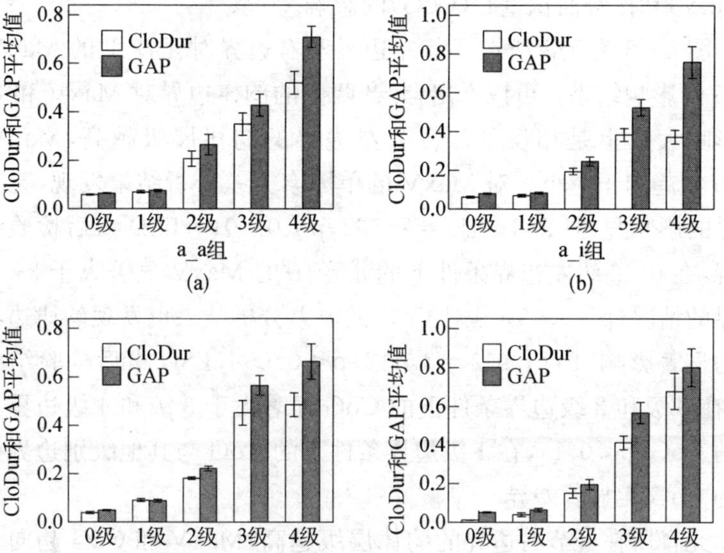

图 5-4　不同元音环境下舌尖塞音/t/的生理持阻时长 CloDur 和声学持阻时长 GAP 的均值(单位：ms)

上的辅音的舌尖发音动作受到舌体动作的限制，舌尖动作发生弱化。2级以上韵律边界的CloDur和GAP随韵律层级的提高而呈现线性增长的趋势，同时两者之间的差异也逐渐加大。笔者用两者之差(GAP减去CloDur)作为一个新的因变量，以韵律边界做自变量进行单因素方差分析，结果发现，随着韵律层级的不断提高，两者之间的差值也显著增大($p<0.05$)。这说明随着韵律边界层级的升高，舌尖塞音生理持阻时段占声学静音段的比例不断降低。

5.1.3　韵律边界对元音发音动作的影响

韵律边界对元音发音动作也有影响，这包括元音所处音节左侧韵律边界的影响和元音右侧韵律边界的影响。以下分析元音所在音节的左侧韵律边界和元音右侧的韵律边界对元音/i/的最大接触面积(MaxV)和接触面积重心(CoG)的影响。

图5-5为元音所在音节左边界和右边界对元音/i/的MaxV和CoG的影响结果。可以看出，元音两侧的韵律边界对MaxV和CoG的影响大体上是相反的。音节左边界的韵律层级越高，MaxV和CoG则趋向于越小。对MaxV的单因素方差分析结果发现，音节左边界的影响显著[$F(4, 91)=7.162$，$p<0.001$]，LSD事后检验结果发现，在0—2级左边界条件下的元音/i/的MaxV显著大于3—4级边界的情况($p<0.05$)。[①]对CoG的方差分析结果也发现韵律边界层级的显著影响[$F(4, 91)=3.412$，$p<0.05$]，LSD事后检验结果发现，在0级和2级边界条件下的CoG显著大于3级和4级边界条件下的CoG($p<0.1$)，在1级边界条件下的CoG与其他级别边界条件下的CoG无显著差异。

元音所在音节右边界的韵律层级越高，MaxV和CoG趋向于越大。对MaxV的单因素方差分析结果发现，右边界的影响显著[F(4,

① LSD事后检验方法对组间差异更敏感。

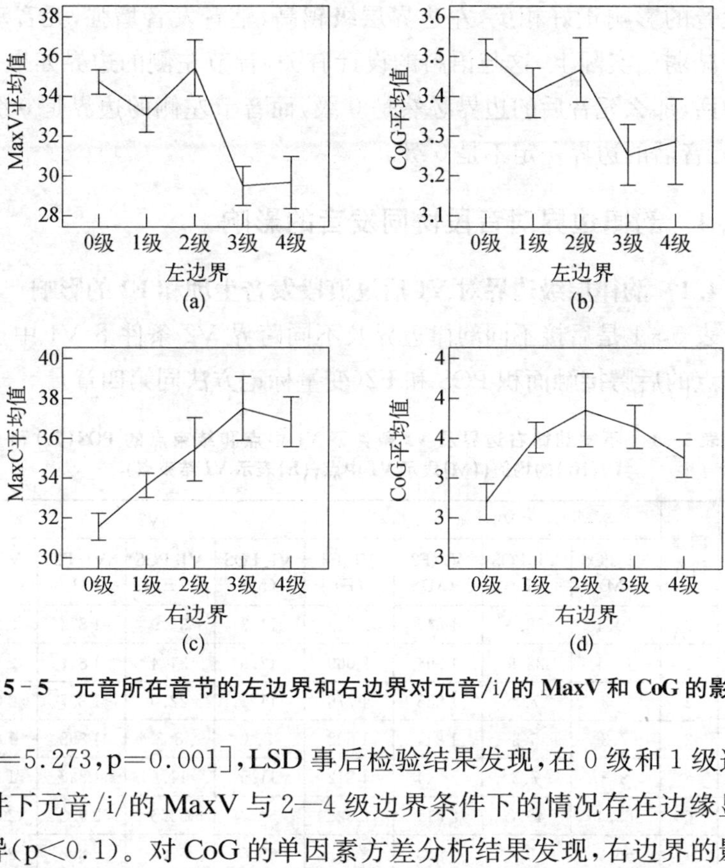

图 5-5　元音所在音节的左边界和右边界对元音/i/的 MaxV 和 CoG 的影响

91)＝5.273，p＝0.001]，LSD 事后检验结果发现，在 0 级和 1 级边界条件下元音/i/的 MaxV 与 2—4 级边界条件下的情况存在边缘显著差异(p＜0.1)。对 CoG 的单因素方差分析结果发现，右边界的影响显著[F(4, 91)＝2.765，p＜0.05]，LSD 事后检验结果发现，在 0 级边界条件下的 CoG 显著低于 1 级和 2 级边界条件下的 CoG（p＜0.05)。

上述结果表明，元音/i/的右边界及元音所处音节的左边界对元音的发音动作存在显著影响，右边界对元音/i/的腭位参数的影响表现为：随着右边界强度的增大，元音发音动作幅度加大，这与域首发音增强的机制一致，同时也说明域尾音段时长延长有可能是发音动作加强产生的结果。元音所处音节左边界(也即音节声母的左边界)

对元音的影响正好相反，左边界层级越高，辅音发音增强，元音动作相对减弱。实际上，这与语料的设计有关，音节左侧的边界如果是4级的话，那么元音后的边界必然是0级，而音节左侧的边界是0级的话，元音后的边界一定不是0级。

5.1.4　韵律边界对音段协同发音的影响

5.1.4.1　韵律层级边界对V1后过渡段发音生理和F2的影响

表5-1是后接不同韵律边界及不同跨界V2条件下V1中点和结束点的后腭接触面积POS和F2（变量标记方法同第四章）。

表5-1　不同韵律右边界及V2条件下V1中点和结束点的POS(%)和F2(Hz)的均值((M)表示V1中点，(E)表示V1结束点)

V1	韵律边界	V2=/a/				V2=/i/			
		V1_POS (M)	V1_POS (E)	V1_F2 (M)	V1_F2 (E)	V1_POS (M)	V1_POS (E)	V1_F2 (M)	V1_F2 (E)
/a/	0	10.4	28.9	1 842	2 019	11.7	33.9	1 876	2 283
	1	10.4	22.9	1 894	2 069	12.5	34.4	1 847	2 405
	2	6.3	7.3	1 825	1 776	11.5	22.9	1 827	2 030
	3	7.3	6.3	1 844	1 808	8.3	8.3	1 898	1 823
	4	8.3	7.3	1 844	1 812	11.5	14.6	1 836	1 780
/i/	0	65.4	49.0	2 911	2 623	60.7	53.6	2 932	2 842
	1	66.7	59.4	2 933	2 845	65.6	57.3	2 898	2 848
	2	68.8	70.8	2 955	2 930	66.7	62.5	2 863	2 802
	3	76.0	77.1	3 016	3 019	64.6	60.4	2 950	2 985
	4	70.8	69.8	2 999	3 002	68.8	67.7	2 969	3 016

以下分析四组样本中处于V1位置上的元音的中点和结束点POS和F2受后接韵律边界层级影响的情况。

单因素方差分析结果发现，韵律边界对a_a组的V1/a/的V1_POS(E)和V1_F2(E)有显著影响[V1_POS(E)：$F(4, 19)=43.275$，$p<0.001$；V1_F2(E)：$F(4, 19)=53.293$，$p<0.001$]，但是对POS

(M)和 V1_F2(M)的影响不显著。Sheffe 事后检验结果发现，韵律边界对 V1_POS(E)和 V1_F2(E)的影响表现为 0，1 级>2，3，4 级($p<0.05$)。由于对侧元音 V2 与 V1 相同，因此这个结果说明，随着韵律边界强度的降低，C2 对 V1 的逆向协同发音影响增强。在音节和音步边界条件下，C2 动作与 V1 动作的重叠度加大，V1 后过渡段的 F2 升高；在短语以上的韵律边界条件下，C2 对 V1/a/结束点的发音动作基本上没有影响，V1 后过渡段的 F2 轨迹基本不变。

对 a_i 组的单因素方差分析结果发现，韵律边界只对 V1/a/的 V1_POS(E)和 V1_F2(E)有显著影响[V1_POS(E)：$F(4, 19)=22.936$，$p<0.001$；V1_F2(E)：$F(4, 19)=33.97$，$p<0.001$]。Sheffe 事后检验结果发现，韵律层级对 V1_POS(E)影响表现为：0，1 级>3，4 级($p<0.05$)，0，1 级>2 级>3 级($p<0.01$)。韵律层级对 V1_F2(E)的影响表现为：0，1 级>2 级>3，4 级($p<0.1$)。与 a_a 组相比，a_i 组的韵律边界强度对 V1 结束点的腭位和 F2 的影响具有层级性。由于 V2 为前高元音/i/，因此 V1/a/的 V1_POS(E)和 V1_F2(E)在韵律边界较低的条件下有可能受到 V2/i/的逆向影响，这一点在下面的元音间协同发音部分做进一步分析。

对 i_a 组的单因素方差分析结果发现，韵律边界层级对 V1/i/的 V1_POS(E)、V1_F2(M)和 V1_F2(E)有显著影响[V1_POS(E)：$F(4, 19)=35.411$，$p<0.001$；V1_F2(M)：$F(4, 19)=7.309$，$p=0.001$；V1_F2(E)：$F(4, 19)=17.675$，$p<0.001$]。Sheffe 事后检验结果发现，韵律边界对 V1_POS(E)的影响表现为 0 级<1 级<2，3，4 级($p<0.1$)，对 V1_F2(M)的影响表现为 0 级<3，4 级($p<0.05$)，对 V1_F2(E)的影响表现为 0 级<1～4 级($p<0.05$)。上述结果表明，随着 V1/i/后接韵律边界强度的降低，V1 结束点的后腭接触面积逐渐降低，同时 V1 结束点的 F2 也降低。同 a_i 组的情况一样，V1/i/的 V1_F2(E)的降低有可能是 V2/a/影响的结果。V1_F2(E)在音步以上的韵律边界条件下相对稳定。虽然 V1/i/中点 F2 也受到

边界条件的影响,但是元音中点的后腭接触面积却不受影响,这个结果有可能是样本容量偏小导致的结果。

对 i_i 组的单因素方差分析结果发现,韵律边界层级对 V1/i/的 V1_POS(E)和 V1_F2(E)有显著影响[V1_POS(E): $F(4, 19)=9.05, p<0.001$; V1_F2(E): $F(4, 19)=4.151, p<0.05$]。Sheffe 事后检验结果发现,边界条件对 V1_POS(E)的影响表现为 0 级<2, 4 级($p<0.05$),1 级<4 级($p<0.05$)。韵律边界对 V1_F2(E)的影响表现为 0 级<2, 4 级($p=0.05$)。对 i_i 组的分析结果表明,边界条件对 V1/i/的影响只表现为音步内和音步以上的韵律边界的差异,这在一定程度上反映了前高元音较强的发音限制条件。

上述结果说明,随着 V1 后接韵律边界强度的增大,V1 结束点的 POS 和 F2 表现出层级性的变化,V1/a/的 V1_POS(E)和 V1_F2(E)渐次升高,V1/i/的 V1_POS(E)和 V1_F2(E)渐次降低。在对称元音序列中,V1 结束点的腭位和 F2 的变化只与 C2 有关,但是在非对称元音序列中,V1 结束点的腭位和 F2 的变化有可能还受到跨边界以及跨辅音音段的 V2 的影响。

5.1.4.2 不同韵律边界条件下元音间的协同发音影响

本节分析不同边界条件下跨界及跨辅音音段的元音间的协同发音影响。在表 5-1 中可以发现,在韵律边界强度较低的情况下,非对称元音序列的 V1 结束点的 POS 和 F2 与对称元音序列的情况有一定的差异,这说明当韵律边界层级较低时,V2 会影响 V1 结束点的腭位和 F2。笔者对双音节 a#C2V2 和 i#C2V2 在五种韵律边界条件下的 V1_POS(E)和 V1_F2(E)进行了独立样本 t 检验。

图 5-6 展示了对固定 V1/a/结束点的 POS 和 F2 的独立样本 t 检验结果。可以看出,在 0—2 级韵律边界条件下,V2 对固定 V1/a/的 V1_POS(E)和 V1_F2(E)有显著影响。在 4 级边界条件下,V1/a/的 V1_POS(E)也存在显著差异。通过观察语料发现,这与边界条件关系不大,而是发音人在一些句子结束时候舌位抬高造成的。上述

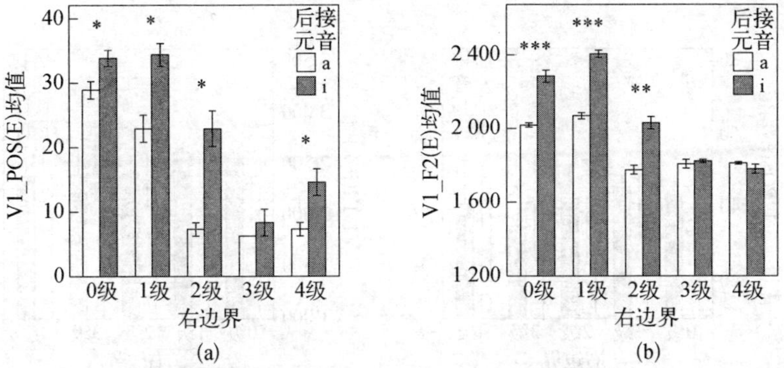

图 5-6　V2 为/a, i/条件下 V1/a/的 V1_POS(E)(a)和 V1_F2(E)(b)的均值(图中星号表示独立样本 t 检验检测出显著差异,* $p<0.05$; ** $p<0.01$; *** $p<0.001$)

结果说明,在边界强度较低的时候,V2/i/对 V1/a/的逆向协同影响比较明显。

独立样本 t 检验结果发现,只有在 0 级边界条件下 V1/i/的 V1_POS(E)及 V1_F2(E)才存在显著差异(见图 5-7)。这说明元音间的逆向影响只发生在音步内,音步边界及音步边界以上条件下,V1/i/的 V1_POS(E)和 V1_F2(E)不易受到跨辅音元音的逆向影响,这说明前高元音/i/发音限制条件较强。

韵律边界强度也影响 V1 对 V2 的顺向影响。比较双音节 a＃da 和 i＃da 的 V2/a/起点 F2 可以发现[见图 5-8(a)],在 0 级边界条件下 V1/i/对 V2/a/的起点 F2 有显著影响($p<0.001$),然而 V2/a/的起点 POS 不受 V1/i/的影响,这是因为后字音节声母除阻后,舌腭接触迅速消失。在 0 级以上边界条件下 V1/i/对 V2/a/起点的 F2 和 POS 影响不显著。

比较双音节 a＃di 和 i＃di 的 V2/i/起点 F2 可以发现[图 5-8(b)],V1/a/对 V2/i/起点 F2 有显著影响($p<0.01$),但是不影响 V2/i/的起点 POS。笔者又考察了不同 V1 条件下 V2/i/起点的舌腭

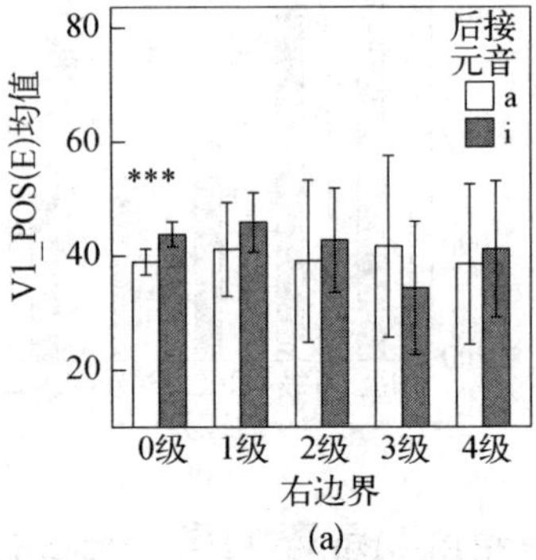

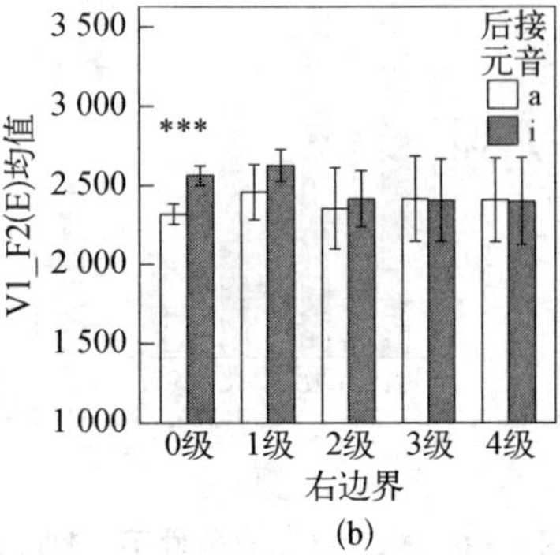

图 5-7 在 V2 为/a，i/条件下 V1/i/的 V1_POS(E)(a)和 V1_F2(E)(b)的均值和标准误

接触总面积(Tc)，独立样本 t 检验的结果发现，在 V1/a/条件下的 V2/i/的起点 TC 与 V1/i/条件下的情况呈现边缘显著（p=0.09）。在 0 级以上边界条件下两个参数没有发现显著差异。上述结果说明，在音步单元内，前字元音对后字元音产生顺向协同发音影响，但是在音步边界及以上的韵律边界条件下不存在元音间的顺向协同发音影响。

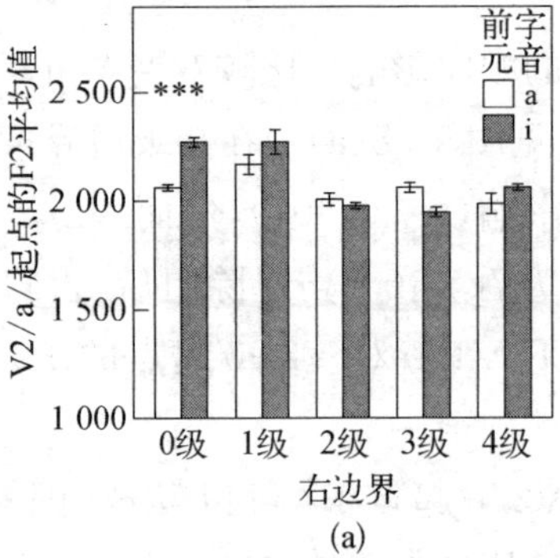

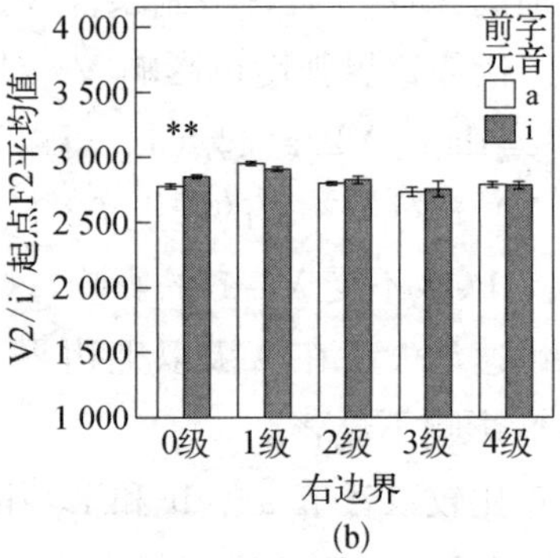

图 5-8 不同 V1 条件下 V2/a/(a)和 V2/i/(b)的元音起点 F2 的均值

本节的结果说明：第一，随着音节间韵律边界强度的降低，跨界/跨辅音的元音之间的协同发音增强，音步内元音之间的逆向和顺向协同发音比较显著，音步之上只存在元音间的逆向协同发音。在主要韵律短语边界条件下，元音间的逆向协同发音消失。第二，元音间的逆向协同发音与元音的发音限制条件有关，元音/i/只在音步域内受到 V1/a/的逆向协同发音影响，在音步之上的边界条件下，V1/i/不易受到跨界/跨辅音的元音的影响。

5.1.4.3　不同韵律边界条件下元音对辅音/t/的协同发音影响

元音对 C2 发音动作的影响可以表现在两个方面：第一，如果 V1 为前高元音时，舌体动作影响舌尖成阻动作。第二，V1 的舌面动作影响辅音时段的舌腭接触。

在 3 级和 3 级以上韵律边界条件下，双音节后字声母的成阻动作一般不在前字韵母结束前产生，因而笔者只分析在 0—2 级韵律边界条件下元音对 C2 持阻段腭位参数的影响。笔者采用 4.4 节使用的方法，首先对双音节音节间辅音时段（从 C2 持阻起点到 C2 声学除阻前的时段）的齿龈接触面积（AC）和后腭接触面积（POS）两个参数进行时间归一化，然后等距选出 5 个时间点的归一化后的参数进行比较。①在分析过程中，笔者从两类四种情况分析元音对辅音时段腭位的影响：

（1）固定元音为/a/，第一种情况为在 V2 为/a/的条件下 V1 对 C2 时段腭位参数的顺向影响（比较双音节 i＃ta 和 a＃ta）。第二种情况为在 V1 为/a/的条件下 V2 对 C2 时段腭位参数的逆向影响（比较双音节 a＃ti 和 a＃ta）。

（2）固定元音为/i/，第一种情况为在 V2 为/i/的条件下 V1 对

① 在 5 个时间点中，第 1 个时间点为辅音声学持阻起点（即 V1 的结束点）后的第一个腭位帧的时间点，第 5 个时间点为辅音声学除阻前一帧腭位的时间点。在 0 级边界条件下辅音持阻时长比较短（参见图 5－4），部分样本在齿龈区域没有形成闭塞。对于这样的样本，笔者对辅音声学持阻时段内的腭位参数进行插值处理，而后从归一化后的参数等距地选取 5 个时间点来观察辅音时段腭位的变化。

C2 时段腭位参数的顺向影响(比较双音节 a♯ti 和 i♯ti)。第二种情况为在 V1 为/i/的条件下 V2 对 C2 时段腭位参数的逆向影响(比较双音节 i♯ta 和 i♯ti)。

对双音节 i♯ta 和 a♯ta 的辅音时段 5 个时间点的 AC 和 POS 逐点进行独立样本 t 检验。分析结果发现,在 0 级韵律边界条件下 V1/i/对辅音时段第 1—4 个时间点上的 AC 存在显著影响[$p<0.05$,见图 5-9(a)左上图]。在 1 级及 1 级以上边界条件下,V1/i/对辅音时段的 AC 的影响不显著。上述结果说明,前高元音/i/的舌面动作对后接舌尖塞音/t/的舌尖成阻动作的影响只出现在音步域内。对辅音时段 5 个时间点的 POS 的独立样本 t 检验结果发现,在 0 级和 1 级边界条件下,V1/i/对辅音时段 POS 的影响范围可以达到辅音除阻时刻[见图 5-9(b)右上和右中图]。在 2 级边界条件下,V1/i/的影响范围不超过辅音持阻段的中点。这个结果说明,随着音节间韵律边

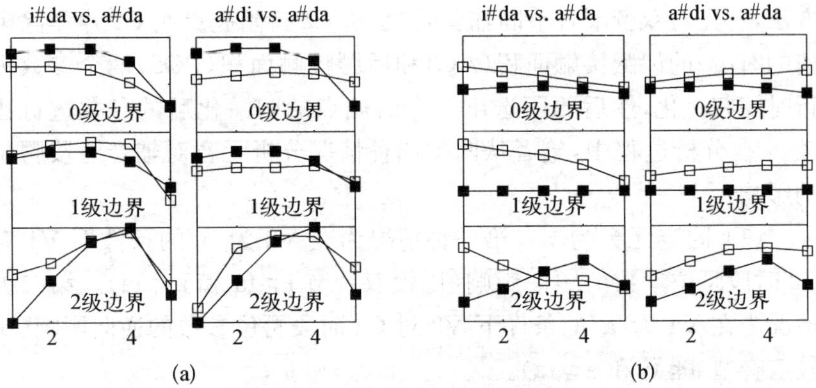

图 5-9　时间归一化后的处于 0—2 级韵律边界的辅音成阻时段的齿龈接触面积(a)和后腭接触面积(b)(图中黑方框的线条为对称元音序列 a♯da 的腭位参数,空白方框为非对称元音序列的腭位参数。齿龈接触面积图中的纵坐标范围为 0—100%,后腭接触面积图中的纵坐标为 0—70%。两图的横坐标为归一化的时间点。每个图的左侧一列考察/i/对辅音时段腭位参数的顺向影响,右侧一列考察/i/对辅音时段腭位参数的逆向影响)

界层级强度的提高，V1 对 C2 时段腭位的影响表现出减弱的趋势。

对 a＃ti 和 a＃ta 的辅音持阻段的 AC 逐点进行独立样本 t 检验，结果发现，在音步域内 V2/i/的影响范围可以达到辅音持阻段的起点，而在音步单元之上的韵律边界条件下，V2/i/对辅音成阻段的 AC 影响不显著[见图 5－9(a)右侧 3 个图]。对 POS 的分析结果发现，在 0—2 级边界条件下，V2/i/对整个辅音持阻段的 POS 有显著影响，在 V2/i/条件下的 POS 显著大于 V2/a/的情况。上述结果说明，元音/i/对 C2 的舌尖成阻动作的逆向影响只出现在音步域内，C2 左侧的韵律边界强度越高，C2 的舌尖成塞动作越易于实现。同时，元音/i/的逆向影响在次要短语边界条件及以下的层级均十分显著，这与图 5－6(a)的结果一致。

对 a＃ti 和 i＃ti 辅音持阻段的 AC 逐点进行独立样本 t 检验，结果发现，在 0—2 级边界条件下，V1/a/对辅音持阻段 AC 的影响只出现在辅音起点[图 5－10(a)左图]，这有可能与 V2/i/有关。V1/a/对辅音持阻段 POS 的影响随韵律边界的提高而减弱，在 0 级边界条件下，V1/a/的顺向协同发音的影响范围为整个辅音持阻段[图 5－10(b)左上图]。在 1 级边界条件下，影响范围截止于第 4 个时间点[图 5－10(b)左中图]。在 2 级条件下，影响范围进一步缩减至第 2 个时间点[图 5－10(b)左下图]。在 0 级边界条件下 V1/a/对 C2 时段的顺向影响结果与 V1 对 V2/i/起点 F2 的顺向影响结果一致[见图 5－8(a)]，随着边界强度的提高，V1 的顺向影响逐渐减弱。

对 i＃ta 和 i＃ti 的辅音持阻段的 AC 逐点进行独立样本 t 检验，结果发现，在 0 级和 1 级边界条件下，V2/a/对 AC 的影响范围可以达到辅音起点[见图 5－10(a)右上和右中图]。在 2 级边界条件下，辅音时段 AC 没有显著差异[见图 5－10(a)右下图]。V2/a/对 POS 的影响范围在 0 级边界条件下可以达到辅音起点[见图 5－10(b)右上图]，在 1 级和 2 级边界条件下，影响范围不超过辅音持阻段中点[见图 5－10(b)右中和右下图]，这与图 5－8(a)的结果一致。

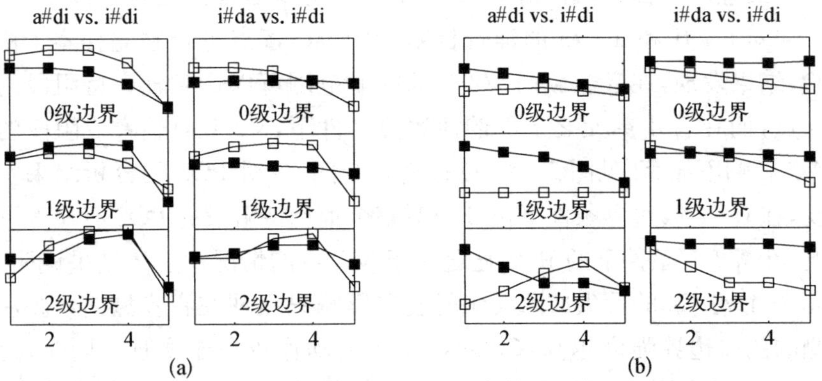

图 5-10　时间归一化后的处于 0—2 级韵律边界的辅音成阻时段的齿龈接触面积(a)和后腭接触面积(b)(图中黑方框的线条为对称元音序列 i＃di 的腭位参数，空白方框为非对称元音序列的腭位参数。其他内容与图 5-9 一致)

元音对辅音时段腭位参数的影响结果表明：第一，元音对 C2 舌尖成阻动作的影响受边界条件及元音舌位的制约。音步域内元音/i/对舌尖动作的顺向和逆向影响显著，但是音步之上则没有影响。在固定元音为/a/的条件下，元音对 C2 舌尖成阻动作的影响取决于韵律边界条件及元音的位置，元音/a/处于 V1 位置时，V1 对 C2 时段腭位的影响较小；元音/a/处于 V2 位置时，V2 对 C2 时段的腭位影响比较大，且这种影响最高只出现在音节和音步边界。第二，元音对 C2 时段舌面动作的影响同样也取决于边界条件和元音舌位。元音/i/对 C2 时段 POS 的逆向协同发音影响不受韵律边界强度(低于次要韵律短语边界)的影响，但是顺向协同发音影响却随韵律边界强度的增加而减弱。元音/a/对 C2 时段 POS 的顺向影响表现出明显的层级性，边界强度越高，顺向影响的程度就越低。元音/a/对 C2 时段的逆向影响也表现出明显的层级性，边界强度越高，逆向影响的程度就越低。

从上述分析结果可以看出，音步域内音段之间的协同发音现象非常显著，音步间音段逆向协同发音比较显著，但是音段顺向协同发音的程度随韵律边界层级的提高而递减。元音对辅音时段腭位的影响与元音的发音限制条件密切相关。上述结果表明元音/i/的顺向和逆向影响明显强于元音/a/的协同发音影响,这与本书第三章和第四章的结果一致。

上述结果部分地支持普通话松紧型音步的假设,音步域首辅音的发音动作幅度强于音步域内的辅音,音步内音段间的相互影响程度强于音步间的情况,音步域尾的元音动作强于音步域内的情况。

5.1.5　结论

本章 5.1 节分析了韵律边界条件对辅音和元音发音动作及音段协同发音的影响。分析结果表明韵律边界层级对音段的发音动作有层级性的影响,这与已有的研究结果一致。其次,韵律边界层级对音段协同发音也表现出层级性的影响,其中 C2 对 V1 的逆向影响结果与郑玉玲等(2006)的结果一致。

首先,韵律边界对处于边界前和边界后音段的发音动作有显著的层级性影响。位于韵律边界之后的辅音的发音动作幅度随边界层级增高而递增。辅音发音动作在低级和高级韵律边界条件下的差异比较明显,如音节边界和语调组边界,而在上下位韵律层级边界条件下并不明显,如主要韵律短语和次要韵律短语。处于音步内和音步首位辅音的发音动作强度在不同的元音环境下表现不一致：如果元音环境为前高元音/i/,两者的发音动作存在差异,音步内辅音的发音动作受元音环境影响的程度较高;如果元音环境为低元音/a/,音步内和音步首的辅音的发音动作幅度没有显著差异。

其次,元音发音动作在不同韵律层级边界条件下表现出层级性的变化。分析结果发现,随着元音右侧边界强度的增高,元音的舌腭接触面积递增。与右边界的情况相反,随着元音所处音节的左边界强度的增高,元音的舌腭接触面积出现递减的趋势。这个结果与 Fougeron 等(1997)的研究结果一致,说明元音的动作幅度与元音在句中所处的位置有关，域尾（domain-final）元音比域首（domain-initial）或者域中（domain-medial）元音的发音动作幅度要强。同时，这个结论也说明域首发音增强的影响范围只限于域首音段，而非整个域首音节。

最后，韵律边界层级影响音段协同发音。元音间的逆向影响出现在次要短语及之下的韵律边界，而元音间的顺向影响只出现在音步域内，音步及之上的韵律边界条件下不存在元音间的顺向影响。元音对辅音时段腭位的影响对音节间韵律层级的变化比较敏感，元音对辅音时段腭位参数的顺向影响随边界层级的增高而递减；元音逆向影响取决于韵律边界条件和元音的发音限制条件。在元音为/i/的条件下，在次要韵律短语边界也可以观察到元音对 C2 时段腭位的逆向影响；在元音为/a/的条件下，元音对 C2 时段的逆向影响随韵律层级的提高而递减。

5.2　语速对音段发音和音段间协同发音的影响

不同语速条件下音段发音动作的调整方式对揭示发音控制机制（speech motor control）具有重要的意义，从本书 1.3.3 节的综述内容来看，语速加快条件下发音器官动作调整的策略一般包括音段时长缩短和相邻音段动作重叠度加大。（Browman & Goldstein 1990；Byrd 1996；Byrd & Tan 1996；Gay 1981）音段时长缩短有可能产生音段发音不到位的现象（Lindblom 1990），而相邻音段发音动作重叠度增大则有可能产生动作融合的现象（Munhall & Lofqvist 1992）。此外，不同发音人调控语速的策略有可能存在较大的差异（Flege 1988；Kuehn & Moll 1976）。

张家騄等分析了语速对普通话韵律结构的影响（张家騄等 2002）。他们发现在快速语流条件下，元音时长易于压缩，而大部分辅音的时长保持相对稳定。根据这个结论，在快速语流条件下元音的发音动作有可能产生发音不到位的现象，而辅音的发音动作有可能不受语速的影响。基于这个假设及国外相关的研究结果，本节提出两个研究问题：第一，辅音和元音的发音动作是否受到语速的影响？如果音段发音动作确实受到语速的影响，那么语速的影响方式是什么？第二，音段协同发音程度是否也受到语速的影响？

5.2.1　方法

选择/V1ŋ＃C2V2/（文中用 V1N1＃C2V2 表示。"＃"只表示音节边界）研究语速对 N1＃C2 协同发音的影响。选用/V1＃pV2/（文中用 V1＃pV2 表示）研究语速对跨音段元音间协同发音的影响。选用 V1N1＃C2V2 双音节有两个原因：（1）普通话音节没有塞尾，因而只能以前字后鼻韵母（后鼻尾）和后字齿龈音声母的组合作为研究对象。（2）已有的 EPG 研究发现，普通话前字后鼻尾和后字齿龈声母的发音动作能够重叠。（郑玉玲＆刘佳 2005）选择 V1＃pV2 双音节的原因在于辅音时段的发音动作在很大程度表现为从 V1 的舌位向 V2 舌位过渡的过程（参见 4.4 节）。

在 V1N1＃C2V2 双音节中，N1 位置为后鼻音/ŋ/，C2 位置为不送气舌尖塞音/t/和舌尖前擦音/s/。选择这两个辅音的原因如下：（1）两个声母的发音器官与后鼻尾不同，在时域上易于形成动作重叠。（2）在后接塞音条件下，鼻音软腭下降动作对塞音舌尖动作的影响较小。但是在后接擦音的条件下，软腭必须及时上抬，这是因为擦音持阻阶段鼻咽通道一定要关闭。V1N1＃C2V2 双音节中，V1 位置上为元音/i，a/，V2 位置上的元音取决于音位配列规则，当 C2 为/t/时，V2 为/i，a/；当 C2 为/s/时，V2 为/ɿ，a/。

在 V1＃pV2 双音节中，V1 和 V2 的舌位不同，如 V1 为/a/时，V2 为/i/。这种设计方案主要是为了考察元音舌位过渡是否受到语速的影响。本节分析七个 V1＃pV2 双音节，其中六个双音节中的 V1 和 V2 的舌位不同，最后一个为对称元音序列/i＃pi/（参见

2.5 节)。

V1N1♯C2V2 双音节的标记方法如下(标记后的样本示例如图 5-11):

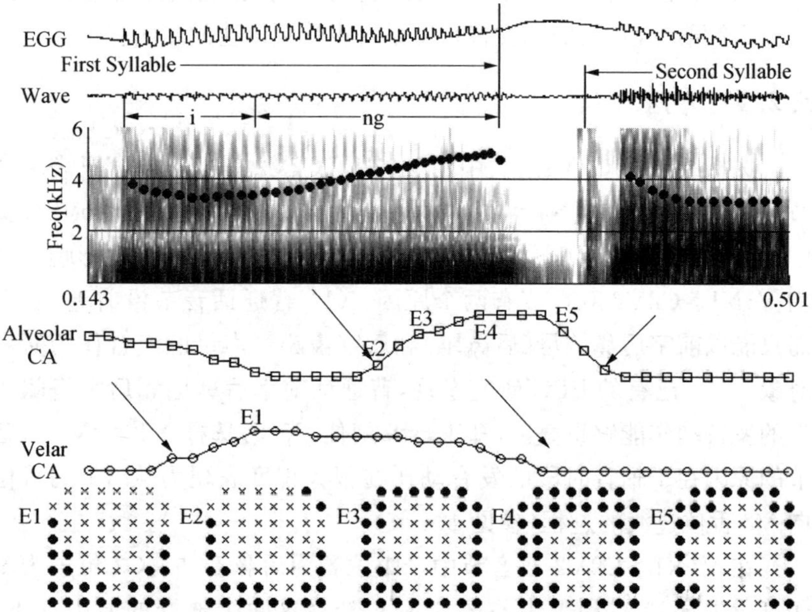

图 5-11　V1N1♯C2V2 语音标记示例[图中由上到下分别为 EGG 信号、语音信号、语图、齿龈区域接触面积曲线、鼻音成阻区的接触面积曲线、5 个关键帧腭位(分别为鼻音最大帧 E1、舌尖音起点帧 E2、舌尖中音持阻开始帧 E3、齿龈区域最大接触帧 E4、舌尖中音除阻前一帧 E5)。图中 4 个箭头为发音动作起点和结束点位置]

(1) 前接/i/的后鼻尾的发音区域定义为 R7—R8 行中间 4 列电极(称为后鼻音成阻区),这是因为前接元音/i/的后鼻尾的目标腭位在软腭区域有较大的接触面积。后鼻尾的成阻部位受到前接元音的影响,鼻韵母/iŋ/从/i/过渡到后鼻尾/ŋ/时,一般在上述区域内成阻。鼻音动作的起点定义为鼻音成阻区开始产生接触且接触面积开始增加的第一帧。鼻音动作的结束点定义为鼻音成阻区接触消失的第一帧。

(2) 前接/a/的后鼻尾的鼻音成阻位置接近软腭，因而无法通过EPG来定位。此时，通过语图中第二共振峰(F2)和第三共振峰(F3)的轨迹及鼻音共振峰来判断鼻音的声学起点。后鼻尾的结束点定义为首字音节的声学结束点。

(3) 舌尖中不送气塞音和舌尖前擦音的发音区域定义为齿龈区域。舌尖动作的起点定义为齿龈区域首次产生接触的一帧，结束点的定义取决于V2，如果V2为/i/或者/ɿ/，则舌尖动作的结束点定义为V2声学起点后一帧，如果V2为/a/，则舌尖动作的结束点定义为齿龈区域舌腭接触消失的第一帧。

V1＃pV2双音节的生理标记只有两项，V1向V2腭位过渡段的起点和结束点。过渡段的起点定义为V1时段总接触面积曲线稳定水平的最后一帧，结束点定义为到达V2目标腭位的第一帧(语音标记示例见图5-12)。V1舌尖元音向V2前高元音的过渡相对复杂一些。由4.4.3和4.4.4节可知，舌尖元音在后过渡段舌体位置下降，在辅音时段下降到最低点，然后向V2/i/的舌位过渡。此时，过渡段的起点定义为V1舌腭接触开始明显下降的前一帧，过渡段的结束点定义为V2/i/舌腭接触稳定段的第一帧。声学标记方法同前。

语速参量定义为两个音节声学时长的平均值。研究辅音间协同发音(双音节V1N1＃C2V2)的参数包括动作起点间距(ΔONSETS)、动作峰值间距(ΔPEAKS)、动作重叠度(C1 OLP)、动作时长(DUR)、动作位移(DIS)、辅音动作最大接触面积(MaxC)和平均运动速度(VEL)。ΔONSETS定义为N1起点帧和C2起点帧的时长距离；[①] ΔPEAKS定义为N1首帧最大接触帧与C2首帧最大接触帧的时长距离；C1 OLP定义为N1时间段中C2动作出现的时长占N1时长的

① 由于在/aŋ＃C2V2/中鼻尾时段的舌腭接触较少，变化也比较小，因此无法计算ΔONSETS、ΔPEAKS以及N1的生理参数。

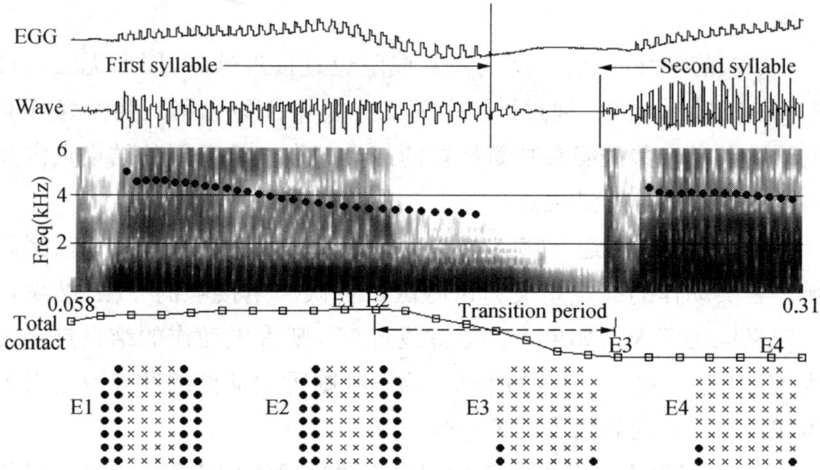

图 5-12 双音节 V1#pV2 语音标记示例(图中底部为 4 个关键帧,分别为元音/i/的最大接触帧 E1、过渡段的起点帧 E2、过渡段的结束帧 E3 和 V2/a/的目标帧)

比率;DUR 为 N1 或者 C2 的起点帧和结束点帧之间的时长;MaxC 定义为辅音时段的最大接触面积;DIS 定义为 MaxC 与辅音起点帧接触面积的差;VEL 定义为 DIS 与 DUR 的商。

研究元音间协同发音(双音节 V1#pV2)的参数包括过渡位移(DIS)、过渡时长(DUR)、过渡平均速度(VEL)、过渡偏移(Shift)、元音最大接触面积(MaxC)、元音中点接触面积(MidC)、元音第二共振峰 F2(V1 MidF2 或者 V2 MidF2)。DIS 定义为过渡段起点帧和结束帧接触面积差的绝对值;DUR 定义为过渡起点帧到结束帧之间的时间距离;VEL 为 DIS 与 DUR 的商;Shift 定义为 V1 时段的舌位过渡时长占 V1 时段的比率;MaxC 定义为元音时段的最大接触面积;MidC 定义为元音中部连续 3 帧中最大接触面积帧的接触总面积;元音第二共振峰定义为元音中点帧附近的 F2。

采用线性回归的方法,以语速参数为自变量,以各种参数作为因变量,分别做线性回归,计算确定系数(r^2)和斜率。

5.2.2　语速对 N1＃C2 协同发音的影响

对八个双音节 V1N1＃C2V2 的生理参数进行线性回归分析，得到的确定系数和斜率见表 5－2。从表中可以看出，语速对三组 N1＃C2 组合的 ΔONSETS 和 ΔPEAKS 有显著影响，表现为两个参数随语速的加快而线性降低。双音节/iŋ＃ti/的 ΔONSETS 与其他三个组合的结果一致；ΔPEAKS 与语速的线性相关程度较低，但是 ΔPEAKS 在快速语流中有减小的倾向。

语速对两组 N1＃C2 组合的 C1 OLP 有显著影响，说明 N1 的舌体动作和舌尖塞音的舌尖动作的重叠度随语速的加快线性增加。在 C2 为擦音的条件下，舌尖动作和舌体动作的重叠度倾向于不受语速的影响，其原因在于擦音对口腔内压力的要求比较严格。前文曾经提到擦音动作和鼻音软腭下降动作互斥，前者要求软腭关闭，并且在口腔内保持一定的压力，从而便于高速气流冲出产生摩擦；而鼻音动作的主要特征是软腭下降。因此，由于发音空气动力的原因，擦音的舌尖动作与鼻音发音动作的时间关系相对稳定，较少受到语速的影响。

双音节 aN1＃tV2 中 N1 和 C2 动作的重叠度也不受语速的影响，这可能有两个原因：(1) 依靠声学标准进行音段切分无法客观、准确地确定鼻音动作的实际开始时间；(2) 通过观察语料发现，双音节 aN1＃tV2 中 C2 的发音动作在鼻音声学段启动时间较早，且在不同语速条件下表现相对一致。这说明发音动作重叠度有可能存在“屋顶效应”(Ceiling Effect)。然而这并不能解释 iN1＃tV2 中两个动作的重叠度随语速加快而线性增加的事实。

N1 和 C2 发音动作重叠度的线性增大对 V1 的 F2 轨迹也产生影响。图 5－13 为三种语速条件下 V1 时段 F2 轨迹经过时间归一化后的平均值。可以看出，双音节 aN1＃ta 和 aN1＃ti 中 V1/a/的 F2 轨迹方向受到语速的影响，随着语速的加快，F2 轨迹的末端值提高[如

表 5-2 双音节 V1N1♯C2V2 的参数线性回归的确定系数(r^2)和斜率

参 数	[iŋ♯ta]	[iŋ♯ti]	[iŋ♯sa]	[iŋ♯sil]	[aŋ♯ta]	[aŋ♯ti]	[aŋ♯sa]	[aŋ♯sil]
ΔONSETS	0.806*** (0.56)	0.701** (0.66)	0.835*** (0.83)	0.766** (0.69)	n.a.	n.a.	n.a.	n.a.
ΔPEAKS	0.84*** (0.71)	0.3 (0.21)	0.466* (0.72)	0.525* (0.53)	n.a.	n.a.	n.a.	n.a.
C1 OLP	0.61* (−117.23)	0.849*** (−134.71)	0.24 (−150.35)	0.479※ (−104.96)	0.16 (−132.66)	0.17 (−95.74)	0.27 (−62.64)	0.24 (−194.68)
C1 DIS	0.14 (8.23)	0.27 (−4.52)	0.24 (24.74)	0.27 (18.72)	n.a.	n.a.	n.a.	n.a.
C1 DUR	0.73** (0.6)	0.513* (0.72)	0.591** (0.90)	0.651** (0.81)	n.a.	n.a.	n.a.	n.a.
C1 MaxC	0.14 (8.23)	0.27 (−4.52)	0.24 (24.74)	0.27 (18.72)	n.a.	n.a.	n.a.	n.a.
C1 VEL	0.05 (0.11)	0.545* (−0.75)	0.19 (0.87)	0.01 (0.18)	n.a.	n.a.	n.a.	n.a.
C2 DIS	0.886*** (51.77)	0.03 (2.82)	0.14 (14.54)	0.14 (14.67)	0.07 (10.15)	0.64* (24.12)	0.13 (−8.92)	0.16 (−15.93)
C2 DUR	0.746** (0.48)	0.795*** (0.34)	0.554* (0.6)	0.859*** (0.6)	0.58* (0.39)	0.77** (0.52)	0.9*** (0.58)	0.76** (1.01)
C2 MaxC	0.759** (45.84)	0.007 (1.2)	0 (0.51)	0.16 (−14.6)	0.07 (10.15)	0.64* (24.12)	0.13 (−8.92)	0.16 (−15.93)
C2 VEL	0.001 (0.06)	0.38 (0.54)	0.007 (0.21)	0.25 (1.34)	0.19 (−1.07)	0.2 (−2.06)	0.29 (−0.1)	0.26 (1.57)

[显著性指标：p<0.05(∗)，p<0.01(∗∗)，p<0.001(∗∗∗)，边缘显著 p<0.1(※)；灰色单元格没有数据，下同]

图 5－13(a)和(b)]。在 C2 为擦音的条件下,V1 的 F2 轨迹不受语速的影响。由于 N1＃C2(C2 为擦音)的动作相位相对稳定,因而 V1 的 F2 轨迹倾向于不变。在 V1 为前高元音/i/的条件下,V1 的 F2 轨迹也不受语速的影响,这与元音/i/的发音限制条件有关。从第四章的分析结果可知,元音/i/的舌体发音限制条件较强,它使得软腭音的成阻部位前移,此过程对 F2 轨迹的影响不大,但是对 F3 轨迹的影响较大。

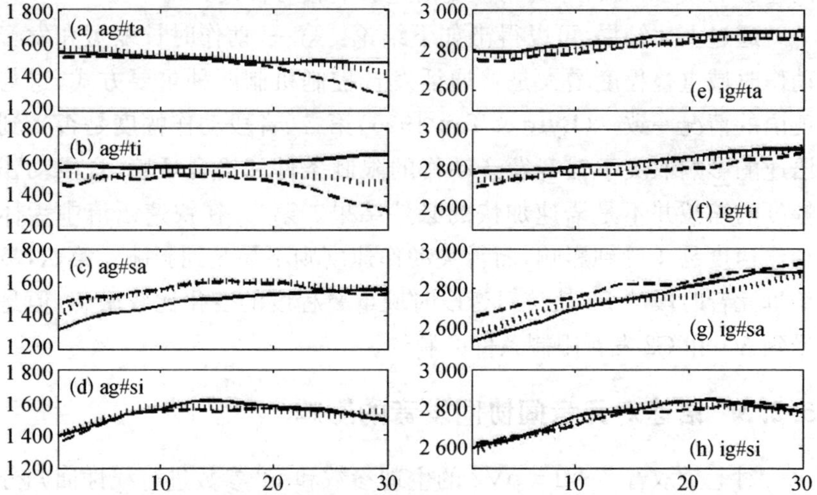

图 5－13　V1 声学段不同语速条件下归一化后的 F2 轨迹(实线为快速,点线为正常语速,短划线为慢速)

由表 5－2 可知,随着语速的加快,N1 和 C2 的动作时长变短,但是 N1 的动作位移和最大接触面积不受影响,这有可能与 V1/i/的影响有关。C2 的动作位移和最大接触面积只在 iN1＃C2a 和 aN1＃C2i 两种情况下随语速的加快而线性减小,在其他情况下不受语速的影响。这有可能也与/i/的存在有关系。在 5.1 节,笔者发现前高元音对/t/的齿龈成阻动作有显著影响,因而,随着语速的加快,C2i 音节中的/i/对 C2 的主发音器官动作的影响有可能变大。对于 iN1＃

C2a 的情况，目前还不能解释其原因。舌尖前擦音的发音动作不受语速和语音环境的影响，这说明擦音的发音动作相对稳定。

平均运动速度能够间接地反映发音器官的运动学特性。由表 5-2 可知，语速只对 iN1＃ti 中 N1 的平均运动速度有显著影响，但是对 C2 的平均运动速度没有影响。这有可能与舌体和舌尖的运动学特性有关系。舌体运动速度相对较慢，目标位置相对不精确，而舌尖音的运动速度较快，目标位置相对精确。（Perkell 1969）因而舌尖动作受语速影响较小，而舌体的动作受语速影响相对较大。

通过上述结果，可以得出如下结论：第一，动作时长缩短和发音动作时域重叠程度增大是普通话发音控制机制两种重要方式，这与英语的情况一致。（Byrd & Tan 1996）第二，音段动作幅度是否受到语速的影响取决于辅音发音动作的限制条件和语音环境，音段动作幅度的缩减并不是语速加快的必然结果。第三，在快速语流中舌体动作速度易于受到影响，而舌尖动作速度则不易受到影响。第四，鼻韵母元音时段的 F2 轨迹对音段时域重叠程度的变化比较敏感，但是受到 V1 和 C2 发音限制条件的制约。

5.2.3 语速对元音间协同发音的影响

对七个双音节 V1＃pV2 的生理参数和 F2 参数进行线性回归分析，得到的确定系数和斜率见表 5-3。

由表 5-3 可知，在六个 V1＃pV2 中有三个双音节的 DIS 随语速的加快线性缩短，其中 i＃pa 和 ɿ＃pa 的情况与 V1 在快速语流条件下接触面积减小有关。ɿ＃pi 的情况不同，元音/ɿ/和/i/的最大接触面积均随语速的加快线性降低，同时 DIS 也随语速的加快线性缩短。通过观察语料发现，语速对舌尖后元音的影响比前高元音更显著，在快速语流条件下，舌尖后元音的舌腭接触面积显著降低，其声学结果是 F2 的快速降低[见图 5-14(h)]。

语速对 DUR 有显著影响，这说明在快速语流条件下 V1 和 V2

表 5-3　双音节 V1#pV2 的参数线性回归的确定系数(r^2)和斜率

Measure	[i#pa]	[a#pi]	[i#pi]	[ɿ#pa]	[ɿ#pi]	[ʅ#pa]	[ʅ#pi]
DIS	079*** (78.1)	0.003(−3.25)	n.a.	0.01(1.28)	0.07(18.42)	0.31※(22.81)	0.62*(42.24)
DUR	0.65**(0.26)	0.65 *(0.87)	n.a.	0.38※(0.13)	0.58*(0.62)	054*(0.4)	0.76*(0.99)
VEL	0.03(−0.07)	0.79*** (−0.917)	n.a.	0.43※ (−0.55)	0.20(−0.55)	0.49*(−0.91)	0.09(−0.04)
Shift	0.87*** (−263.47)	0.77*** (−149.62)	n.a	0.51* (−173.07)	0.13(−87.26)	0.66** (−324.21)	0.57* (−277.1)
V1 MaxC	0.53*(60.19)	0.08(−20.28)	0.03(−9.91)	0.59*(34.91)	0.01(−3.06)	0.69** (53.18)	0.37※(30.1)
V2 MaxC	0.27(−14.58)	0.02(−7.9)	0.18(−25.64)	0.2(−5.69)	0.29(40.22)	0(0.28)	0.63*(45.53)
V1 MidC	0.01(3.34)	0.6** (−17.65)	0.06(−9.65)	0.85*** (35.39)	0.21(24.21)	0.53*(45.1)	0.49※ (22.62)
V1 MidF2	0.34※ (803.76)	0.17(489.39)	0.84*** (2 051.12)	0.3(915.94)	0.07(−316.8)	0.76*** (3 456.15)	0.49* (1 858.74)
V2 MidC	0.52* (−16.58)	0.001(2.0)	0.24(22.94)	0.2(−7.86)	0.42※(60.0)	0.04(−2.45)	0.67** (42.09)
V2 MidF2	0.17(467.01)	0.54* (1 424.87)	0.48※ (1 576.76)	0.32 (−436.53)	0.28(754.84)	0.10 (−253.49)	0.86*** (1 007.2)

的舌位过渡时间缩短，然而 VEL 并未相应提高。六个双音节中只有 a＃pi、ɿ＃pa 和 ʅ＃pa 的 VEL 随语速的加快线性增大，i＃pa、ɿ＃pi 和 ʅ＃pi 的 VEL 则不受语速影响。上述差异与元音的发音限制条件及发音距离有关。首先，笔者分析 a＃pi 和 i＃pa 中 VEL 的差异。由前文分析结果可知，/a/的发音限制条件较弱，而/i/的发音限制条件较强，由于普通话中元音间的逆向影响十分显著，因而可以认为由元音/a/向元音/i/过渡的速度易于受到语速的影响。其次，笔者比较 ɿ＃pi 和 ɿ＃pa 中 VEL 的差异。舌尖前元音与/i/的发音距离短于与/a/的发音距离，前者舌位的过渡只与舌面动作的调整有关，而后者则是整个舌体的下降，可以认为发音距离是决定过渡速度的重要因素，这也能够解释 ʅ＃pa 的过渡速度受语速的影响，而 ʅ＃pi 则不能。

语速对 Shift 也有显著影响，也就是说语速越快，V2 发音动作的启动时间就越早。ɿ＃pi 的 Shift 不受语速的影响。从第四章的分析结果可知，在后接唇音的条件下，舌尖前元音对双唇音时段腭位的顺向影响范围较大；同时，舌尖前元音的舌面动作姿态与前高元音存在较大差异，前者舌面前部下凹成槽，后者舌面前抬起。因而发音动作互斥有可能影响 V2/i/发音动作的启动时间。

图 5－14 为不同语速条件下八个 V1＃pV2 双音节中 V1 时段 F2 轨迹经过时间归一化后的平均值(笔者加入了双音节 a＃pa 用于比较)。从图 5－14(a)—(d)和(h)可以看出，随着语速的加快，F2 轨迹过渡起点前移。以双音节/a＃pi/为例，随着语速的加快，V1/a/的 F2 轨迹过渡起点提前。/ɿ＃pi/中 V1 的 F2 轨迹不受语速的影响，这与前文的结果一致。对称元音序列在快速语流条件下 F2 整体下降，由于 i＃pi 中两个元音的 MaxC 和 MidC 不受语速的影响，因此目前还无法解释这种现象。

随着语速的加快，元音发音不到位的程度就越明显。从表 5－3 可以发现，在 V1 为高元音的条件下，V1 的 MaxC 和/或 MidC 一般随语速的加快线性减小。在 V1 为低元音的条件下，V1 的 MidC 随

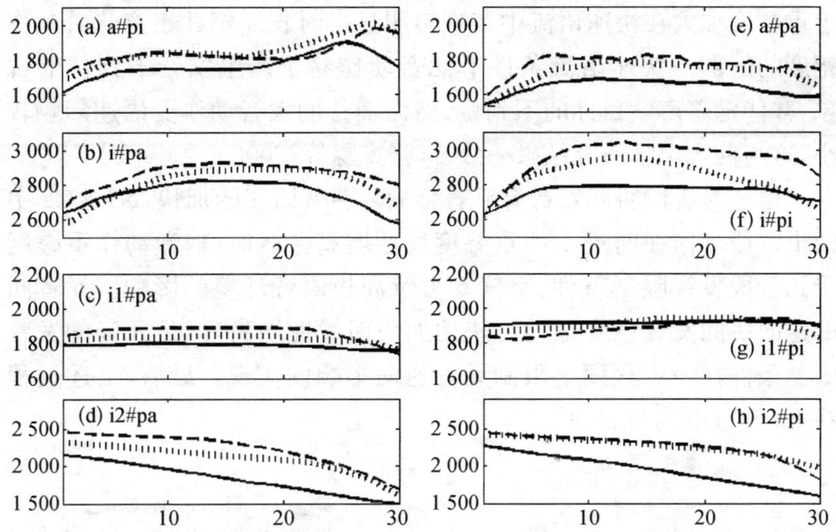

图 5-14　V1 声学段不同语速条件下归一化后的 F2 轨迹(实线为快速,点线为正常语速,短划线为慢速)

语速的加快线性增加。V2 的 MaxC 和/或 MidC 一般不受语速的影响。上述结果说明元音所处的韵律位置有可能制约语速对元音发音目标的影响,V1 位于音节边界,而 V2 位于音步边界,这种韵律位置的差异有可能是 V2 的舌腭接触不易受语速影响的原因。元音 MidF2 随语速的加快而线性下降,但是在多数情况,这与元音接触面积的变化并不对应,目前还不清楚两者不对应的原因。

通过上述分析,可以得出如下结论:第一,随着语速的加快,元音发音不到位的现象明显,高元音舌腭接触面积减小,F2 有可能随之降低。第二,在快速语流中,元音间的逆向影响程度不断强化,但是受到元音舌体发音限制条件及发音动作距离的制约。

5.2.4　结论

5.2 节的分析结果表明:在不同语速条件下,发音器官的动作特征随之发生了变化。发音动作时长缩短及相邻语音发音动作在时域上重叠度加大在快速语流中表现最明显。时长缩短并不意味着动作幅度的削弱。快速语流条件下元音动作易于产生发音不到位的现象，并伴随着声学目标的不到位；然而辅音的发音动作受语速影响较小，这与前人声学研究结果一致。（张家騄等 2002）

语速对音段协同发音有显著影响。随着语速的加快，N1＃C2 中两个音段动作在时域上的重叠度线性增高。然而，辅音动作重叠度受到音段发音限制条件、空气动力及周边语音环境的影响。元音间的逆向协同发音程度也随语速的加快而线性增高，但是元音的发音限制条件在一定程度上限制元音逆向影响的实现。最后，上述过程在 F2 轨迹上均有表现。

第六章 结 语

协同发音现象是言语产生的核心研究内容，也是言语产生研究中比较复杂且难于解决的问题。人类言语活动过程中发音器官的运动是连续的，由此产生的语音信号也千变万化，如何从发音器官的连续运动过程和复杂的声学信号中获得言语产生的规则和机制，这一直都是语音研究的一个核心问题。

本书使用协同发音阻力来衡量辅音受元音协同发音影响的程度，这不仅能够反映普通话声母发音的特点，同时也能够较好地归纳普通话音段协同发音的基本模式和控制机制。首先，元音对辅音腭位的影响幅度与后者的协同发音阻力呈现负相关的关系。普通话双唇音的协同发音阻力最小，元音动作（特别是/i/）与辅音成阻动作有可能同时启动，声母持阻段的舌形姿态接近元音的目标动作。舌面后音的协同发音阻力也最小，与双唇音不同的是，舌面后音与元音共享舌体发音器官，因而元音对辅音的协同发音影响只能通过改变后者的成阻部位来实现。舌尖中音的协同发音阻力大于上述两类声母，其舌尖动作和舌面动作相对独立，元音主要影响舌尖中音的舌面动作，在连续语流中前高元音/i/还能影响舌尖成阻动作。舌尖前音、舌尖后音和舌面前音的协同发音阻力最大，因此舌面动作受后接元音影响的幅度要小得多。其次，辅音的协同发音阻力与辅音对元音腭位的顺向影响能力有关。以前高元音/i/为例，在前接舌面前音的条件下，元音/i/的舌腭收紧点前移，F2下降；在前接边音的条件下，元音/i/的收紧点部位不变，但是舌面下降，F2也略有下降；在前接鼻音的条件下，元音/i/的舌面位置最高，F2最大。最后，根据辅音协同发音阻力的大小可以把普通话V1#C2V2双音节音段协同发音现象分为三种基本模式：第一，在C2为舌尖前音、舌尖后音和舌面前音的条件下，C2的协同发音阻力较大，此时元音过渡段腭位向C2的目标腭位过渡；在C2阻断元音间的协同发音。第二，在C2为唇音和舌尖中音的条件下，C2的协同发音阻力较弱，此时，元音通过控制C2时段的舌面动作姿态实现对对侧元音过渡段腭位的影响。第三，在C2为舌面后音的条件下，C2的协同发音阻力较小，此时C2起点帧腭位取决于V1的舌位，C2结束帧腭位主要取决于V2的舌位，C2持阻段的腭位过渡取决于两侧元音的发音限制条件。

本书研究结果表明，普通话音段协同发音现象表现为音节内强于音节间。有两方面的证据可以支持这个结论：第一，单音节中声母和韵母首元音的发音动作有可能同时启动，这在声母协同发音阻力较小的情况下十分明显。第二，在V1#C2V2双音节中，V1#C2组合的协同发音弱于C2V2组合，同时，V2通过控制C2时段舌面动作姿态来实现对V1后过渡段腭位的逆向影响。上述结论说明普通话音段协同发音受到音节结构的制约。首先，跨语言音段协同发音研究结果发现，以开音节(open syllable)为主的语言中音段协同发音现象并不明显，而以闭音节(closed syllable)为主的语言中音段协同发音现象非常明显。(Modarresi *et al*. 2004; Mok 2010)与英语等语言相比，普通话的音节结构比较简单，没有复杂的辅音丛及塞尾辅音。其次，普通话音位配列规则在很大程度上限制了发音动作互斥音段组合成为音节(王洪君 2008)，而动作互斥是产生音段协同发音一个重要根源(Recasens 1999)，如加泰罗尼亚语的音节/ɫi/，朝鲜语的音节/si/，波兰语的音节/ɕa/及印地语的音节/ɖi/。普通话音位配列规则的特点在于声母与韵母四呼的组合表现为互补分布，如舌尖前音或者舌尖后音不能与齐齿呼的韵母拼合，舌面前音不能与开口呼的韵母拼合。最后，普通话的音节承载声调，因而音节界限分明，这也在一定程度上限制了音节间音段的协同发音。Xu 和 Liu(2006)基于基频逼近模型探讨了音节内和音节间基频和元音共振峰变化的互动关系。他们提出音段协同发音的作用域为音节内，表现为声母和韵母元音动作同时启动(Co-onset of Consonant, Vowel, and Tone)，音节间不存在音段协同发音。从笔者的研究结果来看，双音节中后字音节声母和韵母元音的逆向影响一般只出现在前字韵母元音后过渡段尾部，后者中点处的腭位和共振峰很少受到前者的影响。同时，前字韵母元音不影响后字韵母元音中点处的腭位和共振峰，其影响只有可能出现在后字韵母前过渡段的起点腭位和/或共振峰(多数情况下为后字声母送气段起点腭位和 F2 前过渡的起点频率)。这些结果在一定程度上支持了 Xu 和 Liu(2006)的模型。然而，在快速语流条件下，音节间的音段协同发音表现为线性增强，上述现象是否与声调变化有互动关系还需进一步的研究。

笔者的研究结果从发音生理上证明了普通话的音步是具有“内紧外松”特点的松紧型音步。从第五章的分析结果可知，音步首辅音的发音动作强于音步内辅音的发音动作，同时音步内元音的发音动作弱于音步尾部元音的发音动作。从元音间协同发音的结果来看，音步内强于音步间。从元音对辅音的影响结果来看，音步间和音节间的协同发音模式存在显著差异。

普通话的协同发音现象十分丰富，笔者仅从单音节和双音节层面上讨论了普通话音段协同发音的基本模式和特点，未来研究可以从两个方面开展：第一，近年来的研究表明，音段协同发音受到语言音节结构和节奏模式的制约。(Mok 2010)音节结构的复杂程度与发音动作协同配合机制密切相关，探讨这种配合机制的时间关系(phase relationship)成为国外协同发音研究的主流。发音器官的协同配合关系不仅存在跨语言的差异，同时也为研究语音中的“不变量”

(invariance)注入了新的内容。节奏模式与言语产生过程中语音动作编码密切相关。重音组步型语言(如英语)与音节组步型语言(如普通话)的协同发音模式存在差别,这说明言语产出过程中发音动作的编码受到更高神经机制的控制。从上述两个方面来看,音段协同发音只是人脑发音动作控制的外在表现,其制约机制目前仍不清楚。第二,EPG 技术手段能够使用于病理语音方面,研究不同类型言语患者的协同发音现象,这方面的研究不仅能够加深我们对言语产生机制的深入了解,同时也能够对言语病理的诊断和后期恢复性治疗提供有益的指导。

参考文献

鲍怀翘,郑玉玲.普通话动态腭位图数据统计分析初探.//蔡莲红,周同春,陶建华编.新世纪的现代语音学——第五届全国现代语音学学术会议论文集.北京:清华大学出版社,2001.

鲍怀翘,郑玉玲,李俭.Research on Articulatory Features Based on EPG in Standard Chinese. // Fant G.(ed.)*From Traditional Phonology to Modern Speech Processing*.北京:外语教学与研究出版社,2004:31-48.

曹剑芬.普通话音节间音联的时域特征.//中国社会科学院语言研究所语音研究室.语音研究报告,1994—1995.

曹剑芬.普通话语音的环境音变与双音子和三音子结构.语言文字应用,1996(2):58-63.

曹剑芬.基于语法信息的汉语韵律结构预测.中文信息学报,2003,17(3):42-47.

陈肖霞.普通话音段协同发音研究.中国语文,1997(5):345-350.

初敏,唐涤飞,司宏岩等.汉语音节音联感知特性研究.声学学报,1997(2):104-110.

哈斯其木格,郑玉玲.普通话元音过渡语辅音腭位关系解析.//第七届中国语音学学术会议暨语音学前沿问题国际论坛,北京,2006.

李爱军.普通话对话中韵律特征的声学表现.中国语文,2002(6):

525-535.

李俭,郑玉玲.汉语普通话辅音的发音变化——基于EPG的实证分析.浙江工商大学学报,2006,80(5):35-40.

廖荣容,石锋.汉语普通话r声母音质的实验研究.语言研究,1987(2):146-160.

林茂灿.普通话语句的韵律结构和基频(F0)高低线构建.当代语言学,2002,4(4):254-265.

林焘,王理嘉.语音学教程.北京:北京大学出版社,1992.

潘晓声.汉语普通话唇形协同发音及可视语音感知研究.北京大学博士论文,2011.

孙国华.普通话朗读话语中元音音段的协同发音.//中国社会科学院语言研究所语音研究室.语音研究报告,1998.

孙国华.连续话语中的减音研究.//蔡莲红,周同春,陶建华编.新世纪的现代语音学——第五届全国现代语音学学术会议论文集.北京:清华大学出版社,2001:200-203.

汪高武.汉语普通话声道调音模型研究.北京大学博士论文,2010.

王洪君.汉语非线性音系学:汉语的音系格局与单字音.北京:北京大学出版社,2008.

吴宗济.普通话CVCV结构中不送气塞音协同发音的实验研究.//吴宗济.吴宗济语言学论文集,北京:商务印书馆,2004.

吴宗济,孙国华.普通话清擦音协同发音的声学模式.//吴宗济.吴宗济语言学论文集,北京:商务印书馆,2004.

许毅.普通话音联的声学语音学特性.中国语文,1986(5):353-360.

颜景助.普通话清塞音声母音节中元音共振峰模式及其协同发音研究.//中国社会科学院语言研究所语音研究室.语音研究报告,1992—1993.

颜景助.前音节为元音尾和后音节为零声母的普通话双音节音节间共振峰过渡的研究.中国社会科学院语言研究所语音研究室.语

音研究报告，1994—1995.

叶军.普通话音节结构再分析——从韵律研究的角度.华东师范大学学报，2007，39(4)：73－77.

张家騄，朱维彬，Gårding E.汉语句子的韵律结构.声学学报，2002，27(5)：389－392.

郑玉玲，刘佳.普通话 N1C2(C#C)协同发音的声学模式.南京师范大学文学院学报，2005(3)：150－157.

郑玉玲，刘佳.普通话辅音发音部位及约束研究——基于 EPG.//第七届中国语音学学术会议暨语音学前沿问题国际论坛.北京，2006.

郑玉玲，周学文.调音部位的分区与命名.//第十一届全国人机语音通讯学术会议，西安，2011.

周殿福，吴宗济.普通话发音图谱.北京：商务印书馆，1963.

周迅溢，王蓓，杨玉芳等.语句中协同发音对音节知觉的影响.心理学报，2003，35(3)：340－344.

朱晓农.近音—附论普通话日母.方言，2007(1)：2－9.

Arnfield S，Jones W. Updating the Reading EPG. // Bunnell H T，Idsardi W.（eds.）*Proceedings of Fourth International Conference on Spoken Language*. Philadelphia，USA，IEEE，1996：1609－1611.

Baumotte H，Dogil G. Coarticulation in Non-native Speakers of English：/əlV/-sequences in Non-proficient Vs. Proficient Learners. // *ITRW Experimental Linguisriucs*（*ExLing 2008*），Athens，Greece，2008：37－40.

Baynes K，Funnell M G，Fowler C A. Hemispheric Contributions to the Integration of Visual and Auditory Information in Speech Perception. *Attention*，*Perception*，*& Psychophysics*，1994，55(6)：633－641.

Bell-Berti F, Harris K S. *Some Acoustic Measures of Anticipatory and Carryover Coarticulation*. Haskins Laboratories Status Report on Speech Research. New Haven: Haskins Laboratories, 1975: 297 - 304.

Benner U, Flechsig I, Dogil G. *et al*. Coarticulatory Resistance in a Mental Syllabary. // Jürgen T. (ed.) *Proceedings of the 16th International Congress of Phonetic Sciences*. Saarbrücken, Germany, Univesrity des Saarlandes, 2007: 485 - 488.

Bladon R, Al-Bamerni A. Coarticulation Resistance in English /l/. *Journal of Phonetics*, 1976, 4(2): 137 - 150.

Browman C P, Goldstein L. Towards an Articulatory Phonology. *Phonology*, 1986, 3(1): 219 - 252.

Browman C P, Goldstein L. Tiers in Articulatory Phonology, with Some Implications for Casual Speech. // Clements G N, Kingston J, Beckman M E. (eds.) *Papers in Laboratory Phonology I: Between the Grammar and Physics of Speech*. Cambridge: Cambridge University Press, 1990: 341 - 376.

Browman C P, Goldstein L. Articulatory Phonology: An Overview. *Phonetica*, 1992, 49(3 - 4): 155 - 180.

Brunner J, Fuchs S, Perrier P. On the Relationship between Palate Shape and Articulatory Behavior. *Journal of the Acoustical Society of America*, 2009, 125(6): 3936 - 3949.

Butcher A, Weiher E. An Electropalatographic Investigation of Coarticulation in VCV Sequences. *Journal of Phonetics*, 1976, 4(1): 59 - 74.

Byrd D. Articulatory Timing in English Consonant Sequences. Doctoral Dissertation, UCLA, 1994.

Byrd D. Influences on Articulatory Timing in Consonant

Sequences. *Journal of Phonetics*, 1996, 24(2): 209-244.

Byrd D, Flemming E, Mueller C A. *et al*. Using Regions and Indices in EPG Data Reduction. *Journal of Speech, Language, and Hearing Research*, 1995, 38(4): 821-827.

Byrd D, Kaun A, Narayanan S. *et al*. Phrasal Signatures in Articulation. // Pierrehumbert J B, Broe M B, Beckman M E. (eds.) *Papers in Laboratory Phonology V: Acquisition and the Lexicon*. Cambridge: Cambridge University Press, 2000: 70-87.

Byrd D, Tan C C. Saying Consonant Clusters Quickly. *Journal of Phonetics*, 1996, 24(2): 263-282.

Cao J, Zheng Y. Articulatory Strengthening and Prosodic Hierarchy. // Hoffmann R, Mixdorff H. (eds.) *Speech Prosody*. Dresden: Technishche Universitat Darmstadt Press, 2006: 289-292.

Catford J C. *Fundamental Problems in Phonetics*. Edinburgh: Edinburgh University Press, 1977.

Chennoukh S, Carré R, Lindblom B. Locus Equations in the Light of Articulatory Modeling. *Journal of the Acoustical Society of America*, 1997, 102(4): 2380-2389.

Cho T. Effects of Prosody on Articulation in English. doctoral dissertation, UCLA, 2001.

Cho T. Prosodically Conditioned Strengthening and Vowel-to-vowel Coarticulation in English. *Journal of Phonetics*, 2004, 32(2): 141-176.

Cho T, Keating P A. Effects of Initial Position Versus Prominence in English. *Journal of Phonetics*, 2009, 37(4): 466-485.

Cho T, Keating P A. Articulatory and Acoustic Studies on

Domain-initial Strengthening in Korean. *Journal of Phonetics*, 2001, 29(2): 155 - 190.

Cho T, McQueen J M. Prosodic Influences on Consonant Production in Dutch: Effects of Prosodic Boundaries, Phrasal Accent and Lexical Stress. *Journal of Phonetics*, 2005, 33(2): 121 - 157.

Cho T, McQueen J M, Cox E A. Prosodically Driven Phonetic Detail in Speech Processing: The Case of Domain-initial Strengthening in English. *Journal of Phonetics*, 2007, 35(2): 210 - 243.

Chomsky N, Halle M. *The Sound Pattern of English*. New York: Harper & Row, 1968.

Daniloff R, Hammarberg R. On Defining Coarticulation. *Journal of Phonetics*, 1973, 1(3): 239 - 248.

De Jong K, Beckman M E, Edwards J. The Interplay between Prosodic Structure and Coarticulation. *Language and Speech*, 1993, 36(2 - 3): 197 - 212.

Duanmu S. *The Phonology of Standard Chinese*. Oxford: Oxford University Press, 2007.

Engstrand O. Articulatory Correlates of Stress and Speaking Rate in Swedish VCV Utterances. *Journal of the Acoustical Society of America*, 1988, 83(5): 1863 - 1875.

Engstrand O. Towards an Electropalatographic Specification of Consonant Articulation in Swedish. Phonetic Experimental Research at the Institute of linguistics, University of Stockholm, 1989: 115 - 156.

Erickson D, Iwata R, Endo M. *et al*. Effect of Tone Height on Jaw and Tongue Articulation in Mandarin Chinese. //

International Symposium on Tonal Aspects of Languages: With Emphasis on Tone Languages, Beijing, China, 2004: 53 - 56.

Faber A. Lip protrusion in Sibilants. *Journal of the Acoustical Society of America*, 1989, 86(S1).

Faber A. The Time Course of Labial Gestures for Sibilant Articulations. *Journal of the Acoustical Society of America*, 1990, 87(S1): S120 - S120.

Fant G. *Acoustic Theory of Speech Production: with Calculations Based on X-ray Studies of Russian Articulations*. Berlin: Walter de Gruyter, 1971.

Farnetani E. VCV Lingual Coarticulation and Its Spatiotemporal Domain. // Hardcastle W J, Marchal A. (eds.) *Speech Production and Speech Modelling*. Dordrecht: Springer, 1990: 93 - 130.

Farnetani E, Hardcastle W J, Marchal A. Cross-language Investigation of Lingual Coarticulatory Processes Using EPG. // *First European Conference on Speech Communication and Technology*, Paris, France, 1989.

Farnetani E, Recasens D. Anticipatory Consonant-to-vowel Coarticulation in the Production of VCV Sequences in Italian. *Language and Speech*, 1993, 36(2 - 3): 279 - 302.

Fitch W T. The Evolution of Speech: A Comparative Review. *Trends in Cognitive Sciences*, 2000, 4(7): 258 - 267.

Fitch W T. *The Evolution of Language*. Cambridge: Cambridge University Press, 2010.

Flege J E. Effects of Speaking Rate on Tongue Position and Velocity of Movement in Vowel Production. *Journal of the Acoustical Society of America*, 1988, 84(3): 901 - 916.

Fletcher S G, McCutcheon M J, Wolf M B. Dynamic Palatometry. *Journal of Speech, Language, and Hearing Research*, 1975, 18(4): 812 - 819.

Fletcher S G, Newman D G. [s] and [ʃ] as a Function of Linguapalatal Contact Place and Sibilant Groove Width. *Journal of the Acoustical Society of America*, 1991, 89(2): 850 - 858.

Fontdevila J, Pallarès M D, Recasens D. The Contact Index Method of Electropalatographic Data Reduction. *Journal of Phonetics*, 1994, 22(2): 141 - 154.

Fougeron C. Articulatory Properties of Initial Segments in Several Prosodic Constituents in French. *Journal of Phonetics*, 2001, 29(2): 109 - 135.

Fougeron C, Keating P. Articulatory Strengthening at Edges of Prosodic Domains. *Journal of the Acoustical Society of America*, 1997, 101(6): 3728 - 3740.

Fougeron C, Meynadier Y, Demolin D. 62 Vs. 96 Electrodes: A Comparative Analysis of Reading and Kay Elemetrics EPG Pseudo-palates. // *Seminar on Speech Production: Models and Data - CREST Workshop on Models on Speech Production: Motor Planning and Articulatory Modelling*, München, Germany, 2000: 1 - 4.

Fowler C A. Coarticulation and Theories of Extrinsic Timing. *Journal of Phonetics*, 1980, 8(1): 113 - 133.

Fowler C A. Production and Perception of Coarticulation among Stressed and Unstressed Vowels. *Journal of Speech, Language, and Hearing Research*, 1981, 24(1): 127 - 139.

Fowler C A. Invariants, Specifiers, Cues: An Investigation of

Locus Equations as Information for Place of Articulation. *Perception & Psychophysics*, 1994, 55(6): 597-610.

Fowler C A, Brancazio L. Coarticulation Resistance of American English Consonants and Its Effects on Transconsonantal Vowel-to-vowel Coarticulation. *Language and Speech*, 2000, 43(1): 1-41.

Fowler C A, Saltzman E. Coordination and Coarticulation in Speech Production. *Language and Speech*, 1993, 36(2-3): 171-195.

Fuchs S, Hoole P, Brunner J, Inoue M. The Trough Effect: An Aerodynamic Phenomenon. // *From Sound to Sense*, MIT, USA, 2004: C25-30.

Fulop S A, Fitz K. Separation of Components from Impulses in Reassigned Spectrograms. *Journal of the Acoustical Society of America*, 2007, 121(3): 1510-1518.

Galantucci B, Fowler C A, Turvey M T. The Motor Theory of Speech Perception Reviewed. *Psychonomic Bulletin & Review*, 2006, 13(3): 361-377.

Gay T. A Cinefluorographic Study of Vowel Production. *Journal of Phonetics*, 1974, 2: 255-266.

Gay T. Articulatory Movements in VCV Sequences. *Journal of the Acoustical Society of America*, 1977, 62(1): 183-193.

Gay T. Mechanisms in the Control of Speech Rate. *Phonetica*, 1981, 38(1-3): 148-158.

Gibbon F, Hardcastle W J, Nicolaidis K. Temporal and Spatial Aspects of Lingual Coarticulation in /kl/ Sequences: A Cross-linguistic Investigation. *Language and Speech*, 1993, 36(2-3): 261-277.

Gibbon F, Nicolaidis K. Palatography. // Hardcastle W J, Hewlett N (eds.) *Coarticulation: Theory, Data and Techniques*. Cambridge: Cambridge University Press, 1999: 229 - 244.

Gordon M. The Effect of Stress and Prosodic Phrasing on Duration, Acoustic Amplitude and Air Flow of Nasals in Estonian. *UCLA Working Papers in Phonetics*, UCLA, 1996: 151 - 159.

Hardcastle W, Jones W, Knight C. *et al*. New Developments in Electropalatography: A State-of-the-art Report. *Clinical Linguistics & Phonetics*, 1989, 3(1): 1 - 38.

Hardcastle W J. The Use of Electropalatography in Phonetic Research. *Phonetica*, 1972, 25(4): 197 - 215.

Hardcastle W J. Some Phonetic and Syntactic Constraints on Lingual Coarticulation During /kl/ Sequences. *Speech Communication*, 1985, 4(1): 247 - 263.

Hardcastle W J, Gibbon F, Jones W. Visual Display of Tongue-palate Contact: Electropalatography in the Assessment and Remediation of Speech Disorders. *International Journal of Language & Communication Disorders*, 1991a, 26(1): 41 - 74.

Hardcastle W J, Gibbon F, Nicolaidis K. EPG Data Reduction Methods and Their Implications for Studies of Lingual Coarticulation. *Journal of Phonetics*, 1991b, 19 (3 - 4): 251 - 266.

Harrington J, Kleber F, Reubold U. Compensation for Coarticulation, /u/-fronting, and Sound Change in Standard Southern British: An Acoustic and Perceptual Study. *Journal of the Acoustical Society of America*, 2008, 123 (5): 2825 - 2835.

Henke W L. Dynamic Articulatory Model of Speech Production Using Computer Simulation. doctoral dissertation, MIT, 1966.

Honda K, Hirai H, Masaki S. *et al*. Role of Vertical Larynx Movement and Cervical Lordosis in F0 Control. *Language and Speech*, 1999, 42(4): 401-411.

Hoole P, Gfoerer S. Electromagnetic Articulography as a Tool in the Study of Lingual Coarticulation. *Journal of the Acoustical Society of America*, 1990, 87(S1): S123.

Hoole P, Hu F. Tone-vowel Interaction in Standard Chinese. // Bel B, Marlien I. (eds.) *International Symposium on Tonal Aspects of Languages: With Emphasis on Tone Languages*, Beijing, China, 2004: 89-92.

Hsu C-S K, Jun S-A. Prosodic Strengthening in Taiwanese: Syntagmatic or Paradigmatic?. *UCLA Working Papers in Phonetics*, UCLA, 1998, 96: 69-89.

Iskarous K, Fowler C, Whalen D H. Locus Equations are an Acoustic Expression of Articulator Synergy. *Journal of the Acoustical Society of America*, 2010, 128(4): 2021-2032.

Jones W, Hardcastle W J. New Developments in EPG3 Software. *International Journal of Language & Communication Disorders*, 1995, 30(2): 183-192.

Keating P, Cho T, Fougeron C. *et al*. Domain-initial Articulatory Strengthening in Four Languages. // Local J, Ogden R, Temple R. (eds.) *Papers in Laboratory Phonology VI: Phonetic Interpretation*. Cambridge: Cambridge University Press, 2004: 143-161.

Keating P, Wright R. Effects of Position-in-syllable on Consonant

Articulation and Acoustics. *Journal of the Acoustical Society of America*, 1994, 95(5): 2819 - 2819.

Keating P A. The Window Model of Coarticulation: Articulatory Evidence. // Kingston J, Beckman M E. (eds.) *Papers in Laboratory Phonology I: Between the Grammar and Physics of Speech*. Cambridge: Cambridge University Press, 1990: 451 - 470.

Kent R D, Moll K L. Cinefluorographic Analyses of Selected Lingual Consonants. *Journal of Speech, Language, and Hearing Research*, 1972, 15(3): 453 - 473.

Kim H, Honda K, Maeda S. Stroboscopic-cine MRI Study of the Phasing between the Tongue and the Larynx in the Korean Three-way Phonation Contrast. *Journal of Phonetics*, 2005, 33(1): 1 - 26.

Kim H, Maeda S, Honda K. Invariant Articulatory Bases of the Features [tense] and [spread glottis] in Korean Plosives: New Stroboscopic Cine-MRI Data. *Journal of Phonetics*, 2010, 38: 90 - 108.

Kohler K J. Phonetic Explanation in Phonology: the Feature Fortis/Lenis. *Phonetica*, 1984, 41(3): 150 - 174.

Kondo Y. Within-word Prosodic Constraint on Coarticulation in Japanese. *Language and Speech*, 2006, 49(3): 393 - 416.

Krakow R A. Physiological Organization of Syllables: A Review. *Journal of Phonetics*, 1999, 27(1): 23 - 54.

Krull D. Consonant-vowel Coarticulation in Spontaneous Speech and in Reference Words. *STL-QPSR*, 1989, 30(1): 101 - 105.

Kuehn D P, Moll K L. A Cineradiographic Study of VC and CV Articulatory Velocities. *Journal of Phonetics*, 1976:

303 – 320.

Kühnert B, Nolan F. The Origin of Coarticulation. // Hardcastle W J, Hewlett N. (eds.) *Coarticulation: Theory, Data and Techniques*. Cambridge: Cambridge University Press, 1999: 7 – 30.

Ladefoged P. *Phonetic Data Analysis: An Introduction to Fieldwork and Instrumental Techniques*. Malden: Blackwell, 2003.

Ladefoged P, Maddieson I. *The Sounds of the World's Languages*. Oxford: Blackwell, 1996.

Ladefoged P, Wu Z. Places of Articulation-An Investigation of Pekingese Fricatives and Affricates. *Journal of Phonetics*, 1984, 12(3): 267 – 278.

Liberman A M, Cooper F S, Shankweiler D P. *et al*. Perception of the Speech Code. *Psychological Review*, 1967, 74(6): 431 – 461.

Lindblom B. Spectrographic Study of Vowel Reduction. *Journal of the Acoustical Society of America*, 1963, 35(11): 1773 – 1781.

Lindblom B. Explaining Phonetic Variation: A Sketch of the H&H Theory. // Hardcastle W J, Marchal A. (eds.) *Speech Production and Speech Modelling*. Dordrecht: Springer, 1990: 403 – 439.

Lindblom B, Sussman H M, Modarresi G. *et al*. The Trough Effect: Implications for Speech Motor Programming. *Phonetica*, 2002, 59(4): 245 – 262.

Löfqvist A. Interarticulator Programming in Stop Production. *Journal of Phonetics*, 1980, 8: 475 – 490.

Löfqvist A. Interarticulator Phasing, Locus Equations, and Degree of Coarticulation. *Journal of the Acoustical Society of America*, 1999, 106(4): 2022 - 2030.

Löfqvist A, Yoshioka H. Intrasegmental Timing: Laryngeal-oral Coordination in Voiceless Consonant Production. *Speech Communication*, 1984, 3(4): 279 - 289.

Ma L, Perrier P, Dang J. A Study of Anticipatory Coarticulation for French Speakers and for Mandarin Chinese Speakers. //第八届中国语音学学术会议，北京，2008.

Magen H S. The Extent of Vowel-to-vowel Coarticulation in English. *Journal of Phonetics*, 1997, 25(2): 187 - 206.

Manuel S Y. The Role of Contrast in Limiting Vowel-to-vowel Coarticulation in Different Languages. *Journal of the Acoustical Society of America*, 1990, 88(3): 1286 - 1298.

Marchal A, Farnetani E, Hardcastle W. *et al*. Cross-language EPG Data on Lingual Asymmetry. *Journal of the Acoustical Society of America*, 1988, 84(S1): S127.

Mark T, Morton K. *Speech Production and Perception*. New York: Palgrave Macmillan, 2006.

McGlone R E, Proffit W R, Christiansen R L. Lingual Pressures Associated with Alveolar Consonants. *Journal of Speech and Hearing Research*, 1967, 10(3): 606 - 615.

Miller J L. Effects of Speaking Rate on Segmental Distinctions. // Eimas P D. (ed.) *Perspectives on the Study of Speech*. New Jersey: Lawrence Erlbaum Association, 1981: 39 - 74.

Modarresi G, Sussman H, Lindblom B. *et al*. An Acoustic Analysis of the Bidirectionality of Coarticulation in VCV Utterances. *Journal of Phonetics*, 2004, 32(3): 291 - 312.

Mok P P K. Influences on Vowel-to-vowel Coarticulation. doctoral dissertation, University of Cambridge, 2007.

Mok P P K. Language-specific Realizations of Syllable Structure and Vowel-to-vowel Coarticulation. *Journal of the Acoustical Society of America*, 2010, 128(3): 1346 - 1356.

Munhall K, Lofqvist A. Gestural Aggregation in Speech: Larygeal Gestures. *Journal of Phonetics*, 1992, 20(1): 111 - 126.

Mustafa K, Bruce I C. Robust Formant Tracking for Continuous Speech with Speaker Variability. *IEEE Transactions on Audio, Speech, and Language Processing*, 2006, 14(2): 435 - 444.

Öhman S E G. Coarticulation in VCV Utterances: Spectrographic Measurements. *Journal of the Acoustical Society of America*, 1966, 39(1): 151 - 168.

Perkell J S. *Physiology of Speech Production: Results and Implications of a Quantitative Cineradiographic Study*. Cambridge: MIT Press, 1969.

Perkell J S, Nelson W L. Variability in Production of the Vowels /i/ and /a/. *Journal of the Acoustical Society of America*, 1985, 77(5): 1889 - 1895.

Pickett J M. *The Acoustics of Speech Communication: Fundamentals, Speech Perception Theory, and Technology*. Needham Heights: Allyn & Bacon, 1999.

Recasens D. V-to-C coarticulation in Catalan VCV Sequences: An Articulatory and Acoustical Study. *Journal of Phonetics*, 1984a, 12(1): 61 - 73.

Recasens D. Vowel-to-vowel Coarticulation in Catalan VCV Sequences. *Journal of the Acoustical Society of America*,

1984b, 76(6): 1624 - 1635.

Recasens D. Coarticulatory Patterns and Degrees of Coarticulatory Resistance in Catalan CV Sequences. *Language and Speech*, 1985, 28(2): 97 - 114.

Recasens D. Long Range Coarticulation Effects for Tongue Dorsum Contact in VCVCV Sequences. *Speech Communication*, 1989, 8(4): 293 - 307.

Recasens D. An Electropalatographic and Acoustic Study of Consonant-to-vowel Coarticulation. *Journal of Phonetics*, 1991a, 19(2): 177 - 192.

Recasens D. On the Production Characteristics of Apicoalveolar Taps and Trills. *Journal of Phonetics*, 1991b, 19(3 - 4): 267 - 280.

Recasens D. Lingual Coarticulation. // Hardcastle W J, Hewlett N. (eds.) *Coarticulation: Theory, Data and Techniques*. Cambridge: Cambridge University Press, 1999: 80 - 104.

Recasens D, Espinosa A. Articulatory, Positional and Coarticulatory Characteristics for Clear /l/ and Dark /l/: Evidence from Two Catalan Dialects. *Journal of the International Phonetic Association*, 2005, 35(1): 1 - 25.

Recasens D, Espinosa A. An Electropalatographic and Acoustic Study of Affricates and Fricatives in Two Catalan Dialects. *Journal of the International Phonetic Association*, 2007, 37(2): 143 - 172.

Recasens D, Espinosa A. An Articulatory Investigation of Lingual Coarticulatory Resistance and Aggressiveness for Consonants and Vowels in Catalan. *Journal of the Acoustical Society of America*, 2009, 125(4): 2288 - 2298.

Recasens D, Farnetani E, Fontdevila J. *et al*. An Electropalatographic Study of Alveolar and Palatal Consonants in Catalan and Italian. *Language and Speech*, 1993a, 36(2-3): 213-234.

Recasens D, Fontdevila J, Pallarès M D. Velarization Degree and Coarticulatory Resistance for /l/ in Catalan and German. *Journal of Phonetics*, 1995a, 23(1-2): 37-52.

Recasens D, Fontdevila J, Pallarès M D. *et al*. An Electropalatographic Study of Stop Consonant Clusters. *Speech Communication*, 1993b, 12(4): 335-355.

Recasens D, Pallarès M, Fontdevila J. A Model of Lingual Coarticulation Based on Articulatory Constraints. *Journal of the Acoustical Society of America*, 1997, 102(1): 544-561.

Recasens D, Pallarès M D. A Study of /ɾ/ and /r/ in the Light of the "DAC" Coarticulation Model. *Journal of Phonetics*, 1999, 27(2): 143-169.

Recasens D, Pallares M D, Fontdevila J. Co-articulatory Variability and Articulatory-acoustic Correlations for Consonants. *European Journal of Disorders of Communication*, 1995b, 30(2): 203-212.

Recasens D, Pallarès M D, Fontdevila J. An Electropalatographic and Acoustic Study of Temporal Coarticulation for Catalan Dark /l/ and German Clear /l/. *Phonetica*, 1998, 55(1-2): 53-79.

Saltzman E L, Munhall K G. A Dynamical Approach to Gestural Patterning in Speech Production. *Ecological Psychology*, 1989, 1(4): 333-382.

Sawashima M. Phonetic Control of the Glottal Opening. // Shigeru

K, Hirose H, Fujisaki H. (eds.) *Speech Production and Language: In Honor of Osamu Fujimura*. Berlin: Walter de Gruyter, 1997: 69-75.

Scripture E W. *The Elements of Experimental Phonetics*. New York: Charles Scribner's Sons, 1904.

Shibata S, Ino A, Yamashita S. *et al*. A New Portable Type Unit for Electropalatography. *Annual Bulletin Research Institute of Logopedics and Phoniatrics*, 1978, 12: 5-10.

Soli S D. Second Formants in Fricatives: Acoustic Consequences of Fricative-vowel Coarticulation. *Journal of the Acoustical Society of America*, 1981, 70(4): 976-984.

Stetson R H, Kelso J S, Munhall K G. *R. H. Stetson's Motor Phonetics: A Retrospective Edition*. Boston: College-Hill Press, 1988.

Stevens K N. On the Quantal Nature of Speech. *Journal of Phonetics*, 1989, 17(1): 3-45.

Stevens K N. *Acoustic Phonetics*. Cambridge: MIT Press, 1998.

Sussman H J, McCaffrey H A, Mattews S A. An Investigations of Locus Equations as a Source of Relational Invariance for Stop Place Categorization. *Journal of the Acoustical Society of America*, 1991, 90(3): 1309-1325.

Sussman H M, Bessell N, Dalston E. *et al*. An Investigation of Stop Place of Articulation as a Function of Syllable Position: A Locus Equation Perspective. *Journal of the Acoustical Society of America*, 1997, 101(5): 2826-2838.

Sussman H M, Hoemeke K A, Ahmed F S. A Cross-linguistic Investigation of Locus Equations as a Phonetic Descriptor for Place of Articulation. *Journal of the Acoustical Society of*

America, 1993, 94(3): 1256 - 1268.

Tabain M. Consistencies and Inconsistencies between EPG and Locus Equation Data on Coarticulation. // Mannell R H, Robert-Ribes J. (eds.) *Proceedings of the 5th International Conference on Spoken Language Processing*. Sydney, Australia, Australian Speech Science and Technology Association, 1998: 668 - 671.

Tabain M. Coarticulation in CV Syllables: A Comparison of Locus Equation and EPG Data. *Journal of Phonetics*, 2000, 28(2): 137 - 159.

Tabain M. Variability in Fricative Production and Spectra: Implications for the Hyper-and Hypo-and Quantal Theories of Speech Production. *Language and Speech*, 2001, 44 (1): 57 - 93.

Tabain M. Effects of Prosodic Boundary on /aC/ Sequences: Acoustic Results. *Journal of the Acoustical Society of America*, 2003, 113(1): 516 - 531.

Tatham M, Morton K. *Speech Production and Perception*. Palgrave Macmillan, 2006.

Tjaden K. Stress-induced Variation in F2 Trajectories as Evidence for Coproduction in CV Syllables. *Language and Speech*, 1999, 42(4): 413 - 432.

Toda M, Honda K. An MRI-based Cross-linguistic Study of Sibilant Fricatives. // Palethorpe S, Tabain M. (eds.) *The 6th International Seminar on Speech Production*, Sydney, Australia, 2003: 290 - 295.

Torng P-C. Supralaryngeal Articulator Movements and Laryngeal Control in Mandarin Chinese Tonal Production. doctoral dissertation, University of Illinois at Urbana-Champaign, 2000.

Toutios A, Margaritis K. Estimating Electropalatographic Patterns from the Speech Signal. *Computer Speech & Language*, 2008, 22(4): 346 - 359.

Vaissiere J. Prediction of Velum Movement from Phonological Specifications. *Phonetica*, 1988, 45(2 - 4): 122 - 139.

Vayra M, Fowler C A, Avesani C. Word-level Coarticulation and Shortening in Italian and English Speech. Haskins Laboratories Status Report on Speech Research. New Haven: Haskins Laboratories, 1987, SR-91: 75 - 89.

Vazquez-Alvarez Y, Hewlett N. The 'Trough Effect': An Ultrasound Study. *Phonetica*, 2007, 64(2 - 3): 105 - 121.

Wang G, Kong J. The Relation between Larynx Height and F0 during the four Tones of Mandarin in X-ray Movie. // *Proceedings of the 7th International Symposium on Chinese Spoken Language Processing* Tainan, IEEE, 2010: 335 - 338.

Wrench A, Hardcastle W J. A Multichannel Articulatory Database and Its Application for Automatic Speech Recognition. // *Proceedings of the 5th Seminar on Speech Production*. Muenchen, Germany, Ludwig-Maximilians-Universitaet, 2000: 305 - 308.

Wrench A A. Advances in EPG Palate Design. *International Journal of Speech-Language Pathology*, 2007, 9(1): 3 - 12.

Xu Y, Liu F. Tonal Alignment, Syllable Structure and Coarticulation: Toward an Integrated Model. *Italian Journal of Linguistics*, 2006, 18(1): 125 - 159.

Zemlin R Z. *Speech and Hearing Science: Anatomy and Physiology*

(*3rd Edition*). Boston: Allyn and Bacon, 1998.

Zheng Y, Cao J, Bao H. Coarticulation and Prosodic Hierarchy. // *International Symposium on Tonal Aspects of Languages*, La Rochelle, France, 2006: 145 - 150.

专家评审意见(一)

在语流中,音段并不是孤立存在的。不同的音段组合在一起,发音会相互影响,从而产生变化。从生理上说,发音器官的各个部位不断运动,相邻音段的发音姿态相互叠加,以至于在任何一个时间节点上,声道的形状(特别是舌头)总是受到前后音段的影响,协同发音描述的就是这样的现象。因为语音是在语流中实现自身性质的,因此,“协同发音”是语音学中的重要理论问题之一。

研究协同发音的目的在于探究从语音表征到语音实现的过程和机理,揭示语音音段在时间序列上的安排和发音动作的动态规划(programming),也就是语音音段底层的目标值(生理的、声学的)过渡到表层的变体规则。“过渡”既包括音段组成音节、音步、语句,也包括节奏和情感。所以“协同发音”的研究是语音学最核心、最重要的理论问题之一,也直接关系到语音技术的应用和开发,所以长久以来一直受到语音学界(phonetics)和音系学界(phonology)的重视。

李英浩先生的博士论文《基于动态电子腭位的汉语普通话音段协同发音研究》是一篇十分优秀的博士论文。其特点有:

1. 对协同发音的定义,各时期各主要流派的理论和模型做了较为全面而又简洁明了的介绍,概念清晰,理解正确,条理分明。做到了“以己昭昭,使人昭昭”;使用了 WinEPG－3“动态电子腭位仪”来研究协同发音,其优点是能够实时记录发音时舌-腭接触的全过程,实验过程简单、精确,对人体无碍,所以一直受到国内外语音学家的青睐。WinEPG-3 的电子假腭虽只有 62 个电极,但已能最低限度满足对协同发音研究的需要;

2. 研究中采用了 Recasens 提出的"发音限制模型"(Degree of Articulatory Constraint),又称"发音约束度"。由此可直接导出"协同发音阻力"的概念。具体实践中,采用了一系列腭位"接触指数"(contact index)方法,如 TC、PC、VC、CoG、CA、CP、CC 等参数。据此本论文研究了普通话各声母(辅音音段)配列元音/i、a、u/在单音节、双音节及语流各韵律层面中的协同发音表现,得到了一系列普通话语音协同发音的规则;

3. 在研究方法上,论文作者自己利用 MATLAB 设计了腭位数据处理平台,EPGAnalyzer,使得语音信号各类数据同步得到标记分析,并能对数据进行批量处理,最后输出各类分析结果,保证了本论文大量数据的处理和图表绘制。这在国内外以往的同类研究中还是首屈一指。在一定意义上,平台的设计和完善,其意义不可小视。作者不仅要掌握 MATLAB 计算机编程语言,更要统筹考虑语音信号和 EPG 信号的同步输入、对齐、标记、信号参数提取(生理和声学)和处理,这需要多方面数字信号处理能力。可以说,这个平台的建立在语音学的方法论上具有较高的创新意义。通过平台,首先发现了 EPG 的进口仪器 WinEPG-3 在声学数据和生理数据在时间轴上的不同步,并进行了校正,这对使用该类产品的研究人员也是一种警示;其次,在原始数据的基础上,充分利用统计理论,解释语音生理、声学两者的相互关系。因此可以认为本研究使用的方法、技术是先进的,获得的数据及其导出的规律和结论是可靠的,有说服力的。现在,此平台已申请了国家专利,并已被接受。

本论文基于"协同发音阻力"和"元音发音限制条件"这两条基本成因,归纳出普通话协同发音的基本模式和控制机制:

1) 单音节中,辅元可能同时启动,这一点与 co-onset 观点相同;

元音对声母腭位的影响幅度与协同发音阻力呈负相关；而声母的协同发音阻力与辅音对元音顺向影响的能力相关；

2）双音节 C1V1＃C2V2 中，C2 对 V1（同时 V2 对 C1）的逆向作用次于 C2 对 V2 的顺向作用，并将双音节的协同发音现象分为三种基本模式；

3）普通话音段协同发音现象表现为音节内强于音节间，并认为普通话音段协同发音受到音节结构的制约，即普通话音位配列规则决定了音节内声母和韵母的发音动作冲突较少。这一点证明了“协同发音”具有民族特点，也强调了汉语音节性特点对口语协同发音的强力影响；

4）证明了双音节音步具有“内紧外松”的特点（王洪君：非线性音系学）。音步是韵律层级中的基础，过往音系学和语音学研究中对音步的定义说法不一。利用动态腭位证明普通话音步具有“内紧外松”的特点，也可以说是一种创举，避免了音步定义误入西方语言学的囚笼（重音核心说）；

5）韵律边界对协同发音存在影响。边界对辅音发音动作的幅度随边界层级增加而递增；域尾元音的舌腭接触的幅度大于域首、域中的位置；

6）语速加快，音段时长缩短，音段间的叠接度增大，元音间的逆向影响加剧。

综上所述，论文作者具有坚实的理论基础和跨学科知识结构；论文容量大，数据齐全，讨论问题较深入。是一篇不可多得的优秀博士论文。

国内语音学界讨论“协同发音”也已多年，声学的、生理的（EPG）的论述也不少，但多偏于零打碎敲，不成系统。而本论文既有完备的理论支撑，又有方法学上的创新，数据大而全，讨论深入，结论可靠，自成一完备体系。值得推荐给国内语音学和音系学界，特别是对刚入门的语音学、音系学研究人员和广大后学者更是一本不可多得的参考书。因此我强力推荐出版本论文。

• 以往国内语音学界 EPG 研究中认为“逆向协同发音”的作用力较大。而本文认为汉语音节中“元音对声母腭位的影响幅度与协同发音阻力呈负相关”和“普通话音段协同发音现象表现为音节内强于音节间。”这个问题是值得讨论的。我认为这可能缘于研究角度的不同。

• 本论文使用的 WinEPG－3 系统，只有 62 个电极，从前到后只有 8 列。这可能要影响测量的精度。本文作者也指出舌尖前音 z、c、s 和舌尖中音 d、t 等都在 R1、R2 形成接触，也就是不能区分两者接触位置的前后，这是因为电极点阵太少引起的。这是硬件问题，与作者开发的平台 EPGAnalyser 无关，即平台本身还是先进的、有创造性的。

• 出版之前，作者还应通读全文，改正错别字和误笔；要做到表格格式完全对齐；术语一致。最后的结论部分再加强些、充分些。

鲍怀翘

专家评审意见(二)

人类的语言千变万化,传达无限的信息,而产出语言的发音器官却是构造精细,动作神奇而有序。在实际交际的语流中,因连续的发音动作而导致的协同发音现象是言语产生的常态,是言语产生研究的核心内容。一方面,协同发音要研究发音器官连续运动发出的动态语流中的语音序列,涉及话语实现过程中多层面多因素的联系,有相当的难度;另一方面,协同发音影响人们说话发音的准确性和经济性共同构成的可懂度和自然度,直接关系到语言信息交流的实际效果。协同发音研究成果既可以丰富完善言语产生的基础理论,又可以对语音教学、言语工程等有实际的应用价值,因此协同发音的研究一直是国内外语音学界普遍关注的问题。

李英浩《基于动态电子腭位的汉语普通话音段协同发音研究》一书,使用动态电子腭位仪对汉语普通话音段协同发音从音节内、音节间、韵律层面进行全面、深入的研究,从发音生理和声学表现上探讨汉语协同发音的过程和机制,分析和总结普通话音段协同发音的内在特点和外部因素,得到的结论令人信服。这是第一部使用动态电子腭位对汉语普通话协同发音进行系统研究的成果,属于学术前沿课题,具有一定的开创性意义。

在研究方法上,作者使用动态电子腭位技术进行实验研究,设计出基于 Matlab 的腭位数据处理平台(EPG Analyar),对语音库中的腭位信号和语音信号进行处理和分析。在数据的处理方式上,作者把电子腭位 EPG 的生理音轨方程与共振峰 F2 的声学音轨方程二者结合起来,对原始数据进行统计分析,既可以认识音段协同发音的生理机制,又能够考察舌位动作造成的声学表现。作者通过平台对动态电子腭位仪 WinEPG-3 出现的声学数据和生理数据在时间轴的不同步进行校正,解决了二者对齐的难题,有助于准确描述语音与生理的对应关系。作者建立的这种动态腭位研究范式,具有方法论的创新示范的意义。

作者在研究中使用"协同发音阻力"和"元音发音限制"这两个基本条件来评估协同发音的影响程度,归纳出普通话协同发音的主要模式和制约因素:1)单字音中的辅音和元音可能同时启动,这可以对前人的相关研究的相近结论加以证实;2)双字组 C1V1#C2V2 中,C2 对 V1 的逆向影响次于 C2 对 V2 的顺向影响;3)音段协同发音程度为音节内强于音节间,并受到音节结构的制约,即音位配列规则使音节内声母和韵母发音动作较少冲突;4)韵律边界影响协同发音,双字组的协同发音的特点是"内紧外松";5)韵律边界影响辅音的程度随层级提升而增大,元音在域尾的舌腭接触程度大于域首和域中;6)在发音语速加快时,因音段时长缩短而出现明显的音段叠接。以上这些都是从汉语普通话的实验分析结果中总结出来的新发现,深化并更新了我们对于汉语普通话音段协同发音的规律和特点的认识。

书中参考文献翔实,引用规范,对国内外相关研究的综述很全面,分析点评恰当到位。总体思路清晰,语言表述流畅,观点论证严谨;实验设计周密,图表文字简洁。表现出作者对本领域具有充分的专业知识,坚实的理论基础,较强的研究能力。

综上各项。我认为本书完全符合《清华语言学博士丛书》的学术水平,建议出版。

今后的研究似乎需要对于顺向影响和逆向影响及相互的双向影

响加以客观界定。例如在一个音节内部，是声母辅音顺向影响韵母元音，还是韵母元音影响声母辅音，亦或是双向互相影响，如何确定？要有办法加以区分。

更为重要的问题是韵律边界与协同发音之间的联系，这需要语音和语法的结合。书中已经对此有些初步的发现，希望以后能够进一步深入考察不同韵律单位层级内部和外部的制约因素，以及它们对于协同发音的影响程度。这将是协同发音研究的重要方向。

人类现代科学的飞速进展，为语言学插上了科技的翅膀；人类进入当代信息社会，为语言学打开了全新的领域。当代语言学的两大趋势日益发展：一是语言学作为经验科学，越来越依赖于社会实践和科学实验为立足的基础；二是语言学越来越成为跨学科、多领域的研究，只靠单一领域或单一学科就不能有实质意义的创新。本书应用动态电子腭位实验取得的研究创新成果就是又一新的证明。实验是发现的捷径，实验是检验的标准。希望能够有更多的语言学实验研究成果问世，推动语言学的科学发展。只要沿着跟当代科学潮流相一致的方向努力进取，语言学研究一定会大有前途。

石　锋

《清华语言学博士丛书》章程

(一)《清华语言学博士丛书》是清华大学语言研究中心主持编辑的一套丛书,选择海峡两岸暨香港、澳门地区及国外语言学博士高质量的学术著作,经同行专家匿名评审和编委会审定后,由上海中西书局出版。每年出版1至5种。

(二)《清华语言学博士丛书》旨在使优秀的语言学博士的著作得以较快出版,并在学界传播,扩大影响。一方面帮助语言学领域的优秀青年学者迅速成长,另一方面也为语言学的发展注入新的活力。

(三)《清华语言学博士丛书》坚持学术的高标准。其学术定位是:

1. 以扎实的语言材料为基础,有较深入的分析和理论思考。

2. 具有学术前沿性和创新性。

3. 符合学术规范。

(四)《清华语言学博士丛书》编委会由海峡两岸暨香港、澳门地区的学者组成,名单如下:

《清华语言学博士丛书》编委会聘请丁邦新先生和陆俭明先生为顾问。

《清华语言学博士丛书》编委会负责邀请同行专家进行匿名评审,并召开编委会审阅和评定入选《清华语言学博士丛书》的著作。

（五）申报《清华语言学博士丛书》的著作必须具备如下条件：

1. 作者为海峡两岸暨香港、澳门地区已获得语言学博士学位的青年学者（年龄在45周岁以下），国外同等条件的青年学者撰写的中国语言学的著作亦可申报。

2. 著作可以在博士论文或博士后出站报告的基础上修改而成，已获得语言学博士学位的青年学者的其他著作也可以申报。著作用中、英文撰写均可。

3. 著作内容符合本章程第（三）条所规定的学术定位。

4. 作者从取得博士学位的次年起即可申报，申报者需填写《申报表》，并有两位专家（不包括《丛书》编委和顾问）推荐。

（六）申报时间为每年4月1日至5月31日。6至8月份由同行专家匿名评审。9、10月份编委会开会评定，10月31日前公布评定结果。申报和评审的具体办法另定。

（七）申报著作通过评定后，作者应根据编委会的意见进行修改，并在两年内将定稿送交上海中西书局，逾期视同放弃出版。

《清华语言学博士丛书申报表》可登陆网站下载，网址：http://www.tsinghua.edu.cn/publish/cll/index.html

地　址：清华大学人文学院新斋332

联系人：赵晓英　电话：010－62773018

电子信箱：zwlxs@tsinghua.edu.cn

（2011年11月10日《丛书》第一次编委会讨论通过

2015年11月第五次编委会讨论修改

2017年11月第七次编委会讨论修改）